LES OMBRES I

Né à Singapour en 1938, Allan Massie grandit en Écosse. Après de brillantes études à l'université de Cambridge, il devient historien, chroniqueur de presse et romancier. Très impliqué dans la vie intellectuelle et politique de l'Écosse, il vit près d'Édimbourg. *Les Mémoires du roi David* (1997), *Les Mémoires de Tibère* (1998) et *Les Ombres de l'Empire* (2000) ont déjà été publiés en France.

ALLAN MASSIE

Les Ombres de l'Empire

TRADUIT DE L'ANGLAIS PAR JEAN BOURDIER

ÉDITIONS DE FALLOIS

Titre original :

SHADOWS OF EMPIRE

D'abord pour Alison.
Puis pour Alex, Louis et Claudia.

I

Cela fait cinquante ans aujourd'hui que Père est mort, et, il y a quinze jours, j'ai reçu le montant de ses droits d'auteur : 3 816 livres et 73 pence. Moins que l'année dernière et celle qui l'avait précédée. Le regain d'intérêt suscité par l'adaptation télévisée de *Coins de terre étrangère* est sur le déclin. Cependant, ce n'est pas un mince exploit de la part d'un homme ne considérant l'écriture que comme une activité parmi tant d'autres que de nous avoir valu d'aussi confortables rentrées financières si longtemps après avoir quitté cette terre.

Le succès remporté à la télévision par *Coins de terre étrangère* a surpris beaucoup de gens. Je ne vois pas pourquoi. C'était exactement le genre d'œuvre, à demi vraie, à demi fabriquée, amère et douce, nostalgique, sentimentale, qui pouvait obtenir un succès populaire, même à sa troisième manifestation – le feuilleton télévisé venant après le film, qui suivait lui-même le livre. Lors de cette troisième apparition, elle concourait, de plus, à un sentiment déjà bien installé – le regret de ces jours où *Britannia* gouvernait encore les mers et où son drapeau flottait sur un Empire sur lequel le soleil ne se couchait point –, sentiment que Mrs. Thatcher aurait pu passer pour incarner.

Mon vieil ami Tony Powell a souvent souligné que l'apitoiement sur soi-même est l'une des composantes presque invariables de tout best-seller, et, bien sûr, Père s'y complaisait tout particulièrement. Malgré son stoïcisme maintes fois proclamé, il se répandait volontiers en lamentations sur ses propres malheurs. Mais il était également plein de pitié devant les souffrances d'autrui. De pitié et d'indignation. Bien qu'il aimât la compagnie de la jeunesse, il en était venu à avoir piètre opinion de ma génération. Nous ne pouvions nous comparer à ses amis qui étaient partis à la guerre en 1914 et avaient péri dans la boue des Flandres. Il nous considérait comme très inférieurs. Peut-être l'étions-nous, mais nous avions des incertitudes qu'ils n'avaient jamais connues, et, en fait, le sort qui leur avait été réservé était à la source de l'une d'elles, qui venait saper notre volonté et notre assurance. Tout ce qu'ils avaient eu à faire, me semblait-il parfois, avait été de savoir mourir. Et là, nul ne pouvait prétendre qu'ils avaient manqué de talent : cent mille hommes tombés dans la seule matinée du 1er juillet 1916. Nous demeurions effarés devant l'énormité de ce sacrifice, et nous nous disions qu'aucune nation ne pourrait se le permettre de nouveau. Scott Fitzgerald, dans le meilleur passage de *Tendre est la nuit*, parle d'un Empire marchant vers sa mort, à pas comptés. Il n'était pas loin de la vérité. Oh, oui, je pouvais comprendre le sentiment de Père, encore que sa rancœur ne s'étendît jamais jusqu'à Haig[1], qu'il avait connu, servi et révéré.

L'une des erreurs commises dans la version télévisée de *Coins de terre étrangère* – une parmi d'autres, bien sûr – portait sur Père lui-même. Il est là, sous les traits de Sandy Dalrymple, l'homme à qui l'on refuse de servir sur le front, à qui l'on refuse la fraternité des tranchées, car il est jugé « indispensable ». Il y a une scène où il va consoler la fiancée d'un de ses plus proches amis, juste après l'arrivée du télégramme annonçant la mort de celui-ci. La fille, vous vous en souviendrez sans doute, insiste, de façon presque hystérique, pour qu'il l'emmène danser. Dans le livre, la

1. Commandant en chef des forces britanniques de 1915 à 1918, le maréchal Sir Douglas Haig est généralement considéré comme le grand responsable des hécatombes de la Somme et des Flandres. *(N.d.T.)*

façon dont se termine la soirée reste dans le flou; dans la version télévisée, on voit les deux personnages au lit. Mais ce n'est pas de cela – pas même de cette crudité – que je veux parler.

Non, ce qui n'allait pas, c'était la voix de Père. La voix était totalement fausse. L'acteur lui faisait prendre un accent pointu d'Édimbourg, aux voyelles rétrécies. Peut-être les réalisateurs avaient-ils pensé que cette façon de parler correspondait à son admiration pour Mussolini. Mais celle-ci lui était bien passée, en 1940, juste avant sa mort. Le coup de poignard dans le dos de la France vaincue l'avait guéri de cette stupidité. Il mourut en parlant de Napoléon et de Staline. Le hasard fit qu'il mourut ivre. Il bascula pardessus la table, renversant le verre d'armagnac que je venais de lui verser. Il n'avait jamais eu l'habitude de boire beaucoup. Je ne l'avais pratiquement jamais vu sous l'emprise de l'alcool. En fait, il tirait fierté de son abstinence et tendait à répéter la formule grecque « L'eau est ce qu'il y a de meilleur » – en grec, bien sûr, car il n'avait pas oublié ses humanités. Mais, durant les derniers mois de sa vie, après les nouvelles concernant Alastair, il se réfugia dans le whisky, comme l'avait fait son grand-père, l'armateur de Glasgow. Ce soir-là, il avait demandé de l'armagnac, peut-être à cause de la conversation sur Napoléon et du nombre de Gascons figurant parmi les maréchaux d'Empire. Alastair était son favori, la prunelle de ses yeux, comme on dit dans la Bible. Je ne pouvais déplorer la mort de Père, car elle lui épargnait d'autres tourments. J'aurais plutôt souhaité qu'il se soit en allé plus tôt.

Mais sa façon de parler, non, ce n'était pas du tout celle d'Édimbourg. Il n'avait vécu que brièvement dans ce que Toby Macrae appelait « la ville la plus triste d'Écosse », et, bien qu'il en parlât parfois avec tendresse, en raison de sa beauté, de l'histoire dont elle était chargée et de son amour personnel pour Walter Scott et Stevenson, il manifestait le plus souvent d'autres sentiments, parlant d'« une cité en deuil, qui a perdu sa fonction et n'a pas l'énergie de s'en créer une nouvelle». Non, il parlait avec l'accent classique des bonnes écoles anglaises, bien qu'il ne les eût pas, en réalité, fréquentées; c'était à Balliol[1] qu'il avait acquis cette façon de parler. Mais, dans certains moments d'émotion, il lui arrivait de revenir au doux parler du sud de l'Écosse, où il avait passé les jours les plus heureux de son enfance.

Ses détracteurs prétendent qu'il révérait le succès. Je n'en ai jamais été convaincu. Il était facilement ébloui par des personnages à la réussite éclatante, comme Beaverbrook et Birkenhead, mais il y avait en lui un noyau dur, un vieux fond de calvinisme sévère, qui l'amenait à mépriser les attributs matériels du succès. Il était – comme peut-être nous le sommes tous – un homme divisé, et, s'il aspirait à la gloire terrestre, il était, en même temps, à demi épris d'échec. J'ai souvent pensé que c'était le côté naïf de son caractère qui cédait à l'éclat de la réussite, mais qu'il était beaucoup plus lui-même canne à pêche en main dans un ruisseau de montagne qu'au *Ritz,* où il aimait pourtant nous emmener quand nous étions enfants, commandant des menus compliqués dont il ne goûtait que quelques bouchées. Il parlait souvent, avec quelque délectation, de «se retrouver dans le désert». Une bonne partie de sa vie était consacrée à jouer la comédie, et il aimait alterner les rôles.

Le véritable succès – c'est-à-dire le pouvoir de modeler et de changer les choses plutôt que la célébrité – le bouda en tout cas. Gagner de l'argent l'intéressait peu. Grâce à l'armateur de Glasgow, il ne manqua jamais de rien, même si, de son vivant, le capital déclina. En politique, il visa haut et manqua la cible. Les vrais professionnels le considéraient comme un dilettante et s'irritaicnt de son obstination à toujours considérer les deux aspects de toute question. Beaucoup de ses plus proches amis politiques siégeaient sur les bancs oppo-

1. L'un des principaux «collèges» de l'Université d'Oxford. *(N.d.T.)*

sés à la Chambre. Il abandonna très tôt le barreau, où, disait-on, une éblouissante carrière l'attendait. En littérature, il savait lui-même n'être qu'un écrivain de troisième ordre, s'étant posé d'abord en disciple de Stevenson pour finir dans la peau d'un sous-Hugh Walpole. Il n'avait même pas vu que Stevenson, de la façon, du moins, dont il l'interprétait, le menait dans une impasse.

Mais qui suis-je pour juger ainsi ? Je devais être poète, je l'ai été, en fait, à un moment – mauvais signe – couvert de louanges par Edith Sitwell alors que j'étais encore à Cambridge, et j'ai passé près de vingt ans à tenir la rubrique de politique étrangère d'un journal de moyen tirage, mon importance déclinant au même rythme que l'intérêt porté par le public britannique aux affaires mondiales.

Maintenant, solitaire, je regarde les gouttes de pluie glisser sur la vitre, je commence à taquiner la bouteille de gin trop tôt le matin et ne puis m'empêcher de remuer de vieilles photographies.

*

Apitoiement sur soi-même ?

Je prends ma canne, j'appelle Dandie, le terrier, et me tourne vers le flanc de la colline. Le vent est tombé et la pluie s'est ralentie. Au loin, vers l'ouest, les collines se tapissent sous un ciel pâle. Ce pays a été vidé de ses habitants. C'est une terre de chaumières abandonnées et de bergeries effondrées, où de sombres régiments de sapins s'alignent comme les soldats de plomb d'un jeu guerrier d'autrefois. Ce paysage me convient. Je m'assieds sur un muret à demi écroulé tandis que Dandie part à la poursuite d'un lapin.

II

Les Écossais ont toujours aimé s'appesantir, de façon souvent ironique, sur les questions d'hérédité. Leur grande formule pour remettre quelqu'un à sa place a longtemps été la simple phrase, prononcée avec l'accent de terroir : « Je connaissais son père. » En conséquence de quoi, le fils ne pouvait être ce pour quoi il aurait voulu se faire passer. Je me surprends souvent, maintenant, à adopter des attitudes qui rappellent étrangement Père. Mais, quoi que puissent prétendre les scientifiques, ce n'est pas seulement une question de gènes. L'auteur de l'Ecclésiaste était plus sage : « Tout est pareil pour tous. » Ainsi, par exemple, la dernière fois que j'ai vu Hector, dans sa retraite au-dessus de Carpentras, ce fut comme si je rencontrais le père de mon père, et pourtant la vie de mon grand-père fut une existence dont l'autocritique était absente et que tout le monde jugea plus réussie.

Fils de l'armateur de Glasgow, il devint pasteur de l'Église d'Écosse à une époque où les pasteurs étaient encore des personnages considérables. Disposant de confortables revenus personnels, il menait une existence assez luxueuse dans un vaste presbytère du Roxburghshire, avec une demi-douzaine de domestiques et jardiniers. Quand le moteur commença à l'emporter sur les chevaux, ce fut une Daimler que conduisit son chauffeur. Il épousa une Miss Scott, qui était une lointaine – très lointaine – cousine des Scott de Harden, et par conséquent de Walter Scott lui-même. Il se montrait certainement, au grand amusement de ma mère – qui nc lui vouait pas une affection sans bornes –, plus disposé à s'étendre sur les relations familiales de sa femme que sur les siennes.

Ce n'était pas surprenant à cette époque, alors que, maintenant, j'imagine qu'un homme dans sa situation serait plus enclin à insister sur les origines modestes de son propre père – sans employer, bien sûr, le terme d'« origines modestes » mais en parlant plutôt, avec fierté, d'un « homme issu de la classe ouvrière ». Mais il en était autrement en ces temps-là, et mon grand-père, bien qu'étant, à sa manière, un personnage d'une grande gentillesse et même d'une générosité certaine, préférait laisser ses origines paternelles dans une pudique obscurité. Il se passa des années avant que j'apprisse – ce qui m'enchanta – que le père de l'armateur était venu de l'Ulster protestant comme terrassier dans les années ayant suivi la bataille de Waterloo, et que sa femme, Mary Benzie, était la fille d'un ouvrier agricole de Buchan. Elle était, semble-t-il, venue servir comme jeune bonne au presbytère de sa paroisse villageoise, et, quand le pasteur fut nommé à Glasgow, la jeune Mary accompagna la famille. Elle rencontra le jeune homme de l'Ulster, peut-être à l'église, et l'épousa. Tous deux, je pense, avaient déjà la bonne trentaine. L'armateur, devenu à la fin de sa vie Sir William Allan, fut leur seul enfant, ou, du moins, le seul à survivre.

Il naquit en 1830 et atteignit donc sa majorité en 1851, l'année où, après les périodes difficiles l'ayant précédée, l'Exposition universelle marqua l'essor de l'ère victorienne. Les années de glorieuse expansion allaient suivre. Il est maintenant devenu la mode, bien sûr, de jeter le doute sur les réalisations de cette époque et de faire remonter de plus en plus loin dans le temps le recul de la compétitivité britannique. Une étude récente n'hésite pas à situer dans les années 1830 l'apparition de ce qu'on suppose être les carences congénitales de l'économie britannique – gaspillage, mépris de la main-d'œuvre, faibles investissements, dédain de la recherche scientifique. Je ne désespère pas de vivre assez vieux pour voir quelque jeune et brillant universitaire venir nous apprendre que nous étions déjà en plein déclin lorsque nous avons pris la tête de l'évolution mondiale à travers la Révolution industrielle.

Quoi qu'il en soit, ce n'était pas ce qu'il semblait

vers le milieu du dix-neuvième siècle. Ce qui se produisait alors, c'était une véritable ruée vers l'avant. Commc l'a souligné l'historien G.M. Young, la véritable frontière n'était pas entre les riches et les pauvres, mais entre ceux qui étaient respectables et ceux qui ne l'étaient pas. Et le jeune Willie Allan avait certainement été élevé par sa pieuse mère de façon à devenir respectable. On lui avait enseigné le catéchisme élémentaire, avec son angoissante première question : « Quelle est la fin dernière de l'homme ? » – et ce que Stevenson appelait sa « réponse noble encore qu'obscure » : « Louer Dieu et en être comblé à jamais. » Il se pourrait, à mon avis, que le jeune Willie ait mis, au fond de lui-même, la chose en question, mais, à en juger par le long visage intelligent que révèle le portrait peint par Sargent en son vieil âge, il était trop avisé pour émettre le moindre doute.

Il fut donc un fils attentionné et obéissant. L'ancien terrassier avait monté sa propre affaire de menuiserie et de charpente, et avait suffisamment prospéré pour envoyer le jeune Willie à l'école secondaire de Glasgow, puis à l'université, qui se trouvait toujours dans l'Old College Yard, avant de se transporter à Gilmorehill. Là, il étudia avec Kelvin, obtint un diplôme d'ingénieur, et, comme c'était dans l'air à Glasgow, entreprit de devenir un « capitaine d'industrie ». On se trouve maintenant contraint d'utiliser le terme français, tant la notion nous est devenue étrangère.

Homme de génie en son genre – un genre qui ne s'est plus guère manifesté depuis dans la famille, si l'on excepte peut-être mon frère George –, il devait fonder une énorme entreprise, avec chantier de constructions navales florissant, et, peu après, sa propre compagnie de navigation. Vers les années 1880, il était devenu l'une des grandes figures de Glasgow, ami de Sir Charles Tennant et pilier de l'établissement local. Puis, son fils unique ayant tourné le dos au commerce et à l'industrie pour rejoindre l'Église – l'Église d'Écosse établie et non l'Église libre, à laquelle la mère de Willie, suivant son ancien employeur, avait adhéré au moment de la Disruption[1] –, il abandonna la direction effective du chantier et de la compagnie et se retira dans le manoir qu'il s'était fait construire sur les bords du Loch Lomond, pour laisser libre cours, entre autres plaisirs, à son goût pour les œuvres d'art, qu'il se mit à collectionner.

Qu'il ait, compte tenu de ses origines et de son inlassable activité dans le domaine des affaires, trouvé le temps d'acquérir et de développer un tel penchant en dit long sur l'énergie intellectuelle et esthétique alors déployée à Glasgow. À ce qu'on m'a dit, il ne se laissait pas, comme tant d'autres hommes riches, guider par un marchand de tableaux pour faire ses acquisitions. Il fut prompt à évaluer les mérites des peintres locaux, et, plus tard, se trouva très en avance sur son temps en achetant un Cézanne. On dit qu'il alla visiter la fameuse exposition post-impressionniste de 1911, organisée par Roger Fry, et qu'il en revint en marmonnant : « Je ne sais pas, mais il y a de l'argent dans l'air » dans le parler de l'Aberdeenshire autrefois utilisé par sa mère, et auquel, après avoir pratiqué l'anglais courant pendant des années, il lui arrivait de revenir.

Peut-être le faisait-il en souvenir de sa femme, Catherine Johnstone, nièce de ce pasteur au service duquel Mary Benzie était venue à Glasgow. Conformément à la vieille tradition écossaise, Mary était toujours restée en relation avec ses anciens employeurs, se considérant, et étant d'ailleurs considérée, comme un membre de la famille plutôt que comme une simple domestique, et le jeune Willie avait ainsi fait la connaissance de Miss Johnstone alors qu'elle était en visite chez son oncle et sa tante. Je possède d'elle un daguerréotype qui tend à suggérer une jeune personne d'une exceptionnelle gentillesse et d'une simplicité toute paysanne. Son sourire est timide, mais les yeux aussi y participent. En tout cas, elle fit la conquête de l'ambi-

1. Schisme intervenu en 1843 lorsque 450 pasteurs sur 1 200 quittèrent l'Église d'Écosse établie pour fonder l'Église libre d'Écosse. *(N.d.T.)*

tieux jeune homme qui venait juste de lancer sa première entreprise. Il avait vingt et un ans, elle en avait dix-huit. Ils se marièrent l'année suivante, et, dix-huit mois plus tard, elle mourut en donnant naissance à mon grand-père.

Sans nul doute, le jeune veuf fut ravagé par la douleur. Il se précipita dans les affaires avec plus d'énergie encore, confiant l'enfant à la mère de sa femme dans l'Aberdeenshire tandis que lui-même s'employait obstinément à faire fortune. Contrairement à la plupart des veufs d'alors – et peut-être de maintenant – il ne se remaria jamais. Il porta jusqu'à la fin de ses jours, dans la poche de son gilet, un médaillon contenant le portrait de sa Catherine. Vers le milieu de sa vie, sa fortune assurée, il prit pour concubine une actrice. Elle fut pendant près de vingt ans ce qu'on appellerait maintenant sa compagne. C'était la fille d'un Français, un journaliste se présentant comme un réfugié ayant fui la nouvelle tyrannie bonapartiste, et c'est peut-être parce que, comme beaucoup de ses contemporains, Sir William (il est plus pratique de l'appeler ainsi, bien qu'il n'ait été, en fait, anobli qu'après l'accession au trône du roi Édouard VII) considérait les Français dans leur ensemble comme frivoles et peu dignes de confiance qu'il ne l'épousa jamais. Quand elle mourut et fut enterrée dans le petit cimetière de Luss, au bord du loch (la pierre tombale porte l'inscription *AMIE TENDREMENT AIMÉE DE WILLLAM ALLAN, ARMATEUR*, et je me demande comment il a pu amener le pasteur local à l'admettre), les ardeurs du vieil homme se reportèrent sur les servantes. Celles-ci étaient souvent très jeunes. Il y eut sans nul doute des murmures désapprobateurs, mais Sir William était alors assez riche et, je tendrais à le penser, suffisamment indifférent à l'opinion d'autrui, pour les ignorer. Il y a toujours, aux environs du Loch Lomond, des vieillards dont les traits rappellent le portrait peint par Sargent.

Sir William Allan vécut jusqu'à quatre-vingt-quatorze ans.

Je n'ai personnellement que deux souvenirs de lui. Le premier remonte à cet été où le monde qu'il avait contribué à édifier arriva à sa fin. J'avais quatre ans, et j'ignore totalement pourquoi on m'emmena lui rendre visite à Ardlochish House. C'était l'année où naquit mon plus jeune frère Alastair, et il ne peut donc avoir été là. En fait, j'ai cru pendant bien des années avoir été le seul enfant présent, mais, il y a quelque temps, Kirstie m'a assuré qu'elle était là également, ainsi, pensait-elle, qu'Hector. George, selon elle, n'y était certainement pas ; il avait la rougeole. Peut-être Père nous avait-il emmenés vers le nord pour éviter la contagion.

Tout ce dont je me souviens, c'est que le vieil homme avait un perroquet, et qu'il m'avait pris par la main pour m'emmener aux écuries et me montrer ses chevaux de trait.

— Toi, mon garçon, m'avait-il dit, tu ne te promèneras pas en voiture à cheval, mais moi, je suis trop vieux pour les automobiles, et c'est avec ces bêtes-là que je m'en irai.

Puis, de retour à la maison, il m'avait montré une peinture représentant ses chevaux, avec une dame dans la voiture ; peut-être était-ce l'actrice française. J'ai maintenant l'impression que c'était un Crawhall, mais je n'ai aucun moyen de le vérifier, car la collection a été dispersée depuis longtemps. Le jour suivant, nous étions allés à Helensburgh, où se trouvait son yacht, et nous avions traversé le loch pour gagner la haute mer et faire le tour des îles d'Islay et de Jura. À l'époque, évidemment, je n'avais pas la moindre idée de l'endroit où nous nous trouvions. Finalement, il m'avait donné cinq souverains d'or en me disant de les mettre dans mon sporran[1] et de n'en parler à personne.

On était en plein été, et c'était peut-être le jour où l'archiduc François-Ferdinand avait été assassiné à

1. Bourse en peau de chèvre qui, portée à la ceinture avec le kilt, fait partie intégrante du costume traditionnel écossais. *(N.d.T.)*

Sarajevo, mais si tel était le cas, la nouvelle ne m'avait pas frappé. Je ne conserve qu'une impression de vague bien-être. Assis sur les genoux de Père, j'admirais la montre en or de Sir William. Et, oui, à ce moment, celui-ci sortit le médaillon de son gousset et me montra le portrait de mon arrière-grand-mère. Je suppose que c'était là un rite auquel il sacrifiait avec tous ses descendants légitimes, qui n'étaient d'ailleurs pas en très grand nombre – onze seulement à ce moment, et moins encore quand nous lui rendîmes notre deuxième visite, en 1923, l'année précédant sa mort.

C'était, cette fois, un automne annonçant déjà un hiver pluvieux. En octobre, le Premier ministre Stanley Baldwin, alors peu connu, avait proclamé que le protectionnisme était le seul remède contre la dépression économique de l'après-guerre, et qu'il entendait solliciter mandat des électeurs pour abandonner la politique libre-échangiste qui avait représenté les Tables de la Loi depuis les temps de Cobden et de Gladstone. Les élections avaient eu lieu en novembre, et mon père s'était présenté comme candidat libéral à Inverclyde. La nécessité de défendre la cause sacrée du libre-échange avait amené Asquith et Lloyd George à s'unir pour la première fois depuis 1916. Ils étaient même apparus sur la même estrade à Paisley.

J'aurais dû, quant à moi, effectuer mon premier trimestre à Glenalmond, mais, comme j'avais été malade durant les vacances d'été, les médecins avaient conseillé que je ne reprenne pas mes études avant la nouvelle année. Je trouvais cela fort irritant, tout le reste de la famille étant parti reprendre les cours, même Kirstie (bien que ma mère fût convaincue qu'il n'était ni nécessaire ni même convenable pour une fille de poursuivre des études). J'étais d'autant plus agacé que, dès le mois d'octobre, je m'étais senti complètement rétabli et plein d'énergie. Ayant, durant les dix-huit mois précédents, senti naître en moi un intérêt aussi passionné que soudain pour la politique, qui avait rejoint le cricket au premier rang de mes enthousiasmes, j'avais réussi à convaincre mon père de me laisser l'accompagner dans sa campagne. C'est ainsi que je pus bel et bien assister à la rencontre historique de Paisley, et suis maintenant l'un des très rares, alors que je ne suis même pas originaire de cette ville, à avoir vu Asquith et Lloyd George à la même tribune et à les avoir entendus parler. Je serais évidemment incapable de répéter un seul mot de ce qu'ils ont dit, mais je me souviens fort bien de l'attitude d'Asquith. Il semblait terriblement lointain, presque indifférent, et très vieux. Bien sûr, en ce temps-là, les hommes politiques prolongeaient plus longtemps leur carrière que ne le font maintenant – Dieu merci – la plupart. Asquith, je suppose, devait avoir environ soixante-dix ans. Il n'était donc pas si âgé, en fait, mais il donnait l'impression d'avoir été très marqué par les malheurs qu'il avait connus au cours des sept années précédentes, et paraissait beaucoup plus vieux. Le cognac y était sans doute aussi pour quelque chose. Par contraste, Lloyd George me parut très amusant et je lui vouai une fidélité qui devait bien durer six ou sept ans.

Le lendemain du scrutin, Père ayant été tranquillement réélu, nous allâmes rendre visite à mon arrière-grand-père.

— Je ne sais pas s'il aura vraiment toute sa tête, Alec, me dit Père. Il paraît qu'il faiblit beaucoup et que son esprit bat parfois la campagne. Mais tu te conduiras en garçon bien élevé et tu feras mine de comprendre tout ce qu'il dit même si ce n'est pas tout à fait le cas, n'est-ce pas ?

Nous le trouvâmes enfoncé dans un fauteuil à haut dossier, dans un salon que j'identifiai, même à cette époque, comme typique de l'ère victorienne, avec ses tapis turcs, ses cuivres de Bénarès, ses sièges en tapisserie et ses tableaux aux lourds cadres dorés – ce n'étaient pas les bons, qui se trouvaient dans sa galerie personnelle. Il était enveloppé d'un plaid écossais, et sa barbe n'avait plus cette netteté dont j'avais gardé le souvenir. Le perroquet d'Amazonie vert et jaune était toujours là, dans sa cage, derrière son épaule, tandis qu'il buvait à petites gorgées un verre de lait chaud coupé de whisky en fumant un cigare. Cinquante ans de fumée de Havane s'accrochaient d'ailleurs aux lourdes tentures de la pièce.

— Donc, Walter, dit-il à mon père, tu es repassé, à ce que je vois. Laura n'est pas avec toi ?

— Elle ne s'intéresse pas à la politique.

— Très sage de sa part. C'est une affaire d'hommes. Et que va faire Asquith ?

— Il va faire entrer les travaillistes, dit Père, et il aura parfaitement raison. Le fait qu'ils n'ont pas de véritable majorité et doivent compter sur nous pour survivre leur apprendra à gouverner de façon responsable.

— Les impôts vont augmenter. Mais, après tout, je suis trop vieux pour m'en préoccuper.

— De plus, ajouta Père, Baldwin est fermement décidé en faveur du protectionnisme, et cela nous ne pouvons l'admettre. Nous sommes une nation commerçante.

— Et toi, jeune homme, qu'en penses-tu ?

Il se retourna pour me regarder, et son cigare lui glissa des doigts. Je le ramassai et le lui restituai. Il attendait ma réponse, le regard toujours vif, semblant me jauger.

— Eh bien, dis-je, je suis content que Père ait gagné, bien sûr, mais je ne vois pas ce qu'il y a de si terrible dans le protectionnisme. Ce que je veux dire, c'est que nous sommes venus ici par le train, traversant toutes ces villes du Lancashire avec des cheminées d'usines dont aucune fumée ne sortait, et puis, ensuite, à Inverclyde, on voit à tous les tournants de rue des hommes, la casquette complètement rabattue sur les yeux, comme s'ils voulaient se cacher, parce qu'ils n'ont pas de travail. Alors, si le protectionnisme peut leur redonner des emplois, je suis peut-être pour...

— Non, Alec, commença Père. C'est très bien raisonné, et c'est tout à ton honneur, mais, vois-tu...

— J'ai été toute ma vie un libre-échangiste, intervint alors le vieil homme. Glasgow a été construite sur le libre-échange. Et l'Empire aussi. Quand Joe Chamberlain est venu à Glasgow parler en faveur du protectionnisme, il y a vingt ans, je l'ai invité à dîner au club, et je lui ai expliqué pourquoi il avait tort, tort dans le principe et tort dans la pratique. Notre prospérité, lui ai-je dit, dépend d'un marché libre, sans restrictions ni tarifs. Cela enrichit tout le monde, ai-je souligné. Joe a ajusté son monocle – vous savez qu'il portait toujours un monocle –, a palpé l'orchidée qu'il avait à la boutonnière et m'a dit : « Sir William, je vous ferai respectueusement observer que ce n'est pas là l'un des Dix Commandements. Ce n'est pas une règle absolue. Il n'y a pas de règle absolue en économie politique. » À l'époque, je ne l'ai pas cru, mais maintenant, je ne sais plus. Je suis vieux et j'ai moins de certitudes que jamais. Alors, il se peut que tu aies raison, mon garçon... Aide-moi à me lever, veux-tu...

Je mis mon bras sous le sien et il s'appuya sur moi pour trouver son équilibre. Puis, traînant les pieds et continuant à prendre appui sur moi, il me dirigea vers un recoin de la vaste pièce en forme de L. Il me demanda d'allumer une bougie et d'en éclairer un tableau accroché au mur. Il montrait un vapeur descendant la Clyde, avec des montagnes au lointain.

— Le premier navire de la compagnie, dit-il. Superbe. Le premier de la compagnie Allan. Peint lors de son voyage inaugural. Me rappelle plus le nom du gaillard. Tu peux lire la signature, je suppose. Il s'est mis à boire et il est mort jeune, mais il savait peindre. Il savait joliment peindre, tu ne crois pas ? Que vas-tu faire dans la vie, mon garçon... je n'arrive pas à me rappeler ton nom.

— Alec, monsieur.

— Bien, Alec... que vas-tu faire ? Pas d'importance pour toi maintenant. Tu as le temps d'y penser, et je serai mort bien avant que tu aies à prendre une décision. Alors, écoute un peu un vieil homme. Fais des choses. Peu importe quoi, mais fais des choses. C'est ce dont ce pays a besoin : de gens qui font des choses. Des gens comme toi, mon garçon. Pas comme ton grand-père, le pauvre, débitant des sermons. Des sermons. Crois-moi, les sermons en fer et en acier sont meilleurs que tous ceux qui peuvent venir d'une chaire. Mais, maintenant, on ne veut plus faire de choses, et alors on parle de protectionnisme. Bien, on a peut-être raison. Quand on est faible, on a besoin de protection. Nous étions forts quand j'ai construit ce navire, le *Catherine Johnstone* – c'était le nom de ma femme et c'était celui du navire. Nous étions forts, en ce temps-là, et on ne parlait pas de protectionnisme. Ramène-moi à mon fauteuil, mon garçon, je suis fatigué.

*

En fin de compte, je l'ai bel et bien trahi. Je n'ai jamais rien fait – rien qu'il eût considéré comme méritant d'exister. Je n'ai même pas réussi à écrire les poèmes que je pensais avoir en tête. Il m'arrive de me dire que je n'ai rien fait, si ce n'est des erreurs.

*

Un peu plus tard dans la soirée, il a dit :

— Les droits de succession. Ils vont à coup sûr augmenter si Asquith fait entrer cette racaille socialiste. Eh bien, Walter, tout te revient, maintenant que tu restes seul de ta génération. Tu ferais mieux d'instituer un fonds pour ta femme, tes gamins, les neveux et les nièces. Personnellement, je n'ai jamais aimé ce genre de choses. Je puis mieux tirer parti de mon argent que toute une batterie d'hommes de loi écossais constipés. C'est ce que je leur ai dit lorsqu'ils ont voulu m'en faire créer un. Mais moi, je suis un homme d'affaires, et toi, Walter, tu n'en es pas un. Alors, fais établir un fonds. Il est trop tard pour que je m'en charge, et je suis terriblement fatigué. J'ai pris des dispositions de ce genre pour ton père quand il a rejoint l'Église. Cela t'entretiendra ta vie durant, lui ai-je dit, et c'est nettement plus que ce dont un pasteur a besoin. Le Christ a prêché pour les pauvres, lui ai-je souligné… bénis les pauvres du cœur… et les gens à faibles revenus. Ton père n'a pas aimé cela, Walter, mais il n'aimait jamais beaucoup ce que je faisais ou ce que je disais. Et puis il a épousé cette femme aux hanches étroites et elle aussi lui a apporté de l'argent. Je lui ai demandé ce qu'il pensait de l'homme riche et du chameau par le chas d'une aiguille, mais il n'a pas voulu me répondre. Je pense que je lui avais cloué le bec. Donc, tout te revient. Cela modérera peut-être ton ardeur à faire entrer la racaille au gouvernement.

— Ce n'est pas vraiment de l'ardeur, répondit Père, mais je pense que ce doit être fait. En tout cas, la plupart des députés travaillistes écossais, ceux que je connais, sont des gens corrects. Certains sont des hommes pratiques, d'autres des romantiques, mais des gens corrects. Je pense que vous-même les aimeriez bien.

Le vieil homme poussa un grognement et changea de position dans son fauteuil. Sa tête parut s'alourdir. Je me demandai si je ne pourrais pas m'éclipser et aller jeter un coup d'œil aux tableaux, dans la galerie. Mais il se redressa.

— J'ai été cruellement déçu, reprit-il, quand ton père a choisi l'Église. Je ne le lui ai jamais pardonné. Tu sais, je ne suis pas d'une nature à pardonner. Il y a de l'église des deux côtés de la famille, de l'église ou au moins de la religion, et une froide et rigide moralité. Et moi, je ne donnerais pas un liard de tout cela. Il n'y a pas de Dieu qui m'attende pour me juger. Je me suis fait mon opinion là-dessus il y a bien longtemps, quand ton père n'était encore qu'un gamin. Je suis allé jusqu'en Italie avec un de mes navires. Je suis allé à Rome, et j'ai vu tous ces prêtres, ces frères, ces moines et ces cardinaux, et celui qu'ils appellent le Saint-Père – un triste spectacle. Puis je suis descendu jusqu'à Sorrente, dans la baie de Naples, et là, je me suis assis sur les rochers dominant la mer et je me suis dit à moi-même – mais à haute voix: «Tu es un païen, Willie. Voilà ce que tu es, un païen.» Et je ne l'ai jamais regretté, je n'ai jamais changé d'avis. Ton père n'est qu'un malheureux, et il a un ulcère. Il se peut que je lui survive, en fin de compte. J'aimerais assez cela.

Puis il parut se replonger dans ses pensées. Mon père prit un livre sur la table et se mit à le parcourir. Quant à moi, j'observais Sir William, fasciné par ses traits taillés à la serpe et tentant de retrouver derrière eux le jeune homme qui, contemplant Capri, avait rejeté le Dieu des chrétiens. Sur la main reposant sur l'accoudoir du fauteuil, les veines saillaient comme des cordages. Le perroquet émit une sorte de caquètement, et la tête du vieil homme se redressa brusquement.

— Ce satané médecin me dit de boire mon whisky avec du lait, fit-il, mais je veux un verre convenable avant d'aller au lit. Verse-m'en un, Walter.

Mon père obéit et se versa également un verre.

— Sers-en aussi un au garçon.

— Il est trop jeune. Beaucoup trop jeune.

— Donne-lui un verre. Il pourra boire à ma santé.

Le vieil homme se mit à rire avec le même son que le perroquet.

— Allons, Walter, dit-il, une petite goutte ne lui fera aucun mal, et il pourra toujours dire, ensuite, qu'il a pris un verre avec un homme né quand George IV était roi. Il est mort exactement six semaines après ma naissance. Tu sais, mon garçon, ils le détestaient, à Londres, mais il est venu ici, en Écosse – c'était Sir Walter Scott qui l'y avait amené –, et il est resté sur les remparts du château d'Édimbourg sous la pluie, à répondre à tous les gens qui l'acclamaient. Il aimait bien prendre une goutte de whisky lui aussi, même si ses préférences allaient au cherry-brandy. Eh bien, mon garçon, bois à ma santé, et dis-moi ce que tu en penses.

J'absorbai timidement ma première gorgée de whisky.

— C'est drôlement bon, dis-je.

Le perroquet se remit à rire.

— Il a vingt ans d'âge, ce malt, et il sent cette tourbe d'Islay qui était déjà formée avant qu'il y eût des hommes en Écosse. Qu'en penses-tu ? J'ai racheté la distillerie l'année dernière. Elle allait fermer. Tu pourrais appeler cela du protectionnisme – en quelque sorte, hein, Walter ? Mon garçon, tire ce cordon, et Jock va venir pour me conduire à mon lit. Et souviens-t'en toujours, c'est le mauvais whisky qui pourrit le foie. Moi, je m'en suis toujours tenu au bon. Mais je ne vivrai plus assez longtemps pour goûter ce qu'ils font à la distillerie depuis que je l'ai rachetée...

III

— Mon père a été tué il y a dix ans aujourd'hui.

Colin était étendu sur le dos sur la plate-forme rocheuse, en maillot de rugby bleu marine, caleçon de bain et sandales de plage. Je levai les yeux de la truite d'eau vive qu'il avait prise et que j'étais en train de faire frire. Il fixait, à travers le feuillage des bouleaux, le bleu profond du ciel d'été. Il avait le profil acéré et une volumineuse cigarette turque (achetée par moi au tabac Rattray, à Perth, lors de ma dernière visite chez le dentiste) aux lèvres. Un petit caillou s'était incrusté dans sa cuisse. Sentant que je le regardais, il s'assit et chassa de ses yeux ses cheveux fauves et soyeux.

— Le poisson est presque cuit, lui dis-je.

— Ma mère voulait me faire sortir aujourd'hui, poursuivit-il, mais je ne pouvais pas encaisser cela une fois de plus.

— Quoi donc ?

— À la mémoire du héros mort.

— Oh ! fis-je. Cela ne va pas faire une histoire à n'en plus finir ?

— Je pense bien que si. Si tu avais vu ce regard affligé. Comment peux-tu, Colin ? Cela ne te fait rien ?

Je n'aime pas les histoires, mais qu'est-ce que tu voulais que je fasse ? De toute façon, cela ne veut plus rien dire, maintenant qu'elle est remariée.

— Et qu'en pense ton beau-père ?

— Oh, le major est comme moi. Penser n'est pas son fort.

Colin se frotta le nez.

— Mais je vais quand même te dire quelque chose, reprit-il. Si nous n'étions pas tous deux dans l'équipe, le fait que nous soyons ensemble ici ferait toute une histoire : maisons[1] différentes, toi un intellectuel et moi une brute, etc.

— Oh, la barbe !

*

C'était le cricket qui nous avait rapprochés. Colin était alors mon ami depuis trois étés. Cette amitié était chaque année mise en veilleuse par les premiers froids de l'automne, puis elle hibernait et n'était plus qu'un agréable souvenir jusqu'au moment où l'odeur du gazon frais et le bruit de la balle contre la batte venaient la réveiller. Durant les jours sombres, je ressentais à son égard un sentiment de culpabilité. Rasant les murs sous les voûtes du cloître où gémissait le vent, il semblait misérable et recroquevillé sur lui-même. Mais en été il s'épanouissait et resplendissait. Chaque été, il devenait le personnage le plus important du collège et de ma vie. Ce n'était qu'aux beaux jours que la liberté de la jeunesse s'emparait de lui ; en hiver, sa vitalité faiblissait, étouffée par le poids du souvenir.

Je lui passai le poisson sur une assiette d'étain, avec une bouteille de soda au gingembre retirée toute fraîche du torrent.

— Tu as simplement dit que tu ne voulais pas y aller, lui demandai-je, ou tu as trouvé une excuse ?

1. Les collèges privés britanniques – ou *public schools* – sont divisés en « maisons » différentes où l'on cultive généralement un robuste esprit de corps. *(N.d.T.)*

— J'ai dit la vérité. J'ai dit que je voulais passer la journée avec toi.

— Crénom ! Il va vraiment y avoir une histoire.

— Je ne lui dis pas souvent la vérité, mais j'ai pensé qu'il était temps que je commence.

— J'ai bien peur que tu n'aies commencé autre chose.

— De toute façon, si elle avait voulu que je reste comme cela, elle n'aurait pas dû épouser Bunny.

— Mais c'était il y a des années !

— Et alors ?

— Je sais que c'est difficile pour toi. Moi, je n'ai eu que des oncles tués. Trois : deux d'un côté, et le frère préféré de ma mère, l'oncle Ned. C'est déjà assez dur à encaisser. Mais un père mort avec le DSO[1] quand on est enfant unique. Bien pire, j'en suis bien conscient. Bon, cela n'arrivera plus jamais. Pas comme cela. Je ne vois vraiment pas pourquoi tu veux entrer dans l'armée, Col.

— C'est la seule solution pour moi. Nous n'avons pas de terres, et je n'ai rien dans le crâne. Dis donc, ce poisson est drôlement bon, tu ne trouves pas ?

— Drôlement bon. C'est un peu comme retourner à l'école, l'armée en temps de paix. Tu devras même demander l'autorisation de ton colonel pour te marier.

— Cela m'étonnerait que j'en aie l'occasion.

*

Nous nous endormîmes dans la chaleur de cet après-midi de juin, puis, l'ardeur de l'adolescence venant prendre le relais de cette délicieuse langueur, nous nous baignâmes dans le profond et frais bassin sous notre rocher, nous luttâmes comme de jeunes chiots, et finalement, comme les enfants bien dressés que nous étions, nous remîmes tout en ordre et nous

1. *Distingued Service Order*, l'une des plus prestigieuses décorations militaires britanniques. *(N.d.T.)*

dirigeâmes vers la chapelle pour la prière du soir, longeant le ruisseau dans un pâle crépuscule bleu et jaune, encore tout chaud et imprégné de la senteur des roses sauvages et du chèvrefeuille, relayée au loin par la puissante odeur des aiguilles de pin.

Nous nous séparâmes sous la voûte pour gagner nos maisons respectives.

— Sois sage. Ne fais rien que je ne ferais moi-même.

— Impossible.

En fait, notre amitié eût été considérée avec suspicion, eût même été tenue pour « malsaine », si nous n'avions pas tous deux appartenu à l'équipe première. Et même ainsi, le professeur responsable de ma maison la regardait d'un assez mauvais œil (de même que la mère de Colin), tandis que mon bon camarade Toby Macrae prenait le parti de la dérision.

— Je reconnais qu'il est joli garçon, déclarait-il, et tu m'affirmes – là, je m'incline devant ta compétence supérieure en la matière – que son coup de batte est un pur délice, mais, dis-moi, lui arrive-t-il de proférer une parole vaguement intéressante ?

— Pour la conversation intéressante, je m'en remets à toi.

— Je vois. Donc, c'est vraiment *formosum Alexim* et tout le reste.

— Absolument. *Ardeo* comme tous les feux de l'Enfer. Imbécile.

— Imbécile toi-même.

*

J'étais très certainement amoureux de Colin, cet été-là comme tous les étés, mais, en dépit des lourdes plaisanteries que j'échangeais avec Toby, je ne voyais pas la chose ainsi. L'amour était quelque chose qui devait survenir plus tard, avec des filles. Pour moi, ce n'était que de l'amitié. Cette analyse est bien sûr rétrospective, car il ne me serait pas venu alors à l'esprit de définir mes sentiments, même lorsque, par exemple, je ressentais une intense jalousie – plus intense que toute autre depuis – s'il arrivait à Colin de préférer la compagnie de quelqu'un d'autre ou même de sourire un peu trop à autrui à la chapelle. Je ne pouvais non plus considérer cela comme un béguin, une toquade, car c'était là quelque chose qu'on pouvait avoir à l'égard d'un garçon plus jeune, pas d'un égal, et c'était, de toute manière, jugé assez répréhensible par la plupart d'entre nous si cela allait, ne fût-ce que d'un iota, au-delà du propos facétieux.

*

Colin vint passer quelque temps chez nous durant les vacances d'été. Nous assistâmes sans en manquer une seule à toutes les rencontres du fameux Test Match de 1926, où Hobbs et Sutcliffe firent l'une de leurs plus grandes démonstrations d'entrée de jeu, après quoi le jeune Larwood et le vénérable Rhodes provoquèrent une ahurissante défaite des Australiens, ramenant le trophée en Angleterre pour la première fois depuis la guerre. Nous émergeâmes légèrement pompettes d'un pub londonien pour attraper au vol le dernier train pour Oxford, arrivant à Blankets au clair de lune.

*

Père avait acheté Blankets peu après la guerre. Il disait que le climat régnant à Londres avait fini par lui porter sur les nerfs. À Blankets, non loin d'Otmoor, il prit véritablement possession de l'Angleterre. Il s'enthousiasma pour l'histoire locale et se délecta de la conversation des vieux du village. Certains ne s'étaient même jamais rendus à Oxford, qui était à moins d'une heure d'autocar. Père trouva chez ces paysans une qualité d'enracinement dans le terroir que même ses chers Écossais du Sud ne possédaient pas.

Jeune, je trouvais tout cela difficile à prendre au sérieux. Son plongeon dans la vie locale semblait une fuite devant l'existence. Il s'était inventé une retraite sûre où les bruits du monde ne parvenaient pas.

Cet été-là, Colin me dit, en repoussant sa mèche sur son front :

— Ici, on pourrait croire que la guerre n'est jamais arrivée.

Et pourtant, il y avait trente et un noms inscrits sur le monument aux morts, presque tous du régiment de *yeomanry*[1] local, les Queen's Own Oxfordshire Hussars.

Père aimait que nous invitions des amis. La jeunesse le rafraîchissait. Il conservait quelque espoir que nous pourrions nous élever au niveau de ses propres amis disparus. Il faisait circuler la carafe de bordeaux en nous encourageant à nous exprimer. Colin était timide et silencieux, alors que les amis de mes frères, venus d'Oxford ou d'Eton, s'employaient à se mettre en valeur. Père disait de lui :

— Il a la réticence calviniste naturelle de l'Écossais de bonne race.

C'était le genre de formule dont il se délectait.

— De plus, ajoutait-il, c'est un pêcheur, ce qui est une marque de vertu.

Il trouvait que cette phrase avait des accents très romains.

J'initiai Colin à l'art de la mouche sèche, qu'il n'avait jamais pratiqué dans les eaux vives des torrents du nord. Au bout de deux ou trois jours, il me surpassait.

Lord Birkenhead vint passer le week-end. Il s'appliquait à cultiver la jeunesse en l'éblouissant par l'audace de son esprit et l'extravagance de ses opinions. Père était entré en conflit avec lui sur l'Irlande, ce qui ne l'empêchait pas de trouver irrésistible sa conversation.

— Je n'ai pas compris la moitié de ce qu'il a raconté, me dit Colin, mais il est un peu canaille, non ?

1. Milice montée, mobilisable en cas de guerre et pouvant fournir alors des unités de première ligne. *(N.d.T.)*

Quant à moi, Birkenhead me prit à part et me dit :

— Ainsi, vous êtes poète, jeune homme. Nous avons besoin de poètes. Là où il n'y a plus de poésie, les peuples périssent. C'est notre grand art national.

Sur ce, il cita Matthew Arnold.

— Un sublime pessimisme, dit-il. J'ai connu le pouvoir et ai pu mesurer les impuretés du monde. Mais c'est par la poésie que les hommes apprennent à s'élancer vers les étoiles.

On était au milieu de l'après-midi et il empestait le cognac.

— Que ne donnerais-je pour avoir de nouveau seize ans et le monde devant moi pour nourrir mes rêves ! Ah, jeunesse, jeunesse ! *Carpe diem*, jeune homme. Il y a aussi de la poésie dans le roman de la politique, la marche des événements, les grandes décisions, le drame.

Quatre ans plus tard, il mourait, à cinquante-huit ans.

Certains historiens considèrent sa vie comme un échec, voient en lui brutalité et pourriture, jugent purement pathologique son cxtravagance. Cependant, il m'a réellement inspiré cet après-midi, où ses phrases au rythme prenant roulaient sur les pelouses de Blankets.

*

Père considérait Blankets comme un refuge, mais pour nous, c'était un Éden privé. La pomme était encore sur l'arbre.

Ma résolution de faire mes études secondaires en Écosse m'avait quelque peu éloigné de George et d'Hector, qui étaient allés à Eton. Alastair, qui fréquentait encore son école privée, faisait la joie de Père chaque fois qu'il était à la maison. Je me sentais donc beaucoup plus proche de Kirstie, qui partageait ma passion pour l'Écosse, dévorait les romans de Walter Scott et trouvait l'Oxfordshire « sans relief ». Avec Colin, Kirstie et moi passions les matinées à cheval, les après-midi sur la pelouse de croquet et les débuts de soirée près de la rivière aux truites, à l'approche du crépuscule.

— Si la vie pouvait toujours être ainsi ! soupirait Colin.

Le seul livre qu'il avait lu avec plaisir était *Le Vent dans les saules*.

Hector amenait des amis étudiants, pour la plupart anciens d'Eton, dont on pouvait deviner, à leur ton de belle assurance, qu'ils se préparaient à des responsabilités gouvernementales. Je n'aimais guère leur façon d'estimer que le monde leur appartenait en toute jouissance, mais leur connaissance du monde en question me déconcertait et m'écrasait quelque peu. Quand je pris devant eux la défense de la grève générale de cet été-là, ils me balayèrent avec ce dédain né des privilèges comme de l'ignorance.

— Dis-moi, ne serais-tu pas un bolchevique ? me demanda l'un d'eux.

C'était un grand et beau garçon blond, avec des lèvres un peu molles, des yeux très bleus et des cheveux ondulés. Son apparence était plus généreuse que ses sentiments. Il s'appelait Guy Holland, et son père, membre du Parlement, avait été tué à la deuxième bataille d'Ypres.

— Je ne sais pas, lui dis-je, mais au moins, en Russie, ils essaient de créer un monde meilleur.

— Tu es un idéaliste, intervint alors Edwin Pringle, héritier des loyers de plus d'un kilomètre carré de quelque ville du centre industriel. Mais j'ai bien peur que l'idéalisme soit un luxe que nous ne pouvons nous permettre.

— J'ai été idéaliste autrefois, fit Robin Maltravers de sa voix onctueuse. Dans ma période Shelley, si ma mémoire est bonne.

— Et quand était-ce, Robin ?

— Quand j'avais douze ans.

Le porto circulait autour de la table, à la lueur dansante des bougies. Il me semble qu'un rossignol chantait dans le jardin.

— J'ai exploré l'histoire locale, intervint Père. Savez-vous, Guy, que cette maison et ces terres ont été autrefois détenues par un membre de votre famille? Elles étaient à l'origine propriété monastique, et ont été achetées lors de la dissolution des congrégations. Le Holland qui les possédait à l'époque de la Guerre civile[1] combattit du côté du Parlement, mais il manifesta son opposition au Protectorat de Cromwell et fut fait chevalier à la Restauration. Son fils se fit catholique. Intéressant, n'est-ce pas? La famille devint tory et jacobite[2]. Lors du soulèvement de 1745, le Holland de l'époque, Sir Benjamin, reçut la visite d'un certain Alastair Maclean, un officier au service des Français qui venait sonder les jacobites d'Angleterre. Sir Benjamin promit de se joindre au prince Charles-Édouard si l'armée jacobite remportait une victoire en Angleterre ou atteignait Londres, mais – souligna-t-il – son pays était une région paisible, il ne pouvait y réunir de combattants car l'usage des armes avait été depuis longtemps oublié dans cette contrée tranquille, et ses obligations envers sa famille et ses gens étaient telles qu'il ne pouvait se permettre d'apporter son soutien à une cause dont le sort restait douteux. Ainsi, il éconduisit le capitaine Maclean avec la réponse qui fut celle de tant de jacobites anglais: nous sommes de tout cœur avec vous mais nous n'osons nous engager. Je pense qu'il y a là une leçon également valable pour notre époque.

Les «leçons» de Père étaient toujours énigmatiques et équivoques. Je doute que qui que ce soit autour de la table ait compris ce qu'il voulait dire. Tous écoutèrent poliment, car on leur avait enseigné les bonnes manières.

Mais il y avait là, pensai-je, deux leçons, et elles étaient contradictoires. Soit on se vouait corps et âme à une cause, pour le meilleur ou pour le pire, soit on

1. La guerre civile opposant, de 1642 à 1646, les partisans du Parlement à ceux du roi Charles Ier. *(N.d.T.)*
2. Partisans des Stuart. *(N.d.T.)*

estimait avoir d'autres loyautés personnelles méritant qu'on leur donne la priorité. Et j'ignorais totalement à laquelle de ces deux leçons Père apportait son approbation.

*

— Mon cher, me dit Robin Maltravers, c'est très vilain de la part d'Hector de vous avoir tenu si longtemps caché, mais maintenant que je vous ai trouvé, je ne vais pas vous laisser partir, même si vous vous repliez dans votre refuge du Nord. Et cela bien que je déteste ce Nord, qui sent toujours le chien mouillé et le tweed.

Robin m'inquiétait, et je n'étais pas sûr de beaucoup l'aimer.

— J'aimerais, poursuivit-il, vous emmener sur la Riviera avec moi. Je préférerais ne pas avoir à y aller, mais le devoir, sous la forme de ma mère, m'y appelle, et j'en suis l'esclave. Oh, cette vie épuisante des casinos ! Indescriptible !

Il levait les yeux au ciel.

— Mais ensuite, en avant pour l'Italie et son merveilleux art baroque ! Ne le dites surtout pas à Sachie, mais je suis presque certain qu'au fond de moi-même, je serais assez rococo.

Il était bien dans sa manière de poser en principe que je connaissais Sachie – et aurais pu être en mesure de lui dire quoi que ce soit. Mais Robin était un esthète moderniste, déjeunant couramment avec les Sitwell et Nancy Cunard. Mes goûts allaient encore, selon l'humeur, à Kipling et à Housman. Robin tournait le premier en dérision et accablait le second.

— Tout cet apitoiement sur soi-même bien anglais ! disait-il. Le Shropshire ! Autant vivre dans une salade, mon cher. Et Kipling, boum, boum, boum... Les valeurs de nos pères et tout le reste. Je vous demande un peu ! Nous avons changé tout cela, nous qui vivons dans les désertiques étendues de la civilisation occidentale.

Mais, tout en m'effrayant, il me séduisait. Je me sentais prêt à me révolter contre les valeurs de Père – « Tout ce libéralisme boiteux et ce ton de supériorité morale, mon cher » –, et il m'ouvrait une voie en ce sens. Quand, au cours du trimestre suivant, il se mit à m'écrire d'Oxford, j'en fus transporté. Je montrai ses lettres à Toby Macrae.

— Eh bien, me dit celui-ci, nous y voilà. Serait-ce là cet amour qui n'ose pas dire son nom ?

Mais, en même temps, Toby était impressionné. Comme moi, il était prêt à entrer en rébellion contre la respectable éthique bourgeoise du collège et le christianisme musclé de son principal. Toby venait d'un bon milieu d'hommes de loi d'Édimbourg. Son père était un notaire appartenant à une étude de vieille et haute réputation, membre du conseil de paroisse de St. Giles, et l'incarnation même de la respectabilité locale. La maison familiale sur la Moray Place en disait long à cet égard. Donald Macrae était un homme foncièrement bon, mais il rendait fou Toby par sa façon d'accepter sans questions ni restrictions l'ordre des choses. Assis à la table d'acajou de leur salle à manger, je pouvais presque sentir Toby trépigner tandis que Mr. Macrae énonçait les vérités éternelles.

— Le docteur Pangloss a parlé, disait Toby dès que nous nous trouvions libérés de la présence paternelle. « Une chose est sûre, ajoutait-il, aucune force au monde ne me fera jamais embrasser une carrière juridique. »

Nous nous glissions hors de la maison pour nous enfoncer dans la sombre nuit hivernale d'Édimbourg et gagner Rutherford's, dans Drummond Street, que fréquentaient les étudiants en médecine, ou les cabarets un peu borgnes en haut de Leith Street. À ce stade, notre sentiment de révolte ne nous poussait guère plus loin que l'absorption de deux pintes de bière – tout ce que, je dois le dire, nos moyens financiers nous autorisaient – et les véhéments propos auxquels s'est toujours laissée aller la jeunesse. Mais Toby se prétendait amoureux d'une serveuse, Morag, qui jouait de ses boucles brunes avec quelque coquetterie et le rudoyait avec une assez bienveillante condescendance.

— Compare simplement, me disait il, Morag aux filles que nous rencontrons à nos soirées dansantes bien comme il faut. Ces insipides créatures. Toute la vitalité de l'Écosse s'est maintenant réfugiée dans ce que mon père appellerait les classes inférieures. Penses-tu, Alec, qu'il y ait une ville au monde, une seule, où la conscience de classe soit aussi développée qu'à Édimbourg ?

— Cela me semble improbable, répondais-je.

— Mais le docteur Pangloss te dira que l'Écosse se distingue par le respect que chaque classe porte aux autres. « Nous ne sommes pas égalitaristes, mais nous estimons être tous sortis du même berceau. » Moi, je te le dis, cela me donne envie de hurler à n'en plus finir...

Il émettait alors, à titre d'illustration, un bref glapissement, qui, bien que n'ayant qu'un lointain rapport avec un hurlement, le faisait immédiatement rabrouer par Morag.

— Pas de cela ici, je vous préviens, lui disait-elle.

— Quelle force de caractère ! remarquait alors Toby. Et, dès la phrase suivante, le docteur Pangloss stigmatisera la rudesse de ces gens « qui, simplement, ne savent pas se tenir »...

À ma grande surprise, Toby ne trouvait rien de panglossien chez mon père. Peut-être n'a-t-on besoin de se révolter que contre ses propres parents. Mais peut-être que non ; beaucoup d'entre nous, alors et dans les quelques années à venir, allaient nourrir le sentiment qu'il y avait une véritable guerre entre les générations. Toby, toutefois, réagissait favorablement à l'enthousiasme manifesté par mon père à l'égard de la jeunesse. Il était très frappé par le fait que Père nous encourageait tous à exprimer et à défendre nos opinions, alors que Mr. Macrae était simplement irrité par les idées de son fils.

— On n'a, disait-il volontiers, le droit d'avoir une opinion que lorsqu'on l'a formée par l'expérience.

Oubliant ses ressentiments lorsqu'il se trouvait à Blankets, Toby s'y montrait d'une étonnante perspicacité dans ses jugements. Il me démontra que George était, en fait, intelligent ; j'avais pris l'habitude de le considérer comme un imbécile parce qu'il était le seul d'entre nous à n'avoir aucun goût pour les livres. George n'était pas illettré ; il n'était même pas ce qu'on appelle maintenant dyslexique. Il lisait parfaitement bien et n'avait aucun problème avec son travail scolaire ; simplement, cela ne l'intéressait pas. C'était tout. Ce n'était pas qu'il fût un musculaire ; il méprisait cordialement les sportifs. À l'école, quand cela avait été nécessaire, il en avait fait juste assez sur les terrains de jeu pour ne pas se faire remarquer, et avait attendu d'être assez ancien pour proclamer que tout cela était une navrante perte de temps. Il n'avait pas plus de goût pour ces activités de plein air dont Père se délectait. S'il voulait manger de la truite, il existait d'excellents poissonniers. Parler politique l'ennuyait également ; les gens, affirma-t-il un jour, inventaient des problèmes afin de pouvoir les discuter ensuite.

L'indifférence qu'il manifestait à l'égard de presque toutes choses lui conférait, maintenant que j'étais prêt à ne plus le croire idiot, un air d'autorité. Il n'y avait rien qu'il ait envie de faire, et cependant il n'était nullement amer.

— George pourrait devenir un grand homme, affirmait Toby.

En plein milieu de sa deuxième année, George quitta brusquement Oxford. Père fut abasourdi. Il ne pouvait concevoir qu'on pût faire une telle chose. Il alla jusqu'à envoyer George voir un aliéniste dans Wimpole Street. George – de façon surprenante ? – y consentit. J'ai mis ici un point d'interrogation parce que j'avais supposé qu'à sa manière très particulière, il agissait conformément à quelque plan prévu. Mais, apparemment, ce n'était pas du tout le cas. Il savait qu'Oxford n'était pas pour lui. Il considérait avec un mépris glacial les enthousiasmes des étudiants de première année. Mais il ne savait pas pourquoi. Ce n'était même pas l'absence quasi totale de femmes qui le chassait. Il était encore un jeune homme vierge sans impatience.

Il se rendit chez l'aliéniste pendant une période de six mois. Puis, un jour, je le trouvai en train de prendre le thé dans le salon, à Hyde Park Gardens, alors qu'il était censé être encore Wimpole Street.

— Je lui ai cassé la figure, déclara-t-il, et je lui ai dit qu'il était un farceur.

— Pourquoi ?

— Parce que c'en est un.

Ce fut tout. Nul ne tira de George un autre mot d'explication. L'aliéniste appela la police. Il fut un moment question de poursuites. Puis la plainte fut retirée. Bien que toute la famille, et particulièrement Père et Mère, ait vécu dans l'angoisse, George ne semblait nullement troublé.

Puis, un peu plus tard, au cours du printemps 1928, il quitta la maison. Sans le moindre avertissement. Un jour, après le petit-déjeuner, il demanda à l'une des femmes de chambre de lui préparer une valise et d'appeler un taxi.

On resta sans nouvelles de lui pendant des semaines. Père voulait prévenir la police ; Mère l'en empêcha. Il se rendit à la morgue, examiner des cadavres non identifiés. Puis un télégramme arriva d'Espagne. George y était allé voir les taureaux.

— Extraordinaire, proclama Père. J'ai toujours été révolté par l'idée des courses de taureaux.

— Les Espagnols, déclara ma grand-mère, sa belle-mère, n'ont aucun sentiment envers les animaux. Je me demande pourquoi. Ils ont tous eu des gouvernantes anglaises, vous savez.

Tandis qu'elle prononçait ces doctes paroles, un rayon de soleil venait teinter d'or pâle les traits de son visage très victorien. Sa robe exhalait une discrète odeur de naphtaline.

Père ne s'était jamais attendu à ce que ses enfants lui causent des ennuis. George le déconcertait totalement. Lui-même avait été un bon fils, attentif à ses devoirs. Il avait suivi le *cursus honoris*. Conquis le respect de ses pairs. Ce n'était pas un homme obnubilé par la réussite, mais il n'en appréciait pas moins la sienne. Et voilà qu'il y avait George !

— Il est sans doute tombé amoureux de quelque Gitane, suggérai-je. Comme Carmen.

— De l'opéra, maintenant ! fit Père. Des sopranos piaillantes ! Si George avait un autre tempérament, s'il s'était révolté contre « ce mal étrange de la vie moderne, cette course sans fin et sans but, la tête trop pleine et le cœur trop vide »... Cela, oui, j'aurais pu le comprendre. Mais cela ne ressemble pas du tout à George. Il n'y a aucune poésie en lui. Et, cependant, il n'est pas une nullité. Quelque chose s'est détraqué quelque part, et j'aimerais bien comprendre quoi.

Il me regarda d'un air interrogateur, mais je n'avais aucune explication à lui proposer.

Père secoua alors sa pipe, poussa un soupir digne du meilleur théâtre victorien et se retira dans la bibliothèque.

Toby secoua la tête.

— Il y a trois sortes de personnes dans ce pays, dit-il. Il y a les gens qui ont grandi avant la guerre, dont les goûts et les opinions se sont formés à cette époque, qui étaient trop vieux pour combattre, et dont les pensées ne cessent maintenant de se reporter au paradis perdu édouardien. Il y a ceux qui ont subi l'épreuve des tranchées et qui ne pourront plus jamais croire en rien. Et il y a notre génération, qui est en quête d'une foi et, faute d'en trouver une, cherche son assouvissement dans la dissipation.

— Tout cela est très gentil, fit Hector de sa voix haut perchée de ténor léger, mais ce vieux George n'est rien d'autre qu'un fichu égoïste. Il se moque des conséquences que ses actes peuvent avoir pour nous.

Alastair leva la tête de *Contrepoint* et déclara tranquillement :

— Moi, je dirais que ce vieux George suit tout simplement son instinct, et qu'il a parfaitement raison. N'est-ce pas tout ce que nous devrions apprendre à faire, nous aussi ? Et si, en plus, il s'est trouvé une Gitane, bonne chance à lui.

— Tu es trop jeune pour comprendre, déclara Hector.

— Hector, lui dis-je alors, c'est le genre de remarque qu'ils font.

— Qui cela, « ils » ?

— Les gardiens de l'inaltérable loi.

IV

BERLIN, 1931

Quand je revois le jeune homme prêt à s'embarquer pour Berlin au milieu des fumées gris-bleu et des sifflements de vapeur de la gare de Victoria, je ne puis me défendre d'un certain agacement. Il est de façon si évidente un représentant de la classe dirigeante britannique – et, en même temps, il est si convaincu qu'il ne l'est pas, si résolu à ne pas l'être ! Il se prend pour un rebelle, mais nul étranger ou nul membre de la classe ouvrière ne pourrait se laisser abuser un instant. Son pardessus est en bon tweed écossais, comme l'est son complet sombre à chevrons. Il porte une casquette, également en tweed. Ce faisant, il se conforme même à l'une des instructions de son père : « Toujours une casquette lorsqu'on voyage par le train. »

Et son expression trahit une naïveté qui ne pourrait être le fait d'aucun continental de son âge.

Qui plus est, il est en train de fuir, même si l'acquisition de l'expérience est le but apparent de son voyage. Rien de très aventureux ne saurait l'attendre. Il s'en va simplement rejoindre son frère Hector, qui vient de décrocher son premier, et très subalterne, poste diplomatique à notre ambassade de Berlin.

Mais en fait, Hector, lorsqu'il l'accueille à la gare à

Berlin, semble différent. Il a perdu son air perpétuellement susceptible et dédaigneux. Son nez ne se plisse plus en permanence comme s'il venait de détecter quelque mauvaise odeur. Quelque chose d'Eton et d'Oxford a également disparu. Quelqu'un lui avait peut-être fait comprendre que les bonnes notes n'étaient pas tout ce qui comptait dans la vie.

Dehors, il pleut comme il pleuvait à Londres. Mais – pour Alec – c'est là, encore, une autre sorte de pluie, indiscutablement étrangère, bien qu'il soit bien incapable de dire en quoi elle est différente. La pluie anglaise, pense-t-il, est simplement de la pluie, mais cette pluie allemande est dirigée directement contre lui.

En sortant de la gare, ils débouchent sur une vaste place, où la pluie vient rebondir à la surface de flaques d'eau que la lueur des réverbères vient colorer d'or et de pourpre. Mais Alec s'est trompé sur cette pluie, il s'en rend compte presque aussitôt. Elle n'est pas dirigée contre lui ; elle n'est dirigée contre personne. Elle participe de l'immense indifférence caractérisant Berlin. C'est, en l'occurrence, une pluie libératrice, la pluie d'une ville où il n'aura pas à faire mine d'être ce que les autres pensent qu'il doit être – ces autres étant, bien sûr, ses aînés.

Il fait aussi un froid âpre et cruel, qui traverse son somptueux pardessus de tweed et pénètre jusque dans ses os. Et cela aussi est conforme à ce qui doit être – pas de demi-mesures. Il y a quelque chose de superbement railleur et provocateur dans l'air. Même les immeubles, énormes, lourdement décorés, semblant exiger l'admiration comme un dû, ont une apparence irréelle. C'est comme s'ils ne devaient pas se trouver là, dans une ville qui ressemble à un rêve débridé. Tout autour de Berlin – il le sait déjà et peut le respirer dans l'air – il n'y a que vide. La ville s'arrête brutalement, et au-delà, c'est le paysage désolé des Chevaliers teutoniques.

Hector appelle un taxi, et ils se rendent, non à son appartement, comme s'y attendait Alec, mais à un bar situé sur un large boulevard auquel la lugubre lumière de janvier donne une allure presque rébarbative. Le bar lui-même est plein de globes électriques, de velours, de dorures et de miroirs. Il est bondé, et une vapeur dense monte des manteaux humides et des saucisses chaudes.

Hector a commandé au chauffeur de taxi de transporter les bagages d'Alec jusqu'à son appartement, et Alec va se demander tout le reste de la soirée si cela a bien été sage de faire ainsi confiance à un chauffeur étranger. (Mais, bien sûr, toutes ses affaires l'attendront au grand complet lorsqu'il gagnera finalement l'appartement.)

Alec est venu à Berlin parce que, six mois après sa sortie de Cambridge, il n'a toujours pas d'emploi – on est en 1931 et c'est la dépression. Le fait de ne pas avoir d'emploi ne le préoccupe guère – il est poète, après tout – mais il a réussi à persuader son père qu'apprendre l'allemand serait une bonne idée.

En fait, dit-il à ses amis, je veux pouvoir lire Nietzsche dans le texte. Si on ne comprend pas Nietzsche, ajoute-t-il, on est perdu dans le monde d'aujourd'hui. La plupart de ceux à qui il tient ces propos n'ont pas, il le sait fort bien, lu Nietzsche, même en traduction, et lui-même n'est pas arrivé à venir à bout de *Ainsi parlait Zarathoustra*, et n'y fait que des plongées, afin d'en extraire quelques aphorismes. Mais peu importe. Il est sûr d'avoir saisi « l'essence de Nietzsche », et, à certains moments, il se persuade qu'il en fera vraiment le tour lorsqu'il saura assez d'allemand. Mais, bien sûr, il finira, avec le temps, par apprendre assez bien la langue sans jamais s'attaquer sérieusement à Nietzsche. De toute manière, il découvrira que très peu de ses amis allemands ont lu celui-ci.

Il y a aussi Kafka. Mais, au moment dont nous parlons, Alec ne se sent pas tout à fait assez sûr de lui pour s'étendre sur le sujet.

— Nous devons retrouver Guy ici, déclare Hector. Mais il est toujours en retard.

— Guy ?

— Guy Holland, bien sûr.

Alec n'est pas immédiatement sûr d'être ravi d'apprendre la présence de Guy Holland à Berlin. Il y a quelque chose d'un peu troublant chez Guy. Que fait-il là ?

— Oh ! dit Hector. Guy n'a pas besoin de « faire » quoi que ce soit. Il fait partie de ces heureux mortels qui ont encore des rentes. Mais je crois qu'il y a un film auquel il s'intéresse.

Puis Hector fait dévier la conversation vers leurs parents à tous deux, et le fait que Père est « impossible ». C'est nouveau. Hector n'a jamais, auparavant, jugé Père impossible. Bien au contraire, il a toujours été le fils docile et attentif à ses devoirs ; le fait qu'il se trouve là, à Berlin, accrédité auprès de l'ambassade de Sa Majesté britannique le prouve. Mais, maintenant, il proclame :

— Il m'arrive parfois de comprendre pourquoi ce vieux George a pris la poudre d'escampette. Père ne se rend pas compte que c'est le navire tout entier qui est en train de couler.

— À cause de la dépression, crois-tu ?

— Mon vieux, la dépression est un symptôme et non une cause du naufrage que nous allons connaître.

En dépit de sa naïveté de l'époque, Alec se demande où Hector a bien pu pêcher cette phrase. Elle ne sonne pas comme ses propos habituels. Et, de fait, Alec ne va pas tarder à rencontrer beaucoup de gens qui lui diront que la dépression (ou la crise) est un symptôme et non une cause de... oh !... de l'épuisement final du système capitaliste. Cela ou des propos à cet effet.

Mais Guy Holland, quand ils le voient venir vers eux dans le bar plein à craquer, avançant comme si la foule devait s'écarter devant lui, comme la mer Rouge devant les Enfants d'Israël, ce qu'elle fait bel et bien, semble une vivante illustration de la vigueur persistante de ce système sur le point de sombrer. Il est superbement vêtu. Il a laissé son pardessus au groom (car c'est le genre de bar où il y a un vestiaire et un groom) et il porte un complet gris tourterelle coupé avec cette fausse négligence qui est la marque du grand art, une chemise de soie crème et une cravate bordeaux. Il a une orchidée à la boutonnière, et sa chevelure blonde floue lui donne l'allure incongrue d'un poète byronien.

Il sourit à Alec comme si le saluer verbalement semblait trop fatigant.

— Je me demande pourquoi nous venons ici, déclare-t-il, dirigeant le regard de ses compagnons, à la suite du sien, vers une table où deux hommes grisonnants à la forte carrure ressemblant à des officiers hors d'âge – l'un d'eux avait en fait perdu un bras – se disputent une bouteille de champagne (enveloppée dans une serviette mais sans doute allemande).

Tous deux revendiquent l'honneur de servir leur convive, une dame dont l'épais maquillage ne parvient pas à dissimuler les atteintes du temps et qui persiste à porter sur les épaules une étole de renard crème, bien que, dans la salle, la chaleur soit telle qu'Alec étouffe dans son complet de tweed.

Alec ne va pas tarder à s'installer dans une pension de famille située non loin de la Nöllendorffplatz, dans une rue étroite où les ornements en plâtre sale des façades ne parviennent pas à dissimuler que le quartier tout entier est à l'extrême bord du déclin social. Il est content d'être chez lui. Hector, à Berlin, est certes plus amusant qu'Hector à la maison, mais il n'en reste pas moins Hector. Malgré tout, il se sent quelque peu vexé qu'Hector n'insiste pas pour le garder dans son appartement, où il y a certainement place pour deux. Hector n'a même pas avancé, à titre d'excuse, le fait qu'il veut conserver sa chambre d'amis pour accueillir des visiteurs venus d'Angleterre. Il s'est borné à adhérer très volontiers à l'idée qu'Alec ferait des progrès beaucoup plus rapides en allemand s'il allait s'installer dans une pension où il serait contraint de pratiquer constamment la langue.

Il faudra quelque temps à Alec pour comprendre la

raison de l'attitude d'Hector. Il ne lui est jamais venu à l'esprit que sa présence pouvait compromettre le genre de vie d'Hector ; en effet, il ne lui était pas venu non plus à l'esprit qu'Hector pouvait avoir un genre de vie particulier.

Le matin, bien qu'il ait souvent à se remettre des excès de la veille, Alec travaille sérieusement son allemand. Il procède avec méthode, en utilisant une grammaire et un bon dictionnaire. Il apprend des listes de verbes irréguliers. L'allemand qu'il entend dans les rues, les cafés, les bars et les boutiques n'est pas celui de Nietzsche, que, de toute manière, il ne tarde pas à rejeter aux oubliettes. Pendant quelques semaines, il n'arrive pas à saisir le rugueux accent de Berlin. Puis, tout à coup, le déclic se fait, et l'humour subversif et railleur propre à la ville commence à faire son enchantement.

Guy Holland le cultive assidûment et requiert sa compagnie. Il n'est pas sûr d'apprécier la chose. Il y a quelque chose en Guy qui le trouble. Ce n'est pas son homosexualité. Alec s'avoue maintenant à lui-même – encore qu'il ne le ferait à nul autre – que son sentiment envers Colin était, selon les normes générales, homosexuel. (Je le juge maintenant, de façon plus précise, homo-érotique.) Mais il est sûr d'avoir dépassé ce stade. Ce qu'il cherche, c'est une fille. Aussi est-il tout prêt à s'amuser sans arrière-pensée lorsque Guy l'emmène faire la tournée des bars à garçons.

Guy, à cet égard, est franc jusqu'à la vantardise.

— Pour moi, dit-il, Berlin, c'est avant tout les garçons.

Il explique qu'il n'a pas connu de véritable épanouissement sexuel avant d'y venir. En Angleterre, bien que s'étant avisé tôt de sa vraie nature, il n'a jamais rien éprouvé de tel. C'est affaire de classe, affirme-t-il. S'il se trouve au lit avec un ami du même milieu que lui, il n'arrive pas à prendre la chose au sérieux, il se met même à pouffer de rire. Mais avec un jeune Allemand de basse classe...

Pour la première fois, Alec le voit s'animer vraiment.

— Ils y prennent du plaisir, dit-il, même quand, en réalité, ils préfèrent les filles.

En l'écoutant, Alec comprend soudain pourquoi Hector, lui aussi, est si détendu depuis qu'il est à Berlin. Il a été idiot de ne pas s'en aviser plus tôt, un idiot complet. Mais l'idée ne l'a pas effleuré. Il comprend maintenant pourquoi Hector préférait qu'il ne restât pas dans son appartement. Ce n'était pas, espère-t-il, la crainte de voir Alec rapporter la chose à leurs parents. C'était simplement ce que Guy venait d'évoquer. Alec présent, Hector se serait senti de nouveau Britannique, prisonnier des normes de respectabilité de l'Angleterre et de son milieu social.

Après cette conversation, Alec se sent beaucoup plus à l'aise avec Guy, et capable de profiter agréablement de sa compagnie. Il avait eu peur que Guy ne se soit toqué de lui et risque, par des avances trop précises, de le mettre dans une situation embarrassante. Il mesure maintenant combien cette crainte était ridicule et se prend à admirer chez Guy cette superbe désinvolture qui lui permet de se rendre, habillé comme pour le *Ritz,* dans les plus bas quartiers de la ville.

Il se fait une joie d'accompagner Guy dans ses randonnées. Un soir, ils se rendent ensemble à un *Lokal* situé dans un quartier ouvrier. Il y a là une vingtaine de garçons, bavardant et jouant aux cartes ou aux dés. Un gros poêle de fonte ronfle dans la salle, et il y fait si chaud que la plupart des assistants ont retiré vestons ou chandails et déboutonné leurs chemises jusqu'au nombril. Alec comprend que la plupart d'entre eux, peut-être tous, attendent le client. Mais ils ne manifestent aucune impatience. Le bar est une sorte de club.

Alec et Guy s'installent et commandent de la bière. Deux garçons posent leurs cartes et viennent les rejoindre. Ils accueillent Guy par son nom et l'un d'eux le gratifie d'un rapide baiser sur la joue, plus affectueux que racoleur. Les deux garçons savent sans doute qu'un peu plus tard dans la soirée, quoi qu'il arrive, qu'ils partent ou non avec Guy, celui-ci leur donnera un peu d'argent. Après tout, il est anglais, et les Anglais sont riches.

Celui qui s'appelle Otto passe son bras autour des épaules de Guy, d'un geste léger, amical, et commence à lui raconter une histoire. Alec n'écoute pas. Il préfère observer ce qui se passe autour de lui. Quelques hommes d'âge moyen, gras, l'air de bouchers prospères, sont arrivés et se sont mis à danser avec les garçons, aux accents d'une vieille valse que joue un phonographe. Le disque est rayé et hoquette à chaque révolution, mais nul ne paraît s'en soucier.

Puis l'autre garçon, Heinzi, se glisse sur le banc pour aller se placer tout près d'Alec. Il lui raconte qu'il vient de sortir de maison de correction, qu'il n'a pas été du tout corrigé, mais qu'il est bien agréable d'être dehors.

— Vous ne pouvez pas savoir, dit-il, ce qu'il y a comme vice dans ce genre d'endroits. Les choses qui s'y passent.

Il est fort joli garçon et porte un short de cuir, afin de bien exhiber des cuisses qui semblent très bronzées pour quelqu'un sortant d'une maison de correction.

— Mettez votre main dans sa poche, dit Guy à Alec.

— Comment ?

— Mettez votre main dans sa poche.

Guy sourit largement. Alec obéit et découvre que la poche a été découpée. Sa main se retrouve sur le sexe d'Heinzi, qui réagit en se durcissant immédiatement. Cela excite Alec, qui embrasse le garçon sur la bouche et sent la langue d'Heinzi chercher la sienne.

Guy est ravi du succès de son expérience.

— Vous m'aviez inquiété, confie-t-il à Alec un peu plus tard dans la soirée. Ce qui m'intriguait quand je me souvenais de cette beauté que vous aviez amenée à Blankets.

Alec ne croit pas utile d'expliquer que Colin et lui ne se sont jamais même embrassés. Il se borne à hausser les épaules, en espérant se faire ainsi passer pour un être aux mystérieuses profondeurs. Mais il doit s'avouer qu'il se sent quelque peu flatté.

Il prend l'habitude de passer à ce *Lokal* une ou deux fois par semaine. Il prend d'ordinaire un ou deux verres de bière et passe quelques heures à bavarder avec Heinzi ou quelques-uns des autres garçons. Il est fasciné par l'aisance avec laquelle ils semblent accepter leur condition. Aucun d'entre eux n'a la moindre ambition. Ils aimeraient bien être riches si la chose se produisait, mais l'idée même de la faire se produire paraît leur être étrangère, et même ridicule. Ils vivent dans un éternel présent, ce qu'Alec trouve très agréable. Il ramène une ou deux fois Heinzi chez lui, et passe un bon moment, mais ce n'est pas sérieux.

Il lui semble jouer, là et au *Lokal*, une sorte de comédie. C'est un peu comme la vie de collège, si toutes les restrictions et les inhibitions en étaient bannies. C'est un peu comme s'il faisait ce que ses condisciples et lui auraient tous aimé faire quatre ou cinq ans auparavant, sans l'oser.

Il se dit qu'on est là dans le domaine de la fiction, comme lorsqu'on imagine être naufragé sur une île. En fait, le *Lokal* est une sorte d'île, et c'est ce qui l'y attire.

La deuxième raison pour laquelle cela n'est pas sérieux est qu'il est tombé amoureux d'une jeune fille.

Trude est la fille du seul ami allemand de Père. Cela fait déjà plus de deux mois qu'Alec séjourne à Berlin lorsqu'il se décide à aller, conformément aux instructions de son père, rendre visite au professeur Liebknecht. Celui-ci a écrit une étude sur Walter Scott, et il l'a envoyée à Père avec une dédicace où il le remerciait de l'avoir amené, lors de leur première rencontre à Oxford, à s'intéresser au grand écrivain écossais.

Le professeur déclare presque d'emblée à Alec :

— Sir Walter était un homme de droite, mais je suis, quant à moi, un bon social-démocrate.

C'est vrai. Et Alec ne tarde pas à apprendre que le cousin du professeur, Karl Liebknecht, député au Reichstag ayant proclamé son opposition à la guerre, a été emprisonné, puis assassiné par des nationalistes extrémistes en 1919.

— Donc, voyez-vous, ajoute le professeur, je dois me montrer prudent.

Alec se demande s'il s'agit là d'une simple plaisanterie. C'est d'abord ce qu'il pense, puis il y trouve un fond de vérité.

Le professeur Liebknecht vit dans un vaste et sinistre appartement plein de tapis turcs (assez semblables à ceux de Sir William Allan – et venant peut-être de la même fabrique de Kidderminster) et de vieux meubles en acajou aux enjolivures excessives et aux formes incommodes. Des bibliothèques montent jusqu'au plafond, et, entre elles, sont accrochées de lugubres représentations de scènes mythologiques ou légendaires. Bien que connaissant peu Wagner, Alec se dit que le cycle des *Niebelungen* pourrait avoir été composé dans cet appartement. Il lui apparaît également pour la première fois que ce qu'on appelle le « victorianisme » n'est pas un phénomène purement britannique.

Il aimerait parler de Nietzsche au professeur Liebknecht, mais il est trop timide pour le faire. Il a peur d'étaler son ignorance. Il se contente d'écouter sagement le professeur disserter sur les beautés des montagnes écossaises. Ce n'est pas très exaltant, mais, soudain, Trude arrive.

Elle vient de l'extérieur, et son mince visage est encore empourpré par le froid. Ses yeux pétillent, ses cheveux sont coupés court, à la dernière mode, et son arrivée fait rajeunir de vingt ans le climat qui règne dans l'appartement. Elle apporte une telle bouffée d'air frais qu'il semble un peu absurde que ce sombre logement soit celui qu'elle habite. Dès ce premier jour où il ignore encore tout, Alec se rend compte que le professeur la regarde avec un mélange d'amour et d'anxiété. Pendant deux ou trois minutes, elle lui dit très vite où elle est allée, qui elle a vu et ce qu'elle a fait. Il est visible qu'elle le fait pour complaire au vieil homme.

Alec ne peut détacher son regard d'elle, et cela le gêne. Quand elle lui parle et qu'il tente de lui répondre, il a l'impression de ne plus maîtriser l'allemand. Il se sent terriblement stupide.

Si Trude le remarque, elle le lui pardonne. Très vite, ils sortent ensemble, ils vont au cinéma, au théâtre, à des expositions, et, bien sûr, dans les cafés. Trude a beaucoup d'amis – elle est étudiante à l'université. Ils se rencontrent dans des cafés et parlent, parlent, parlent sans cesse. Ils bavardent évidemment de choses et d'autres, mais une bonne part de leurs conversations est sérieuse. Trude a l'air d'un papillon, mais c'est une fille sérieuse.

Elle jouit d'une liberté peu commune, en partie parce que sa mère est morte, et en partie parce qu'il est conforme aux principes politiques de son père de la laisser ainsi libre.

— Il est moderne, dit-elle. Qu'est-ce qui vous fait sourire, Alec ?

— Je ne sais pas, en fait.

— C'est à cause de notre appartement, je pense. Je reconnais qu'il n'est pas au goût du jour. Mon père n'est pas moderne dans ses goûts, mais il l'est dans ses idées. Il croit en l'égalité des sexes. Je ne pense pas que vous en soyez encore arrivés là en Angleterre, mais c'est ce en quoi nous croyons dans les milieux évolués, en Allemagne. Mon père estime que le rôle des femmes ne se limite pas à faire la cuisine et à élever les enfants. Pourquoi souriez-vous ?

*

Alec est fasciné par Trude. Elle est différente de toutes les personnes qu'il a pu rencontrer jusque-là. Elle a précisément ce que personne ne possède chez lui. La sincérité. Trude dit exactement ce qu'elle pense, au moment où elle le pense. Ce n'est pas toujours intelligent ; il lui arrive de manifester des refus péremptoires et irritants : « Je ne veux pas entendre parler de cela ! » Et, hop, la chose est balayée, renvoyée aux ténèbres extérieures. Mais cela n'en est pas moins magnifique.

Elle réussit même à garder toute sa gravité profonde en mangeant des gâteaux à la crème, dont elle est anormalement friande.

— Je n'engraisse pas, proclame-t-elle simplement, et Alec la croit.

Ce n'est, de toute évidence, qu'une question de volonté. Et Trude en regorge.

Il s'applique à ce qu'elle ne rencontre pas Guy. Ils ne s'entendraient absolument pas. Trude n'admet pas le persiflage. Son affectation à elle est d'un ordre tout à fait différent : elle croit en la primauté de la raison – ou, du moins, elle affirme qu'il en est ainsi. Mais, bien qu'épris d'elle, Alec ne peut s'empêcher de remarquer qu'elle ne prend jamais le temps de réfléchir. Elle réagit.

Certains des amis de Trude sont communistes, et ce sont des communistes beaucoup plus sérieux que ceux qu'Alec a connus à Cambridge. Ils défendent leur théorie avec passion. C'est là l'une des différences, mais l'autre est plus importante. Elle réside dans le fait que les communistes ont une chance véritable d'arriver au pouvoir en Allemagne. La révolution peut arriver dès le lendemain. L'aube qui se lève est rose, virant au rouge. C'est ainsi qu'ils voient les choses, et nul ne peut s'étonner de l'excitation qui les habite. Elle pourrait même être contagieuse, mais Trude elle-même demeure totalement fidèle à la social-démocratie.

— Nous devons construire, affirme-t-elle. Et la social-démocratie est constructive.

— Nous détruire avant de pouvoir construire, rétorquent ses amis communistes.

Et la discussion se poursuit pendant des heures.

Il y a toutefois une chose dont ils sont tous certains : le capitalisme est fini. Quatre millions et demi de chômeurs sont là pour le prouver. On ne peut parcourir les rues de la capitale sans mesurer la réalité de son échec. Elle vous prend aux narines comme l'odeur des marrons que l'on fait rôtir sur des braseros à chaque carrefour.

Ils sont certains, aussi, qu'Hitler et les nazis ne peuvent arriver au pouvoir. Ils en sont si certains qu'ils n'ont même pas peur.

— L'âme allemande les rejettera, affirment-ils. Elle recrachera cette venimeuse absurdité.

Alec, lui, n'en est pas si sûr. C'est bien de l'impertinence de sa part, aussi garde-t-il un silence prudent. Mais il se demande si ces étudiants idéalistes venus de foyers bourgeois cossus où la réussite intellectuelle est élevée à la hauteur d'un culte sont capables d'entendre murmurer la rancœur qu'il perçoit, quant à lui, quand il parcourt les rues misérables où s'alignent les boutiques closes, aux devantures obturées de planches.

De plus, Guy l'a présenté à quelques jeunes gens qui sont fiers de se proclamer nazis. En comparaison des amis de Trude, ils ne brillent pas par l'intelligence. Mais la confiance qu'ils manifestent est alarmante, et Alec ne peut s'empêcher de penser qu'elle risque d'être justifiée. Bien sûr, ce sont des nazis socialement respectables, mais Alec n'en a pas rencontré d'autres. La réalité du mouvement n'est encore, pour lui, qu'un lointain bourdonnement venu des profondes forêts d'une Allemagne inconnue.

*

Hector aussi lui dit que, de l'avis de l'ambassade, le mouvement nazi ne parviendra à rien. Il a eu lui-même une conversation avec le chef de file conservateur, von Papen. Celui-ci, dit-il à Alec, maîtrise parfaitement le jeu qu'il joue avec Hitler. Hitler est son instrument, et c'est tout. Papen l'utilise pour détruire la république actuellement en place, et, quand ce sera fait, il prendra lui-même la tête d'un régime autoritaire à l'ancienne mode. Il remettra peut-être sur le trône le Kaiser ou son fils, et « le petit Monsieur Hitler sera écarté ». Hector ajoute que les nazis sont comme les graines semées dans la rocaille : des plantes en jaillissent très vite mais ne tardent pas à se faner et à périr, car elles n'ont pas de racines. L'utilisation de cette parabole par Hector rappelle à Alec leur père, citant toujours la Bible pour appuyer ses démonstrations.

— Von Papen est une outre gonflée de vent, déclare Trude. Il est stupide à un point que vous ne pouvez imaginer. Il est si stupide que les gens pensent qu'il est retors. Mais il est simplement stupide.

Hector pense lui aussi qu'après son installation, le régime autoritaire de von Papen ne durera pas, car « il sera construit sur une contradiction et un mensonge ».

— Il n'y a pas d'avenir pour cette sorte d'Allemagne, affirme-t-il. Elle appartient au passé et elle sera balayée.

Par qui ? Par les forces de l'Histoire et l'implacable logique de celle-ci.

Hector n'est pas, à ce qu'il répète souvent à Alec, un communiste. Ce serait incompatible avec sa position. Néanmoins, il est marxiste. Il sait comment l'Histoire évolue et où elle va.

Tous ces propos hautement politiques bourdonnent comme des frelons autour d'Alec et lui envahissent le cerveau. Il est fasciné par eux. Ils sont si merveilleusement réels, contrairement aux conversations politiques entendues chez lui, où il est toujours question de savoir si ce cher Reggie va décrocher un poste au gouvernement et si l'on va pouvoir cantonner les « trublions », comme Winston Churchill et Lloyd George – son vieux héros – là où ils ne pourront nuire. Mais, en même temps, une partie du plaisir qu'il ressent est due au fait de savoir très bien qu'à tout moment, il peut prendre le train et se retrouver à Londres en trente-six heures. C'est du théâtre, et c'est tout.

Seule Trude n'est pas du théâtre. Il commence à en être conscient. Ils ne se sont pas même embrassés, car, en dépit de son attachement à tout ce qui est moderne et à la liberté social-démocrate, Trude demeure une jeune fille de bonne famille élevée dans le respect des convenances, et dont la conception de la moralité est, en fait, considérablement plus rigide que celle d'Alec.

(Celui-ci pense à son arrière-grand-père et aux jeunes villageoises.)

De plus, bien qu'il ait fort envie d'embrasser Trude et plus encore, il n'est pas du tout sûr qu'elle souhaiterait être embrassée, même si ses principes le lui permettaient. Cette incertitude le tourmente, et il va, de ce fait, chercher refuge dans d'autres activités qu'elle ne pourrait que désapprouver avec la plus grande véhémence, et qu'il préfère donc tenir cachées.

Les mois passent. Alec se sent maintenant chez lui à Berlin. L'été survient, et avec lui l'idée des vacances. Hector part pour l'Angleterre, mais Alec craint de rompre le charme en quittant Berlin.

Il reçoit une lettre de Colin, qui, devenu militaire, doit aller en permission. Ne pourraient-ils pas se rencontrer quelque part ? L'idée séduit un moment Alec. Puis il se dit qu'ils ont dû beaucoup changer l'un et l'autre, et aussi que tout ce qu'il a appris à Berlin lui interdira de se montrer naturel envers Colin. Il est attaché à lui, bien sûr, mais comme à un souvenir. Aussi s'applique-t-il à ne répondre que trop tard, au moment où il est sûr que Colin a fait d'autres projets. C'est lamentable.

Alec a découvert ce qu'il veut faire dans la vie. Il veut devenir journaliste. Berlin est le parfait point de départ. C'est là qu'est en train de se dessiner l'avenir, et il bénéficie d'un fauteuil d'orchestre. L'idée l'enivre, il brûle de commencer. Il écrit à Père pour lui en faire part. Père répond qu'il a des relations au *Morning Post*[1] et qu'il va voir ce qu'il peut faire. Le *Morning Post* n'est cependant pas ce qu'Alec a en tête. Il ne pourrait écrire ce qu'il entend dans un journal d'un conservatisme aussi étouffant. Il s'attaque à une savante analyse de la situation politique locale et expédie finalement 2 000 mots au *New Statesman*[2].

Puis survient le grand krach. Un jour, il descend

1. Quotidien ultra-conservateur maintenant disparu. *(N.d.T.)*
2. Principal hebdomadaire de la gauche intellectuelle britannique. *(N.d.T.)*

dans la rue pour découvrir que les banques ont fermé leurs portes. Des centaines de petits épargnants se pressent devant la Banque nationale de Darmstadt. Un vieil homme avec une moustache à la Hindenburg est en larmes. Il répète :

— C'est la troisième fois que je suis ruiné, et je suis trop vieux, trop vieux !

Quelqu'un d'autre crie que tout cela est la faute « des juifs suceurs de sang », mais un homme trapu, d'âge moyen, en complet de toile, proteste :

— Qu'est-ce que vous voulez dire, les juifs suceurs de sang ? Je suis juif moi-même, et je puis vous dire qu'on me suce le sang aussi vite qu'à vous !

Quand Alec revient, un peu plus tard, la rue est vide, et un silence étrange semble planer sur la ville, comme si la peste y avait frappé.

*

Deux semaines plus tard, il part bel et bien en vacances. Il ne voit soudain plus rien qui l'empêche de rejoindre le professeur Liebknecht et Trude dans les montagnes du Harz, où le professeur a un chalet d'été. Il n'a reçu aucune réponse du *New Statesman*. Sa carrière de journaliste peut attendre l'automne.

Trude semble ravie de le voir, mais Alec pense qu'elle ne s'est pas désolée de son absence pour autant. Chaque jour, ils vont tous trois se promener dans la montagne, le vieux professeur, armé de son alpenstock, ouvrant la marche.

— Il y a, répète-t-il, un proverbe chinois qui dit : « Le vertueux trouve son plaisir dans les montagnes, le sage dans les rivières et les lacs. » Je ne crains pas d'être rangé parmi les vertueux. Peut-être avons-nous encore plus besoin, dans l'Allemagne d'aujourd'hui, de vertu que de sagesse.

Comme ils n'ont pas de personnel domestique – le chalet n'a que trois chambres à coucher, et, de toute façon, le professeur estime que les vacances exigent une vie simple et que leurs domestiques habituels ont besoin eux aussi de congés –, ils dînent chaque soir à la *Gasthaus*. L'aubergiste est enchanté d'avoir le professeur pour client – « Un homme si éminent, dit-il à Alec, un honneur pour notre région. » Ils mangent de la truite de montagne et de la langue de bœuf à la sauce aux oignons, de la venaison et la *Kaiserfleisch* avec d'énormes quantités de pommes de terre rôties au four, de la salade de concombre au paprika et de la betterave au cumin, puis, bien sûr, des crêpes, de l'*Apfelstrudel* ou de petites fraises sauvages qui poussent encore dans la montagne en cette saison. Et ils boivent quantité de vin verdâtre, légèrement acidulé mais merveilleusement rafraîchissant.

Le professeur parle du déclin de la culture allemande, détruite par le militarisme et la vanité.

— C'est ce que j'admire tant chez les Anglais, dit-il. Vous avez un sens des proportions qui nous a toujours fait défaut, et vous ne vous sentez jamais tentés de vous précipiter dans les abîmes. Pas de *Götterdämmerung* pour les dieux anglais. Nous, Allemands, avons fait des choses dont les Anglais ne seraient jamais capables. Il est impossible d'imaginer un Hegel anglais ou un Wagner anglais. Mais nous allons toujours trop loin. Même Hegel et Wagner sont, comment dirais-je ? Excessifs ? Il y a quelque chose de monstrueux dans leurs appétits.

Le professeur caresse son ventre, empli de *geröstete Kartoffeln*, et commande une autre bouteille de vin.

— Trop loin, répète-t-il. Nous ressentons l'attraction perverse du désastre. Mais vous, Anglais, souriez poliment et dites – il poursuit en anglais en parodiant l'accent d'Oxford – « Là, c'est un peu trop, mon vieux ». J'admire cela. Ici, en Allemagne, nous devons nous préparer à souffrir, car il y a une sorte de folie qui rôde, et j'ai peur qu'elle ne nous saisisse bientôt à la gorge. Eh bien, comme votre cher Walter Scott, je dirai : *agere et pati Romanum est*.

*

Un peu plus tard, Alec et Trude se promènent au clair de lune. Il lui prend le bras.

— Non, je vous en prie, dit-elle, ne soyez pas sentimental, Alec. Je n'aime pas cela.

Il essaie de lui dire qu'il l'aime, mais elle secoue la tête. Ce n'est pas ce qu'elle veut entendre. Puis, comme il ne sait que dire d'autre, ils montent en silence jusque dans les bois de pins surplombant le village. Il y a une légère brise, et la senteur des pins rappelle à Alec l'Écosse. Les pâles rayons de la lune d'été jouent entre les branches et dansent sur le sol tapissé d'aiguilles de pin. Ils sont maintenant arrivés assez haut pour ne plus entendre les bruits du village. Un daim jaillit des arbres devant eux, et, en un seul bond, a disparu dans les fourrés. Levant les yeux, ils distinguent, au-delà des arbres, le sommet nu de la crête s'étendant devant eux. Tout est maintenant tranquille, et la nuit est propice aux rêves de l'été. Il serait merveilleux de s'étendre là, sous les arbres, et de dormir en serrant sa bien-aimée dans ses bras.

Mais elle n'est pas sa bien-aimée, et elle n'est pas dans ses bras.

Elle dit soudain :

— J'ai peur.

Il sait qu'elle ne parle pas d'une peur du noir ou même de la demi-obscurité.

— Père, reprend-elle, n'a peur de rien et croit qu'on doit toujours clamer la vérité.

— Je sais. Je l'ai remarqué.

— Voilà pourquoi j'ai peur.

Il ne peut discuter ou tenter de la rassurer ; sa peur semble raisonnable. Mais il se sent honteux, et cette honte vient gâcher la tendresse qu'il ressent. Il se sent honteux parce que ce qui arrive en Allemagne est, pour lui, excitant. Cela ne le menace pas, mais il sait que cela pourrait détruire le professeur. Et Trude ? Oui. Trude aussi.

V

BERLIN, 1931-1933

Malgré le climat menaçant, il y avait quelque chose d'idyllique dans ces premiers mois passés en Allemagne. C'est pourquoi j'ai raconté ma propre histoire à la troisième personne et au présent. Une idylle appartient toujours à une autre personne, différente de celle que vous êtes devenue ensuite, et, cependant, l'idylle n'est jamais perdue. Elle demeure toujours présente. Mais, après ces vacances dans les montagnes, mes sentiments avaient changé : j'avais cessé de croire que ce qui se passait là où j'étais ne me concernait pas. Il me semblait au contraire que cela allait déterminer, pour moi, les années à venir.

Mon article m'avait été renvoyé par le *New Statesman*. On l'y avait, de toute manière, conservé si longtemps qu'il était maintenant dépassé. D'autres lettres m'attendaient, parmi lesquelles une de Père et une autre de Toby Macrae. Je les enfouis dans ma poche, et, ayant donné à ma propriétaire la bouteille de kirsch que j'avais rapportée du village, je ressortis.

Le ciel était maussade et l'on sentait le pouls de la ville battre comme un tambour lointain.

Je m'installai dans un café, commandai une bière et entrepris de lire mes lettres. En commençant, docilement, par celle de Père.

> « Mon cher Alec,
>
> « Tu auras appris par les journaux (si tu as lu les journaux anglais, mais, dans les montagnes, ce n'est peut-être pas le cas) que je m'étais laissé persuader de me joindre au gouvernement d'union nationale. Ce fut une décision difficile à prendre. Comme tu le sais, je n'ai aucune ambition politique ; celle-ci a disparu il y a un bon

moment. Mais j'ai de l'affection pour Ramsay, qui est un homme des plus honorables. En acceptant de prendre la tête du gouvernement d'unité nationale contre les vœux de la majorité de son propre parti, il a beaucoup sacrifié. Il est difficile de se couper de ses amis et de s'exposer aux railleries et aux insultes. Il a, cependant, en plaçant l'intérêt national avant celui de son parti, agi comme je souhaiterais voir agir tout homme d'État; comme tu le sais, je n'ai jamais été très favorable à l'esprit de parti. En ce moment de crise, les petites loyautés doivent s'effacer devant les plus grandes. Aussi ai-je accepté son offre, avec réticence, mais, en fin de compte, sans réserves. J'ai seulement précisé que ma santé ne me permettait pas d'accepter de trop lourdes charges ministérielles, et je suis heureux de dire qu'il l'a accepté. Mon poste est donc de nature à me permettre d'exercer, j'en suis sûr, quelque influence, mais sans commander de pouvoir réel. J'ai été profondément heureux et – cela va sans dire – honoré de recevoir un mot de Sa Majesté, de sa propre main, m'accueillant au sein du gouvernement. "L'Empire, a-t-Elle écrit, doit se souder en cette période de crise."

« J'ai longuement pensé à ton avenir immédiat. Je comprends que le *Morning Post* ne te séduise guère. Tu m'as assez souvent entendu dire qu'un homme qui n'est pas socialiste à vingt ans est un misérable. En conséquence, j'ai pris contact avec Edward Harbottle, le directeur du *Globe*. Il comprend ta position et sait que tu ne souhaites pas faire un stage préalable dans un journal local – ce qui est, tu en es conscient, la procédure normale. Il a parlé de toi à leur correspondant à Berlin, Ian Forbes – qui est originaire d'Aberdeen. Forbes sera très heureux de te voir et pense que tu peux, de façon pour le moment officieuse, te rendre utile. Je pense que cela te plaira et que tu sauras te montrer à la hauteur de l'occasion qui t'est ainsi offerte. Il est inutile, j'en suis certain, de souligner que c'est une faveur rare et exceptionnelle qui t'est faite.

« Hector a longuement parlé de la situation en Allemagne. Tout en respectant ses facultés d'analyse, je ne puis adhérer à ses conclusions. Ce dont l'Allemagne a besoin avant tout, c'est de stabilité et de la revalorisation de sa monnaie. Sans cela, la reprise est impossible. Il serait, j'ose le dire, sage de renoncer à toute demande de réparations. Je n'ai jamais trouvé celles-ci souhaitables, et je pense que Lloyd George était du même avis, mais les Français ont insisté. Comme à l'habitude, l'influence française en politique internationale a été pernicieuse. J'aime la France, je révère sa contribution à la civilisation, mais, politiquement, les Français ont toujours été des fauteurs de troubles depuis l'époque du cardinal de Richelieu.

« Il y a, de toute évidence, beaucoup de traits sauvages, brutaux et déplaisants chez les nationaux-socialistes, mais Hayes-Hayward, du Foreign Office, avec qui j'ai conversé hier au club, pense que Herr Hitler est fondamentalement un homme raisonnable et patriote. H.H. estime que s'il est admis au gouvernement, il se débarrassera des éléments indésirables ou les fera rentrer dans le rang. Il me semble que l'Allemagne a besoin d'un homme fort, qui fera pour le pays ce que Signor Mussolini a réalisé en Italie. Et si restreint est le choix que Herr Hitler semble le seul candidat.

« Ton père qui te redit son affection,

« W.A.

« P.S. L'âge me fait décidément perdre la mémoire. Assure, je te prie, le professeur Liebknecht de mon affectueux respect et de ma gratitude pour l'intérêt qu'il t'a témoigné. Si seulement il y avait plus d'Allemands tels que lui ! Il me fait penser à ce que Carlyle disait de Burns : "Voilà un exemple de la bonne race saxonne : fort comme le roc du Harz planté dans les profondeurs du monde. Un roc, mais avec, en lui, des veines de vivante douceur !" Un homme, je m'en souviens, comme il est rare d'en trouver aujourd'hui. »

Pauvre Père, pensai-je, pauvre et cher Père, aveugle au point d'en être si facilement rassuré par quelque pompeux imbécile à son club !

Deux soirs auparavant, à la *Gasthaus* du village, le professeur Liebknecht parlait des contradictions de la culture allemande.

— Nous aspirons à la raison, disait-il, et, en même temps, nous la redoutons ; nous constatons ses limites et nous reculons devant elle. Et cette dérobade, mon cher Alec, se manifeste de deux façons. D'un côté, nous avons quelqu'un comme Thomas Mann – je dis bien quelqu'un comme lui, car, en réalité, il est sans égal par son acuité et sa sensibilité. Il faut dire que Mann est avant tout un artiste, et, en tant que tel, il sait et sent de façon merveilleuse combien l'intuition et l'inconscient remettent en question les opérations de la raison. Mais, bien qu'en étant conscient, il demeure rationnel, toujours marié à la lumière. Et il parvient à trouver cet équilibre délicat parce qu'il ne se sent pas diminué ou menacé, mais plutôt enrichi, par ce qui va au-delà de la raison et par ce qui bouillonne toujours au-dessous d'elle. Mais, d'un autre côté, il y a des Allemands qui se sentent inférieurs, qui sont amenés à se sentir inférieurs par l'esprit sceptique inhérent à l'homme de raison. Le scepticisme leur fait horreur parce qu'il remet en question le fondement même de leur personnalité, parce qu'il réveille leur insécurité. Ils se précipitent donc dans la déraison, dénonçant la raison, ainsi que l'a fait Luther, comme une prostitution de la pensée. Ils se pensent forts parce que, rejetant la raison, ils jettent en même temps le scepticisme aux orties. Ils s'abandonnent à de sombres rêves d'une époque où l'homme primitif hantait en toute liberté les forêts germaniques. Ils se prétendent forts alors qu'en réalité, ils redoutent d'affronter l'impitoyable lumière du jour. Ils fuient ce monde infiniment complexe de précisions et de scepticisme que l'homme, dans sa marche vers la lumière, a construit et exploré au fil des siècles avec tant de difficulté et de courage. Oui, et de courage, car le scepticisme est la marque du courage ; il exige qu'un homme regarde la réalité en face. Ainsi, cette créature, cet Hitler, est un enfant des ténèbres, un lâche qui n'ose précisément pas faire cela, un être pour qui le scepticisme est chose impossible, car il lui révélerait son inaptitude fondamentale. Et son pouvoir d'attirance repose précisément sur cette inaptitude. Inapte lui-même, il prêche un message qui invite les hommes à nier la réalité. Ensuite, étant un menteur en même temps qu'un lâche et un pitre, il prétend que ce qu'il propose est réalité, la réalité de l'éternel combat, la réalité qui proclame fort le faible et affirme que cette faiblesse muée en force est en droit de gouverner notre façon de penser, ce que nous croyons et ce que nous faisons. Car cet appel à l'action qu'il lance partout n'a finalement qu'un but : annihiler la pensée, réduire l'homme à la simple sensation. Le scepticisme étant une propriété essentielle de la pensée, il ne peut, dans sa terreur panique de la réalité, qu'abominer...

Et à ce moment, j'entendis qu'à une table derrière moi, une chaise était repoussée avec violence. Un jeune homme en chemise brune se pencha au-dessus de nous.

— Ordure ! lança-t-il avant de cracher au visage du professeur. Ordure juive ! Quand nous serons au pouvoir...

Puis, comme intoxiqué par le mot « pouvoir », il lança son poing vers le professeur. Je levai vivement le bras et détournai le coup, et, sautant sur mes pieds, je me colletai avec l'agresseur. Un poing vint me frapper les reins et je laissai échapper un gémissement de douleur. À ce moment, l'aubergiste, Herr Schwarz, abattit sur l'épaule du nazi un épais bâton qu'il gardait derrière son comptoir. Le nazi poussa un hurlement et me lâcha. Herr Schwarz, solide et trapu, avec les bras robustes d'un homme habitué à soulever les tonneaux de bière, ordonna alors au nazi et à ses amis de vider les lieux. Voyant trois ou quatre villageois prêts à venir en aide à l'aubergiste et conscients d'être des étrangers en cet endroit, ceux-ci se replièrent en maugréant des menaces.

— Merci, Johan, dit le professeur à Herr Schwarz. Nous vous sommes très reconnaissants, mais je ne suis pas sûr que cela a été sage de votre part.

— Je ne permets pas à des gens de cette sorte d'agir ainsi chez moi, répondit l'aubergiste.

Trude tremblait.

— Même ici, fit-elle, même ici !

— Ma chère, dit le professeur, nous avons beaucoup d'amis. Merci, Alec ; même le scepticisme n'aurait pas protégé mes vieux os du coup que ce voyou m'aurait assené.

Herr Schwarz réunit quelques villageois pour nous escorter jusqu'au chalet.

— Je ne sais pas où va le monde, fit-il.

Il se gratta la tête et reprit :

— Herr Professor, ce n'est pas à un homme simple comme moi de donner des conseils à un monsieur instruit comme vous, mais un aubergiste voit beaucoup de choses et peut sentir ce qui se passe, et donc, si vous voulez bien me pardonner ma présomption, je vous conseillerai de faire plus attention à ce que vous dites en public. Ce sont de vilains temps que nous traversons, et je n'aimerais pas imaginer qu'un savant comme vous se fasse maltraiter. Je sais que vous aimez bien les mots, et, Dieu sait, les mots n'ont jamais fait de mal à personne, mais ce n'est pas ce que tout le monde pense, et il se peut que, la prochaine fois, ce jeune monsieur, l'Anglais, ne soit pas aussi rapide, et que je ne sois pas là avec mon gourdin.

*

Pauvre, cher Père, me dis-je de nouveau, et, prenant ma bière, j'allai jusqu'au bar.

— Franz, dis-je au barman, laissez-moi vous poser une question.

Il repoussa de la main son épaisse chevelure blonde et se pencha au-dessus du bar. Il avait l'habitude, en pareil cas, d'avancer les lèvres et de placer son visage près du vôtre, comme s'il allait vous embrasser. Il le faisait avec tout le monde. Certains clients, à ce que j'avais observé, trouvaient cela engageant, d'autres déconcertant et même repoussant. Je ne pense pas qu'il en était lui-même conscient. Ce qui avait peut-être commencé comme une provocation était devenu une simple habitude, de sorte que Franz semblait faire du charme même lorsque le client ne l'intéressait aucunement.

— Est-ce personnel ? demanda-t-il.

— Très.

— Bon. Allez-y.

— Eh bien, Franz, que pensez-vous réellement des nazis ?

Sa moue s'accentua.

— Oh, fit-il, ce n'est pas le genre de problèmes auquel je m'intéresse. J'ai des amis qui ne jurent que par eux.

Il s'esquiva pour aller servir un groupe qui venait d'entrer : deux hommes d'affaires de province aux complets fatigués, avec deux filles qu'ils avaient recrutées pour leur soirée en ville. Ces filles n'étaient pas tout à fait des professionnelles ; elles appartenaient, tendrais-je à penser, à ce royaume intermédiaire où se coudoient prostituées et petites danseuses de cabaret. Elles semblaient s'ennuyer fortement, comme si leurs compagnons avaient estimé qu'ils en avaient assez fait en les recrutant et qu'il ne fallait pas leur demander un effort supplémentaire. Cela dit, quand les deux hommes rentreraient chez eux, ils seraient en mesure de gratifier leurs collègues de lourdes allusions aux folles soirées passées à Berlin. Ils avaient commandé une bouteille de champagne, et, en les servant, Franz semblait avoir noué de curieuses relations de complicité avec les filles.

Je sortis la lettre de Toby. Elle était écrite en écossais, dans un style inspiré d'une partie de la correspondance de Stevenson avec Charles Baxter[1] – style terriblement affecté, même lorsque c'était Robert-Louis lui-même qui l'employait.

«Bien, bien, mon fidèle et vieil ami, c'est encore moi qui viens battre un peu la campagne. Est-ce qu'il t'arrive de penser à tes petits amis condamnés à attendre dans la Vieille Ville Enfumée? Les filles dans les tavernes brûlent de te voir. "Il ne va pas revenir?" gémissent-elles comme si tu étais Charlie[2] lui-même. "Pauvre de moi! Pauvre de moi!"

«Et quelle est la dernière nouvelle de la ville? Le pauvre apprenti morticole qui t'écrit ces lignes s'est trouvé anormalement ivre samedi dernier, et il est en disgrâce auprès du docteur Pangloss, lequel estime que "rien de bon ne peut sortir de ce genre de comportement". Et qui pourra dire que le vieil imbécile a tort? Pas moi, mon garçon, pas moi.

«L'autre soir, j'ai accompagné un de mes condisciples, étudiant comme moi ces mystères pour la révélation desquels le bon docteur Knox a requis l'aide de Burke et de Hare[3], à une réunion du Parti national d'Écosse. Hélas, pauvre pays! Je n'ai jamais vu un tel rassemblement de genoux flageolants dans l'ombre propice des kilts.

«Nos nationalistes ne sont pas comme ceux

1. Le meilleur ami de Robert-Louis Stevenson, avec qui il correspondit toute sa vie, parfois en écossais. *(N.d.T.)*

2. Le prétendant Charles-Édouard Stuart, surnommé «Bonnie Prince Charlie». *(N.d.T.)*

3. Burke et Hare étaient deux malfaiteurs qui, à Édimbourg, au XIXe siècle, fournissaient clandestinement à quelques médecins, dont le docteur Knox, des cadavres pour dissection. Jusqu'au moment où Knox s'avisa que, jugeant trop difficile de voler les corps dans les cimetières, ils tuaient eux-mêmes les futurs «sujets». *(N.d.T.)*

qu'on élève actuellement en Allemagne, cela, c'est sûr.

« Si, dans les heures creuses, ton cœur saigne encore pour le joli garçon d'antan, j'ai de tristes nouvelles pour toi. Il a pris femme, du moins à ce qu'on me dit. Il ne sert donc plus à rien de te languir de lui.

« Sérieusement, Alec, tu me manques. La Vieille Enfumée est un triste endroit sans ta sympathique frimousse. Reviens vite, et nous irons battre les collines.

« Toby. »

Je ressentis, après cette lecture, ce que tous ceux qui se trouvent dans une ville étrangère doivent ressentir parfois : un accès de déchirante nostalgie. Je vis le vent balayer la brume en remontant Leith Walk, et l'entendis malmener les cheminées de cette ville où je n'avais jamais vraiment vécu mais que je tenais pour mienne. Sur la page que Toby avait laissée en blanc, je me mis à jeter quelques vers.

*

Le bar de l'Hôtel Éden était habituellement au-dessus de mes moyens. Et le climat de luxe teinté d'anxiété qui y régnait n'avait rien d'attirant non plus. Ce fut Barbara Jakobsen qui m'y amena. C'était une journaliste américaine, déjà célèbre avant d'avoir atteint la trentaine. Elle était communiste, bien qu'avec ses cheveux élégamment coupés, son nez court et droit, ses lèvres pleines et ses robes dernier cri, elle offrît l'image classique d'une fille de millionnaire américain, ce qu'elle était également.

— L'*Éden* est un microcosme, Alec, me dit-elle. Je pourrais écrire ma chronique sans bouger de ce bar.

Elle se montrait sèche et exigeante avec le personnel.

— Seul un sentimental, seul un Anglais, affirmait-elle, est capable de supposer que, simplement parce que je suis communiste, j'ai une raison de tolérer un service médiocre. Je pense que les gens doivent faire leur travail correctement. Le communisme, c'est l'efficacité. Je suis sûre que Staline mène la vie dure aux serveurs négligents.

Elle aimait à proclamer ses convictions communistes à haute et intelligible voix à l'*Éden*, où elle pouvait être entendue aussi bien par des banquiers juifs que par des nazis huppés.

Elle buvait des dry martinis au *Gibson*, et il lui avait fallu toute une semaine pour dresser les barmen à les faire correctement.

— Ils essaient d'y mettre trop de vermouth, déclarait-elle. Ils y gagnent.

Barbara était habituellement accompagnée à l'*Éden* par une jeune Allemande nommée Sophie. Sophie était aussi blonde et indécise que Barbara était brune et résolue. Sophie n'aurait pas été déplacée au sommet d'un arbre de Noël. Avec une nouvelle connaissance, Barbara trouvait très vite l'occasion dans la conversation de préciser que Sophie et elle étaient en ménage.

— Cette petite pute est si faible et si gentille, disait-elle, qu'autrement, elle partirait avec le premier homme qui le lui demanderait.

Elle avait coutume de parler de Sophie en présence de celle-ci comme si elle n'avait pas été là. Sophie ne semblait pas s'en offusquer.

— Mais dis-moi, Barbara, lui demandais-je, est-ce que certains hommes ne prennent pas cela pour un défi ?

— Et tu crois que je ne peux pas relever n'importe quel défi ? Reviens un peu sur terre, machin !

Barbara avait pour grande ambition d'interviewer Hitler. Elle connaissait beaucoup de chefs nazis, et, à l'en croire, elle les fascinait et les rendait furieux tout à la fois, car elle contredisait toutes leurs conceptions de la femme. Elle adorait cela.

— En même temps, affirmait-elle, ils ne peuvent me résister.

Mais elle n'avait pas réussi à ajouter Hitler à son tableau de chasse.

— Tu sais, bien sûr, me disait-elle, qu'il est impuissant. C'est un fait. Oui, ce pauvre petit homme n'arrive pas à faire se lever sa pauvre petite chose.

Ce disant, elle élevait la voix et forçait encore son accent américain. Elle ne se souciait apparemment pas des regards que de telles déclarations lui attiraient. De même, elle se plaisait à laisser penser, compte tenu de son nom, qu'elle était juive. Elle encourageait même la rumeur, et ce ne fut qu'au bout de plusieurs mois de fréquentation qu'elle me confia que son grand-père était un pasteur luthérien ayant émigré du Danemark aux États-Unis vers 1880.

— Pourquoi ne me l'as-tu pas dit avant ? lui demandai-je.

— Et pourquoi te l'aurais-je dit ? De plus, j'aimais te voir te tortiller en évitant soigneusement de dire quoi que ce soit pouvant être interprété comme traduisant l'antisémitisme de la classe dirigeante anglaise.

— Merci. De toute façon, je suis écossais, pas anglais.

— Écossais, anglais, c'est pareil. Vous faites tous partie de la même racaille impérialiste.

— Tu n'as pas l'air d'une Danoise, mais tu n'as pas l'air d'une juive non plus.

— Non, j'ai le nez trop court. Mais je te serai reconnaissante de garder mon secret.

— Tu veux dire que tu aimes qu'on te prenne pour une juive ?

— Bien sûr. Cela les embête tellement quand ils me trouvent séduisante…

*

La perspective d'aller voir Ian Forbes m'avait rendu très nerveux. Celui-ci aurait très bien pu mal prendre le fait qu'on m'impose à lui. J'imaginais volontiers que les correspondants à l'étranger n'appréciaient pas au plus haut point les suggestions émanant de leur direction. L'un des principaux attraits de leur travail était l'indépendance. Aussi ne fut-ce que plusieurs jours après avoir reçu la lettre de Père que je me présentai au bureau de Forbes.

J'y découvris un homme fluet, aux cheveux blond-roux et aux yeux bleus humides qui coupa court à mes balbutiements d'excuse.

— Je ne connais pas votre père, dit-il, et mes opinions politiques ne sont pas exactement les siennes, mais il y a peu d'Écossais pour lesquels j'ai plus grand respect. Il a la vraie fibre en lui, et il est sage comme Ulysse. Je suis donc heureux de pouvoir aider son fils, et je suis sûr à vous voir, mon garçon, que vous le mériterez. Et, comme il ne serait pas convenable de poursuivre la conversation avec une nouvelle connaissance – et j'espère pouvoir bientôt dire un ami – dans la soif commune, nous allons ensemble au coin de la rue, pour, comme eût dit mon vieux père – Dieu ait son âme ! –, mouiller un peu nos gosiers.

Forbes se présentait comme un « homme de gauche à l'ancienne mode ». Né libéral (comme Père), il avait été depuis longtemps rebuté par ce parti, et n'en avait trouvé aucun autre qui le satisfît. Il avait la haine de la guerre et de la violence et il désapprouvait l'impérialisme.

— Je ne nierai pas, me dit-il, que l'Empire a été une belle source de revenus pour les Écossais. Nous y avons plongé tête baissée et nous en avons bien profité. Et cependant, je ne peux pas aimer cela. Je ne peux pas l'admettre, Alec, et trouver juste que nous dominions palmes et pins à la fois, et encore moins les gens qu'ils abritent. Je crois en la fraternité des hommes.

Son père avait été palefrenier dans une ferme du Donside – « quarante ans dans la même place, tellement il faisait bien son travail » – et le jeune Ian lui-même avait suivi le parcours classique du jeune Écossais pauvre mais méritant, de l'école de village au collège local puis à l'Université d'Aberdeen.

— Je devais devenir professeur, me raconta-t-il,

mais la guerre est arrivée, et quatre ans dans les tranchées avec les Gordon[1] m'ont ôté le goût des études et celui de la guerre. Et me voilà.

Il ne précisa pas qu'il avait gagné ses galons d'officier au feu, ainsi que le DSO. Il se borna à dire :

— Je me dis quelquefois que si j'avais mieux dirigé le tir de mes mitrailleuses à Ypres, nous aurions peut-être mis à ce moment un point final à la carrière de Monsieur Hitler.

Ian Forbes détestait les nazis. Cependant, à la différence de Barbara Jakobsen ou, en fait, du professeur Liebknecht, il lui arrivait, tard le soir, alors que sa femme allemande, Ilse, fut allée se coucher et comme nous restions seuls avec une bouteille de whisky dans le salon de son confortable appartement, de parler d'eux d'une façon différente.

— Quand je vois, me disait-il, un homme comme Roehm, ou le petit Adolf lui-même, ou les militants de base du mouvement – les vieux soldats –, je me surprends à me dire parfois que rien de tout cela n'est simple. Tu vois, mon garçon, leur ressentiment me touche. Je puis comprendre qu'ils se soient sentis trahis, qu'ils aient eu l'impression que naissait un monde qui les rejetait. Toute cette haine qu'ils déchaînent contre les juifs est une abomination, mais quand un homme se voit arracher tout ce en quoi il a cru, c'est un rare réconfort pour lui de trouver un ennemi à blâmer. Et, ce qui est pire, ils ne font pas seulement appel aux plus bas instincts de l'homme ; avec leur campagne pour le renouveau national, ils flattent aussi de nobles instincts.

*

En octobre 1931, j'accompagnai Ian Forbes à Brunswick. Hitler avait eu, la semaine précédente, sa première entrevue avec le vieux président Hindenburg, et elle s'était mal passée. Ian disait qu'ensuite

1. Les Gordon Highlanders, l'un des plus glorieux régiments d'infanterie écossais. *(N.d.T.)*

Hindenburg avait murmuré au ministre de la Défense, le général Schleicher, que cet étrange petit bonhomme ne ferait jamais un chancelier mais pourrait convenir comme secrétaire d'État aux Postes.

— C'est l'un des collaborateurs de Schleicher qui me l'a raconté, précisa Ian. Tu peux imaginer la réaction du petit Adolf si on lui rapportait un jugement de ce genre. On dit qu'il a parlé au vieil homme pendant une demi-heure sans s'arrêter, et l'autre est sourd comme un pot.

Puis Hitler avait participé à une réunion où étaient représentés tous les groupements nationalistes d'extrême droite et n'avait pas non plus apprécié la chose.

— Trop d'habits à queue et de casquettes galonnées, dit Ian.

Le rassemblement de Brunswick visait à montrer la force et la vitalité du mouvement nazi. Ian devait en faire le reportage, et il avait suggéré que je fasse, quant à moi, un « papier d'ambiance ».

— Après tout, mon garçon, m'avait-il dit, le poète, c'est toi...

*

Voici donc ce qui fut ma première œuvre à être imprimée, ailleurs que dans des revues scolaires ou universitaires.

> « Tout au long de la journée, des camions, cinq mille en tout, étaient arrivés et avaient déchargé section sur section des Chemises brunes d'Hitler. Trente-huit trains spéciaux venus de toute l'Allemagne en avaient amené d'autres vers cette douce et paisible ville du nord.
>
> « Dans la pâle lumière automnale, les nazis se mirent en formation, avec des bousculades et un désordre qu'aurait fortement désapprouvés la Brigade des gardes. Mais, quand les colonnes furent constituées, la discipline régna, et le spectacle devint impressionnant, terrifiant, même.

« Contrairement aux idées reçues et à leur propre propagande, même les jeunes nazis, même les plus admirés et les plus redoutés des SA, ne ressemblent pas tous à de blonds dieux nordiques. Ils se présentent, comme le commun des mortels, sous toutes les formes et en toutes les tailles. Roehm, le chef des SA, est petit et trapu, avec une tête en forme d'obus et un ventre rebondi. Il ressemble à un boucher, et sa réputation est bel et bien celle d'un boucher. En attendant l'arrivée d'Hitler, il se tenait debout, les jambes écartées, riant et plaisantant avec ses adjoints, et on pouvait être certain que les plaisanteries étaient aux dépens de quelqu'un.

« Quand tout fut prêt, Hitler arriva dans une Mercedes découverte, salué par un hurlement d'exultation. Puis Hitler resta en place, et les colonnes se mirent à défiler devant lui. Elles avançaient avec une vigueur et une résolution qui étaient vraiment effrayantes. Hitler parle de volonté de puissance, et cette volonté était là, faite de chair et d'acier.

« Nos parades militaires sont dignes et protocolaires. On y sent même une révérence, et c'est la seule émotion qui y est permise. Mais là, nulle révérence ; une adulation et l'ardente expression d'une volonté si brute et si brutale qu'elle ne pouvait évoquer qu'un désir bestial. Le défilé se poursuivit pendant six heures.

« Puis l'obscurité tomba et les torches s'allumèrent, des milliers de torches brillant dans la nuit oppressante.

« Et puis Hitler parla. Il parla pendant plus d'une heure, et les dizaines de milliers de personnes rassemblées ne bougèrent pas, sauf lorsque ses paroles commandaient une acclamation, une acclamation qui venait, semblait-il, du plus profond de leur âme, une acclamation qu'aucun effort mental n'aurait pu réprimer.

« Il parle avec un accent du sud de l'Allemagne,

et, à ce qu'on dit, de façon commune et souvent incorrecte grammaticalement. Mais du pouvoir de ses mots, on ne peut douter. Nous n'avons aucun orateur de ce genre en Angleterre, nous n'en avons jamais eu et nous n'en aurons jamais. La langue anglaise ne se prête pas à ce genre de rhétorique.

« Il parlait et me vinrent à l'esprit les vers de Milton :

Et pour confirmer ses mots, volèrent
Des millions d'épées de feu, jaillies des cuisses
De puissants chérubins ; le soudain embrasement
Loin alentour illumina l'Enfer : ils exhalaient leur [rage
Contre le Très-Haut, et, le bras crispé,
Battaient sur leurs boucliers le vacarme de la [guerre,
Lançant leur défi vers la voûte du Ciel.

« À présent, c'est à travers l'Allemagne que résonne le vacarme de la guerre, mais le bruit des pas cadencés et le cri de "Heil Hitler" envoient dans l'Europe tout entière un sinistre message.

« C'est un message devant lequel beaucoup choisissent de se boucher les oreilles.

« Mais ce sera, je le crains, en vain. »

En fait, les vers de Milton ne m'étaient aucunement venus à l'esprit. J'avais dû les retrouver après mon retour à Berlin.

Après lecture, Ian Forbes déclara :

— Les sentiments sont excellents, mais le style... N'importe, nous allons envoyer cela, et je veillerai à ce qu'on le publie. Pour les sentiments...

*

Barbara se montra cinglante.

— Des âneries mélodramatiques, proclama-t-elle.

Les nazis sont un produit des conditions économiques. C'est tout. Ils représentent la dernière réaction nerveuse d'une petite bourgeoisie condamnée, soutenue par le Grand Capital.

— Ce n'est pas l'impression que cela donne.

— Oh, tu es désespérant !

Trude fut un peu plus gentille.

— Oui, dit-elle, cela donne à penser. C'est bon. Mais je n'aime pas que vous laissiez entendre que les nazis sont l'âme de l'Allemagne en marche. Je pense que vous vous êtes trop laissé impressionner. Ce n'est pas l'Allemagne réelle, j'insiste là-dessus.

— Quand ces nazis ont attaqué votre père à la *Gasthaus*, lui rappelai-je, cela semblait assez réel aussi.

— Cela, c'est votre manie anglaise de toujours remarquer les cas particuliers plutôt que ce qu'il y a sous les apparences.

*

Barbara et Sophie habitaient dans une longue rue bordée d'immeubles d'habitation qui semblaient mélancoliques et mystérieux le soir, et carrément sordides l'après-midi, sous la pluie hivernale. Barbara se plaisait à dire que c'était Sophie qui tenait la maison – à moins que ce ne fût Sophie qui l'eût affirmé la première. Mais je n'arrivais pas à y croire. Sophie avait des formes si moelleuses qu'on avait toujours l'impression qu'elle n'avait rien sous sa robe. Sa beauté était toute de fraîcheur, d'éclat du teint et de jeunesse, mais on sentait derrière tout cela une petite vieille dame grassouillette prête à prendre la relève. Un jour, comme j'allais l'embrasser sur la joue, elle se recula et me dit :

— Je suis désolée, Alec, ce n'est pas ta faute, mais j'ai horreur qu'un homme me touche. C'est si triste. C'est à cause de mon demi-frère.

Le demi-frère de Sophie, me dit Barbara, avait été officier. Mais, depuis que la famille avait perdu ses propriétés dans ce qui était maintenant la Pologne, il était entré dans la banque. Il était également, ajouta-t-elle, nazi.

— Sophie a horreur de lui. Ne demande pas pourquoi, c'est trop pénible. Et puis tu peux certainement deviner...

Barbara et Sophie organisaient une soirée de Noël. Amène une fille, dirent-elles – ou un garçon. Et Sophie se mit à pouffer. J'invitai donc Trude. Ce ne fut pas sans quelques hésitations, mais Trude avait exprimé le désir de connaître Barbara quand je lui avais parlé d'elle, et comme je doutais fort qu'elles s'entendent, la soirée me paraissait plus sûre qu'une rencontre dans un café.

— Vos amies sont-elles bohèmes ? me demanda Trude, qui cherchait comment s'habiller.

— Ce sont des lesbiennes.

— Cela, je le sais. Mais cela ne me dit pas ce que je dois mettre.

— Vous serez n'importe comment magnifique.

Et elle l'était, dans sa robe noire à franges accompagnée d'un large col blanc.

— Si vous n'aimez pas l'endroit ou les gens qui s'y trouvent, lui dis-je, promettez-moi de me le dire, et nous partirons.

— Pourquoi êtes-vous si nerveux, Alec ? Vous pensez que je suis une pauvre petite fille ignorante de tout ?

*

Je m'arrangeai pour que nous fussions en retard, et les réjouissances battaient leur plein quand nous arrivâmes. Un romancier américain de quelque réputation arpentait, ivre mort, le vestibule en chantant une version de *Je n'ai pas élevé mon garçon pour en faire un soldat*, avec des paroles – précisa-t-il – de sa composition :

Je n'ai pas élevé mon garçon pour en faire un bour-
[geois,

Mais la joie et l'orgueil de la Troisième Internationale.
Mais ce petit salaud a foutu le camp et est devenu riche.
Mon garçon, mon garçon, mon garçon...

— C'est chouette, hein ? commenta-t-il. Mais les filles en ont marre. Elles sont là-bas, de l'autre côté.

Il sortit un flacon de sa poche, s'octroya une lampée de whisky et reprit ses exercices vocaux. Nous passâmes les doubles portes et gagnâmes le salon principal. Un phonographe jouait un air de ragtime, et une jeune Noire dansait, en claquant dans ses doigts et levant très haut la jambe. C'était une danseuse professionnelle se produisant dans un cabaret où Barbara m'avait emmené.

Il y avait une vingtaine de personnes dans la pièce. Je fus surpris de reconnaître, parmi elles, Hector.

— Je ne savais pas que tu connaissais Barbara, lui dis-je.

— Tous les gens qui comptent un peu connaissent Barbara.

— Je n'avais pas idée qu'elle était à ce point célèbre.

— Là-bas, me dit Hector en désignant un petit homme vêtu d'un complet gris fatigué, c'est Karl Meyer, l'homme qui monte au parti communiste. J'espère échanger quelques mots avec lui dans la soirée. C'est la promesse de sa présence qui m'a attiré ici. Je préfère le rencontrer dans ce genre de cadre.

Meyer était en train de parler à un homme âgé qui, tandis que je le regardais, retira une superbe perruque châtain et dénuda un crâne chauve comme un œuf. Il coiffa un moment de la perruque un buste de Lénine, puis il la remit sur sa tête.

— Qui est-ce ? demandai-je à Hector.

— C'est Gerald Hamilton. C'est le plus grand pervers présent. Certains disent que c'est le plus grand pervers d'Angleterre.

— Et pourquoi est-il si pervers, s'il vous plaît ? s'enquit Trude.

— Je ne crois pas vous connaître assez bien, Fräulein Liebknecht, pour vous le préciser.

Sur quoi Hector eut un petit rire contraint. Je me rendis compte qu'il était nerveux.

— Ne vous inquiétez pas, dis-je à Trude, je n'ai jamais entendu parler de ce grand pervers moi non plus.

— Alors, il ne doit pas être si abominable que cela.

Nous nous éloignâmes.

— Votre frère semble différent, remarqua-t-elle. Quand je l'ai rencontré auparavant, il a toujours été si raide, si correct, si anglais...

— Je pense qu'il se laisse simplement aller. Appelons cela l'influence humanisante de Berlin.

À ma grande surprise, Barbara et Trude se plurent. Elles se jaugèrent un court moment, puis Barbara saisit Trude par le bras et l'attira à l'écart. Une demi-heure plus tard, elles étaient encore en pleine conversation, et Sophie avait la lèvre inférieure qui tremblait.

— C'est si injuste, disait-elle. Je ne peux supporter qu'elle me fasse cela. Je trouve cela cruel.

C'est en vain que je tentai de la rassurer et lui proposai de la faire danser. Et cependant, il m'apparut, alors même que les larmes lui venaient aux yeux, que Sophie était peut-être l'élément dominant du couple. Barbara, légère, écervelée et toujours prête à s'intéresser à une nouvelle connaissance, allait expier l'épisode, comme un mari qui a oublié l'heure et ses obligations dans la chaleur d'un bar mais doit bien s'en retourner finalement auprès d'une épouse revêche. Chaque couple s'organise, certes, à sa manière, mais il y a un nombre limité de schémas possibles pour des relations maritales, et Barbara, je m'en avisai ce soir-là, était bel et bien prise, qu'elle en fût ou non consciente, au piège d'un mariage.

Je regardais Hector parler avec Meyer. Il y avait quelque chose d'étonnamment obséquieux dans sa manière d'être. Je me dis : Hector ne devrait pas faire la cour à cet homme. Puis je me dis : et pourquoi pas ?

L'idée que, par sa naissance et son éducation, Hector était naturellement supérieur à ce petit homme au complet étriqué, qui ressemblait à un employé de bureau ou à un modeste cadre syndical (il avait été l'un et l'autre en son temps), était une séquelle de ma luxueuse formation. Cela ressortissait à cette rage des classifications et des étiquettes si caractéristique de la société anglaise – une tendance que, dans d'autres contextes, j'avais résolu d'éliminer chez moi. Un homme comme Meyer – bien qu'évidemment, je ne susse rien de lui personnellement – représentait l'avenir, sans doute le seul avenir souhaitable en Allemagne, et, si l'on en croyait les affirmations de Barbara, plus important encore, l'avenir vers lequel menait inévitablement la marche de l'Histoire.

— Hitler ne peut pas arriver au pouvoir !

Celui qui venait de parler était un jeune homme aux yeux exorbités derrière des lunettes à verres très épais.

— Vous ne devez pas vous laisser abuser, poursuivit-il, par l'enthousiasme de ses partisans. Ce n'est que fétus de paille au vent. Je le sais.

— Ce doit être très réconfortant de savoir.

— Oui, c'est vrai. Voyez-vous, je suis banquier. C'est pourquoi je sais. Il n'y a pas un seul responsable nazi auquel ma banque accorderait un prêt. Ils ne sont pas dignes de crédit. Et vous pouvez me croire sur parole.

— Vous me paraissez bien jeune, si je puis me permettre, pour occuper un poste de responsabilité dans une banque.

— C'est exact. Je suis très jeune, ridiculement jeune, pour occuper un poste de responsabilité dans une banque. Mais c'est la banque de mon père. C'est pourquoi je dois me montrer digne de lui. Vous voyez, ce n'est pas vrai ce qu'Hitler dit, que toutes les banques sont contrôlées par les juifs. Ce n'est pas vrai. Il n'y en a que quelques-unes. Excusez-moi, je pense que je vais être malade…

Il me bouscula presque, gagnant d'un pas incertain mais rapide la salle de bains.

Meyer avait maintenant passé son bras autour du cou d'Hector et l'amenait ainsi à se baisser, pour lui parler, à ce que je supposais, plus confidentiellement encore. Hector se mit sur un genou pour permettre à son interlocuteur de s'installer plus confortablement dans son fauteuil. Il l'écoutait, la bouche légèrement ouverte.

Sophie dansait avec une grande femme en smoking. Lorsqu'elle vit que je la regardais, elle amena vers moi sa partenaire.

— S'il te plaît, Alec, dit-elle. J'aimerais te présenter à la comtesse Arnazy. La comtesse m'a invitée à visiter ses propriétés en Hongrie. En principe, ce n'est pas possible, mais j'irai peut-être quand même.

— Dites-moi, je vous prie, me demanda la comtesse, comment va Vita ?

— Vita ?

— L'Honorable Vita Sackville-West. Je suis l'une de ses grandes admiratrices et je voudrais savoir comment elle va.

— Très bien, je pense.

— Excellent. Venez, Sophie, même si vous ne voulez pas aller en Hongrie, dansons.

Elles commencèrent à valser. La comtesse, qui était plus vieille que je l'avais d'abord supposé, conduisait, propulsant Sophie avec une raideur presque militaire vers la petite piste de danse ménagée au centre du salon. Sophie laissa son menton reposer sur l'épaule de sa cavalière et ferma les yeux. Elles ne parlaient pas. La détermination de la comtesse était impressionnante. Je m'assis, le dos appuyé au mur, et me mis à boire du cognac. Un journaliste allemand que j'avais rencontré à l'*Éden* avec Barbara enlaçait la danseuse noire. Il s'appelait Helmut et était un communiste pessimiste. Il m'avait dit qu'il était hors de doute, absolument hors de doute, qu'Hitler arriverait au pouvoir, sinon cette année, du moins la suivante. Il ne ferait qu'une bouchée de la droite conservatrice, affirmait Helmut. Lui-même s'était fait octroyer un passeport norvégien. Il n'y aurait pas place pour lui dans « l'Allemagne nouvelle ». Son fatalisme m'avait profondément impressionné.

— Nous entrons dans un nouvel Âge Sombre, affirmait-il.

Il était au moins réconfortant de voir qu'il finissait agréablement l'année.

Un corps vint s'effondrer sur le sol à côté de moi. C'était le romancier américain. Il agita son flacon de scotch et reprit son refrain favori :

— Je n'ai pas élevé mon garçon pour en faire un bourgeois... En fait, fiston, je ne sais pas où il est. Sa mère, vois-tu, l'a emmené avec elle. C'était dans les conditions du divorce. J'ai eu le chat, elle a eu le garçon, mon garçon, mon garçon, mon garçon... Tu vois ce gars avec la moumoute, fils ? C'est le plus grand pervers d'Allemagne.

— On m'a dit que c'était le plus grand pervers d'Angleterre.

— Vraiment, fils ? Il est peut-être les deux à la fois. Mais, sacré bon Dieu, je n'ai pas élevé mon garçon pour en faire un bourgeois, et tu sais pourquoi ?

— Parce que sa mère l'a emmené avec elle ?

— Putain de sort, non, fils ! C'est parce qu'il n'y a pas d'avenir pour la bourgeoisie, voilà pourquoi. J'écris des romans pour les bourgeois. Pour eux et sur eux. Alors, je suis bien placé pour savoir. S'ils achètent mes livres – et ils les achètent –, s'ils les encensent – et ils les encensent –, et s'ils me font gagner de l'argent – et ils le font, fils, foutre oui, plein d'argent –, alors, tu vois, il n'y a pas d'avenir pour eux. Parce que je les insulte. Je les insulte à chaque ligne que j'écris, et ils en redemandent. Alors, je te le dis, Wall Street, c'est un tas de ruines, Herbert Hoover est fini... Tu as entendu parler de ce gars, Hitler ? Eh bien, il ne vaut pas un clou. Il ne ferait pas un rond à Peoria, et je ne lui conseillerais pas de s'aventurer dans le Bronx. Laisse-moi te dire, fils, où tu trouveras la véritable Amérique. De l'autre côté de la barricade, chez les paumés et les sans-le-sou. C'est là que tu la trouveras.

Il avala une lampée de whisky et me passa un bras autour des épaules.

— Tu es un *British*, hein, fils ? Je vois toujours tout, je suis romancier. Mon dernier bouquin s'est vendu... Merde, je ne me souviens plus au juste. Mais est-ce que je ne m'en fous pas, au fond ? Vraiment ?

Il passa un court moment à se demander s'il s'en foutait ou non. Je n'arrivais pas à croire vraiment à cette superbe indifférence. Il reprit :

— Tu connais Barbara ? C'est une fille sensationnelle. Mais laisse-moi te dire une chose, fils. Elle n'est pas née de l'autre côté de la barricade. Elle est née riche. Et elle ne peut pas l'oublier, pauvre petite fille riche. Elle n'a jamais entendu battre le vrai cœur de la véritable Amérique. J'en ai les gencives qui saignent de compassion.

*

Quelques heures plus tard, alors que le brouillard jaune du matin venait lécher les vitres, Barbara prépara des œufs au bacon pour Trude et pour moi. Sophie était allée se coucher en pleurs, et les autres s'étaient retirés, à l'exception de quelques-uns, dont le romancier américain et le banquier aux yeux exorbités, qui continuaient à dormir, allongés sur le plancher ou effondrés dans des fauteuils.

— Jamais, dit Trude, je n'ai passé une telle soirée.

— Un point pour toi, chérie. Alec, tu ferais bien de t'accrocher à cette fille. Elle pourrait arriver à faire un homme de toi.

— Je ne pensais pas que c'était dans tes idées, Babs.

— S'il faut vraiment qu'il y ait des hommes, autant que ce soit de l'authentique. Hé, à propos, et ton frère le coincé ?

— Quoi donc ?

— Le long bras du Komintern s'étendant jusque dans le sein auguste du Foreign Office de Sa Majesté. Quel papier, monseigneur !

— Mais tu ne peux pas l'écrire.
— Et pourquoi pas ?
— Le Parti, ma vieille.
— Oui, fit-elle. J'ai bien peur que tu n'aies raison. Dommage.

*

Berlin me portait sur les nerfs. C'était parce que je ne m'y sentais plus un touriste. J'assistais à des réunions du parti communiste avec Helmut. Son père avait été tué à Verdun, et, durant les années vingt, sa famille avait su ce qu'était la faim.

— Imagine un peu, me disait-il. Ma mère, fille de professeur, veuve d'un avocat, a dû prendre un emploi de vendeuse dans un grand magasin. Sa mère était horrifiée, mais cela lui a fait du bien, quoiqu'elle ne veuille l'admettre sous aucun prétexte. Ma sœur aînée est devenue une pute. Pas comme celles que tu vois sur le trottoir, mais une pute quand même. Maintenant, elle est mariée à un producteur de cinéma juif. C'est sa cinquième femme, et il pense déjà à l'échanger contre un nouveau modèle. C'est comme cela que cela se passe, Alec.

Je lui demandai comment il pouvait être un communiste pessimiste. N'y avait-il pas là une contradiction dans les termes ? Le communisme entraînait la certitude. Il connaissait le sens de l'Histoire. Et ainsi de suite. Je développai le raisonnement jusqu'au bout.

— Tout ce que tu dis est vrai, me répondit Helmut. Intellectuellement, tu as raison. Néanmoins... Donc un communiste pessimiste est une absurdité. Très bien, je suis une absurdité.

— Peut-être n'es-tu pas assez impitoyable pour être un vrai communiste.

— Le communisme, c'est la pitié, dit-il alors. Tu ne comprends pas. Le communisme, c'est la pitié. C'est pourquoi je suis communiste et je ne crois pas que la victoire du communisme soit historiquement inévitable.

Comment la pitié pourrait-elle gagner? Réponds un peu à cela.

Avec Helmut, je parcourais pendant des heures les rues de la ville, discutant, écoutant, riant souvent mais étant toujours troublé. Il avait un œil pour l'incongru et un âpre sens de l'humour, souvent dirigé contre lui-même. Mais, en même temps, il considérait sa germanité avec le plus grand sérieux, ruminant des heures entières sur la nature et le destin de sa race.

— Nous sommes, disait-il, le plus grand peuple d'Europe et le pire. Nous pouvons aussi bien nous envoler vers les sommets que nous vautrer dans la fange. C'est pourquoi les Anglais, qui sont toujours dans la moyenne, nous sont supérieurs et nous méprisent. Nous manquons de modération. Nous n'avons pas de sens commun. C'est pour cela que tant de gens sont fous d'Hitler.

— Que feras-tu s'il arrive au pouvoir?

— J'ai un passeport norvégien. Je te l'ai dit.

— Oui, j'avais oublié.

*

Tant de choses étaient suspendues à cette question: Hitler va-t-il arriver au pouvoir? Et à celle qui suivait obligatoirement: que feras-tu si tel est le cas?

Trude se refusait toujours à en admettre la possibilité. C'eût été, pour elle, renier l'Allemagne qu'elle connaissait. Adorant son père, elle croyait en la force des bons sentiments. Elle avait été très impressionnée par Barbara et parlait d'elle avec admiration, mais elle persistait à refuser le parti communiste.

— Comment pourrais-je nier que je suis une bourgeoise? disait-elle. Cela reviendrait à cracher au visage de Papa.

Mais cracher au visage du père était précisément ce que tant de gens de ma génération étaient résolus à faire. C'était pour eux un geste nécessaire de libération.

À mon grand désarroi, elle persistait à refuser toute

relation amoureuse avec moi. J'avais même pensé à lui proposer le mariage. Mais je n'étais pas prêt pour cela, et je savais qu'elle non plus. Cependant, chaque fois que nous avions rendez-vous, je l'attendais avec angoisse et son entrée dans le café me faisait l'effet d'une brise d'été balayant un champ de coquelicots.

Son père était devenu un sujet d'inquiétude. Il y avait eu un incident à l'université. Quelques étudiants nazis avaient perturbé les cours d'un professeur d'anatomie juif. Peut-être protestaient-ils contre l'utilisation de cadavres aryens pour les dissections. Je ne sais plus. C'est le souvenir que j'en ai. Cela paraît absurde. Donc je ne dois pas me tromper. C'est ainsi qu'étaient les choses à ce moment. En tout cas, le professeur Liebknecht, qui ne connaissait pas personnellement le professeur d'anatomie, prit néanmoins fait et cause pour lui. Il écrivit aux journaux. Ses collègues étaient furieux. Il était insupportable, disaient-ils, qu'il déshonore l'université de cette façon. Il répondit que c'était l'université qui se déshonorait par son inertie. Il reçut un blâme officiel.

Ian Forbes en rendit compte dans le *Globe*. Deux jours après que deux paragraphes, sévèrement caviardés par les secrétaires de rédaction, eurent paru, Ian reçut la visite d'un policier qui lui déclara que, si lui-même approuvait son geste et estimait que des choses de ce genre devaient être portées à l'attention du public, il y avait des gens au-dessus de lui qui n'étaient pas du même avis. En conséquence, il se trouvait contraint d'avertir Ian que ce genre d'articles était considéré avec défaveur – « même si les nazis ne sont pas encore au pouvoir », ajouta-t-il avec un soupir.

— Qu'est-ce que cela va être quand ils y seront ? demandai-je à Trude.

Elle se détourna, la bouche crispée, et secoua la tête. Je la pressai d'essayer de persuader son père de quitter le pays.

— Il est trop impulsif pour rester, lui dis-je.

— Impossible. Il est trop fier pour partir. Oh, Alec, vous avez de la chance d'être anglais !

*

En juillet eurent lieu les élections pour le Reichstag. Les nazis remportèrent 230 des 608 sièges, avec trente-sept pour cent des suffrages. Ils avaient recueilli plus de treize millions de voix. Les sociaux-démocrates obtinrent moins de huit millions de suffrages, les communistes cinq millions un quart et les partis du centre quatre millions et demi. Les partis d'extrême droite classiques – le Parti nationaliste et le Parti du Peuple – n'avaient obtenu que 44 sièges au Reichstag. C'est cependant vers eux que le vieux Président se tourna pour former le gouvernement.

C'est à peu près à ce moment que je commençai à tenir, de façon épisodique, un journal.

*

« *10 août*. Helmut est arrivé tôt ce matin chez moi pour m'informer du meurtre d'un mineur communiste appelé Pietrzuch, tué à coups de pied par six voyous nazis sous les yeux de sa mère, dans le village silésien de Potempa.

« Helmut : "Ce pitre de von Papen a promis la peine de mort pour *les affrontements entraînant mort d'homme*. C'est une plaisanterie. Les nazis ont protesté contre ce décret *inhumain*."

« Helmut a le don de me faire sentir adolescent. Rien ne l'étonne.

« Ian pense que, compte tenu du décret de von Papen, nous pouvons utiliser l'affaire. En même temps, cela revient à chercher les ennuis. Nous le savons l'un et l'autre. »

« *14 août*. À l'*Éden*. Barbara et Sophie sont là. Barbara soutient qu'Hitler est peut-être allé trop loin. Quand il a exigé d'Hindenburg, la semaine dernière, le poste de chancelier et le contrôle de la police, il s'est mis en colère et a parlé de massacrer les marxistes.

“Donnez aux SA le contrôle des rues pendant trois jours, et vous aurez une Allemagne nouvelle”, a-t-il clamé. La réaction d’Hindenburg ? Cc communiqué demandant à Adolf de manifester son opposition “de façon chevaleresque”. Chevaleresque ! Mon Dieu ! »

« *16 août*. De nouveau à l’*Éden*. Le banquier aux yeux exorbités (dont je ne me rappelle jamais le nom) était encore là, répétant : “Voyez-vous, ce ne sont pas des gens auxquels un banquier de bonne réputation accorderait un crédit.” Après son départ, Barbara déclara : “Cause toujours ! Si Hitler arrive au pouvoir, il lui proposera toutes les facilités bancaires imaginables et n’importe quel prêt. Ils en auront besoin. Ils ont une crise de trésorerie, tu sais.”

« Pendant que nous parlions politique, Sophie mangeait des gâteaux à la crème en souriant. Barbara se rendit aux toilettes, et Sophie me dit que la comtesse voulait toujours l’emmener en Hongrie avec elle. “Mais ce n’est pas possible”, ajouta-t-elle. Elle est quand même tentée. L’idée la réjouit. »

« *22 août*. Les nazis responsables du meurtre de Pietrzuch ont été condamnés à mort. Tous sont membres des SA.

« Lettre de Père : George rentre à la maison, sans projets précis. Alastair voudrait venir me voir le mois prochain. Père demande si c’est bien raisonnable. Il me dit que, chez nous, le gouvernement d’union nationale a stabilisé la situation. “La profonde humanité de S.B. rassure tout le monde”, écrit-il, parlant de Stanley Baldwin. Alors, tout va bien.

« Suis allé au *Rosebud Lokal* en souvenir du bon vieux temps. Climat tranquille mais tendu, comme dans tout Berlin aujourd’hui. Heinzi me dit que les autres garçons sont tous allés au bord de la mer.

« — Moi, j’ai un nouvel ami, ricane-t-il. Un Américain qui ne sait pas nager.

« Mais Heinzi a peur.

« — Bien sûr, dit-il, il y a des tas d’homos dans les

SA, les gars de Roehm. Mais cela ne va pas durer. Je n'ai pas envie de finir lynché, alors, je demande à mon ami de m'emmener en Amérique, mais, merde, il est fasciné par les nazis et il veut rester ici.

« Je remarque la façon dont il prononce le mot "Amérique". Tous ces garçons en rêvent. J'ai dit un jour à Barbara que leur enthousiasme suffisait à me faire douter du communisme. Elle n'a pas trouvé cela drôle.

« — Je peux aller chez toi, ce soir, me dit Heinzi.

« — Ton ami ne va pas se fâcher ?

« — Merde, je ne suis pas sa propriété ! Je suis un Allemand libre.

« Oui, mais pour combien de temps ? »

« *23 août*. À mon arrivée au bureau, Ian me tend copie du télégramme d'Hitler aux meurtriers de Pietrzuch. Il leur exprime son total soutien.

« Un peu plus tard, le service de presse du parti diffuse un "manifeste" d'Hitler.

« *Herr von Papen, je comprends maintenant la nature de votre "sanglante" objectivité. Je souhaite la victoire de l'Allemagne nationaliste et la destruction de ses ennemis marxistes, mais je ne suis certainement pas de nature à me faire le bourreau de militants nationalistes combattant pour la liberté du peuple allemand.*

« Ian nous verse à l'un et à l'autre un verre de whisky.

« — La liberté du peuple allemand ! fait-il. Sauvée en tuant à coups de pied un pauvre bougre de mineur !

« J'avance l'hypothèse que cette sortie montre qu'Hitler craint de perdre le soutien des SA, sans lequel il ne serait qu'un politicien au verbe haut.

« Ian secoue la tête.

« Un peu plus tard nous allons boire de la bière et manger des saucisses et Ian me déclare :

« — Ma femme me dit qu'elle ne pourrait être heureuse dans aucun autre pays.

« Il parle ensuite de la décadence des classes dirigeantes allemandes et de la façon dont elles lécheront les bottes d'Hitler si celui-ci arrive au pouvoir.

« Je rectifie :

« — Quand il arrivera au pouvoir...

« Ian approuve de la tête et enchaîne :

« — Dans nos classes dirigeantes à nous, il y a encore un reste de décence. Elles accepteront une révolution sociale et renonceront au pouvoir politique pour pouvoir conserver leurs propriétés de campagne. C'est tout ce qui les intéresse vraiment.

« Je lui parle de l'admiration que Père porte à Baldwin.

« Il ingurgite une longue gorgée de bière et me dit :

« — En tant que vieux radical presbytérien, il m'est difficile de dire le moindre bien d'un tory, mais il y a une certaine honnêteté chez cet homme. Il faut se souvenir que sa mère était une MacDonald.

« — Je l'ai entendu dire que son ambition était d'empêcher que la lutte des classes devienne une réalité en Grande-Bretagne.

« — Cette intention au moins est assez louable.

« Ian place tout sur un plan de relations personnelles. C'est ce que j'aime en lui, mais cela veut dire qu'il reste imperméable aux déterminantes économiques de l'Histoire. »

*

Quelle phrase, mon Dieu, quelle phrase !

Il est difficile de relire sans quelque gêne ces réflexions d'un jeune homme. Il est plus difficile encore d'imaginer la tristesse qui l'envahirait sans aucun doute s'il se trouvait face à face avec ce qu'il est devenu. C'est au moins une connaissance qui est épargnée à la jeunesse.

VI

BERLIN, 1932

Debout derrière la barrière, j'attendais Alastair. Je me disais que ce que je ressentais était ce qu'avaient dû ressentir les frères de Joseph. Mais, lorsqu'il émergea de la foule, Alastair n'était nullement revêtu d'une veste multicolore mais d'un irréprochable complet de flanelle gris clair à fines rayures. Il était tête nue au milieu d'une marée de chapeaux mous, et ses cheveux étaient un tout petit peu plus longs que Père ne l'eût jugé convenable. Il portait sa cravate d'ancien d'Eton comme on porte un blason et paraissait ridiculement anglais, planant avec une assurance olympienne au-dessus des basses réalités de notre époque.

Il me salua comme s'il venait tout simplement de descendre du train de 15 heures 30 de Paddington pour un week-end à la campagne et chercha aussitôt des yeux un porteur. Il ne m'était pas venu à l'esprit d'en prévoir un. L'époque était passée où j'avais recours à leurs services. Cependant, la répugnance que je ressentais à l'idée qu'un homme puisse porter les bagages d'un autre était sans justification économique dans un monde où certains se trouvaient contraints de le faire pour se nourrir et nourrir leurs familles. Nul doute que, dans un monde idéal – le monde en vue duquel j'étais prêt à travailler –, on se dispenserait de domestiques. Mais puisque le monde réel en avait, ceux-ci devaient être employés ou mourir de faim.

En tout cas, Alastair siffla un porteur de façon impériale, comme s'il avait été, en fait, le frère aîné connaissant le monde et ses usages.

— Ce vieux George est rentré à la maison, dit-il. Je suppose que tu le sais. Mais il faut bien se rendre à l'évidence : il est fou. Il a traîné pendant trois semaines, sans rien dire à personne, puis il a annoncé qu'il avait un travail dans une plantation d'hévéas en Malaisie. Il va diriger un domaine. Dingue.

— Comment s'est-il débrouillé ? demandai-je.

Je savais, par les pages financières des journaux, que l'industrie caoutchoutière avait été durement frappée par la crise et que de nombreux directeurs de plantation avaient perdu leur emploi.

— Comment le saurais-je ? dit Alastair. Mais ce qui est sûr, c'est qu'il est dingue. Ce vieux George dans l'Orient voluptueux...

Alastair venait, non de Londres, mais de la Côte d'Azur. Il avait séjourné chez les Mosley, ou à tout le moins près de chez eux, et il ne tarissait pas d'éloges sur « Tom[1] ».

— Tom représente vraiment l'avenir, tu sais. Il est si totalement vivant, pas comme ces vieillards avec un pied dans la tombe et l'autre oscillant sur le bord. Ce que je veux dire, c'est qu'un Empire comme le nôtre dirigé par des gens tels que Ramsay MacDonald et Baldwin, c'est à n'y pas croire, non ? C'est le gouvernement le plus faiblard et le plus débile depuis celui de Lord North. Bien sûr, ce cher vieux Père ne s'en aperçoit pas, mais il est de la même génération. Ils sont tous finis et ils ne le savent pas. Tu dois bien voir l'absurdité de tout cela, Alec ?

— Je vois l'absurdité d'essayer de soutenir à bout de bras le système capitaliste.

— Oh, Tom est bien d'accord avec toi là-dessus ! Il dit que le capitalisme tel que nous le connaissons a fait son temps.

Je m'attendais presque à l'entendre ajouter que tout cela résultait d'une vaste conspiration juive.

— Je me rends bien compte, dit-il, qu'Hitler n'est pas un gentleman, mais regarde un peu dans quel pétrin les vieux gentlemen nous ont fourrés.

1. Surnom familier donné à Sir Oswald Mosley, d'abord député travailliste, puis fondateur en 1932 de l'Union des fascistes britanniques. *(N.d.T.)*

*

Père avait fait savoir qu'il ne tenait pas à ce qu'Alastair passe trop de temps à Berlin.

« Je crains les effets de cette ville sur lui, avait-il écrit. C'est un jeune homme impressionnable avec une imagination quelque peu débridée, et cette cité de *rastaquouères*[1] n'est pas faite pour lui. Il n'a pas, comme toi, Alec, un robuste sens moral. »

Tout en me demandant vaguement ce que j'avais fait pour mériter un tel compliment – car, venant de Père, ce devait être pris comme un compliment, alors même que je n'eusse pas manqué de fort mal prendre ce jugement si l'origine en avait été différente –, j'emmenai Alastair visiter la campagne, « l'Allemagne réelle », comme je ne manquai pas de lui dire.

— Mais, me répondit-il en riant, l'Allemagne est la patrie de l'idéalisme et non de la réalité, n'est-ce pas ?

*

Donc, sachant que c'était là le genre de choses que Père ne manquerait pas d'approuver, en fait le genre de vacances régénératrices du corps et de l'esprit dont il gratifiait les héros de ses romans, nous entreprîmes de parcourir à pied les montagnes du Harz. Si le rêve d'Alastair avait été de participer aux très urbaines turpitudes de la capitale européenne de la Décadence et de la Dépravation, il n'en accepta pas moins la proposition qui lui était faite avec cette chaleureuse joie de vivre qui concourait tant à son charme.

Il pleuvait tôt le matin et dans la soirée, mais tout le reste de la journée était tendre et bleu, d'une douceur rehaussée par la senteur de la résine et le lointain tintement des cloches des vaches. Nous marchions à modeste cadence – au regard, du moins, des normes de Père –, ne parcourant pas plus d'une trentaine de

1. En français dans le texte.

kilomètres par jour. Nous nous reposions dans la chaleur de l'après-midi, après avoir déjeuné de pain, de fromage et de saucisson. Nous buvions l'eau claire et pure des torrents de montagne et fumions nos pipes en parlant de ce dont parlent les jeunes gens : de l'avenir, de la famille, de filles et de philosophie.

— Tu dois comprendre, me disait Alastair, que nous sommes allés au-delà de la pensée. Que savons-nous maintenant ? Que les mots et la pensée ne sont que des moyens de se dérober. C'est dans l'action que l'homme se réalise.

Cette affirmation d'Alastair était, comme la semblable assertion de Sartre, un aveu de faiblesse – un refus de regarder les faits en face, d'admettre que nous avions dépassé le stade où l'homme peut agir spontanément, affranchi de la pensée. Il y avait là une absurdité, surtout de la part d'Alastair qui ne cessait de se regarder évoluer.

— Es-tu vraiment poète, Alec ? me demanda-t-il.

— Non, lui dis-je. C'est hors de ma portée.

C'était hors de ma portée parce que j'étais incapable de joie. J'avais assez lu Nietzsche, assez saisi l'importance de la gaieté, pour le sentir, pour l'admettre, même.

Il ne m'en fut pas moins nécessaire de continuer à jouer le rôle en public pendant quelques années de plus, allant même jusqu'à publier des vers et à me délecter des éloges trompeurs qu'ils suscitaient.

*

Quand nous regagnâmes Berlin, Alastair séduisit Trude. « Séduisit » est le mot choisi par moi.

C'est après son départ, lorsqu'il eut regagné Londres, qu'elle me le révéla.

Nous nous trouvions dans un parc. C'était le début de la soirée, et il commençait à faire frais. Le soleil couchant teintait de rouge le petit lac. J'avais placé mon bras autour de son cou, sollicitant le baiser. Je me sentais très proche d'elle.

— Je dois vous le dire, déclara-t-elle soudain. J'ai couché avec votre frère. J'en suis désolée, mais je n'ai pas honte.

Que pouvais-je dire ? Quelques petits garçons continuaient à faire flotter leurs bateaux sur le lac. Au-delà des grilles du parc, un tramway passait avec fracas. Quelque part, au loin, un violon jouait une vieille danse du folklore.

— Non, reprit Trude, je n'ai pas honte, mais je suis malheureuse.

Mon bras continuait à peser sur son épaule comme s'il avait cessé de m'appartenir.

— C'est ma malchance, dit-elle. Je tombe amoureuse d'hommes qui ne me correspondent en rien.

Elle se retourna pour me regarder en face. Son regard était candide. Je ne trouvais toujours rien à dire. J'entendis une voix intimer aux petits garçons l'ordre d'aller rechercher leurs bateaux, car il était l'heure de retourner à la maison voir Maman.

— Il a un grand charme, votre frère, poursuivit Trude, et le fait qu'il n'est en rien semblable à moi m'a rendu impossible de lui dire non. Est-ce fou ? Maintenant, il est retourné à Londres, et je ne pense pas que cela se produise de nouveau. Je ne vous demande pas de me pardonner, car...

— Car je n'ai aucun droit ? Je ne suis pas en situation d'avoir ou non à pardonner ? C'est cela ?

— Car ce n'est pas une question de pardon, dit-elle. Ces choses-là ne peuvent l'être.

— Je ne vous comprends pas.

— Je ne me comprends pas moi-même. Il y a quelque chose dans l'air, en ce moment en Allemagne, je pense, qui nous fait faire des choses que nous ne pouvons analyser.

*

Je les imaginai s'éveillant côte à côte. C'était un magnifique tableau qui laissa en moi une terrible sensation de vide.

VII

LONDRES, ÉCOSSE, 1934

— Donc, le Diable a saisi ce malheureux pays à la gorge.

— J'aimerais cependant y retourner.

Billy Hughes poussa vers moi un paquet de Goldflakes.

— Mr. Forbes, me dit-il, était content de ce que vous faisiez. Nous l'étions tous. Mais nous avions une impression, juste une impression, que certains de vos articles étaient dépourvus de cette impartialité que nous aimons à cultiver, que nous estimons nécessaire. Si nous voulons maintenir notre réputation, veux-je dire.

— Je ne pense pas que l'impartialité soit ce qui s'impose en l'occurrence.

Je me disais : il a cinquante ans bien sonnés et c'est un prêcheur laïc méthodiste, il ne peut rien comprendre.

— Vous avez vous-même parlé du Diable, lui fis-je remarquer. Cela ne me paraît pas très impartial.

— Notre directeur est d'avis que le régime va se modérer maintenant qu'il s'est débarrassé de ce qu'il appelle les éléments extrêmes. Il pense que Herr Hitler est ouvert à la raison. Et il admire la façon dont il remet l'Allemagne au travail.

Je trouvais que « se débarrasser des éléments extrêmes » était une façon très gentiment anglaise de décrire la Nuit des longs couteaux.

Hughes sourit.

— D'après lui, poursuivit-il, et Mr. Harbottle est un homme à la vaste expérience, comme il ne manquera pas de vous le dire lui-même, les choses vont se remettre en place maintenant que l'élément gangstérisé du régime a été éliminé.

— Et nous aurons un gentil petit régime libéral ?

— Je ne crois pas que notre directeur irait jusque-là. Mais il est convaincu que la politique envers les juifs sera modifiée.

Hughes, quant à lui, avait laissé son bras gauche à Gallipoli. J'aimais la petite nuance de scepticisme que je percevais derrière son accent gallois. Mais là, comme si souvent depuis mon retour en Angleterre, je désespérai de faire saisir la réalité de ce qui arrivait en Allemagne.

— Ian Forbes, dis-je, n'est sûrement pas d'accord avec cette analyse.

— Nous avons l'impression que Mr. Forbes est trop attaché à certaines relations qu'il s'est forgées là-bas, à certaines loyautés, pourrait-on dire, pour être le plus sûr des juges.

*

J'avais passé six mois au siège du journal à Londres. J'aimais le climat d'aimable courtoisie qui y régnait et le rythme du travail. J'aimais l'idée de m'intégrer à Fleet Street. J'aimais bien mes collègues. J'en étais venu à ressentir affection et respect pour Hughes, le chef du service étranger du journal, tout en persistant à m'étonner de voir un homme occupant de telles fonctions prendre toutes ses vacances au pays de Galles. Il était même possible, parfois, de croire que la vie anglaise représentait la réalité et que l'Allemagne n'était qu'un mauvais rêve. Il était réconfortant d'entendre les gens parler des exploits de batteurs de Bradman et de Ponsford – qui venaient d'aligner ensemble 451 points lors de la grande rencontre de cricket de l'Oval. Je tirais plaisir de la tranquille courtoisie régnant dans les rues de Londres, des calmes conversations dans les pubs, de la façon dont certains parcouraient les pages de courses des journaux en prenant de savantes notes avec un morceau de crayon, de l'aimable insouciance qui semblait partout de mise.

— En fin de compte, me dit Hughes, le directeur

pense que nous avons à remettre d'abord de l'ordre chez nous avant d'aller nous occuper des autres. Il m'a demandé de vous suggérer d'abandonner un moment le service étranger. Il vous dira lui-même ce qu'il aimerait vous voir faire. En attendant, vous avez droit à des vacances.

*

À Blankets, je retrouvai le même climat, à la fois séduisant et exaspérant. D'interminables conversations de week-end ne débouchaient jamais sur rien. Des collègues de gouvernement de Père y accumulaient les platitudes. L'Inde et l'opposition de Winston Churchill au projet de loi les préoccupaient plus que ce qui se passait en Europe. Père ne cessait de répéter :

— Nous ne sommes pas une puissance européenne. Ce fut notre erreur en 1914. Nous devons revenir à notre politique traditionnelle de nation maritime et cimenter nos liens impériaux. Les dominions de peuplement blanc sont nos amis les plus authentiques. Ainsi que les États-Unis. Je vois venir une confédération de la race anglo-saxonne.

En attendant, nous jouions au tennis et paressions au soleil.

Au début du mois de septembre, mon grand-père mourut. Son ulcère ne l'avait pas empêché de survivre de dix ans au vieux Sir William. Nous prîmes le train de nuit de St. Pancras à St. Boswells pour nous rendre à l'enterrement. Père y parla de la piété filiale. L'église était bondée. Quelles que fussent les carences décelées par le vieil armateur en son fils, il apparaissait que celui-ci avait été respecté dans son pays. Un autre pasteur vint parler de lui comme d'une « âme ayant cheminé sans être troublée par le doute ou la crainte de rencontrer son Créateur ».

Ensuite, au presbytère, on servit du thé et des scones, avec de la gelée de groseille faite à la maison. De vieilles dames parlaient à voix basse des vertus de Grand-père, puis, à voix plus haute, des menus scandales locaux. Kirstie et moi sortîmes dans le jardin et allâmes nous asseoir sur le muret de pierre qui le séparait des champs. De là, nous contemplâmes les collines d'Eildon.

— J'aimais venir ici quand nous étions enfants, me dit Kirstie. Cela paraît si loin.

— Je n'ai jamais aimé Grand-père, fis-je.

— Ce qui m'inquiète chez toi, Alec, c'est le nombre de gens que tu sembles ne pas aimer, maintenant. Je pense que Grand-père était quelqu'un de bien, à sa manière.

— À sa manière.

— N'est-ce pas le cas de tout le monde ?

— Je ne sais pas. Il était gonflé d'autosatisfaction.

— Oh, Alec ! protesta Kirstie. Comme tu as l'air amer ! Tu ne le juges pas comme il était en réalité. Et je n'aime pas te voir malheureux. Il y a tant de choses que nous n'avons pas besoin de nous dire pour les sentir ! Et je sais qu'il y a aussi des choses dont tu ne veux parler à personne. Mais rappelle-toi que je suis là. Ne me laisse pas de côté.

Le soleil se couchait derrière les collines et la campagne se teintait lentement d'un gris rehaussé par les taches noires du bétail paissant auprès de la Tweed.

— Je souhaiterais vivre ici, dit Kirstie. Je m'y sens chez moi. C'est vraiment étrange qu'un pays où l'on a tant fait la guerre soit si paisible.

*

Le lendemain matin, nous allâmes visiter l'abbaye de Dryburgh, en ruines depuis son incendie par l'armée d'Hertford, quatre siècles plus tôt.

— Ces cèdres du Liban, dit Père, ont été rapportés des croisades.

Walter Scott est enterré à Dryburgh, et Haig aussi : les deux héros de Père. Pour les gens de ma génération, Haig était une sombre brute incompétente, qui avait envoyé vague sur vague d'hommes à la mort par pure stupidité. Père, qui avait servi sous lui et le révérait, se refusait à entendre ce genre de propos.

— Dans la longue épreuve de la bataille, déclarait-il, ce fringant officier de cavalerie s'était transformé en un homme qui avait passé accord avec le Seigneur.

Père arrivait à faire ce type de proclamations sans la moindre gêne. Je préférai m'éloigner. Maintenant, je ne sais plus. J'ai moi-même vu la guerre et écrit sur elle, et je sais qu'elle a sa propre et implacable logique. Napoléon, à Sainte-Hélène, considérait Borodino comme sa plus belle bataille « parce qu'elle se déroulait si loin de France » – et avait été si horrible, peut-être. Les sous-lieutenants allemands de la Somme étaient colonels et généraux à Stalingrad.

Je me retournai et vis que Père avait été rejoint par Peter, l'homme à tout faire de Grand-père, qui nous conduisait à Édimbourg dans la Daimler. Peter avait fait toute la guerre dans les fusiliers écossais, et un éclat d'obus toujours logé dans son genou droit le faisait boiter. Debout devant la tombe du maréchal, il ôta sa casquette. Une couronne de coquelicots des Flandres ornait la croix de bois sur laquelle une simple plaque d'aluminium portait, comme celui d'un soldat de deuxième classe, le nom du maréchal Douglas Haig.

*

À Édimbourg, nous logeâmes au *North British* et dînâmes au Café Royal, sous les gravures aux verres ternis représentant des athlètes du début du siècle. Toby Macrae se joignit à nous, et nous mangeâmes du homard en buvant du Montrachet. Père interrogea Toby sur l'évolution du Parti national écossais, qui s'était fondé l'année précédente. Toby s'esclaffa ; nouvellement entré dans un cabinet médical à Gorgie, l'un des quartiers les plus pauvres de la ville, il avait – à l'effarement horrifié du docteur Pangloss – rejoint le parti travailliste. J'intervins en disant que ces nationalistes étaient probablement fascistes.

— Ils n'ont même pas, fit Toby, assez de cran pour cela.

Mais Père sympathisait avec le mouvement.

— Tout Écossais, déclara-t-il, est, comme le soulignait le cher vieux Rosebery, au fond de lui-même un jacobite, et une Écosse ressuscitée, au sein de l'Empire, serait une belle chose. Je verrais l'Écosse comme un dominion autonome à l'intérieur d'une Fédération impériale. Pourquoi le duc d'York[1] ne deviendrait-il pas prince d'Écosse, installé au château d'Holyrood ? Il a, après tout, une magnifique épouse écossaise. Je sais que mon vieil ami Monty Mackenzie, qui est l'un des fondateurs du Parti national, sauterait sur cette idée. Quant au fascisme, Alec, tu prends une attitude trop hostile vis-à-vis d'un mouvement qui est avant tout axé sur le renouveau national. Signor Mussolini a donné à l'Italie un sentiment de sa propre valeur qu'elle n'avait plus possédé depuis la Renaissance. De toute manière, j'imagine qu'un fascisme écossais serait différent de toutes les versions continentales que nous pouvons connaître.

Il disserta sur ce thème jusqu'au dessert. Combien il est maintenant difficile de ne pas faire passer pour absurdes les propos de Père ! Mais ils ne l'étaient pas, à l'époque. D'autres partageaient son rêve d'une Fédération impériale, et si celui-ci s'était réalisé, je suppose qu'une Écosse semi-indépendante eût pu s'y insérer confortablement. Après tout, cette solution n'était pas tellement différente de celle que proposent les nationalistes écossais actuels dans le cadre de la Communauté européenne.

1. Qui devait devenir le roi George VI après l'abdication de son frère aîné en 1936. *(N.d.T.)*

VIII

ANGLETERRE, 1935-1936

Il était inhabituel que je me retrouve invité à déjeuner par Hector à son club. L'insatisfaction et le sentiment de l'injustice du sort se lisaient sur son visage comme des accidents de terrain sur une carte en relief. On eût dit que la vie venait de le maltraiter cruellement et indûment, et le fait de se trouver à son club semblait le gêner lui aussi. Il me désigna quelques hauts fonctionnaires comme si leur présence avait constitué une offense personnelle, et j'en fus intrigué car j'avais pensé qu'il avait voulu toute sa vie se retrouver dans ce genre de milieu. Je lui fis remarquer que le Parti approuverait certainement son appartenance au club.

— Je ne veux pas parler de cela ici, me dit-il. Il y a bien pire. De toute manière, je ne suis pas membre du Parti. Je ne le puis pas. Tu sais cela.

Nous commandâmes une tourte au veau froid et au jambon, suivie d'une tarte à la rhubarbe. Hector se mit à parler, en termes assez vagues, des Français et du fait qu'on ne pouvait jamais compter sur eux.

— On croirait entendre Père, lui dis-je.

— Vraiment ?

— Oui, il pense que les Français constituent le principal obstacle à une solution de paix en Europe.

Hector mangea peu, se bornant la plupart du temps à triturer du bout de la fourchette ce qui se trouvait dans son assiette. Après une minuscule tasse d'un très mauvais café, il suggéra que nous traversions le parc à pied.

— Je ne pouvais pas te parler là-bas, me dit-il ensuite. Je croyais que ce serait possible.

On était encore à l'heure du déjeuner. Des employés de bureau et des dactylos en robe d'été étaient étendus sur l'herbe. D'autres gens nourrissaient les canards et les cormorans.

— Je me sens pris au piège, me dit Hector. J'aimerais pouvoir parler à Meyer.

— Guère de chances, fis-je. Il est dans un camp, à ce que j'ai entendu dire. Ou mort.

Hector frissonna. Il était taillé à l'origine pour devenir un sentencieux homme d'Église de l'époque victorienne, et il se retrouvait dans la mauvaise pièce, avec le mauvais rôle.

— Je voudrais pouvoir quitter le Foreign Office.

— Alors, pourquoi ne le fais-tu pas ?

— C'est impossible...

— Eh bien, donne-toi congé cet après-midi. Tu ne prends guère le temps de t'amuser.

Il secoua la tête et s'assit sur un banc, serrant à deux mains son parapluie et s'y appuyant. J'attendis.

— Je ne cesse de penser à Meyer, dit-il. J'ai des cauchemars. Je me vois torturé. Je ne pourrais le supporter.

— Aucun d'entre nous, lui répondis-je, n'est en droit de supposer qu'il le pourrait. Mais cette expérience n'est pas du domaine des probabilités immédiates.

— Les gens ne comprennent pas.

Pauvre Hector, me dis-je. Bien sûr, les gens ne comprennent pas ; ils sont anglais. Même après avoir subi la Première Guerre avec l'Allemagne, ils savent qu'ils sont différents, ils savent que rien d'horrible ne peut leur arriver, parce que ce bon vieux Londres, la course Oxford-Cambridge, Buckingham Palace, le Derby, les crevettes confites à Brighton et les déjeuners dans Hyde Park, tout cela ensemble revient à une vie qui est ce que doit être la vie. Ils peuvent même oublier les files d'attente de chômeurs, car cela se passe loin dans le nord, là où se trouvent ces usines dont les cheminées ne fument plus. Ici, nous n'avons que des banlieues résidentielles, des rues tranquilles et des foyers douillets.

C'était ce que je pensais alors. Je me trompais, bien

sûr, et je me trompais avec la superbe arrogance de la jeunesse. L'Angleterre était plus complexe que je ne daignais l'admettre, mais elle restait une famille, un endroit où bonnes manières et décence régnaient, au moins dans les esprits. Et peut-être est-ce cela qui compte réellement – l'idée qu'on se fait de la société dans laquelle on vit.

La tristesse d'Hector me troubla. Elle continuait à me préoccuper tandis que, traversant les parcs, je gagnai Piccadilly, empruntai les rues étroites et animées de Soho jusqu'à Oxford Street pour atteindre Fitzrovia, où j'avais rendez-vous avec Annie, une jeune actrice que je fréquentais alors. Je me disais qu'Hector avait une foi qui aurait dû entretenir son ardeur. Mais c'était là une stupidité. C'est une chose d'être convaincu que l'Histoire est du côté de la cause que vous avez embrassée, et c'en est une autre, et tout à fait naturelle, que de redouter ce que vous-même pourriez avoir à subir avant la victoire finale, de craindre les épreuves qui pourraient vous être imposées, et, peut-être, le risque de ne pas vous montrer à la hauteur de ces épreuves. Hector avait peur d'être physiquement et moralement un lâche, encore qu'il fût assez courageux pour s'avouer cette peur. L'admiration qu'il portait à Meyer se teintait d'envie – d'une envie devant la force d'âme qu'il lui prêtait.

Mais il est rare que l'admiration ne comporte pas une pointe d'envie, surtout lorsqu'elle est suscitée par des qualités qu'on craint de ne pas posséder soi-même.

Cependant, l'obstination d'Hector et sa détermination, en dépit des apparences, à être lui-même jusqu'à la témérité, étaient au moins en partie, bien qu'il ne s'en fût jamais douté, ce qui attirait Max vers lui. Max était un danseur américain doué d'un appétit de vivre qui lui conférait un charme fait de fraîcheur et de spontanéité. Il avait des cheveux châtains bouclés et coupés court et une bouche assez large qu'éclairait un sourire de vedette de cinéma. Il était facile de voir pourquoi Hector le trouvait irrésistible – encore que le goût débridé de Max pour les expériences nouvelles l'irritât. Il pressait constamment le jeune homme d'être sérieux et d'acquérir une véritable éducation, lui reprochant cette frivolité qui avait précisément été, après le premier sourire que lui avait accordé Max, le trait qui avait transformé, pour lui, le désir en amour. Mais, comme Hector n'arrivait pas à se pardonner à lui-même son homosexualité – ce qui était d'ailleurs, à mon avis, ce qui le poussait parfois à la manifester en défiant la prudence –, il était naturel qu'il reprochât à Max ce qui l'attirait le plus chez lui. Ainsi, par exemple, alors qu'ils se trouvaient en vacances ensemble dans le Midi de la France, il s'irritait du temps que Max passait sur la plage, car le bronzage qu'il acquérait ainsi le rendait encore plus beau et désirable à ses yeux. Il s'irritait également du fait qu'ils se trouvassent sur la Côte d'Azur, mais c'était bel et bien lui qui avait choisi l'endroit, car il était conscient de devoir trouver une part de mortification dans le plaisir qu'avait Max à se trouver là. Et il prenait plaisir, obstiné comme il l'était dans la vie courante, à soumettre sa volonté à celle de Max, ou du moins à laisser croire à celui-ci qu'il l'avait fait. C'est un procédé assez commun dans l'affrontement de volontés inhérent à toute liaison amoureuse. Paraître céder à l'autre revient à revendiquer un avantage moral. De la même façon et pour la même raison, Hector se laissait aller à des crises de jalousie boudeuse.

— Je n'y comprends rien, déclara Max. Il m'accusait d'essayer de séduire tous les homos de Cannes, et, en même temps, il m'achetait les tenues les plus provocantes et m'exhibait comme s'il essayait de me faire faire le trottoir. Vous y comprenez quelque chose, vous ?

Max était assis, les bras encerclant ses genoux levés, sur la banquette d'embrasure du salon d'Annie. En cette fin d'après-midi, des nuages commençaient à se rassembler dans le ciel, et la lumière était devenue d'un jaune un peu trouble. Il semblait qu'un orage était imminent.

— Et c'est ce qu'il faisait ? demanda Annie.
— Quoi donc ?
— Essayer de te faire faire le trottoir ?
— Tu parles que non !
— Je ne comprends pas ton frère, me dit Annie.
— Il ne se comprend pas lui-même.
— Qui donc se comprend ? demanda Max. Maintenant que nous avons tous lu Freud, nous sommes plus loin de nous comprendre nous-mêmes que nous ne l'avons jamais été.
— Sortons un peu, dit alors Annie. Je n'ai pas mis le nez dehors de toute la journée. Sortons.
J'étais venu en espérant faire l'amour. Cela ne semblait plus au programme. Ce n'était aucunement en raison de la présence inattendue de Max. Max et Annie étaient bons amis. Ils se connaissaient depuis au moins un an, après s'être retrouvés dans le même spectacle. C'était ainsi qu'Hector avait rencontré Max. J'avais amené mon frère à une soirée que donnait Annie. Si celle-ci avait voulu faire l'amour avec moi cet après-midi-là, elle l'aurait volontiers fait avec Max dans une autre pièce. Sa proposition de sortir signifiait donc qu'elle n'était pas d'humeur à cela.
— Où allons-nous ?
— *Chez Gaston* ?
— Tu crois ? Oh, après tout...
Chez Gaston était un restaurant de Charlotte Street. Il avait un autre nom, mais je l'ai oublié car nous ne l'utilisions jamais. Le restaurant lui-même ne serait pas ouvert à cette heure de l'après-midi, mais il y avait une sorte de club au premier étage où l'on servait des boissons et des sandwiches en permanence. Gaston lui-même s'y trouvait rarement. C'était un homme d'allure mélancolique mais plein de charme et de bonne humeur, malgré les ulcères dont il souffrait. Le club était le domaine de sa femme, Zita, une Napolitaine qui avait été autrefois une beauté.
— Vous ne le croiriez pas à me voir maintenant, avait-elle coutume de dire, mais j'ai été entretenue par trois ducs. C'était avant que je rencontre Gaston.

Il est vrai que ce n'étaient que des ducs siciliens, mais il n'y a quand même pas à en rougir.

La pluie commençait à tomber au moment où nous débouchâmes dans Charlotte Street, en grosses gouttes annonçant le tonnerre. Le ciel était injecté de pourpre. Au bas de l'étroit escalier qui menait au club, Annie se retourna et m'embrassa très fort sur la bouche.

— Je suis désolée, me dit-elle. Je sais ce que tu voulais, mais je ne suis pas d'humeur.

— Ne t'en fais pas pour cela.

— Plus tard.

Il n'y avait que deux personnes dans la salle, Alfred Moss et une jeune personne à la longue chevelure d'or rouge et au visage aristocratique dans le plus pur style *Country Life*. Alfred était un peintre de portraits à la mode, qui flattait ses modèles sur la toile et leur menait la vie dure dans la conversation. Il nous présenta sa compagne comme étant Vanessa Stuart-Styles.

— Nous avons vu qu'il allait pleuvoir, dit-elle. Alors, nous sommes venus nous mettre à l'abri.

Elle lança cette remarque comme s'il s'agissait de la plus spirituelle des reparties.

Zita alla nous chercher une bouteille de chianti et quelques sandwiches au jambon.

— Je vais peindre une fresque murale pour Zita, déclara Alfred. Pour régler mon ardoise. La Commedia dell'Arte. Tu pourrais être Arlequin, Max.

— Si tu veux.

La conversation languissait. Alfred entreprit de construire un château de cartes à l'aide d'un paquet qui traînait sur une table. C'étaient des cartes napolitaines. Au bout d'un moment, le château s'effondra.

— Toute l'histoire de ma race, dit-il. Et de ma carrière. Je lis tes articles sur les régions défavorisées, Alec.

Vanessa sortit un bâton de rouge à lèvres de son sac et entreprit de s'en servir.

— Je trouve terrible, dit-elle, qu'on laisse vivre des gens dans de telles conditions. C'est si démoralisant.

— Et qu'est-ce que vous proposez ?

— Je suis sûre qu'ils pourraient trouver du travail s'ils le voulaient réellement. Après tout, il y a des tas de choses à faire. Mais, bien sûr, qu'est-ce qu'on peut attendre de ce gouvernement ?

Max fut plus rapide que moi sur la balle. Avec un petit geste affecté du poignet, il dit :

— Je trouve Mr. Baldwin si mignon ! Pas vrai, ma chère ?

J'enchaînai :

— Et Herr Hitler fait un si merveilleux travail !

— Oh, c'est sûr ! Si nous avions un homme comme cela...

— Pour l'amour du Ciel, fit Annie, on ne va pas s'enquiquiner à parler politique !

— Chérie, fit Max sur le ton de la confidence en se penchant vers Vanessa, je suis sûr que vous auriez beaucoup de succès avec Adolf. Mais pour ce qui est de moi, n'y comptez pas.

Je servis un peu plus de vin alentour et mangeai un sandwich. Le jambon était bon et bien salé. Je sentis Annie presser sa jambe contre la mienne, pour s'excuser ou pour me rassurer. J'allumai une cigarette et la lui plaçai entre les lèvres, avant d'en prendre une autre pour moi. Un certain temps s'écoula.

— En fait, me dit soudain Alfred, nous attendons ton frère.

— Oh ! fit Vanessa. Vous êtes le frère d'Alastair ? Ce n'est pas possible.

— Il se trouve que si.

— C'est trop amusant !

— Oui, n'est-ce pas ?

Nous commandâmes un peu plus de chianti.

— Pourquoi est-il toujours en retard comme cela ? demanda Vanessa.

*

Quelques heures plus tard, à une soirée, nous dansions, Annie et moi. Elle plaqua soudain ses mains sur ma nuque et me dit :

— Si j'ai été odieuse cet après-midi, je le regrette.
— Tu l'as été.
— Cela m'arrive. Je ne sais pas pourquoi. Mais je suis désolée.
— N'y pense plus.
— Pas aussi odieuse que cette horrible fille. Dis que je n'ai pas été aussi odieuse qu'elle.
— Tu n'as pas été aussi odieuse qu'elle.
— Pas à moitié aussi odieuse.
— Même pas un quart.
— Je ne pourrais pas. N'est-ce pas ?
— Non, tu ne pourrais pas.
— Elle était vraiment odieuse, non ?
— Absolument.
— Je voudrais t'aimer, Alec. Je voudrais vraiment.

*

Plus tard, blottie dans mes bras, toute chaude et moite, elle se mit à pleurer.

— Je ne sais pas pourquoi je pleure, dit-elle. Je ne sais vraiment pas. Je suis heureuse, mais je pleure.

Je l'embrassai, d'abord sur le front, au milieu de ses boucles emmêlées, puis sur les lèvres. Nos langues se rencontrèrent et s'aguichèrent. Nous fîmes de nouveau l'amour.

— C'était délicieux, mais j'ai encore envie de pleurer. Le bonheur ne dure pas, hein ?
— Oh, je ne sais pas. Il pourrait.
— Il ne dure pas. Impossible.

Elle s'endormit. Peu après, sa jambe vint se coller à la mienne. Ma main reposait sur le nid doux et humide entre ses cuisses. Je me disais qu'après tout, il n'y avait rien de meilleur que cela : se retrouver couché, après avoir fait l'amour, à côté d'une fille endormie, qui, pour le moment au moins, semblait tenir à vous. Et que nous n'avions jamais plus que cela.

Un taxi s'arrêta dans la rue, en bas, le moteur haletant. Puis, lorsque son passager eut enfin trouvé les pièces de monnaie nécessaires au règlement de la course, il redémarra. Pendant un court moment, le silence régna dans la ville, un silence si profond qu'on pouvait, paradoxalement, l'entendre. Je sentais doucement onduler les seins d'Annie, comme son sommeil devenait plus profond. Ainsi que la mer, me disais-je, ainsi que la mer. Son chat sauta sur le lit et se nicha au creux de mon oreiller, poussant son museau dans mes cheveux en ronronnant.

*

Il y avait une lettre dans la poche de mon veston accroché au dossier d'une chaise, près du lit. Elle était de Trude et était écrite dans son anglais à la lourdeur attendrissante.

« Cher Alec,

« Je vous ai écrit une lettre l'autre jour dans un petit café de Wilhelmshöhe. Mais je ne l'ai pas envoyée. J'ai trouvé l'anglais dans lequel elle était écrite si mauvais, si naïf et si maladroit que j'ai eu honte. Et puis elle était pleine de larmoiements. Choquant, non ?

« Aussi, maintenant, je vous écris de la maison, avec le dictionnaire à côté de moi. Mais ce ne sont pas les mots qui me manquent – les vocables, comme je me rappelle que vous disiez qu'on les appelait quelquefois. C'est quelque chose d'autre.

« Alec, très cher Alec, vous disiez que j'étais brave mais aveugle. Peut-être disiez-vous que j'étais brave parce que j'étais aveugle, je ne me souviens pas. Mais maintenant, mes yeux sont ouverts, je vois très bien, et je ne suis pas brave, j'ai très peur.

« Une catastrophe et une horreur se préparent ici. C'est une folie à laquelle mon peuple a consenti de son plein gré. C'est affreux.

« Père voit que c'est fou et mal, et il n'a pas peur. Il le dit.

« Vous vous rappelez cette scène à la *Gasthaus*

dans les montagnes, quand vous l'avez sauvé de cette brute de nazi?

« Eh bien, il continue à parler avec la même témérité. Il traite les nazis de voyous, et il a fait un discours dans lequel il a déclaré que tout ce qu'il y avait de beau dans la civilisation allemande devait beaucoup au génie des juifs. Vous ne pouvez pas imaginer la fureur que cela a soulevée, d'autant plus grande que beaucoup le respectaient jusque-là. Je voudrais qu'il quitte l'Allemagne et devienne un réfugié, mais il refuse.

« Alors, j'ai eu une idée. C'est que vous demandiez à votre père, pour lequel il a une telle admiration, de s'arranger peut-être pour qu'il soit invité à faire des conférences à Oxford. Je pense qu'il accepterait. Cela lui plairait tant de recevoir une telle invitation. Et quand il est en Angleterre, peut-être nous pouvons le persuader de rester.

« Qu'en pensez-vous ? Est-ce possible ? Je souhaiterais tant que ce le soit.

« Vous comprenez mon désespoir et l'urgence de la situation. Je souhaiterais tant préserver mon père des conséquences de sa noblesse même.

« Mais, très cher Alec, il y a un autre procédé que j'ai envisagé et que je pourrais devoir adopter si celui que je viens d'exposer ne peut pas aboutir. Et c'est une chose que vous allez désapprouver.

« C'est que j'adhère au Parti. Oui, que je devienne nazie. Pas de façon sincère, bien sûr, vous connaissez mes opinions. Mais si c'est le seul moyen de protéger mon père, je l'utiliserai. Vous devez comprendre que sa sécurité est mon premier souci. Il serait lui-même horrifié d'un tel acte, et il serait difficile de lui expliquer pourquoi j'ai agi. Néanmoins, je prévois que cela peut être nécessaire. Pensez-vous que je suis folle ?

« Ou me comprenez-vous ?

« Il se peut que non, car je vous ai entendu parler de votre père sans révérence ni même respect, avec une touche de moquerie, dont je dois vous dire que je ne pouvais l'approuver. Mais mon père est tout dans tout pour moi, et sa sécurité est mon premier souci.

« Essayez de comprendre, très cher Alec, si je fais comme je vous dis que je risque de faire.

« Pensez à moi affectueusement.

« Vous écrivez des lettres si belles et si aimantes. Alastair n'écrit pas du tout. Et pourtant... Oh, je suis désolée, c'est un tel gâchis, cela me fait pleurer.

« Barbara était à Berlin la semaine dernière et paraissait superbe. Les nazis sont très nerveux à son sujet et aimeraient, je pense, la déclarer *persona non grata* en Allemagne. Mais Goebbels est fasciné par elle, on dit qu'il ne peut pas résister à une jolie fille. Elle a demandé de vos nouvelles et m'a dit d'envoyer son affection. Sophie, hélas, l'a quittée pour la terrible Hongroise. Barbara dit seulement : "Je pense qu'il commençait à faire trop chaud ici pour Bébé." Elle est assez merveilleuse, n'est-ce pas ?

« Savez-vous, quand je suis avec elle, je me sens presque un tout petit peu lesbienne. Mais alors je me dis non, cela compliquerait trop les choses, et elles sont déjà assez compliquées comme cela.

« Je ne pense pas que notre courrier est examiné. Néanmoins, je crois plus sûr de donner cette lettre à un ami qui va en Suisse pour qu'il la poste de là-bas. N'est-ce pas affreux ?

« Je ne peux vous demander de transmettre mon affection à Alastair, car ce n'est pas de l'affection que je ressens pour lui. Vous savez ce que je ressens, et que je suis désolée que cela vous peine. Mais, croyez-moi, j'ai honte.

« S'il vous plaît, très cher Alec, faites ce que vous pouvez au sujet de ma requête. Je ne veux vraiment pas me sentir obligée de devenir nazie.

« Votre malheureuse amie,

« Trude.

« P.S. Je pense si souvent à ces jours dans les montagnes, quand nous étions heureux. »

Trude avait tort de supposer que ses lettres n'étaient pas surveillées. Peu avant, elles m'étaient parvenues recachetées et avec le timbre : *Zur Devisenüberwachung zollamtlich geöffnet* (Ouverte par les services de douane pour contrôle des devises étrangères). Bien sûr, il m'était impossible de savoir avec quelle attention elles avaient été lues.

Repensant à la dernière lettre, je me trouvai incapable de m'endormir, et, lentement, avec toute la douceur dont j'étais capable, j'entrepris de m'extraire du lit sans réveiller Annie. J'allai me préparer du thé dans la petite cuisine. Le mur de briques que l'on apercevait de la fenêtre était luisant d'humidité.

Je relus la lettre de Trude. Elle m'avait écrit dans une précédente missive que nous ne pouvions être amants – elle l'avait toujours su – car une telle relation banaliserait et détruirait ce que nous partagions déjà, et qui était quelque chose de plus élevé et de plus précieux. « Vraiment, mon cher Alec, les corps ne sont pas si importants, à ce que je pense. »

Annie ne serait pas d'accord. Hector et Max le seraient-ils ? C'était difficile à dire. Hector voyait dans l'homosexualité une certaine forme de rébellion. C'est l'affirmation de son émancipation par rapport à un système qu'il servait et détestait. Et cependant ce système se montrait plus tolérant à l'égard de cette déviation que devant l'autre, qu'il servait également, mais avec une plus grande pureté. Annie et Max, qui semblaient agir spontanément, étaient-ils plus admirables qu'Hector et moi-même ?

Je pensai à George. Avait-il pris une maîtresse chinoise ou malaise ? Ou séduisait-il, comme un personnage de Somerset Maugham, les femmes des autres planteurs ? De nous tous, George, depuis son retour d'Espagne, avait été celui qui s'était le plus résolument engagé dans le monde « réel » – c'est-à-dire le monde où il s'agit chaque jour de gagner sa vie, et que je puis appeler «réel», car c'est, après tout, celui qu'habite la majorité du genre humain. Ce faisant, George avait rejeté l'abstraction, ce vice de l'époque consistant à tout envisager en termes de mouvements et de concepts. Pour George, me semblait-il, des formules comme «la révolte des masses» ou «la crise du capitalisme» n'avaient aucun sens. Le problème, pour lui, était de savoir combien de caoutchouc on pouvait extraire de combien d'arbres. Un travail simple et pratique comme le labourage d'un champ. Et cependant, c'était la crise du capitalisme qui déterminerait le marché pour son caoutchouc.

Bien sûr, mes suppositions quant à l'état d'esprit de George ne pouvaient être que cela: des suppositions. Il ne communiquait que très peu. Les lettres qu'il envoyait occasionnellement à la maison – uniquement adressées à Père – ne concernaient que les détails de la vie quotidienne. D'un côté, on pouvait dire que ce vieux George avait quelque expérience de la vie, et de l'autre côté, qu'il se comportait comme une autruche, un complice consentant du crime du siècle: la réduction de toutes choses à un problème de livres, de shillings et de pence – ou, en l'occurrence, de dollars malais.

*

Haskins, le jardinier et gardien, brûlait des feuilles mortes quand j'arrivai à Blankets. Il faisait froid et gris, et l'air était presque immobile, avec juste un soupçon de brise venu de l'est. Des lambeaux de brume planaient sur le ruisseau. La pipe à la bouche et les mains enfouies au fond des poches de son pantalon de velours, Haskins regardait la fumée monter devant lui. Elle s'élevait en une mince colonne et stagnait en l'air, répugnant à se disperser. Il poussa un grognement sans retirer sa pipe de sa bouche lorsque je le saluai. Un faisan s'envola des fourrés avec un cri sourd et un claquement d'ailes.

— L'hiver va bientôt arriver, dit Haskins.

Si l'on exceptait les deux années qu'il avait passées dans les camps et dans les tranchées, il ne s'était jamais éloigné de plus de trente kilomètres de Blankets. Il n'était pas allé, déclara-t-il un jour, à Oxford, à quinze kilomètres, depuis la fin de la guerre. Chaque matin, il se levait à l'aube et allait relever ses collets. Quand j'étais enfant, je l'avais souvent accompagné dans ses tournées.

Son fils Frank, qui avait mon âge, travaillait aux usines Morris, à Cowley. Frank était marié à Agnes, également originaire du village, qui avait travaillé chez nous comme femme de chambre. Ils avaient deux jeunes enfants, et avaient, l'année précédente, effectué le premier versement pour l'achat d'un pavillon de quatre pièces. Frank réussissait bien à l'usine. J'en étais venu à le considérer comme un symbole des temps. Ce n'était pas entièrement faux, mais il me semblait mal de réduire Frank à une abstraction. Nous avions joué au cricket ensemble pour le village, et il votait travailliste. Le vieux Haskins était un libéral gladstonien qui n'avait que faire du socialisme et autres idées venues de l'étranger. Père le citait comme un oracle. Il aimait à dire aux visiteurs que son nom, comme ceux de maints autres villageois, figurait sur les registres médiévaux.

— Haskins est littéralement vissé au passé local, proclamait-il avec fierté.

Père n'était pas avare de ces observations sentencieuses. Elles lui venaient aussi naturellement que l'eau au moulin. Contrairement à toutes les apparences, elles n'avaient rien d'insincère ou de prétentieux.

— Je viens de lire Isaïe, me déclara-t-il ce jour-là. Combien insignifiantes il fait apparaître les affaires des hommes face au désert de l'éternité.

Cependant, il venait juste d'entreprendre, ce week-end, ce qui devait être sa dernière campagne électorale, et, dans la soirée, il passa son temps à supputer les effets de son issue sur la situation en cours. Le désert de l'éternité était apparemment oublié ou mis en réserve. Son siège était sûr, et il n'avait guère d'efforts à faire.

— Je suis désolé, Alec, me dit-il comme nous montions, le lendemain après-midi, vers les pâturages à moutons, que tu penses tant de mal de nous autres, parlementaires, parce que nous nous accrochons à ce qui est ancien et familier. Durant la guerre et les années qui ont suivi, j'ai eu un cauchemar qui revenait régulièrement. Je rêvais que l'univers stable se dissolvait autour de nous, que tout ce que nous avions appris à considérer comme la civilisation risquait de périr. Eh bien, dans ce pays, nous avons gardé foi en tout cela, et je pense que nous pouvons affirmer – je ne dirai pas « nous vanter » – d'avoir passé le mauvais cap. Et si tel est le cas, c'est Ramsay et S.B.[1] avant tous autres que nous devons remercier. Oui, il y a des difficultés et de la misère, et le chômage est une véritable plaie. J'ai admiré la générosité qui se dégageait de tes articles sur les régions défavorisées, mais ce que j'ai admiré le plus était la force d'âme des populations ainsi touchées. Crois-moi, je sais ce que subissent ces pauvres gens, mais leur réaction prouve qu'en tant que nation, nous n'avons pas perdu notre cohésion. Si nous pouvons éviter la guerre, et je pense que nous le pouvons, cette force d'âme trouvera sa récompense.

Je me demandai alors s'il s'abandonnait simplement à l'optimisme béat ou s'il savait quelque chose que je ne pouvais voir.

Quand je lui parlai de faire inviter le professeur Liebknecht à venir faire des conférences à Oxford, il se montra d'abord enthousiaste, énumérant immédiatement des universitaires dont il pourrait obtenir le soutien. Puis il se fit hésitant.

— Il a parlé avec trop de vigueur contre le régime, me dit-il, et cela pourrait créer des difficultés. Nous ne voulons pas donner l'impression qu'une invitation, qui

1. Ramsay MacDonald et Stanley Baldwin. *(N.d.T.)*

ne manquerait pas d'être vue, bien qu'à tort, comme bénéficiant d'une sanction officielle, marque l'hostilité de la Grande-Bretagne à l'expérience national-socialiste. Je sais que tu partages les vues de Liebknecht à ce sujet, Alec, mais, quant à moi, mon opinion est moins arrêtée. Les propos tenus par Herr Hitler sont véhéments et d'une violence regrettable, son antisémitisme est repoussant, mais il a rendu sa fierté à une grande nation et la confiance à une grande partie d'une classe – une classe respectable et industrieuse – qui semblait prête à se laisser aller au désespoir. Non, Alec, il est trop tôt pour juger.

— Dois-je comprendre que tu n'es pas disposé à faire inviter le professeur Liebknecht ?

— Non, non, mon cher garçon, je veux simplement dire que nous devons agir avec circonspection.

Le jour baissait déjà lorsque, cheminant sous les châtaigniers, nous regagnâmes la maison. Du chenil montaient des aboiements.

— Battue à la perdrix la semaine prochaine, annonça Père. Tu viendras, n'est-ce pas ?

Un coupé de sport gris Lagonda freina pile devant la porte principale, faisant voler le gravier devant ses pneus. Alastair sauta à terre, puis Vanessa, langoureuse, émergea de la voiture à sa suite. Père affecta une surprise où perçait le plaisir.

— Mère a bien dû t'en parler, dit Alastair. C'est Vanessa.

— Vanessa ?

— Stuart-Styles.

— Ah, j'étais à Balliol avec votre père. La fille de Ronnie ! Quelle joie de vous rencontrer !

— Tu as les moyens de tout cela ? demandai-je en *a parte* à Alastair.

— La voiture ou la fille ?

— Je parlais de la voiture.

— Dans le cinéma, il faut bien. Toutes les portes se ferment si tu n'as pas l'air riche.

— Du thé, disait pendant ce temps Père. Du thé et des muffins.

Au mot de « muffins », les deux épagneuls se précipitèrent dans la maison. Nous suivîmes à une allure plus raisonnable. Les hanches de Vanessa continuaient d'onduler alors qu'elle penchait gracieusement le buste pour écouter Père.

*

Alastair entra dans ma chambre pendant que je m'habillais pour le dîner. Il se jeta sur mon lit sans se soucier de froisser le smoking blanc qui visait sans doute à marquer son appartenance nouvelle aux « milieux du cinéma ». Il se passa la main dans les cheveux d'un geste à la désinvolture très étudiée.

— Tu n'es plus fâché, pour Trude ? demanda-t-il.

— Fâché... non.

— Je me suis mal conduit, je le comprends.

— Et qui est au juste Vanessa ?

— En ce moment précis, mon vieux, elle est la maîtresse d'Alfred Moss.

— Mais tu comptes bien changer tout cela.

— Disons qu'il y a des chances.

— C'est donc un week-end de séduction.

— Je ne crois pas que séduction soit l'expression qui convient. Je n'ai pas l'impression que j'aurai beaucoup à séduire.

— Le fruit est mûr ?

— Et juteux.

Je me concentrai un moment sur mon nœud de cravate. Je voyais, dans la glace, le visage d'Alastair. Il était dépourvu d'expression. Était-ce ainsi qu'il était lorsqu'il se retrouvait seul, privé d'un public ?

— Qu'est-ce que cette histoire de cinéma ? lui demandai-je.

— C'est l'avenir. Le film est le langage du siècle.

— Oui, sans doute, mais qu'est-ce que tu fais au juste ?

— Difficile à dire, difficile à dire. Je suis en quelque sorte un producteur.

— Et qu'as-tu produit ou qu'es-tu en train de produire ?

— La société vient juste de se former. Nous n'en sommes pas encore vraiment au stade de la production. Jusqu'ici, ce sont les Américains qui ont fait la loi dans le cinéma. Nous entendons changer tout cela. Leopard Films, c'est un nom que tu n'as pas fini d'entendre.

— Cela veut dire que tu en as fini avec la politique ?

— Pour le moment. Le fait est, Alec, que Tom dit que je dois d'abord m'affirmer dans le cinéma. Comme cela, j'aurai cette indépendance qu'il recommande. À propos, il a beaucoup aimé ces articles que tu as écrits sur les régions défavorisées. Beaucoup. Il veut te rencontrer.

— Oh, vraiment ?

— Oui. Il est comme nous, tu sais. Contre les vieux.

*

Durant le dîner, Alastair disserta longuement sur l'industrie cinématographique. Père posait des questions techniques précises. L'un de ses *thrillers* – il préférait les appeler des *shockers*, à l'ancienne manière, et était capable d'en trousser un en six semaines, l'été à Blankets – avait été acheté récemment par une société de production américaine.

— Ils peuvent en faire ce qu'ils veulent, disait-il.

— Et c'est bien ce qu'ils vont faire, fis-je.

Ils allaient en tout cas devoir injecter dans l'histoire une intrigue amoureuse, ce dont les romans de Père étaient dépourvus.

Les réponses d'Alastair étaient pompeuses, verbeuses et, pour moi, aussi peu convaincantes que possible. Il avait l'air d'un écolier en représentation, l'orgueil de la classe de première. L'un des invités, un secrétaire d'État dont je n'ai jamais pu me rappeler le nom, avait sorti un petit carnet et prenait des notes.

— Nous vivons dans un âge collectif, proclamait Alastair. Le cinéma est l'art du collectif. Et cependant il célèbre l'individualisme. C'est pourquoi il crée un merveilleux champ magnétique.

Le secrétaire d'État hocha vigoureusement la tête, puis avala le verre de bordeaux que Stubbs, l'homme à tout faire qui se muait en maître d'hôtel quand nous avions des invités, venait de lui verser.

— C'est le premier média authentique qui soit aussi une forme d'art, déclara Vanessa, avant de quêter, du regard, l'approbation d'Alastair.

Je me dis que c'était certainement une formule dont celui-ci l'avait gratifiée dans la voiture.

On entendit une renarde glapir, au loin dans la vallée. Mère rassembla Vanessa et les autres femmes, qui nous laissèrent à notre porto. Le secrétaire d'État tira sa chaise à côté de celle d'Alastair et entreprit de l'interroger. Il était, je m'en souvins, travailliste d'unité nationale. Peut-être sa présence marquait-elle l'affection et l'admiration que Père vouait à Ramsay MacDonald.

Un colonel de caricature – en fait un voisin qui, bien qu'authentique colonel, peignait à l'aquarelle de façon exquise tous les coins d'Angleterre rurale qu'il trouvait encore intacts et épargnés par le vingtième siècle – me dit :

— Vais jamais au cinéma. Comprends rien. Vous avez été en Allemagne, hein, Alec ? Je n'aime pas beaucoup ce type qu'ils ont là-bas. Ils le méritent sans doute, mais je ne l'aime pas. Pire que le vieux Kaiser, qui n'était déjà pas fréquentable. Toujours prêts à vous sauter à la gorge ou à se traîner à vos pieds, voilà les Allemands...

— Savez-vous, intervint un très vieil universitaire, que lorsque j'étais jeune, on ne cessait d'offrir la civilisation allemande à notre admiration. Pour nous, c'était une race rêveuse de musiciens et de philosophes. Et de paysans, naturellement. Nous avions des paysans dans toute l'Europe, à cette époque. Sauf en Écosse. Les Écossais ont dépassé ce stade avant tout le monde, avant même les Américains.

— N'aime pas les Américains, fit le colonel. Toujours en train de parler d'argent.

— J'ai vu Kipling au club, la semaine dernière, dit Père. Il a beaucoup vieilli, le pauvre. Mais on sent qu'il y a toujours ce bouillonnement en lui.

— Kipling ? fit l'universitaire, avec toute la malignité du vieil âge. Son Empire est bel et bien parti en quenouille.

*

On était à l'époque où la plupart des films britanniques étaient des niaiseries à petit budget, tournées pour atteindre le quota. Ce quota était la brillante invention de quelque fonctionnaire, vaine tentative pour entretenir une industrie cinématographique nationale. Il exigeait que pour chaque mètre de pellicule étrangère – principalement américaine – projeté, il y eût l'équivalent en pellicule britannique. Cela nous valait toute une série de films policiers au rabais et de comédies absurdes, simples adaptations des pièces du West End – et ce au moment où le théâtre londonien lui-même était à son niveau le plus bas. Tout ce qui était susceptible de troubler les esprits devait être évité. Aucun sujet prêtant à controverse n'avait la moindre chance d'être traité. En ce sens, l'industrie cinématographique britannique reflétait fidèlement les principes du gouvernement d'union nationale. Si le peuple n'allait plus à l'église, le cinéma devait devenir son opium à la place de la religion.

Il faut dire à la décharge d'Alastair qu'il était entré en rébellion contre ce système. Son séjour au pays du film pourrait maintenant passer pour une grinçante comédie d'humour noir. Et son échec ne fit que le convaincre plus encore de notre décadence nationale. Tout comme l'incapacité dans laquelle se trouva Mosley d'exercer la moindre influence réelle sur la politique britannique persuada Alastair que la démocratie parlementaire était, selon sa propre expression, « un marécage qui engloutit et noie toutes les idées nobles et hardies », l'effondrement de ses ambitions cinématographiques l'amena à haïr et mépriser le « système » qui l'avait rejeté.

Sa première ambition était de faire un film sur Jules César.

— Mais pas la version de Shakespeare, m'expliqua-t-il avec condescendance lors d'un dîner au grill du *Ritz*. Ce n'est que la diffamation d'un grand homme. Non, je veux raconter la véritable histoire, montrer la décadence de la politique républicaine. Je veux montrer Brutus comme le libéral hypocrite, l'outre gonflée de vent qu'il était en réalité, un Baldwin de l'époque, et Cassius comme un intrigant lâche et cynique soucieux de préserver les intérêts des nantis. Cassius, vois-tu, est l'incarnation même du juif.

— Mais il se trouve qu'il ne l'était pas.

— Ne joue pas les imbéciles, Alec. Ce que je veux faire, c'est galvaniser les masses au service du chef et montrer que si l'on n'y réussit pas, ces masses deviendront les dupes de la démagogie rouge. C'est-à-dire qu'il y a d'un côté le vieux système corrompu, de l'autre la violence rouge, et, entre les deux, César, l'incarnation des intérêts véritables de Rome, l'homme de l'Empire, le demi-dieu. Rien de tel n'a jamais été fait encore.

Et rien de tel n'allait être fait.

César ne fut pas le seul projet conçu, élaboré, exalté puis abandonné. Il y eut aussi un film visant à raconter la vie de Lawrence d'Arabie – un ami de Père, fréquemment invité à Blankets, et le héros d'enfance d'Alastair.

— Ne vois-tu pas, Alec, me disait celui-ci, Lawrence est la véritable figure de proue de notre temps, le dernier grand personnage impérial, le chef perdu, le romantique froid, la victime torturée d'une société pourrie. La vraie question à se poser est de se demander ce que nous allons faire d'une nation qui a laissé sombrer Lawrence. Je veux ouvrir sur Lawrence dans la RAF, étendu sur son lit dans la chambrée – c'est une merveilleuse scène –, et passer directement à son entrée triomphale à Damas, comme le Christ à Jérusalem, puis montrer les mesquines politicailleries de la conférence de la paix qui détruisirent sa foi et son rêve. C'est la véritable histoire de notre temps.

Puis, peut-être par association d'idées, peut-être en confondant les deux Lawrence (mais c'était là ma peu charitable plaisanterie de l'époque), il proposa de porter à l'écran ce que je tenais alors pour le moins cohérent et le moins filmable des romans de l'autre Lawrence, *Le Serpent à plumes*.

— Sottises, me rétorqua-t-il. *Le Serpent à plumes*, c'est du cinéma en paroles.

Je pense maintenant qu'il avait raison, mais, dans l'Angleterre d'alors, le projet était absurde.

*

J'ai repensé récemment à Malraux, que je devais rencontrer plus tard à Madrid. Et, ce souvenir me revenant, j'ai pris sur son rayon de bibliothèque mon exemplaire jamais terminé des *Antimémoires* et l'ai un peu dépoussiéré d'un geste. « Réfléchir sur la vie – la vie par rapport à la mort – ne revient peut-être qu'à intensifier son interrogation. » Est-ce que cela veut dire quelque chose, rien du tout ou tout ? Alastair, malgré sa naïveté d'élève d'Eton – ou peut-être à cause d'elle ? –, eût approuvé la formule. Malraux l'Antifasciste incarnait souvent à mes yeux le Fasciste authentique par sa passion du grandiose. Il parle d'« un problème intellectuel qui m'a toujours beaucoup intéressé : comment réduire au minimum le côté comédien de sa nature ». Alastair, dans son ardente sincérité, aurait pu imaginer et prétendre y avoir réussi – tout en passant son temps, comme Malraux, à se mettre en vedette.

Il y a cette histoire que Koestler raconte à propos de sa première rencontre avec Malraux. Il était allé voir celui-ci afin de solliciter une donation pour quelque organisation dont il s'occupait – l'Institut pour l'étude du fascisme ou quelque chose d'également fallacieux, Koestler étant encore à ce moment, je le pense, un agent du Komintern. Mais peu importe. Il était également, à ce qu'il dit, « un fervent admirateur de Malraux », et c'est avec une certaine nervosité qu'il lui récita sa leçon. Malraux l'écouta dans un silence que seul rompait, de temps à autre, l'un de ses reniflements théâtraux, suivi du bruit de sa main claquant sèchement sur son nez. (Je me souviens moi-même de ces reniflements et de la réaction nerveuse qui y faisait suite.) Koestler parla assez longtemps, en concluant, je pense, par un appel à la générosité du Grand Homme. Alors, Malraux avança, « d'un air menaçant », note Koestler, et dit : « *Oui, oui, mon cher, mais que pensez-vous de l'apocalypse*[1] ? »

Qu'en penser, en effet ?

C'était le genre de formule qui ravissait Alastair. Il ne connaissait guère de plaisir plus grand que celui de décontenancer les autres. En couchant avec Trude, par exemple, il avait réussi à le faire – de façon très préméditée, je le pense – avec moi.

*

Les Stuart-Styles donnèrent un grand dîner pour célébrer les fiançailles de Vanessa avec Alastair. On était en janvier 36. Dans le meilleur style des temps modernes, les promis n'avaient perdu que peu de temps à se faire la cour – terme ridicule s'il en est.

— Ce genre de petits jeux, proclama Vanessa avec son plus bel accent de Sloane Square, est vraiment dépassé, non ?

La maison de Belgrave Square, quartier que j'ai toujours considéré comme le plus sinistre de Londres, était pleine de mauvaises toiles modernes et de meubles peints en blanc, dans le déplorable style lancé par Syrie Maugham. Ronnie Stuart-Styles avait perpétuellement l'air de s'excuser de ce décor, qui reflétait les goûts et les moyens financiers de sa femme, Honor. La

1. En français dans le texte.

mère de celle-ci était l'héritière d'une fortune réalisée dans les aciéries de Pittsburgh. Honor parlait avec quelque condescendance mais aussi un certain enthousiasme de Mrs. Simpson.

— C'est une femme vraiment charmante, disait-elle, et elle vient de la bonne société de Baltimore – la meilleure qu'on puisse trouver à Baltimore, veux-je dire. Rien de comparable à tout ce qui existe ici, bien sûr.

Son mari, petit, presque chauve, l'œil globuleux et le ventre arrondi, semblait servir de faire-valoir à son énergique épouse, comme les deux carlins crème qui promenaient sur l'assemblée un regard vaguement curieux. Honor avait permis à Ronnie de s'échapper du Foreign Office, où l'on se souvenait surtout de lui, à en croire Hector, pour une bévue, dont la nature exacte demeurait mystérieuse, à Istanbul. Maintenant, il écrivait de minces biographies au ton supérieur. Un critique l'avait présenté comme « un Lytton Strachey soluble dans l'eau tiède ».

Le dîner comportait six ou sept plats successifs, à la qualité indifférente. Personne ne se soucia d'y faire allusion. De nos jours, il est devenu habituel que, durant un dîner, une bonne part de la conversation porte sur les plats qui y sont servis. On se doit d'en parler, de s'enquérir de leur composition et de leur origine. Il serait considéré comme grossier de ne pas aborder ces sujets. C'est assez normal ; l'hôtesse a probablement préparé le repas elle-même, l'a, à tout le moins, conçu et supervisé. S'intéresser à la gastronomie est considéré comme l'indice de bonnes manières, d'intelligence, même. Il n'en était pas ainsi à l'époque que j'évoque. En tant que sujet de conversation, la nourriture était aussi prohibée que la religion. Il n'était pas même tolérable, me semble-t-il, d'émettre une appréciation sur les vins, encore qu'après le départ des dames, un éloge du cognac servi par le maître de maison fût séant.

J'étais assis à côté de Vanessa. Le nouveau règne qui s'annonçait suscitait son enthousiasme. Elle évoquait un discours du prince de Galles aux membres de la British Legion[1] préconisant l'amitié avec l'Allemagne.

— Que ce serait merveilleux, disait-elle, s'il pouvait nous conduire vers une véritable renaissance nationale !

C'est une tentation naturelle que de juger stupides les gens dont les opinions vous répugnent. Mais je dus reconnaître, à ma grande irritation, que Vanessa, avec ses merveilleuses épaules nues, ses cheveux d'or rouge, ses seins harmonieux et son air dédaigneux, n'était pas stupide. Son instruction avait été négligée. Sa conversation ne trahissait qu'une connaissance superficielle des auteurs prisés par la bonne société – Vita Sackville-West (objet de l'admiration de la comtesse hongroise de Berlin) plutôt que Virginia Woolf, par exemple. Quand je mentionnai Wystan Auden, elle ne bougea pas un cil. Et cependant, à mesure que nous parlions, je prenais conscience d'une robuste intelligence brute. De plus, la façon dont elle évitait les domaines où son ignorance aurait pu clairement apparaître suggérait moins une complète indifférence à ce qu'elle ne connaissait pas personnellement – comme j'aurais d'abord tendu à le penser – qu'une surprenante vulnérabilité. Et, en dépit de tout le reste, je me surpris à ressentir une certaine affection à son égard pour cette raison précise.

Pire encore, j'étais sensible à son « allure », pour employer un mot très en vogue alors. Sa robe coquille d'huître, lui dénudant le dos et moulant ses seins, semblait faite pour être arrachée par une main masculine. Et elle avait une façon de se pencher vers moi pour se reculer légèrement ensuite qui indiquait combien elle était consciente d'être ce qu'elle était : un superbe et désirable animal. Je ne pouvais m'empêcher de songer que, même si Alastair et elle formaient un couple éblouissant, il n'en faudrait pas beaucoup pour la lui

1. Organisation des anciens combattants britanniques. Le prince de Galles est le futur Édouard VIII et futur duc de Windsor. *(N.d.T.)*

arracher. Elle le savait, devinait ma tentation et tirait manifestement jouissance de la conscience de son pouvoir.

« Parlez-moi un peu d'Alfred Moss. » Non, je ne prononçai pas vraiment ces mots à ce moment. Il était difficile, dans cette pompeuse salle à manger, d'imaginer la fille de la maison dans le lit de ce vieux satyre notoire. Mais je les avais vus ensemble, Moss la dévorant de son regard humide, et je ne pouvais avoir de doutes. Et encore moins à ce moment où, assis à côté d'elle, j'avais senti le puissant pouvoir d'attraction de sa sexualité.

Dans les brumes glacées de la Nouvelle Année, le vieux roi se mourait. Kipling lui aussi s'en allait. On devait nous dire que les dernières paroles du roi avaient été : « Comment va l'Empire ? »

— Plus vraisemblablement, qu'est-ce qu'on joue à *L'Empire*[1] ? affirmait Annie, sans prétendre pour autant que le mot était d'elle.

À la table des Stuart-Styles, nous nous trouvions entre deux mondes.

— Je me rappelle les grandes cérémonies en Inde, déclara Père. C'est la fin d'une ère.

Puis, revenant à la mort prochaine du roi, il raconta l'une de ses histoires favorites, celle de la vieille femme, veuve d'un berger (bien sûr !) de Tweeddale, qui avait parcouru plus de trente – parfois quarante – kilomètres à pied pour aller voir le roi George et qui, comme on lui demandait pourquoi, avait répondu dans son parler écossais : « Nous devons saluer l'homme qui nous protège. »

— Il y avait plus de sagesse, ajouta-t-il, dans les paroles de cette vieille femme que dans tous les écrits de nos intellectuels déracinés.

Ses paroles, comme souvent, jetèrent un froid, que le départ des dames vers le salon ne contribua guère à dissiper. Vanessa s'arrêta pour ébouriffer les cheveux d'Alastair en passant derrière lui. Il lui saisit le

1. Célèbre théâtre londonien. *(N.d.T.)*

poignet et le retint un instant. Elle me regarda par-dessus sa tête, les yeux très grands ouverts.

*

J'essaie, avec une peine aggravée par les incertitudes de la mémoire et les vastes zones d'ombre que celles-ci laissent, de raconter une histoire que je ne comprends pas. Si je la comprenais, je n'éprouverais nul besoin de la raconter. Ce qui revient à dire que j'écris principalement pour moi.

Mais principalement seulement. Il y a cinq ans, ma nièce Hattie, la plus jeune fille de Kirstie, est venue me voir. C'était une visite inspirée par le sens du devoir. Hattie vit à Édimbourg, à une heure de route d'ici, et, tous les six mois environ, elle a l'impression d'avoir négligé ses obligations – non que je considère cela comme des obligations, mais elle, en fille bien élevée et pleine de sens moral, est de cet avis – envers un oncle âgé et, pense-t-elle, solitaire. Elle fait donc son apparition.

— Nous sommes une famille assez remarquable, me dit-elle cet après-midi-là. Je n'y avais jamais pensé avant. Mais il y a un jeune journaliste du *Scotsman* qui m'a donné un coup de téléphone – Hattie ne dit jamais « un coup de fil » – la semaine dernière. Il a dit qu'il voulait écrire une pièce sur l'oncle Alastair. Je n'ai pas su quoi lui répondre.

— Alors, le mieux, lui dis-je, c'est de ne rien répondre du tout.

— Oui, mais il se trouve que c'est un ami d'Andrew (Andrew étant son fils, un gentil garçon), et je ne sais pas ce qu'Andrew lui a raconté. Je ne sais pas ce qu'Andrew peut raconter. Mais je ne voudrais pas que tout cela débouche sur un scandale.

— Tout cela est mort et enterré, fis-je.

— Mais pense aux enfants. Ils sont encore plus ignorants que moi. J'en ai parlé avec Maman et... il faut que toi, tu l'écrives, Alec.

— Que j'écrive quoi ?

— L'histoire de notre famille.

— Oh, vraiment!... Écoute, j'ai soixante-quinze ans. Et ensuite, il se pourrait que tu n'aimes pas ce que j'ai à dire.

IX

LONDRES, 1936

— Je voudrais bien avoir connu Berlin, déclara Max. C'était vraiment délirant? Je pense que oui.

— Je ne sais pas, lui dis-je. Par rapport à ce que j'ai pu voir, c'était délirant. Je n'ai jamais vu New York.

— New York peut être délirant, mais je regrette d'avoir raté Berlin.

— Tu ne t'y plairais pas maintenant. À ce que j'entends dire.

— Non, je ne pense pas. Je ne pense vraiment pas.

Nous étions chez Gaston. C'était une fin d'après-midi, en février. Les réverbères étaient déjà allumés dans les rues, mais l'impasse sur laquelle donnait le club, avec un seul lampadaire à son angle, baignait dans une pluvieuse obscurité. Nous venions de jouer aux échecs. Max était assez doué. Il m'avait mis mat en quinze coups.

Je pensai un court instant à Berlin, à l'impression qu'on y avait à cette heure de l'après-midi, quand le vent froid balayait les sombres forêts de pins et les sables du Brandebourg, venant tout droit de l'Oural, ou quand la ville se trouvait bloquée des journées entières par le gel, figée dans la froidure comme un décor de théâtre.

Zita nous apporta encore un peu de café. Il avait été préparé dans une cafetière napolitaine, de celles que l'on retourne quand le café a passé, et il était fort, velouté et amer. Nous achetâmes également à Zita un cigare toscan, que nous coupâmes en deux, comme, d'après elle, nous étions censés le faire, et comme les fumaient les cochers de Florence.

— As-tu connu Barbara Jakobsen, à New York? demandai-je à Max.

— J'ai lu ses articles, mais je ne la connais pas. C'est bien, ce qu'elle fait, n'est-ce pas?

— C'est très bien. Elle est si directe. Elle ne peut entendre un mensonge sans le dénoncer, et elle ne se laisse jamais abuser par l'hypocrisie.

— Elle doit sortir de l'ordinaire, dit Max. J'ai connu son frère. C'était un charmant garçon, mais, finalement, il s'est tué. Ne me demande pas pourquoi. Ce garçon avait tout pour lui : la beauté, le talent... Et ils sont riches, vraiment très riches. C'est pourquoi c'est formidable que Barbara soit comme elle est. Mais son frère s'est tué.

— Il y a trop de cas comme celui-là, fis-je, en avalant une gorgée de la strega que Zita nous avait apportée avec le café.

— Alec, me dit soudain Max, je m'inquiète pour Hector.

— Nous nous inquiétons tous pour Hector. Hector le premier.

— Ce n'est pas une plaisanterie, Alec.

Il approcha son visage du mien, si près que je pus sentir la chaleur de son haleine.

— Tu sais, bien sûr, que nous nous sommes séparés? me dit-il. Je ne pouvais plus supporter ses scènes. Ce n'était pas seulement de la jalousie. C'était comme s'il trouvait que nous étions trop proches, comme s'il pensait que je le connaissais trop bien. Je m'explique mal...

— Je comprends ce que tu dis. Continue.

— Maintenant, il s'est mis à la colle avec une vraie pute, un jeune Allemand. Il se prétend un réfugié, peut-être est-ce vrai, mais, de toute façon, il ne peut attirer que des ennuis. Ils étaient chez Nancy samedi dernier, et tu sais que, là, les langues vont bon train. Et Fräulein Muffet tortillait du croupion avec un air de chat qui vient de manger de la crème. Cela sent mauvais, Alec. Avec moi, Hector était en sécurité, tu le sais, mais maintenant, c'est comme s'il avait fait paraître une annonce : « Bienvenue aux maîtres chanteurs. »

Son inquiétude était sincère et légitime. Il était clair qu'Hector vivait sur les nerfs, incitant à la catastrophe peut-être dans l'espoir qu'elle le libérerait de toute responsabilité. Et cependant, il continuait à exercer ses fonctions avec une rare efficacité. Chose frappante, Max ne s'en rendait pas compte. Il fut surpris, par exemple, d'apprendre en quelle estime Hector était tenu par ses supérieurs. On ne pouvait l'en blâmer. L'Hector qu'il connaissait était une créature différente de l'étoile montante du Foreign Office, où – à ce que le secrétaire général avait dit à Père – on ne pouvait trouver personne de son rang, personne en dessous de la quarantaine, en fait, capable comme lui de rédiger un rapport clair et élégant, où l'auteur réussissait à montrer une authentique connaissance du sujet sans se compromettre le moins du monde. L'Hector que Max connaissait était émotionnellement à la dérive, ballotté par les vagues successives de la lubricité, de la rancœur, de l'amour et de la haine de soi, tantôt fier et tantôt abject, à la fois cruel et sentimental, et ce souvent en même temps. Il n'était guère étonnant que Max ne puisse comprendre que cet homme, tenté par des idées d'autodestruction, possédé par le besoin de blesser ceux que, néanmoins, il aimait – seule manière, pour lui, d'essayer de se pardonner la faiblesse qui le poussait à les désirer physiquement –, était aussi, intellectuellement, un instrument de haute précision.

Cela contribuait également à son désarroi intérieur, car son analyse de la situation politique le terrifiait. Il savait, comme je le savais aussi certainement, que la guerre allait venir en Europe aussi sûrement que l'hiver suit l'automne. Elle n'arriverait peut-être pas cette année-là ni la suivante, mais elle venait. Il croyait, bien sûr, qu'une alliance entre les « prétendues démocraties » – comme il les appelait – occidentales et l'Union soviétique aurait pu l'éviter, mais il avait également la certitude, cette sinistre et glaçante certitude qui peut envahir un homme ayant pour métier de regarder les situations déplaisantes en face, que cette alliance ne serait jamais conclue. Il y avait trop de gens dans le proche entourage de Baldwin et de Chamberlain qui redoutaient le communisme plus qu'ils ne redoutaient Hitler et qui, en fait, prêtaient foi à la parole – ou plutôt à l'une des paroles – de celui-ci, et le tenaient pour un rempart contre la terreur rouge. Et rien, hormis une réalité devant laquelle ils fermaient les yeux, n'aurait pu modifier cette opinion. Hector travaillait donc dans le désespoir, rédigeant ses rapports de façon à pousser sournoisement ses supérieurs vers la conclusion qu'il désirait tout en sachant qu'ils n'y aboutiraient jamais.

Même alors, je ne partageais pas ses vues sur les bienfaits de Staline. Les informations qui me parvenaient me faisaient douter que l'Union soviétique fût vraiment le Paradis enfin réalisé, mais j'en connaissais également assez pour savoir que nous ne pourrions battre Hitler que s'il était contraint de livrer combat sur deux fronts. J'en avais parlé avec Barbara et avec d'autres qui connaissaient la France mieux que moi, et j'étais d'accord avec eux sur le fait que l'armée française n'était pas à la hauteur de ce qu'on affirmait et que les hommes politiques français reculaient devant l'idée d'une autre guerre. Ils ne pouvaient s'y résoudre. Tous, disait Barbara, civils ou même militaires, pensaient encore à Verdun.

— Tu sais, me dit Max, je restais ici à cause d'Hector. Maintenant, je vais peut-être retourner à New York. Mais je n'y tiens pas. J'aime bien être ici.

Derrière lui, sur le mur, on distinguait dans la demi-pénombre la fresque d'Alfred Moss représentant la Commedia dell'Arte. Moss avait donné à Max, en Arlequin, l'air un peu perdu qu'il arborait à ce moment même. Je me dis que, toutefois, dans la Commedia dell'Arte, les choses s'arrangeaient toujours, car, quels que fussent les drames survenant en cours de route, le lendemain, les mêmes personnages se retrouvaient, improvisant des variations nouvelles sur les mêmes thèmes.

— Vanessa était vraiment la maîtresse d'Alfred Moss ? demandai-je.

— Oh, oui, fit Max. Elle épouse ton frère, non ?

— C'est ce qu'on dit.

— Si j'aimais les filles, dit Max, je pourrais devenir fou d'elle. Alors, dans le cas présent, je préfère être comme je suis. Mais avec Alfred, bien sûr, ça va et ça vient. Tu sais que Zita a annulé sa note de bar en échange de la fresque ? Il est renversant, Alfred. Un soir, j'étais avec lui au restaurant de la tour Eiffel, et quand on lui a apporté l'addition, il a demandé qu'on débarrasse la table, a tiré un fusain de sa poche et, en une demi-heure, il a dessiné sur la nappe blanche toute une vue de l'établissement. Ils ont accepté cela en paiement. Ce n'est pas si mal d'être un artiste ! Remarque, avec lui, il vaut mieux être prudent. Un soir, il a essayé de me violer. J'ai dû me cacher derrière des poubelles pour lui échapper.

— Vanessa n'aime pas les juifs, lui dis-je.

*

Honor Stuart-Styles raconta à tout le monde que si le roi avait encore été prince de Galles, il aurait été enchanté d'assister au mariage à St. Margaret, mais que, maintenant qu'il était roi, le protocole l'interdisait, chose stupide, n'est-ce pas, mais à laquelle il allait certainement mettre bon ordre quand il entreprendrait de rajeunir un peu la Cour.

Mais Mrs. Simpson était là, image même de l'élégance dorée sur tranche. Les invités se répartissaient entre voisins de campagne ignorant qui elle était et membres « de la Société londonienne » ne le sachant que trop, et dont la plupart essayaient de lui rendre des hommages plus ou moins appuyés.

Alfred Moss, hirsute et portant sa jaquette comme un costume de théâtre (en fait, il devait m'avouer qu'il la mettait souvent lors de ces représentations d'amateurs qu'il affectionnait), vint vers moi, un cigare fiché au coin de la bouche.

— Charmant couple, n'est-ce pas ? fit-il. Je souhaiterais pouvoir dire que j'ai couché avec les deux, mais tu es son frère, après tout, alors, je ne peux pas te raconter d'histoires. Tu penses que cela va durer ?

— Jusqu'à ce que la mort les sépare.

— Tu crois ? Je parierais bien que non !

Il tira un flacon de sa poche intérieure et versa un peu de cognac dans son champagne.

— C'est de l'eau pétillante pour noces et banquets, fit-il. Tu veux une goutte ? C'est une rapide, tu sais.

— Une rapide ?

— La petite Van. Tu sais que j'ai été le premier à l'avoir ? Quinze ans et déjà... Bon, tu n'as qu'à la regarder. C'est d'ailleurs ce que je t'ai surpris à faire, vilain garçon. Je me suis toujours demandé si elle n'était pas ma fille, en fait. Cela te choque ?

— Pas particulièrement.

— Alors, tu as de l'estomac. Sacré rassemblement, hein ? De ton côté, ils sont peut-être très bien, je n'en sais rien. Ils ont l'air ennuyeux comme des académiciens, mais ils sont peut-être très bien. Mais de l'autre côté ! Tu vois ce gaillard, là-bas ? C'est l'ambassadeur d'Allemagne. Et quoi encore ? Mais tu le savais ; tu as vécu en Allemagne.

— Exact, dis-je.

Avant de quitter le bureau, ce matin-là, j'étais allé voir ce qui tombait sur les téléscripteurs. Il y avait une dépêche de deux lignes en provenance de Berlin. Elle annonçait que le professeur Liebknecht, éminent universitaire et opposant déclaré au régime, était mort subitement. Une crise cardiaque, apparemment.

J'avais tenté de joindre Trude par téléphone. Impossible. J'avais envoyé un télégramme. Une semaine seulement auparavant, Père avait annoncé qu'enfin, une invitation à venir faire des conférences à Oxford allait être envoyée au professeur Liebknecht.

— J'ai des cousins à Berlin, me dit Alfred Moss. Des tas de cousins, tu sais. Qu'est-ce qui va leur arriver ?

— Ils feraient mieux de s'en aller.

— Bien sûr qu'ils feraient mieux ! Mais ils sont là, roulés en boule comme des hérissons sur une autoroute. Qu'aurions-nous dû faire, à ton avis, quand ce petit salopard est entré en Rhénanie ? Nous aurions dû lui casser la gueule, n'est-ce pas ?

— Oui.

— Pas la méthode juive, ça, de casser la gueule. Mais dans le monde d'aujourd'hui, soit tu le fais, soit on te le fait.

Il dériva au loin dans la foule. Pendant un moment, je le suivis des yeux. Il s'approcha de Lady Markinch, que je savais être violemment antisémite, et ne tarda pas à « partager une plaisanterie avec elle », comme on dit dans les légendes de photos des magazines mondains. Je m'approchai. Il lui racontait l'une de ces histoires juives pour lesquelles il était renommé.

— Un de mes congénères, un de mes riches congénères, chère Lady Markinch – disons Mr. Goldstein, un cousin à moi –, sort un matin de sa maison de Grosvenor Square et se fait aborder par un coreligionnaire pauvre, ce que nous appelons, nous autres juifs, un *schmorrer*. Étant un homme généreux, mon cousin Goldstein donne au *schmorrer* un demi-souverain et poursuit son chemin vers la Cité. À l'heure du déjeuner, il se rend chez Sweeting pour manger quelques huîtres, et il a la surprise de retrouver, assis sur le tabouret voisin du sien, le même *schmorrer* devant une grande assiette de saumon fumé. « N'êtes-vous pas ce pauvre homme à qui j'ai donné un demi-souverain ce matin ? » demande le cousin Goldstein. Le *schmorrer* lui répond par l'affirmative. « Et maintenant, fait alors le cousin Goldstein, plein d'indignation, je vous retrouve ici, en train de manger du saumon fumé ? » Sur quoi le *schmorrer* écarte les mains – de la manière caractéristique de notre race, Lady Markinch – et dit : « Alors, quand ch'ai pas d'archent, che peux pas mancher du saumon fumé, et quand ch'ai de l'archent, che dois pas mancher du saumon fumé. Eh bien, dites-moi, Mr. Goldstein, quand che fais mancher du saumon fumé, s'il fous plaît ? »

Lady Markinch se mit à rire à pleine gorge en balbutiant :

— Vraiment, Alfred Moss, vous allez me faire mourir...

Elle s'accrochait à sa manche comme si, malade d'hilarité, elle arrivait à peine à tenir debout. Il vit que je le regardais, me cligna de l'œil, et, un court instant, une expression d'intense et terrible mépris vint assombrir son visage. Puis il se reprit et enchaîna sur une autre anecdote, jouant le juif qui chante pour les goys tout en les honnissant au plus profond de lui-même.

— Tu as admiré mon numéro, me dit-il ensuite, mais tu te demandes pourquoi je le fais. Pour me rappeler que je ne suis pas un Anglais, mon cher. Et il y a d'autres avantages à cela. Si je jouais le parfait Anglais, on dirait derrière mon dos, dès que j'aurais tourné les talons : « C'est bien gentil, Millicent, mais n'oublions pas qu'il est quand même juif. Il y a quelque chose d'un peu huileux chez lui. » Tandis qu'avec ma méthode, que dit-on ? On dit : « Bien sûr, c'est un sale vieux juif, tout le monde peut le voir, et il ne vous le laisse jamais oublier, mais, quand même, il est plutôt gentil, et il est si drôle ! Je ne peux pas m'empêcher de bien l'aimer. » Donc, vois-tu, cela paie – et c'est là tout ce qui importe à un vieux juif, n'est-ce pas ? Néanmoins, l'Angleterre est le seul pays où un juif peut se sentir à l'abri de la persécution. Il y a des préjugés, oui, bien sûr, cela existe partout, mais des persécutions, non. Et puis-je te dire pourquoi, ami ? C'est parce que nous avons un Empire. Quand on a des Noirs à régenter, qui se soucie des juifs ?

Superbe dans son gilet de soie rose pâle, une grosse chaîne de montre en or barrant son ventre à la Édouard VII, il me sourit de nouveau.

— Ton frère semble un charmant garçon, dit-il, mais a-t-il assez de virilité pour la petite Van ? C'est une simple question que je me pose, vois-tu... Cela dit, c'est fou ce que les Anglais sont doués pour la cérémonie ! Il n'y a aucun peuple comme eux – je voulais dire comme nous – en ce domaine. Compare seulement les fanfares de la Garde républicaine à celles des Horse Guards – c'est de l'opérette à côté d'un poème symphonique. Tu sais, je crois que c'est vrai : il y aura toujours une Angleterre. Quelqu'un devrait le dire au petit Adolf, tu ne crois pas ?

Il versa un peu du contenu de son flacon de poche dans mon verre à demi plein de champagne, avant de se servir lui-même généreusement. Il se mit à fredonner : « *Les femmes et le vin, que chercher d'autre dans la vie...* »

Il s'éloigna à pas comptés pour aller baiser la main d'une comtesse dont il avait peint le portrait – un portrait dont le caractère grandiose ne dissimulait pas totalement le fait, bien connu du peintre, que son noble modèle avait d'abord dansé, dans un état de nudité partielle, au premier rang du corps de ballet de Cochran.

L'assemblée était de celles que les magazines qualifient volontiers d'« étincelantes ». Il était hors de doute qu'entre les deux familles, la rafle des invités avait été fructueuse et somptueuse. La liste, publiée dans le *Morning Post* (vivant lui-même ses derniers jours d'indépendance avant d'être absorbé par le *Daily Telegraph*), promettait d'être impressionnante. Le jeune secrétaire au Foreign Office, impeccablement habillé, semblait, comme à son habitude, le modèle même du gentleman anglais entré en politique[1]. Hector avait exprimé des doutes à son sujet.

— Il n'a pas l'esprit très curieux, j'en ai peur, m'avait-il confié. Son père, comme tu le sais, était un baronet fou, sa mère une beauté célèbre. Il tient des deux. Ainsi, la politique étrangère d'un grand Empire se retrouve entre les mains d'un joli garçon hystérique, alors que l'Allemagne et l'Italie sont gouvernées par des gangsters et la France par des débauchés de province. Et, en plus, les gens le trouvent brillant !

1. Il s'agit d'Anthony Eden. *(N.d.T.)*

— Reconnais que ses cheveux ont un merveilleux reflet.

Mais pour le moment, Hector, la tête inclinée de côté dans le meilleur style du Foreign Office, écoutait, avec une attention apparemment religieuse, toutes les banalités que pouvait proférer son chef.

Je sentis une main se poser sur mon épaule, et, me retournant, je me retrouvai face à face avec Colin Kilgour, qui me souriait.

— Drôle de vieux type auquel tu parlais !

— Oh, tu veux dire Alfred ? C'est un peintre très distingué.

— Le genre qui met les deux yeux du même côté du nez ? Merci, très peu pour moi. Je préfère à tous les coups le vieux Munnings. Au moins, quand il peint un cheval, tu sais que c'est un cheval.

— Alfred n'est pas exactement moderne. Il se pourrait même que tu aimes ce qu'il fait, Colin.

— C'est un juif, n'est-ce pas ? Je ne me suis jamais senti à l'aise avec la Race élue.

Colin se mit à rire. Cela faisait au moins deux ans que je ne l'avais pas vu. Il avait le visage plus mince. Ses joues avaient perdu cet éclat qui avait amené Guy Holland à parler de « cette beauté que vous avez amenée à Blankets ». Mais ses yeux marron avaient toujours ce bon regard de l'épagneul ne comprenant pas pourquoi on ne l'emmène pas en promenade.

— Je suis content de te revoir, me dit-il.

— Cela fait trop longtemps...

— Dis-moi, c'est le grand raout, non ?

Kirstie s'approcha, le sourire aux lèvres.

— Je déteste les mariages londoniens, fit-elle. Je déteste aussi le champagne. Ce que je voudrais, en réalité, c'est une bonne tasse de thé. Je suppose qu'il n'y a guère de chances...

— Je m'en charge, dit Colin.

— Oh, que c'est gentil ! s'exclama Kirstie.

« Oui, il est gentil », me dit-elle d'un ton légèrement agressif, tandis que Colin se frayait un passage dans la foule avec une assurance qu'il n'aurait pas eue à l'époque où j'étais épris de lui.

Je me dis que ce que j'avais aimé en lui, cela avait été en partie sa timidité, sa conscience du fait qu'il n'avait pas, selon sa propre expression, « grand-chose dans le crâne ».

— Je n'ai jamais dit qu'il ne l'était pas, répondis-je à Kirstie. Tu sais que c'est mon plus vieil ami.

— Oui, mais...

— Mais quoi ?

— Mais vous n'avez plus grand-chose en commun, n'est-ce pas, et, donc, tu le méprises plutôt. Non, mépriser n'est peut-être pas le mot, mais tu le dédaignes. Tu le trouves limité.

— Nous avons tous nos limites.

— Arrête de jouer les philosophes. Moi, je pense que je vais sans doute l'épouser.

*

Il y avait quelque chose de troublant dans l'idée du mariage. Cependant, on ne pouvait y échapper indéfiniment. George avait fait connaître par télégramme son intention d'épouser la femme d'un autre planteur. Il n'était pas précisé si elle était veuve ou s'il allait y avoir divorce préalable. Son nom, Elsie Laidlaw, semblait indiquer qu'elle – ou son premier mari – était écossaise. C'était tout ce que nous savions. Mère attendait une lettre explicative avec une anxiété qu'elle avait réussi à dissimuler pour faire bonne figure au mariage d'Alastair.

Annie se retourna dans le lit, à côté de moi, murmurant dans son sommeil. Ce n'était plus qu'occasionnellement, maintenant, que nous couchions ensemble. Je n'aurais pas été là, cette nuit, sans le trouble semé dans mon esprit par le mariage d'Alastair. Annie, en fait, ne m'avait pas accueilli sans hésitation. Elle avait un nouvel amant, un peintre nommé Christopher. Il se trouvait pour quelque temps en Cornouaille.

— Juste cette fois, m'avait-elle dit. En souvenir du bon vieux temps.

Mais l'idée ne m'était jamais venue d'épouser Annie. Ce n'était pas vraiment à mon honneur. Il y avait peut-être même là une touche d'un snobisme dont je pense m'être dégagé depuis. Cette nuit-là, posant ma main sur son sein qui se soulevait doucement, je me surpris à penser à Vanessa. Cela non plus n'était guère à mon honneur. Je m'imaginai la déshabillant, sa somptueuse chevelure retombant sur ses magnifiques épaules, ses membres s'offrant. Puis je revis le « regard d'adoration » qu'Alastair lui avait lancé alors que tous deux descendaient les marches ensemble. Mais pendant combien de temps s'en satisferait-elle ? Le regard qu'elle m'avait lancé, à moi, lorsque j'étais arrivé auprès d'elle à la réception comportait une nuance de défi. De plus, un écrivain russe – Lermontov, peut-être ? – soutient que les regards d'adoration signifient peu de chose pour une femme. J'avais conscience que l'adoration n'était pas vraiment ce que voulait Vanessa. Elle n'en avait pas besoin. Et faudrait-il longtemps pour qu'elle trouve Alastair trop ingénu pour son goût ? Trop pur ? N'y avait-il pas chez elle un goût de la dépravation ? Cette nuit-là, au lit, les cheveux d'Annie me chatouillant la joue, je me jugeai assez dépravé moi-même, rien qu'à imaginer, comme je le faisais, Vanessa déshabillée et tremblant de désir. Cette image m'excita, de façon presque insupportable.

Penser à Vanessa était un moyen d'oublier Trude. Oublier n'est pas le bon terme. J'ai toujours eu ce problème : une inaptitude à trouver des mots traduisant la façon dont fonctionne mon esprit. Étendu là, dans le silence de la nuit, je ne parvenais pas à retrouver le visage de Trude. Il continuait à s'effacer lorsque je m'efforçais d'en rassembler les traits. Tout se passait comme si, à un niveau à l'intérieur de moi-même, un niveau avec lequel je ne pouvais communiquer, je m'efforçais de nier son existence, maintenant que son univers à elle s'était effondré. Un soir, alors que je me promenais avec elle près d'un lac, dans le calme de l'automne, je l'avais entendue me dire : « Vous vous moquez de moi, Alec, pour ma dévotion à l'égard de mon père. Eh bien, je connais ses défauts mieux que vous ne les connaîtrez jamais. Néanmoins, ce que j'aime en lui, c'est qu'il est l'incarnation même du principe de la vertu. » Elle pouvait dire de telles choses sans nulle gêne, sans être le moins du monde consciente que cela pourrait me gêner. J'entendais encore sa voix, mais je ne pouvais la voir.

Je me dis qu'elle m'avait échappé.

Je m'endormis enfin, rêvant de troubles dans une cité fantomatique où je ne connaissais personne, mais où tous, semblait-il, me reconnaissaient. Puis cette cité aux gigantesques immeubles se retrouvait soudain vide. Les rues devenaient silencieuses. Je frappais frénétiquement à des portes donnant sur une vaste place. Rien ne me répondait, si ce n'est un filet de rire venu de l'autre côté du mur.

X

ESPAGNE, 1936-1937

Les canons se turent dans l'après-midi. Le matin, un obus était venu frapper un homme qui vendait des pastèques au coin de la plaza. On lui avait dit qu'il était dangereux de rester là, mais c'était sa place attitrée, et il se refusait à en bouger. S'il se faisait tuer, tant pis. En fait, il ne fut pas tué, mais il perdit un pied, et resta étendu sur le sol, à hurler, jusqu'à la fin du bombardement. Celui-ci n'était que sporadique ; on eût dit que les servants des canons tiraient plus par désœuvrement, pour tromper leur ennui, que pour atteindre un objectif. Ils tiraient pour nous rappeler qu'ils étaient là et pour oublier leur propre peur. Personne n'est brave sous un bombardement, encore qu'on puisse s'y habituer et se conduire comme si on était brave. Mais on ne l'est pas réellement. Comme vous ne savez pas où l'obus suivant va tomber, vous pouvez aussi bien rester sur place. Autrement, si vous bougez, vous pouvez aller vous placer précisément là où le projectile va s'abattre. Vous ne pouvez pas savoir.

Un journaliste américain m'avait dit que la terreur régnait à Madrid. Il était avide d'en connaître les détails. Je me dis que, si la terreur régnait, je voulais moi aussi être au courant. J'enquêtai donc et ne trouvai rien. En concluant que rien de tout cela n'était fondé, j'avais raison, mais la terreur régna vraiment un peu plus tard à Barcelone, et comme je n'avais pas cru les rumeurs de Madrid, je ne tins aucun compte des informations venues de Barcelone, pensant qu'il s'agissait de simple propagande fasciste.

Quand les canons se furent tus, deux jeunes gens en chemise rouge arrivèrent sur la place, soulevèrent le vendeur de pastèques et l'emmenèrent, appuyé sur leurs épaules, vers le poste de premiers secours. On se sentait soulagé de ne plus entendre ses gémissements et ses râles.

Nous gagnâmes la salle à manger pour déjeuner, ce que nous ne faisions jamais avant que le bombardement ait pris fin. Il y avait des côtelettes de mouton racornies et des pommes de terre cuites à l'huile. Les pommes de terre étaient bonnes. Nous bûmes du vin de la Manche en grommelant contre le manque d'informations.

À Madrid, la situation semblait bloquée; nous n'étions pas au bon endroit.

Un jeune journaliste anglais dont j'ai oublié le nom était convaincu que les choses allaient tourner en faveur des forces gouvernementales.

— On nous a donné le temps de consolider notre front, proclamait-il. Seule une grande poussée aurait permis aux fascistes de gagner, et ils ont raté leur coup. Maintenant, la situation va se retourner.

— De la merde !

L'interruption venait de Sye Barnton, un Américain blanchi sous le harnais. Son expérience des conflits armés remontait à la guerre hispano-américaine de 1898, dont il avait rendu compte pour l'homme qui l'avait pratiquement déclenchée, William Randolph Hearst.

— Il y a une règle de la guerre, dit-il. La victoire est du côté des gros bataillons, et les gros bataillons ne sont pas nécessairement du côté des braves types.

Quelqu'un m'avait expliqué que Sye était un Sudiste non repenti, mais cela ne voulait pas dire qu'il avait tort. Il me suffit de passer quelques jours à Madrid pour ressentir ce que Lord George Murray avait ressenti lorsqu'il avait rejoint le prétendant Stuart à Perth, en septembre 1745 : que son devoir était d'être là, mais qu'il avait choisi le camp des perdants.

*

La veille de mon départ de Londres, Billy Hughes m'avait dit :

— J'ai dû me battre pour convaincre le Vieux de vous envoyer. Il pense que vous êtes trop émotionnellement engagé.

— Mais la politique du journal est de soutenir le gouvernement légitime face à l'agression fasciste ?

— Bien sûr. Mais nous sommes un peu vieux jeu. Nous essayons de dire la vérité.

— Et il pense que je ne le ferai pas.

— Il a beaucoup d'estime pour vous, mais...

Je pris les billets sur son bureau et les glissai dans ma poche intérieure.

— « Qu'est-ce que la vérité ? » plaisantait Pilate, fis-je en quittant la pièce.

C'était là une question qui n'allait pas tarder à perdre son caractère de boutade.

*

Il y a quelques semaines, j'ai été invité à m'adresser à un certain nombre d'étudiants en journalisme de l'une des universités d'Édimbourg. C'est une chose qui m'arrive de temps à autre. Le professeur organisant le séminaire était le fils d'un homme que j'avais engagé au journal en 1946, et il m'avait sans doute invité pour montrer à ses étudiants un spécimen de journaliste antédiluvien.

Je parlai de l'Espagne. J'aurais aussi bien pu discourir sur les guerres napoléoniennes. Quelques-uns de ces garçons et de ces filles avaient entendu parler de la guerre d'Espagne, mais c'était tout : ils en avaient entendu parler. Leur Espagne, c'était un endroit où l'on passait ses vacances.

Seul l'un d'entre eux, un garçon maigre, avec des lunettes et un visage asymétrique, me demanda :

— Est-ce que vous ne vous êtes pas tous trompés ?

Il resta après la conférence pour me poser des questions. Il me dit qu'il avait eu un grand-père dans les Brigades internationales et qu'il avait entendu toute son enfance les histoires qu'il racontait, comment le premier coup d'arrêt au fascisme avait été donné à Guadalajara, et comment cette guerre avait été la croisade de notre génération.

— Puis, poursuivit le garçon, j'ai lu Orwell – *Hommage à la Catalogne*, vous savez...

Il rougit, comme s'il trouvait grossier d'imaginer que je pouvais ne pas connaître.

— Cela m'a intéressé, reprit-il, et j'ai lu Hugh Thomas et d'autres livres, et j'ai pris la guerre d'Espagne comme sujet à option pour ma licence d'histoire, mais cela n'a jamais plus été aussi simple et aussi beau que lorsque mon grand-père en parlait. En fait, c'était sacrément confus, et plus j'en apprenais, moins je comprenais. J'ai fini par penser que ce n'était peut-être pas une si mauvaise chose que Franco ait gagné. Je ne pouvais donc plus en parler avec mon grand-père, mais il est mort l'an dernier. Alors, qu'est-ce que vous en dites ? Qu'est-ce que vous pensez vraiment ?

Il aurait été bien agréable de lui donner la réponse qu'au plus profond de lui-même il espérait et de lui dire que son grand-père avait raison. Mais je ne le pouvais pas.

Je lui dis seulement :

— Ce n'était pas aussi simple que cela nous le paraissait à l'époque.

*

Et cela ne l'était pas. Cela ne l'était vraiment pas. Vue de Londres, du bureau, l'affaire avait semblé claire, particulièrement pour quelqu'un connaissant l'Allemagne d'Hitler. Quand je partis pour l'Espagne, les doutes que mon directeur avait exprimés à Billy Hughes étaient justifiés. Il avait peur que je leur envoie des textes de propagande, et, en dépit de mes protestations, je partis bel et bien avec cette intention.

L'affaire était claire : le bien contre le mal.

Mais l'Espagne n'était pas le reste de l'Europe, et bien qu'il y eût des fascistes et des communistes et que je susse de quel côté j'étais dans ce combat, il y avait aussi là des animosités étranges et étrangères, remontant à des siècles révolus pour nous mais restant vivantes dans ce pays particulier.

Cela rendait les choses différentes et difficiles.

Je fus d'emblée surpris quand j'entrai dans le bureau du ministre de la Justice, un Basque nommé Manuel de Irujo. Il y avait un crucifix accroché au mur, derrière lui. C'était l'époque où, chez nous, la presse conservatrice faisait grand bruit autour du massacre, après viols, de religieuses par des soldats républicains.

— Oui, dit le ministre en tirant sur son cigare, ces choses-là arrivent. Elles sont déplorables, mais vous devez comprendre que l'Église est considérée par tant de gens comme fautive envers le peuple espagnol ! Je n'approuve pas, pas du tout, mais...

Un peu plus tard, quand il fut appelé hors de son bureau, son chef de cabinet, un professeur de droit prénommé Luis mais dont j'oublie le patronyme, vint s'installer à sa place.

— Vous avez de la sympathie pour notre cause, me dit-il. Cela nous plaît, bien sûr, mais vous ne devez pas commettre l'erreur de considérer ce conflit comme simple. J'ai moi-même servi dans l'armée, mais j'ai refusé de continuer à porter les armes, car, voyez-vous, cinq de mes six frères combattent de l'autre côté, trois chez les *requetes* carlistes et deux chez les phalangistes. C'est compliqué, voyez-vous.

*

Le journal que je tenais durant ces mois à Madrid était fragmentaire, prenant certains jours les allures d'un simple agenda. Quelques-unes des notes qui y figurent sont maintenant indéchiffrables pour moi.

« R. au F. 18 h 30 – Gvt triomph. »

Qu'est-ce que cela peut bien vouloir dire ? Que les nouvelles étaient bonnes ou que le gouvernement peignait un tableau par trop optimiste de la situation ? Je subodore que c'est plutôt la deuxième solution, mais je ne suis sûr de rien. Et, de toute manière, qui était « R. » ? Le journaliste américain qui affirmait que les poils sur la poitrine d'Hemingway étaient factices ? Peut-être. (La remarque, je l'ai découvert des années plus tard, n'était pas de lui mais de Zelda Fitzgerald. Elle était de toute façon injuste. Je connaissais à peine Hemingway quand nous nous trouvions à Madrid, mais je l'avais quand même assez vu pour ne pas mettre son courage en question.)

« F.P. = C.C. »

Cela, au moins, je sais ce que cela veut dire. C.C. était Claud Cockburn, et F.P. voulait dire Frank Pitcairn, le nom sous lequel il écrivait dans le *Daily Worker*[1]. Était-ce parce qu'il était encore officiellement employé par le *Times* ? Je ne m'en souviens plus. J'aimais bien Cockburn, mais je le connaissais assez pour

1. Organe du Parti communiste britannique. *(N.d.T.)*

avoir appris à écarter soixante-dix pour cent des informations qu'il prétendait apporter. Était-il vraiment, comme il l'avait affirmé un soir où il était particulièrement chauffé par le cognac Fundador, un agent du Komintern ? J'en ai toujours douté.

Je n'avais pas de doutes, en revanche, sur un Américain nommé Jukes. En principe, cela ne me dérangeait pas. Je pensais que nous étions tous du même côté. Mais Jukes fut le premier à m'ouvrir les yeux sur la façon dont l'Union soviétique s'efforçait de prendre le contrôle de la guerre et de la manipuler à ses propres fins. Il le fit, bien sûr, involontairement.

Même Barbara Jakobsen se méfiait de Jukes malgré leur attachement commun à la Cause. En fait, Barbara, qui était arrivée à Madrid deux mois avant moi et avait passé une bonne part de ce temps, selon elle – et elle tendait, en ce genre d'affaires, à dire la vérité –, à éviter les attentions d'Hemingway, avait été la première à me mettre en garde contre Jukes.

À travers Jukes, j'en vins à identifier un fait troublant, répété presque sans variation au fil des siècles : la capacité d'une cause à attirer, non seulement les idéalistes, mais les hommes qui, tout en aspirant peut-être – pour être charitable – à s'attacher à une idée noble, une idée qui les dépasse, ne peuvent en fait que s'attacher à son apparence extérieure. Leur incapacité de s'oublier eux-mêmes les rend provisoirement plus intenses dans leur engagement, comme si, en déployant un extrémisme devant lequel beaucoup reculent, ils pouvaient prouver, à eux-mêmes et au monde extérieur, leur sincérité. Mais, étant finalement inaptes à toute loyauté autre que celle qui s'adresse à leur ego (qu'ils ne peuvent laisser de côté un seul instant), leur dévotion à la cause ne persiste que tant que celle-ci les sert. Mais, pendant tout le temps où cette dernière situation existe, nul n'est plus véhément dans ses proclamations et ne semble plus zélé dans ses actions. Et, peut-être parce qu'au tréfonds de son inconscient il est troublé par la nature inavouable de sa loyauté, nul n'est plus avide de découvrir la trahison autour de lui qu'un homme comme Jukes, que son inaptitude à l'abnégation amènera probablement à trahir lui-même ce qu'il fait profession d'aimer.

Jukes, cependant, était jovial, gras et drôle, d'une gaieté qui paraissait incapable de se tarir. Il irradiait la générosité sans façon prêtée aux Américains. Il se proposa sans affectation aucune pour me servir de guide, me faisant faire le tour des avant-postes jusqu'à la ligne de front, où les forces gouvernementales s'efforçaient d'encercler et d'éliminer la tête de pont que les franquistes avaient implantée dans Madrid au mois de novembre précédent. L'extrémité de ce saillant était l'hôpital de la Cité universitaire, et Jukes, s'avisant de mon inexpérience militaire – en ayant la charité de ne pas insister sur elle –, m'expliquait la signification tactique de ce que nous découvrions. Il bavardait amicalement et avec la plus grande aisance avec les jeunes miliciens attendant l'ordre d'attaquer, et je me surpris à admirer et à envier le climat de camaraderie qu'il savait si rapidement établir avec eux. Il était évident qu'ils répondaient très volontiers à ses questions, qu'ils appréciaient le sentiment d'admiration pour leur courage qu'il s'arrangeait pour leur faire percevoir sans avoir la maladresse de l'exprimer de façon explicite. Et moi, je me disais : « Voilà la fraternité que je recherchais, et qui est ce pourquoi, en fin de compte, nous combattons. »

— La situation est bloquée, pour le moment, me dit Jukes. Ils ne peuvent avancer. Nous ne pouvons les déloger de leurs positions. Mais les choses vont changer. Viens.

Il me conduisit à une cinquantaine de mètres en arrière des lignes, vers une rangée de petites maisons qui, pour la plupart, avaient perdu leur toit. Toutes les vitres avaient été soufflées, et les maisons avaient été abandonnées, sauf une où une vieille femme persistait à vivre, refusant d'être évacuée. Elle avait vécu là toute sa vie, son mari y était mort, deux de ses petits-enfants y avaient été tués dans le bombardement, et elle ne voulait pas bouger.

— C'est une Espagnole typique, fit Jukes avec admiration. Des mules sembleraient conciliantes à côté d'elle.

Le commandement républicain avait fini par céder.

— Un vrai triomphe de la volonté, remarqua Jukes.

Il me fit entrer dans l'une des maisons en ruine. Il y avait un trou dans le sol, et des marches avaient été découpées dans la terre, conduisant à des ténèbres où seule une faible et lointaine lumière pouvait se percevoir.

— C'est l'entrée, fit Jukes. Mais ils évacuent la terre par un autre chemin.

— Qu'est-ce que c'est ? demandai-je. Je ne comprends pas.

— Non ? Mais c'est simple : c'est une mine. Ou, plus exactement, le tunnel conduisant à la mine. On a fait venir des mineurs des Asturies, qui creusent sous les positions fascistes. Nous continuons à tirer au canon et au fusil là-haut pour leur faire baisser la tête, mais, pendant ce temps, nous nous préparons à leur faire sauter le cul. Chouette, hein ?

Il frappa sur l'épaule d'un caporal assis à une table dans la maison en ruine et préposé à empêcher les curieux d'aller y voir de plus près.

— Comment ça va ? demanda Jukes.

Il parlait en anglais, et le caporal se borna à hocher la tête en souriant.

— Boum ! fit Jukes.

— Boum, boum, fit le caporal.

— Boum quand ? demanda Jukes en désignant sa montre.

— Boum, boum, oui.

Le caporal sourit.

— Je suppose qu'il n'en sait rien, dit Jukes. Allez, viens, on s'en va.

*

Un article que j'envoyai à l'époque traduit, mieux que je ne saurais les exprimer maintenant, mes sentiments durant ces premiers mois à Madrid.

«*Madrid, avril 1937.* Quand je m'éveille le matin, j'entends les coups de feu venant de la ligne de front. C'est comme si on s'éveillait au *Ritz* pour entendre une fusillade venant de St. James's Park. C'est aussi près que cela. Et cependant, la vie continue dans l'hôtel de la même façon qu'elle continue dans tous les hôtels d'Europe. À ceci près : la servilité du personnel hôtelier n'existe plus. La femme qui continue à nettoyer ma chambre et à faire mon lit m'appelle "camarade". Nous sommes des égaux, faisant chacun son travail, et elle comprend que mon travail la sert comme le sien me sert, même si elle ne comprend pas vraiment en quoi il consiste. Mais elle fait confiance. La confiance règne à Madrid, et s'y éveiller le matin est comme s'éveiller dans un monde nouveau.

«Mais la fusillade, que l'on entend comme si elle venait, par exemple, de Green Park, est là pour nous rappeler que nous devons combattre pour faire vivre l'idée que le monde peut vraiment être transformé en un monde nouveau.

«Les combats se poursuivent, et des obus tombent chaque jour sur la ville. Les gens ont appris à vivre avec cela, comme ils avaient toujours appris à vivre avec la pauvreté et les épuisants labeurs. On ne peut se trouver actuellement à Madrid sans ressentir une chaude admiration pour ses citoyens, et, pour beaucoup d'entre nous, journalistes étrangers, cette admiration s'est muée en affection comme en profond respect.

«Je m'étais totalement trompé sur le tempérament espagnol. Je l'avais cru capricieux. Nous usons des mots "latin" et "tempérament latin" trop facilement et trop légèrement. Les Madrilènes sont aussi ancrés dans leur détermination que n'importe quel Écossais ou n'importe quel homme du Yorkshire. Il y a une guerre à gagner, et ils vont la gagner. Ils endureront tout ce qu'il est nécessaire d'endurer, et ils continueront. C'étaient les classes supérieures qui étaient pourries, en Espagne. La classe ouvrière est saine. Ses hommes me font penser aux vieux puritains écossais. Mais les Madrilènes n'aspirent pas à un royaume céleste. Ils veulent simplement faire de la terre un meilleur endroit. »

*

Avec quelle facilité je parlais alors du « tempérament espagnol », même en contestant le sens habituellement donné à cette expression ! L'idée qu'une chose comme un caractère national existe et peut être identifiée est peut-être un mythe nécessaire. Mais c'est une ânerie. Orwell cédait à la même sentimentalité – qui ressortit également à la paresse intellectuelle. Dans l'un de ses essais, il insiste sur la douceur policée inhérente à la vie anglaise comme s'il s'agissait d'une caractéristique nationale plutôt que d'une série d'attitudes s'étant formées en raison des conditions économiques et politiques particulières à une période donnée. Quand j'étais jeune, mon père parlait avec ferveur du sens pratique et de l'obstination caractérisant les Écossais. Où peut-on les constater aujourd'hui ?

*

Jukes m'emmena visiter un hôpital fondé par les Amis américains de la Démocratie espagnole et situé derrière la ligne de front de Morata, sur la route de Valence. Il me dit qu'il avait des gens à voir sur place et que c'était l'endroit où aller pour recueillir de bonnes histoires sur la guerre. Il ajouta qu'on ne pouvait croire tout ce que les blessés racontaient, mais que lorsqu'on en avait écouté un certain nombre, on pouvait se faire une meilleure idée de la vérité. Je me dis qu'il était évidemment plus facile et moins dangereux d'aller recueillir des témoignages sur des lits d'hôpital plutôt qu'en risquant sa vie sur le front, mais il était incontestable que Jukes tirait des articles fort intéressants des visites, au moins hebdomadaires à l'en croire, qu'il faisait là. Je décidai donc de l'accompagner. Ce ne fut qu'assez longtemps plus tard que j'appris que certains des hommes auxquels il avait parlé avaient été extraits de l'hôpital et fusillés à la suite des révélations qu'ils lui avaient faites.

Dans la fraîche pénombre de la grande salle, que les infirmiers essayaient vainement de maintenir propre car ils n'étaient pas assez nombreux, le silence ne régnait jamais complètement, même au milieu de l'après-midi, quand un soleil impitoyable inondait la cour et que des particules de poussière dansaient dans les rais de lumière jaune venus de l'extérieur. L'hôpital avait été un couvent avant d'être réquisitionné. La chapelle avait été hermétiquement fermée par une chaîne sur laquelle la poussière s'était déjà accumulée.

C'était l'hôpital des Brigades internationales, et, quand on passait devant les lits recouverts de grossières couvertures grises, on entendait des protestations et des plaintes en de multiples langues. Mais les gémissements de douleur avaient tous la même tonalité.

Un jeune homme dont un épais bandage taché de jaune et de rouge recouvrait l'œil gauche me fit signe lorsque j'arrivai au pied de son lit. Il me demanda une cigarette et je lui en plaçai une entre les lèvres. Il avait l'accent écossais, et je lui demandai d'où il était.

— Édimbourg, me dit-il. Vous connaissez ?

— Je suis écossais moi-même.

— Mais vous ne connaissez pas Gorgie ?

— Non, lui dis-je, mais j'ai un ami qui est médecin là. Le docteur Macrae. Vous l'avez peut-être rencontré ?

— Non, fit-il. Je n'ai jamais eu besoin de médecin avant de me retrouver ici. Comment vont les choses, au pays ? Qu'est-ce qu'on pense de nous, là-bas ?

— Au pays, les choses ne changent pas.

— Non, dit-il. Et c'est bien pour cela que je suis venu ici. Je n'étais pas au chômage. J'avais un bon emploi à la brasserie, une femme et une gamine. Mais il fallait que je vienne. Cela me démangeait de venir. Vous comprenez ?

— Je crois.

Je l'aidai à fumer sa cigarette.

— Player's, n'est-ce pas ? dit-il. Vous ne pourriez pas me laisser le paquet ?

— Bien sûr que si. Et je vous en apporterai d'autres. Voudriez-vous que j'écrive à votre femme ?

— Elle ne voulait pas que je vienne ici. Elle disait que c'était de la désertion. Elle me demandait ce qu'elle allait faire pour survivre, avec la gamine. Elle avait raison, je sais, mais j'avais raison aussi. Il fallait que je vienne. Elle ne le comprend pas, mais c'est justement pour la gosse que je suis venu…

— Oui, lui dis-je. Mais vous ne pouvez pas lui en vouloir de ne pas comprendre cela.

— Je ne lui en veux pas, répondit-il. Les femmes ne voient pas les choses comme nous.

— Vous allez bientôt la retrouver. Quand votre blessure sera guérie, vous pourrez rentrer chez vous. Vous avez fait votre part.

— Oh, oui ! dit-il. J'ai fait ma part. Et pour quoi ? Je suis moins sûr de la réponse que quand je suis arrivé ici. Et peut-être que je ne vais pas m'en tirer. Je crois que j'ai la gangrène, bien qu'on ne veuille pas me le dire.

— Je vais écrire à votre femme, répétai-je.

*

Mais dans ma deuxième lettre, je dus dire à sa femme qu'il était parti. Je n'ajoutai pas qu'il était mort pour la démocratie. Cela ne me semblait pas le genre de choses qu'elle aurait voulu entendre. Mais je demandai à Toby Macrae d'aller la voir, et lui envoyai un chèque à cet effet.

*

— D'accord, fit Barbara. Donc il est mort pour une idée.

— Une vieille pute édentée, dis-je.

— Pound est un fasciste, protesta-t-elle aussitôt. Tu n'as pas à me citer un fasciste. Des gens tuent pour la démocratie, il le faut bien. Alors ils doivent être prêts à mourir pour elle, aussi. C'est tout ce qu'on peut en dire.

— La démocratie, fis-je. Un monde meilleur. Et la femme de Jim Milligan qui se retrouve veuve dans un taudis de Gorgie.

— C'est de la sentimentalité, déclara-t-elle.

— Vraiment ?

*

L'impassible paysage rocailleux de Castille défilait devant nos yeux, sous l'implacable soleil de juillet, tandis que la voiture roulait vers Valence. Nous nous rendions au congrès de l'Association internationale des écrivains pour la défense de la culture. Quand nous nous arrêtâmes pour déjeuner dans un petit village où les murs blanchis à la chaux des maisons étaient piquetés de traces de balles, nous fûmes acclamés. Après nous avoir servi des omelettes froides et du vin blanc, le patron de l'auberge nous salua, le poing levé.

— Solidarité avec la République ! clama-t-il.

Un jeune garçon qui l'aidait à servir nous désigna l'autre côté de la place.

— C'est là que nous avons fusillé le curé, dit-il. Chouette, hein ? Vous auriez dû l'entendre gémir et hurler...

*

Article :

« Valence, le 4 juillet 1937.

« Le congrès proclamant "la solidarité des intellectuels de toutes les nations" a été inauguré aujourd'hui par le nouveau Premier ministre de la République espagnole, Juan Negrín.

« Negrín est une figure marquante de notre temps : un professeur de droit, un intellectuel qui a été transformé par la nécessité et par son idéalisme personnel en homme d'action. Son discours de bienvenue, prenant acte de l'attachement des délégués à la cause de la liberté prolétarienne, a clairement fait comprendre à l'assistance le sentiment qu'il avait de sa mission, tout en soulevant l'enthousiasme des personnes présentes pour la tâche qu'elles étaient elles-mêmes en mesure d'entreprendre.

« Mais ce qui était le plus impressionnant était le contraste entre l'aspect de Negrín et l'héroïsme de son propos. Il ne serait nullement déplacé dans la salle de réunion d'une université de province anglaise. Mais l'esprit qui souffle aujourd'hui en Espagne transforme les professeurs eux-mêmes en héros.

« Ceux d'entre nous qui étaient venus de Madrid, où la guerre fait rage, pour gagner cette capitale provisoire de la République où la brise marine semble apporter la promesse de jours meilleurs, étaient arrivés à ce congrès avec quelque scepticisme. Nous nous demandions si un tel rassemblement d'intellectuels pouvait apporter quoi que ce soit de valable à la lutte en cours. Nous avions tort, car la guerre ne concerne pas seulement l'Espagne et l'avenir du peuple espagnol, mais, comme nous en sommes venus à le comprendre, l'âme même de l'homme, la santé spirituelle de l'Europe. Durant toutes les semaines passées cet été à Madrid, où les combats se poursuivent dans les faubourgs mêmes de la ville et où les principales plazas sont frappées chaque matin par les obus, il nous avait été facile, alors que nous restions fascinés par le courage de la population locale, de perdre de vue la portée beaucoup plus générale de la guerre.

Mais la première journée de ce congrès, qui, a-t-il été décidé, se transportera dans deux jours à Madrid pour montrer aux délégués la réalité de la guerre et au monde la réalité de l'engagement des délégués, nous a fait nous souvenir de ce que l'Espagne représente pour l'Europe.

« L'écrivain français Julien Benda a déclaré : "L'intellectuel est parfaitement dans son rôle en descendant de sa tour d'ivoire pour défendre les droits de la justice contre les barbares."

« Il en est ainsi, dans nos pays, qui sont toujours heurtés par ce terme d'"intellectuels", et tendent à tourner en dérision les prétentions de ceux qui se dépeignent ainsi. Ils auraient dû être à Valence aujourd'hui. »

*

— Je ne sais pas s'ils vont publier cela, dis-je à Barbara. Mon directeur n'apprécie pas ce qu'il appelle de la propagande.

— Change de directeur, fit-elle.

*

Journal personnel :

« *Valence, 4 juillet*. – Je ne suis pas sûr que Barbara ait été aussi emballée que moi par la première séance du congrès. Et il se peut qu'elle ait raison. Elle a, à l'égard des mots abstraits, une méfiance qui est bel et bien l'une de ses caractéristiques anglo-américaines les plus prononcées. Elle ne voit pas qu'ils peuvent avoir un sens et une force en soi. J'aimerais penser que son scepticisme est lié à des préoccupations plus immédiates, comme son coup de foudre pour Olura, une journaliste basque. Malheureusement pour elle, Olura a présentement d'autres idées en tête. "Plus tard", dit-elle – ce qui signifie peut-être "jamais". Elle est dévouée à cent pour cent à la Cause : c'est une nonne laïque, républicaine et militaire. Au bar de l'hôtel, ce soir, Jukes était en grande forme. Il m'a annoncé en se pourléchant que l'écrivain espagnol José Bergamin allait dénoncer André Gide pour ce qu'il avait récemment publié sur l'Union soviétique.

« J'ai parlé également avec Ludwig Renn, qui a été officier dans la Reichswehr jusqu'à l'arrivée d'Hitler au pouvoir et est un vieil ami de Barbara. À mon grand désarroi, il était pessimiste. Je dis à mon grand désarroi, car il a été nommé récemment au commandement d'une Brigade internationale. À la tribune du congrès, il avait carrément proclamé : "Le rôle des écrivains combattant pour la liberté n'est pas d'écrire des histoires mais de faire l'Histoire" (ombres de Marx et des philosophes !). Mais, le soir, tirant sur un cigare et un verre de cognac en main, il marmonna soudain : "Même si nous perdons en Espagne, nous aurons un peu appris au monde ce que signifie le fascisme." Il me regarda et ajouta : "Tu connais l'Allemagne, n'est-ce pas ? Songe que j'ai été invité au mariage de Goering. Quelle salade !"

« Il était un peu ivre, et peut-être son pessimisme pouvait-il s'expliquer ainsi. Mais je n'ai pas eu bonne impression.

« Barbara est pessimiste, elle aussi, pour une raison différente. Elle ne croit pas que les démocraties – mot qu'elle prononce toujours avec mépris – veuillent savoir ce qui arrive. "Regarde ton directeur, me dit-elle. Et c'est censé être un journal libéral !" »

*

Dans la voiture, comme nous revenions vers Madrid, nous nous disputâmes. Je lui avais parlé de Trude, de la lettre où elle m'annonçait qu'elle allait peut-être rejoindre le parti nazi pour protéger son père et des questions que je m'étais posées à ce sujet, ainsi que sur la mort du professeur.

— C'était peut-être vraiment une crise cardiaque, dis-je.

Je n'avais pas eu de nouvelles de Trude depuis.

— Aurait-elle pu faire un tel sacrifice ? ajoutai-je, revenant sur cette idée d'adhésion au nazisme.

Barbara éteignit sa cigarette, l'écrasant avec une telle force que j'eus l'impression qu'elle aurait aimé le faire sur ma main. Puis elle en alluma une autre et me souffla la fumée au visage.

— Tu es désespérant, me dit-elle.

— Ton opinion me désole.

— Nous nous trouvons en plein milieu d'un grand drame mondial, et tu essaies de tout ramener à des affaires de relations personnelles. Elles n'ont aucune importance. Toi et moi n'avons aucune importance. Nous ne comptons pas.

— Et Olura ? dis-je. Elle ne compte pas ? Sophie ne comptait pas ?

Elle me gifla d'un revers de main. Ses bagues vinrent mordre dans ma joue.

Puis elle se mit à pleurer. Je ne l'en aurais pas crue capable.

— Je te hais, fit-elle. Je vous hais vraiment, toi et ta foutue mollesse anglaise.

— Je suis désolé, mais je ne comprends pas.

— Non, tu ne comprends pas. Tu ne comprends jamais. Encore une chose que je hais ! L'Angleterre ne comprendra jamais, tant que la Wehrmacht ne défilera pas au pas de l'oie sur le Mall. Bon Dieu, il y a des jours où je voudrais vraiment que cela arrive ! Et cela va arriver. Tu ne le vois pas ? Non, parce que tu es aveugle. C'est le foutu brouillard de cette putain d'île...

Au loin, à notre gauche, des formes noires apparurent soudain sur le bleu profond du ciel. Puis le soleil s'y refléta et ce furent des avions. Je les observai, tandis que Barbara continuait à sangloter. À cette distance, ils ressemblaient à des jouets d'enfants mystérieusement jetés dans le ciel. Je les observais avec détachement. Puis, soudain, ils prirent l'allure d'oiseaux de proie. Ils piquèrent vers nous, et j'entendis le crépitement de leurs mitrailleuses. La terre se mit à voler en petits geysers à flanc de colline, le long de la route. Notre chauffeur poussa un juron. J'entourai Barbara de mon bras, et lui couvris la tête avec le pan de mon veston. Le chauffeur accéléra. Mais nous approchions du sommet d'un col, et la pente était raide. Le moteur se mit à fumer, et le chauffeur jura de nouveau. Les avions étaient maintenant hors de notre vue, mais je savais qu'ils étaient en train de virer là-haut, au-dessus de nous. Ils n'étaient pas encore visibles lorsqu'ils rouvrirent le feu. La voiture partit à la dérive en travers de la route et s'en alla heurter la paroi rocheuse, sur l'un des côtés. Je me dis que si nous étions partis dans l'autre sens, nous nous serions retrouvés au fond du ravin. Le chauffeur était affalé sur son volant. Il n'émettait pas le moindre son. Le moteur lui aussi était silencieux. Sur la chemise blanche du chauffeur, dans le dos, une tache de sang allait s'élargissant. Du sang coulait également de sa bouche ; je le voyais, car il s'était effondré sur le volant la tête de côté.

J'ouvris la porte de la voiture et descendis sur la chaussée. Le ciel était vaste et vide, sans le moindre signe des avions. Ils risquaient de revenir, mais, pour le moment, ils avaient disparu. Je pris Barbara par le bras et la fis descendre de la voiture.

— Ça va ? demandai-je. Tu n'es pas blessée ?

— Je crois que je suis en un seul morceau. Il est mort ?

Le volant avait défoncé la poitrine du chauffeur. Je posai la main sur son épaule et le secouai, très doucement. Il n'y eut pas de réaction.

— Pauvre type ! Pauvre petit Espagnol !

Je ne dis pas : « Il est mort pour la République. » Je dis :

— Qu'est-ce qu'on fait, maintenant ?

— Nous dégageons de la route. Cela, c'est sûr !

Nous montâmes une vingtaine de mètres à flanc de colline. Il n'y avait rien pour se mettre à couvert. Nous nous assîmes sur les rochers chauffés par le soleil. Il n'y avait toujours pas trace des avions.

— Je ne savais même pas son nom, dis-je.

— Il s'appelait José. Ce n'était même pas un gentil garçon. Il était renfrogné, et il ne voulait pas être chauffeur. Il ne voulait pas non plus faire la guerre.

— Eh bien, maintenant, fis-je, il n'a plus rien à faire...

Je scrutai le ciel. Il était toujours vide et silencieux comme un désert. Je redescendis la pente, gagnai la voiture et allai m'installer à l'avant, sur le siège du passager. Très doucement et avec répugnance, je tentai de dégager du volant le cadavre de José. Je n'y arrivai pas. Puis je vis qu'il avait placé son portefeuille sur le tableau de bord, devant lui. Je le pris. Il contenait certainement ses papiers, que nous pourrions remettre aux autorités compétentes pour qu'elles préviennent sa famille. S'il en avait une. Et si nous arrivions à Madrid.

Peu après, alors que les avions n'étaient toujours pas revenus et que seuls la voiture endommagée et le cadavre qui s'y trouvait étaient là pour nous confirmer que nous avions bien été attaqués, un autre véhicule surgit sur la route. Nous l'arrêtâmes. Il transportait Jukes et Sye Barnton.

*

Le lendemain matin, alors que les délégués se réunissaient pour la première séance du congrès à Madrid, j'entendis Jukes raconter sa vaine tentative pour sauver la vie de notre chauffeur.

— Si j'avais été plus tôt sur les lieux, proclamait-il, je pense que j'aurais réussi, mais les passagers qu'il transportait ne savaient pas quoi faire.

Puis, levant la tête, il m'aperçut. Il me passa le bras autour des épaules et dit :

— Alec, tu as fait de ton mieux. Et c'est tout ce qu'on peut nous demander, je suppose.

*

Malraux parlait, nerveux, passionné, cohérent dans l'incohérence. Il braquait vers le public son pâle visage, les poings profondément enfoncés dans les poches de veston de son complet de tweed avachi – d'une qualité qui, je le remarquai même à ce moment, aurait certainement déconcerté mon père et les tisserands de Galashiels. Quand il eut fini de parler, nous nous sentîmes tous transportés, mais bien peu d'entre nous auraient pu expliquer clairement ce qu'il avait raconté, en dehors du fait qu'à Hollywood, Lubitsch tournait un film avec Marlène Dietrich pour soutenir la Cause. Mais nous avions l'impression de nous être trouvés en présence de quelqu'un pour qui il n'existait pas de césure entre les paroles et l'action.

Ce qui troublait beaucoup de délégués, c'étaient les nouvelles venues de Russie au sujet d'un complot contre Staline impliquant des officiers de haut rang, à commencer par le maréchal Toukhatchevski. L'un après l'autre, les représentants soviétiques se levèrent pour les dénoncer comme des « ennemis du peuple » ayant agi en collusion avec des agents nazis et des membres du Grand État-Major allemand. Un Espagnol vint exprimer son horreur :

— Nous pensions que, vingt ans après la révolution, les généraux marchaient avec le peuple. Mais nous voyons maintenant que, même en Union soviétique, c'est comme en Espagne.

La séance ne fut aucunement égayée par l'interminable intervention d'un jeune poète anglais poussant l'idéalisme jusqu'à l'absurdité.

— *Quel con*[1] *!* fit Barbara.

— Quand on est un boy-scout, c'est pour la vie... mes chers, quelle joie de vous retrouver ici !

Je me retournai. C'était Guy Holland.

— Qu'est-ce que tu fiches ici ? lui demanda Barbara.

— Oh ! fit Guy en souriant. Moi aussi, j'ai vu la lumière.

Barbara leva le menton. Cette image reste gravée dans ma mémoire. Il serait exagéré de dire que j'ai vu

1. En français dans le texte.

alors la femme qui allait devenir, près de vingt ans plus tard, l'inquisitoriale vedette des chaînes de télévision américaines, mais, tout bien considéré, c'est le souvenir de cette attitude qui me permet de relier la Barbara que je connaissais à l'époque, et qui me charmait, et la Barbara que je ne connais qu'à distance, par le prisme déformant du petit écran, et que je trouve parfaitement repoussante.

— Je te conseillerais, Alec, me dit-elle, de ne rien avoir à faire avec cet homme. C'est un espion.

J'étais heureux de voir Guy, tout en éprouvant une gêne très anglo-écossaise devant l'impolitesse de Barbara. Avec Guy, point n'était besoin de réfléchir avant de parler – comme c'est toujours le cas dans une conversation avec des non-Britanniques, si proches qu'ils puissent paraître – et je m'apercevais, de plus, que son homosexualité avait cessé de m'embarrasser, peut-être parce que j'avais totalement dépassé la mienne.

Il était très soucieux – Barbara, méfiante, aurait dit trop soucieux – d'expliquer pourquoi il se trouvait là, comment sa conversion politique s'était effectuée.

Selon lui, c'était l'amour qui lui avait ouvert les yeux.

— Pas exactement l'amour, en fait, mon cher, me dit-il, car je n'ai jamais été amoureux. Pas, tout au moins, depuis l'époque où j'avais quatorze ans et me consumais de désir pour Robin Maltravers. Vous vous souvenez de lui ? Cette jolie petite chose qui était venue à Blankets avec moi. Pauvre Robin ! Aux dernières nouvelles, il subissait une psychanalyse à Zurich – décrétée par sa gorgone de Maman pour tenter de le guérir à la fois de sa pédérastie et de la drogue. Il y avait eu un malheureux accident – vous en avez peut-être entendu parler ? – impliquant un petit écolier – d'Uppingham, a-t-on idée ? – qui s'est révélé être le fils d'un haut magistrat. Mon cher, cela a fait une histoire ! Mais, il y a bien longtemps, après un an de félicité, Robin m'avait laissé tomber pour une espèce d'enfant de chœur aux yeux bleus tout zézayant. Et, depuis, je me suis convaincu que l'amour, ce n'était pas fait pour moi. Le désir, oui, bien sûr, mais pas le véritable amour. Plus jamais...

Guy parlait avec son affectation habituelle, plaçant, dans chaque phrase, l'accent sur le mauvais mot, comme s'il mettait en question sa propre sincérité, mais, même ainsi, je ressentis pendant un instant une bouffée de nostalgie. Nostalgie d'un été anglais, avec l'herbe grasse et profonde sous les saules, près d'une rivière dont les eaux semblaient à peine bouger, sauf pour venir lécher la rive. Doucement, tout doucement.

Guy sirota son Fundador et reprit son récit.

Il reconnut – il aurait difficilement pu faire autrement – qu'il avait eu de très bons amis au Parti nazi et avait même été «excité» – le mot est de lui – par le mouvement.

— C'était merveilleusement théâtral, dit-il.

La Nuit des longs couteaux lui avait procuré un grand choc, car il était alors devenu évident que les nazis avaient décidé de réprimer durement l'homosexualité. Les bars à garçons avaient été fermés, et l'on avait commencé à parler d'invertis envoyés en camp de concentration. Guy, cependant, s'attardait, sans bien savoir pourquoi.

— Je voulais voir ce qui arrivait, je suppose. Après tout, mon cher, c'était de l'histoire en train de se faire sous mes yeux.

Puis, semble-t-il, un garçon qu'il avait connu avait été pris à partie par les nazis, et, pour se protéger, leur avait livré une liste de ses amants. Deux des amis de Guy, dont l'acteur Fritz Büchler, avaient été envoyés dans des camps de «redressement». Guy lui-même avait été convoqué au ministère de l'Intérieur, où on lui avait donné douze heures pour quitter l'Allemagne.

— Alors, évidemment, j'ai déguerpi comme un lapin. Ce qui m'inquiète, mon cher, c'est ce qui a pu arriver à Otto. Vous vous souvenez d'Otto? Ce blond costaud, assez gentil? Je l'avais pris comme domestique, pensant ainsi le protéger. Mais je n'avais aucune possibilité de l'emmener avec moi. Je me dis que c'est un garçon dur et résistant, mais je n'arrive pas vraiment à m'en convaincre.

Guy s'interrompit et alluma une cigarette.

— Vous savez, reprit-il, je n'avais jamais vraiment cru au Mal. Maintenant, si. Le Mal n'a jamais paru avoir sa place dans la vie anglaise, n'est-ce pas, et, cependant, je faisais profession de mépriser celle-ci. Mon Dieu, quel gâchis...

— Et maintenant, vous êtes pour la République ?

— Absolument.

*

Malgré tout, je n'étais pas vraiment convaincu. Ce n'était pas que je me refusasse à croire Guy, mais celui-ci était en état de choc. Je ne pouvais être certain que Barbara eût tort de se méfier de lui.

*

«*20 juillet*. – Une lettre un peu ennuyeuse de Père. George, apparemment, a des ennuis. Il s'est fait surprendre à vendre du caoutchouc à des négociants chinois. Le caoutchouc, bien sûr, appartient à la société qui l'emploie, et c'est donc, en fait, du vol. Père ne sait plus où donner de la tête, mais il apparaît que ce que George a fait est chose facile. Ses employeurs n'ont pas l'intention de le poursuivre, car cela nuirait à la réputation de l'Homme Blanc en Orient. C'est ridicule. On l'a renvoyé, bien sûr, mais George refuse de quitter la Malaisie. Au contraire, il presse Père de faire libérer de l'argent de notre fondation pour lui permettre d'acheter sa propre plantation. (Apparemment, il y en a quelques-unes qui n'appartiennent pas à de grandes sociétés, et il a la possibilité d'en acheter une à un Français.) Père ne sait que faire. Tout cela semble si dérisoire, vu d'ici. Ce qui m'inquiète, c'est de voir Père si indécis. Et pourtant est-ce si étonnant ? Après tout, cet état d'esprit n'est-il pas caractéristique d'une classe dirigeante qui pense qu'elle peut traiter avec Hitler ? Incidemment, Mrs. Laidlaw a elle aussi congédié George. »

« *26 juillet*. – Je ne sais pas si j'ai la moindre utilité ici. Sur mes trois dernières dépêches, l'une a été censurée au point d'en devenir finalement insignifiante, et les deux autres ont été purement et simplement éliminées par Londres. Billy Hughes n'est pas content. Je crois comprendre que je l'ai mis dans une position difficile vis-à-vis du directeur comme du propriétaire. Si difficile, en fait, que j'ai bien de la chance de ne pas être rappelé. J'ai réussi à le joindre au téléphone. "Pour l'amour du Ciel, m'a-t-il dit, rappelez-vous que nous sommes un journal libéral, et que le patron déteste le socialisme." J'ai failli tout envoyer promener à l'instant même. Nous sommes engagés dans un combat pour préserver l'âme de l'Europe, et je travaille pour un journal qui n'a rien compris depuis l'époque où Asquith était Premier ministre. Et cela bien que Ian Forbes ait été attaqué et brutalisé il y a deux semaines, à Berlin. Je suppose qu'ils vont dire qu'il a été "imprudent". C'est leur formule favorite. Cela me dégoûte profondément. Pour tout arranger, Guy s'est battu avec Jukes hier soir, et il a eu le dessous. Barbara est en pleine morosité. Elle est vraiment amoureuse d'Olura, que cela n'intéresse pas le moins du monde. En fait, Olura m'a fait clairement comprendre que quelques attentions de ma part ne lui déplairaient pas. Et je serais fort heureux de les lui prodiguer si je n'étais pas vraiment attaché à Barbara. Quel gâchis ! »

*

Madrid demeurait une ville assiégée, et cependant rien n'arrivait, sauf dans nos vies privées. Il n'en était pas de même pour les Madrilènes, bien sûr, mais leur situation n'était pas aussi claire que je l'avais supposé dans mon idéalisme initial. C'est-à-dire que tous n'étaient pas les bons républicains que j'avais pensé.

En fait, Guy se mit très vite à fréquenter des milieux qui, si séduisants qu'ils pussent paraître sur le plan mondain, n'en étaient pas moins politiquement suspects. Ce fut Barbara, bien sûr, qui attira mon attention là-dessus. Elle me fit également remarquer qu'il était très étrange que Guy se trouve à Madrid comme représentant d'un journal dont le propriétaire était sympathisant du fascisme. Je lui répondis qu'en politique, Guy était un innocent.

— Innocent ? Lui ? À qui ferez-vous avaler cela, Mr. Allan ?

*

La suspicion était partout, et j'en vins à penser que nous, journalistes, étions considérés comme de simples véhicules par lesquels on pouvait répandre une propagande. Quand j'exprimai cette opinion à Barbara, elle la nia avec une telle véhémence que je fus sûr d'avoir raison. Elle fronça les sourcils comme elle l'avait fait lorsque Sophie avait paru répondre aux avances de la comtesse hongroise. Cela voulait dire, chez elle : « Cela ne peut pas arriver ! » Mais cela arrivait bel et bien.

— Tu sais ce que nous sommes ? lui dis-je. Nous sommes des « idiots utiles ».

Elle n'aima pas cela. Pas du tout.

*

Les miliciens qui me réveillèrent avant l'aube, le matin du 1er août, et me sommèrent de m'habiller, n'avaient rien de cette joyeuse spontanéité qui m'avait paru un moment la caractéristique des soldats républicains. Ils avaient le cheveu presque ras et le visage fermé. Ils se montrèrent tout juste polis en insistant pour que je les accompagne. Ils se refusèrent à en dire plus. Peut-être n'en savaient-ils pas plus. C'était probablement le cas, car, quand je me fus habillé pour sortir dans une fraîcheur encore nocturne où semblait s'annoncer déjà l'automne, ils me firent monter dans une voiture et me conduisirent sans un mot jusqu'à un groupe de bâtiments officiels, ne paraissant se détendre un peu que lorsqu'ils m'eurent remis entre les mains d'un homme au visage pâle et au complet fatigué. Je tentai de parler à celui-ci en espagnol, mais n'obtins aucune réponse.

— Quelle langue parlez-vous ? lui demandai-je alors en anglais.

Il se borna à secouer la tête et me conduisit, par un labyrinthe de couloirs assez sinistres, jusqu'à une porte dont la partie supérieure était en verre dépoli. Il frappa et me fit entrer.

Les deux hommes assis à une table à l'intérieur de la pièce semblaient avoir passé la nuit là. Je connaissais l'un d'eux ; il avait été secrétaire d'État quand j'étais arrivé à Madrid, et il m'avait fait alors le point de la situation militaire. Il s'appelait Miguel, et il était docteur en médecine. J'avais bien aimé sa politesse résignée, mais il ne m'avait pas rempli de confiance. Un perpétuel abattement pesait sur lui comme une mauvaise conscience. C'était peut-être pourquoi il avait perdu son poste ministériel.

Il congédia d'un geste de la main l'homme qui m'avait accompagné et me fit signe de m'asseoir devant une table nue, si l'on exceptait trois cendriers débordants et deux petites tasses à café.

— C'est très délicat, Señor Allan, dit-il. Très délicat et ennuyeux.

Il ferma les yeux.

— Je n'avais nul désir de vous faire amener ici, vous devez le comprendre, reprit-il. Ce serait agréable d'avoir un peu de café, peut-être...

Ce souhait ne fut pas suivi d'effet. Son compagnon, pendant ce temps, triturait un durillon sur son index gauche. Il était chauve et transpirait dans un épais complet sombre. Il passa un doigt volumineux à l'intérieur de son col de chemise sale et alluma une mince cigarette jaune.

— Nous vous avons admis ici, dit-il, en toute bonne foi.

Il parlait anglais avec un accent que je n'arrivais pas à situer. Il ouvrit un tiroir et y prit quelques papiers.

— Nous pensions que vous étiez un ami de la République. Et maintenant, c'est cela que vous écrivez...

Il poussa les papiers vers moi. Je reconnus une dépêche qu'on m'avait empêché d'envoyer.

— Vous parlez de dissensions, dit-il.

Il poussa un profond soupir et demanda :

— Pourquoi supposez-vous qu'il y a des dissensions au sein du commandement républicain ? Et même s'il y en avait, ce que je nie catégoriquement, est-ce amical de le dire ?

— Je suis journaliste, dis-je. C'est mon travail de rapporter les choses telles que je les vois.

— Même si ce que vous écrivez est de la calomnie ?

Il déchira les feuillets en deux. Il avait les mains très velues, et il les écarta d'un geste théâtral pour laisser flotter vers le sol les morceaux de papier.

— Et ceci, fit-il en produisant d'autres feuillets. Ce compte rendu des travaux du congrès international. En lisant entre les lignes – c'est l'expression anglaise correcte, je pense –, il semble que vous jetiez un doute sur la véracité des propos tenus par les délégués soviétiques. Est-ce là un acte amical ?

L'Espagnol, Miguel, se mit à fixer le plafond.

— Je suis sûr, dit-il, que le camarade Allan a une explication.

— Sans doute, fit alors l'autre, mais nous aussi. Et cette explication est que le camarade Allan n'est pas un ami de la révolution. Vous avez vécu en Allemagne, camarade Allan ? Oui ? Et vous étiez en relation avec le professeur Liebknecht ? Oui ? En termes intimes avec lui, je pense.

— Écoutez, dis-je. Je ne comprends rien à tout cela. Et que vient faire ici le professeur Liebknecht, qui, d'ailleurs, est mort, peut-être assassiné par les nazis ?

— Une hyène social-démocrate, et vous demandez ce qu'il vient faire dans votre cas ? Nous en prenons bonne note. D'autre part, vous êtes, je pense, un ami de l'Anglais, Holland. Qui est un dégénéré. Vous avez de belles fréquentations, camarade ! Et qu'est-ce que vous avez à dire de cela ?

Il sortit de son tiroir une coupure de journal et la poussa vers moi sur la table.

Je lus le titre : *Pourquoi Franco doit gagner*. L'article était signé d'Alastair.

— Votre frère, je pense ?

— Mes opinions ne sont pas les siennes.

Je me tournai vers l'Espagnol :

— Vous devez savoir combien ici, en Espagne, les familles sont divisées. C'est la même chose en Angleterre. Mon frère est très jeune. Et mal informé.

Miguel secoua simplement la tête.

— Vous devez comprendre, dit l'autre, que cette conversation est officieuse, camarade. Votre affaire n'en est qu'à un stade préalable.

— Je ne savais pas qu'il y avait une affaire.

— Néanmoins, il y en a une. Votre ami le Señor Holland, maintenant. Lui aussi a vécu en Allemagne, où il a été en relation avec des nazis importants. Et c'est un dégénéré, un homosexuel. Vous devez comprendre que le seul fait de fréquenter un tel homme est suspect en soi.

— Vous dites que cette conversation est officieuse. J'en déduis que je suis libre d'y mettre fin.

*

Pourquoi, un demi-siècle plus tard, me souviens-je de cette conversation sans conclusion et, à ce qu'il semblait alors, sans objet avec une telle clarté qu'alors que je dactylographie ces mots, je retrouve l'odeur de pourriture émanant de l'homme chauve en même temps que la senteur âcre de ses cigarettes jaunes ?

Parce que je me sentais, à ce moment, hors de mon

univers et de ma catégorie, un amateur anglo-écossais pris au piège dans une cage de carnivores ?

Parce qu'en voyant l'article naïf d'Alastair j'avais eu un mauvais pressentiment ?

Parce qu'en voyant la servilité résignée de Miguel, j'avais compris comment était vraiment trahie la République espagnole ?

*

Je me rendis directement dans la chambre de Guy, qui était encore au lit. Son compagnon était un Américain, un jeune Quaker qui était venu en Espagne pour conduire des ambulances, ce qu'il faisait avec un courage d'autant plus méritoire qu'il était terrorisé par les coups de feu. Je me trouvais là lorsqu'il l'avait confessé, et c'était à ce moment précis que Guy avait commencé à le désirer. Se frottant les yeux, le jeune Américain prit un air coupable et gêné lorsque je fis irruption dans la chambre. Le constatant, je me sentis un peu honteux de ma précipitation, et me dis que mes craintes à l'endroit de Guy étaient sans doute exagérées. Cependant, quand je me fus confondu en excuses et eus expliqué pourquoi je les dérangeais si tôt – à ma grande surprise, je m'étais aperçu que mon entretien avec Miguel et son compagnon chauve avait duré moins d'une heure –, la réaction de Guy fut telle que, malgré moi, je me demandai si la méfiance qu'on avait exprimée à son égard n'était pas justifiée.

— Timmy, dit-il à son jeune compagnon, tu ferais mieux de t'en aller.

Le garçon me regarda. Je me détournai. Dans une glace, je le vis s'extraire du lit et se pencher pour enfiler son caleçon. Puis il s'assit, et je vis que, comme il mettait ses chaussettes, ses mains tremblaient légèrement. C'était peut-être la conséquence de la boisson. Une bouteille de cognac aux trois quarts vide trônait sur la table. J'allumai une cigarette et me retournai. Il avait maintenant mis son pantalon et une chemise bleue. Celle-ci n'était pas boutonnée, et je pus voir qu'il n'avait pas de poils sur la poitrine. Il me gratifia d'un demi-sourire, glissa ses pieds dans ses souliers, puis se pencha pour embrasser Guy sur la joue. Il se redressa avec un vague défi et quitta la pièce. Il n'avait pas dit un seul mot.

— C'est un gentil garçon, fit Guy en enfilant une robe de chambre de soie.

— Pourquoi êtes-vous venu ici, Guy? lui demandai-je.

— Pourquoi vais-je ici ou ailleurs, mon cher garçon? J'espérais trouver quelque chose, ici. Tel n'a, bien sûr, pas été le cas. Ne vous inquiétez pas. Je vais m'en aller. Je ne veux pas vous gêner.

Il se versa un verre de cognac et le but.

— Je vous envie assez, Alec. Le Diable vous emporte!

Il se servit encore un peu de cognac et s'assit devant la fenêtre, en me tournant le dos.

— Je pense que j'espérais trouver quelque chose ici, répéta-t-il. Une cause, je suppose. Vous imaginez-vous que je ne suis pas conscient de la futilité de ma vie? J'ai juste le genre de fortune qu'il ne faut pas, vous savez – pas assez d'argent pour en faire quelque chose, et trop pour que je sois obligé d'entreprendre une besogne précise. Et peut-être n'en aurais-je pas été capable de toute manière. Un cher vieil homo, vous savez. C'est une sorte de révolte assez pitoyable, n'est-ce pas? Un pédé rentier. Et j'aurai trente ans l'année prochaine. Triste. Cela pourrait être différent si j'étais un artiste. Mais je n'en suis pas un. Ou vraiment intelligent. Mais je ne le suis pas. Je suis simplement un type moyen – avec des goûts que l'homme moyen méprise et déteste. Et ils ne vont pas changer. Timmy est un gentil garçon. L'ai-je détourné de sa voie naturelle, l'ai-je corrompu? Allez-y, dites-moi que je l'ai corrompu! Sa mère le penserait sûrement. Savez-vous que je pense souvent à me tuer? Mais ce serait un geste vide de sens. Je veux dire: qui s'en soucierait?... Mais que suis-je en train de raconter? Et avant le petit-déjeuner, qui plus est...

Il leva son verre de cognac.

— *Non moriturus te saluto*, chéri.

*

Guy quitta Madrid le lendemain. Il emmenait Timmy avec lui.

Durant les semaines qui suivirent sa fuite, je devins la proie d'une anxiété indéfinissable. Je m'éveillais le matin plein d'une telle appréhension qu'il me fallait un véritable effort moral pour sortir de mon lit. J'écoutais le bruit des canons sans rien ressentir d'autre qu'une intense répugnance à m'habiller, quitter ma chambre et parler à d'autres. Je buvais trop, et loin de me calmer, l'alcool me rendait encore plus agité.

Voir mon interrogateur – le chauve au complet trop épais – installé seul au bar de l'hôtel trois soirs de suite, restant des heures devant un unique verre de bière, m'alarma – en partie parce qu'il ne fit nullement mine de me reconnaître. J'avais, en même temps, l'impression qu'il notait mentalement tous les verres que je commandais. Barbara me dit qu'il s'appelait Oskar, et que c'était un Bulgare, emprisonné plusieurs fois pour activités communistes et devenu agent du NKVD.

— Pourquoi ne me parle-t-il pas ? lui demandai-je.

— Si cela te tracasse à ce point, pourquoi ne lui parles-tu pas ?

La guerre tournait au désavantage de la République. À Barcelone, les anarchistes étaient victimes de purges sanglantes. L'idéalisme mourait en moi. Il était maintenant impossible de croire que nous préparions des lendemains qui chantent.

— Comment nous rappellerons-nous cette époque ? demandai-je à Barbara, qui était devenue, sur la fin, mon unique et constante compagne, noyée comme moi dans le cognac tandis que la guerre s'éloignait de nous.

— L'heure de la fermeture au Saloon de la Dernière Chance, dit-elle.

C'est la première fois que je me rappelle avoir entendu cette expression, devenue, des années plus tard, un cliché pour journalistes fatigués.

— Quand la France et l'Angleterre ont voté la non-intervention, ajouta-t-elle, elles ont signé leur arrêt de mort.

— Donc, il est temps de s'en aller ?

— Il est temps de s'en aller.

— Tu vas retourner aux États-Unis ?

— Non, je suis une bonne Américaine. Je vais aller à Paris.

— Et Olura ?

— Elle n'a pas encore compris qu'elle ne pourra pas rester en Espagne. Je l'attendrai à Paris. Si elle veut venir. Pour nous, il ne va pas y avoir, pendant longtemps, beaucoup de place pour cette sorte de bonheur personnel. Il faut que tu le comprennes, Alec.

J'allumai une cigarette, regardai Oskar me regarder, et ressentis de nouveau ce frémissement interne qui vous met en garde contre les périls de la forêt.

— Je n'ai pas de guide, dis-je. J'aimerais avoir ta foi.

— Oh ! fit-elle. Ce n'est pas si confortable que cela. C'est une sorte de foi abstraite, tu sais. L'Histoire suivra son cours et accomplira son destin, c'est sûr, mais aucun de nous ne peut dire s'il sera encore à bord du train. Et c'est un sacré voyage ! Tu me vois telle que je ne suis pas. Parfois, je suis un peu schizophrène. Je peux croire deux choses opposées et contradictoires au même moment.

— On dit que c'est la marque d'un cerveau de premier ordre.

— Oh, vraiment ? Je n'arrive pas à oublier l'expression de ce garçon, José. Dans la voiture. Il semblait si surpris et mécontent.

XI

ANGLETERRE, 1937-1938

Je me demandais s'il pouvait exister plus agréable contraste à cette idée de « réalité historique » dont Barbara se gargarisait qu'un mariage campagnard anglais par une douce journée d'octobre. Kirstie, pour faire plaisir à Mère, avait renoncé à se marier en Écosse comme elle l'avait d'abord souhaité. Mère ne s'était jamais sentie à l'aise en Écosse, bien qu'elle se fût efforcée de le dissimuler à Père. Et l'église paroissiale de l'Oxfordshire (en partie normande et en partie saxonne, avec des ornements victoriens remplaçant ceux qui avaient été détruits par les soldats de Cromwell) respirait ce décorum et ce sens de la tradition que Mère plaçait si haut.

— Une jeune fille doit être mariée dans sa paroisse, proclamait-elle. Toute autre solution est vulgaire.

Par « vulgaire » – qui était peut-être son terme de condamnation favori – elle entendait tout ce qui visait à sortir des normes pour se faire remarquer. Bien qu'elle ne l'ait pas dit à l'époque, le mariage d'Alastair avec Vanessa avait été, à son avis, « vulgaire ». En fait, comme je l'escortais dans l'église jusqu'aux bancs réservés à la famille, je me rendis compte qu'aux yeux de Mère, Vanessa, magnifique dans une robe couleur d'ambre qui épousait et soulignait de façon spectaculaire les courbes de son corps, était elle-même indiscutablement « vulgaire ». Alastair l'était aussi. Parfait de l'avis de Père, qui était prêt à tout lui pardonner, il était considéré d'un œil beaucoup plus critique par Mère. Tout en reconnaissant – qui aurait pu faire autrement ? – son charme, sa beauté et sa vitalité, elle le classait comme « peu stable » – un grave péché à ses yeux, surtout si on lui ajoutait la répugnance que lui inspirait une propension à recourir au mensonge quand la chose semblait pratique. Les critères moraux de Mère n'étaient peut-être pas plus élevés ou – pour formuler la chose de façon plus accessible aux jeunes d'aujourd'hui – plus étroitement exigeants que ceux de Père. En fait, ils se rejoignaient sur le principe. On pourrait même soutenir – comme Kirstie le fit à cette occasion – que, bien que tendant à fuir toute société autre que celle de la famille ou de vieux amis, Mère était en fait plus réaliste et plus ouverte au monde que Père, parce que dégagée de ce romantisme qui venait modeler le jugement de celui-ci sur tant de choses.

Il est hors de doute qu'elle approuvait le choix de Colin. Le manque de confiance en soi de son adolescence né de sa conviction de « ne rien avoir dans le crâne » ne l'avait jamais tout à fait quitté mais s'était mué en une agréable réserve. Son refus ou son incapacité d'exprimer toute opinion autre que la plus étroitement conventionnelle qui soit plaisaient à Mère, qui les considérait comme une manifestation, devenue rare à notre génération, d'une authentique qualité de gentleman. Elle ne se trompait pas sur ce point. Passionnée par les romans de Jane Austen, elle voyait en Colin la sorte d'homme capable d'épouser l'héroïne de l'un d'eux. Kirstie lui apporterait l'étincelle qui lui manquait, et lui, en retour, serait pour elle un mari sur lequel on pourrait compter pour toujours faire ce qu'il convenait, ce qu'il était honorable de faire.

Quant à moi, pour continuer ce jeu de comparaisons littéraires, Colin me faisait plutôt penser à un héros de Walter Scott – Edward Waverley, pour prendre l'exemple le plus évident –, un plaisant et – oui, on ne pouvait éviter ce terme démodé – honorable jeune homme perdu dans un monde qu'il ne pouvait comprendre.

Ce qui était le plus touchant chez Colin était son air de vulnérabilité. On pouvait, comme le supposait Mère, se fier à lui pour faire ce qu'il était convenable de faire, mais, comme je l'avais senti à l'école, tout se passait comme si ce comportement était motivé non seulement par le sens du devoir et la conscience de ce qu'on attendait de lui, mais aussi par le besoin de porter une armure pour se protéger, dans un monde qui lui semblait étranger et hostile. Mais il avait des moments de dépression, qui se traduisaient, de façon curieuse, par des excès de comportement, comme, par exemple, lorsque, durant l'un de nos séjours chez sa mère, il avait refusé de parler à celle-ci des jours durant à la suite d'une banale critique qui lui avait été adressée au petit-déjeuner, ou quand, à l'école, il avait disparu toute une journée dans les collines, manquant la prière quotidienne et se faisant fouetter pour cela. En fait, on pouvait déceler un caractère défensif même dans son habituelle bonne humeur. Il m'avait toujours paru avoir besoin de ma protection, et, en ce sens, j'étais le plus fort, bien que l'apparente stabilité de Colin donnât l'impression contraire.

Mais j'avais abandonné le rôle de protecteur depuis longtemps, et tout ce qui subsistait était une affection à demi coupable. Kirstie allait pouvoir reprendre totalement les choses en main.

Autour de l'église, une brume légère baignait les ifs du cimetière. Colin et son garçon d'honneur, un autre officier, attendaient, très droits, devant l'autel. Les derniers retardataires remontaient en hâte l'allée. Puis la Daimler arriva, et je m'avançai pour aider Kirstie à en descendre. Elle souriait, heureuse et confiante, derrière son voile. Père lui prit le bras.

Comparé à celui d'Alastair et de Vanessa, ce mariage était impressionnant par l'image qu'il offrait de la cohérence et de la solidité de notre société. Ce n'était pas seulement en raison de l'absence de gens comme Alfred Moss, ou parce qu'il n'y avait personne, dans l'église, que Père eût pu raisonnablement qualifier de *rastaquouère*. Il y avait quelques excentriques ; il y en a toujours. Mais ceux qui pouvaient se ranger dans cette catégorie, comme, par exemple, l'Oncle Hugh de Colin, que je surpris s'octroyant une rapide lampée de son flacon de poche pendant le service, s'inséraient confortablement dans le cadre traditionnel.

Et je m'étais dit, en conduisant la famille Haskins au banc qui lui était réservé (Frank me murmurant qu'il espérait bien pouvoir échanger quelques mots avec moi sur l'Espagne), que ce cadre s'accommodait de classes sociales entièrement différentes. Mrs. Haskins souriait béatement. Kirstie et elle étaient de vieilles alliées, et Colin lui avait plu dès sa première visite à Blankets. (Elle avait clairement laissé voir sa désapprobation à l'égard de Vanessa, reniflant de façon significative chaque fois qu'elle se trouvait contrainte de faire mention d'elle.) Elle avait d'abord protesté qu'elle ne pouvait venir à l'église « avec la réception à préparer », mais Kirstie lui avait dit de ne pas être sotte. Si Mrs. Haskins n'était pas là, elle n'y serait pas non plus.

— Alec, me dit Toby Macrae en s'approchant de moi, à la sortie de l'église.

— C'est gentil à toi d'être descendu jusqu'ici. Kirstie y tenait beaucoup.

— Je n'aurais pas manqué cela pour un empire. C'est bon de se retrouver ici. On se sent loin de Gorgie.

— Très loin.

— Quelles nouvelles du frère George ?

— Pas précisément le personnage de Kipling que nous espérions, fis-je. Plutôt un personnage de Somerset Maugham, peut-être.

— Adultère, escroquerie et fumeries d'opium ?

— Quelque chose comme cela.

— Ne sous-estime pas George, me dit Toby. J'ai toujours soutenu qu'il nous étonnerait un jour. Il y a chez lui un gros grain de folie qui le rend particulièrement adapté au monde moderne.

À en juger par les apparences, ce même monde moderne traitait durement Toby. Un peu plus tard, à la maison, il se mit à parler des conditions sociales à Gorgie, de la manière dont le chômage et la misère détruisaient non seulement la santé de ses patients, ce qui était son problème immédiat, mais aussi les sensibilités, ce qui était le problème de la société.

— Bien sûr, déclara-t-il, il y a un fond héréditaire de dureté et de ténacité calvinistes qui permet à la plupart de tenir le coup, et même, Dieu les protège, avec un bon moral, mais cela fait pitié de voir gaspiller les vies de types honnêtes et décents, et de voir leurs femmes paraître quarante ans quand elles en ont vingt-cinq. Et Édimbourg, vois-tu, a moins souffert que d'autres régions d'Écosse. Mais tu sais tout cela, évidemment. Je me souviens encore des articles que tu as écrits sur les régions défavorisées. C'est ce que tu as fait de mieux. Je ne dis pas que l'Espagne n'est pas importante, mais il y a du travail à faire chez nous, Alec. Le docteur Pangloss m'a déshérité, tu sais. Et il m'a interdit la maison en raison de l'influence pernicieuse que je pourrais exercer sur le jeune Torquil. Tu le connaissais à peine, bien sûr – mon petit frère, tu te rappelles ? Le docteur Pangloss se trompe totalement s'il pense que mes propos pourraient avoir le moindre effet sur Torquil, qui est de la même race que lui, et promet déjà de devenir un parfait bourgeois d'Édimbourg, avec guêtres blanches et voix haut perchée. Mais le docteur Pangloss estime que je suis un socialiste déchaîné, un bolchevique même, et un déshonneur pour la famille. Moi, de mon côté, je les considère, lui et le petit Torquil, comme des déshonneurs pour l'humanité. Il y a au moins là un point d'accord. Dis donc, est-ce qu'il n'y a pas un peu de whisky, quelque part ? J'ai une hostilité idéologique envers le champagne. C'est-à-dire que je n'aime vraiment pas cela.

Le conduisant vers la bibliothèque de Père, où tout un choix de whiskies et d'alcools divers était offert, je regardais Kirstie et Colin accueillir les invités. Il y avait là, nul ne pouvait le nier, quelque chose de frappant. La famille, du côté de Mère, offrait l'image typique de l'Angleterre des propriétaires terriens, sûrs de leurs droits et de leurs prérogatives. Le devoir les avait appelés à ce mariage, et ils avaient répondu à cet appel, se privant d'une journée de chasse à courre dans les meilleures conditions ou de battue au faisan par un parfait après-midi, tranquille et sans un souffle de vent. Leur Angleterre, me dis-je, était celle dont l'indifférence à l'égard des étrangers n'était égalée que par l'incapacité de ceux-ci à comprendre son assurance placide et sans ostentation. C'était une Angleterre où j'aurais, moi aussi, aimé me sentir chez moi. Toby m'avait dit un jour, des années auparavant :

— J'aime vraiment le sud de l'Angleterre. C'est presque mon pays étranger favori, mais je ne puis l'aimer que si je me rappelle qu'il est étranger.

La vue de Kirstie et de Colin m'amena à réfléchir de nouveau, comme je l'avais fait le jour des épousailles d'Alastair, sur le problème du mariage. Je n'en étais certes pas plus près que je ne l'avais été alors. Mon sentiment à cet égard ressemblait assez à ce que je ressentais à l'égard de l'Angleterre : je pensais que c'était une institution admirable, dont j'aurais aimé faire partie, mais à laquelle quelque chose d'impossible à déterminer m'empêchait d'adhérer.

Déjà, il n'y avait aucune candidate. Je n'avais eu aucune nouvelle de Trude depuis une période précédant largement mon départ pour l'Espagne. Annie, jouant dans une troupe itinérante quelque part dans le nord de l'Angleterre, avait glissé dans les limbes de la vie de bohème.

— Vous semblez ruminer de sombres pensées. Cela ne se fait pas en de telles circonstances.

— Je rumine sur le mariage, précisément.

— C'est l'enfer, chéri, me dit alors Vanessa. L'enfer caractérisé. Ce n'est pas que je n'adore pas Alastair. Je l'adore, évidemment. C'est le simple fait d'être marié qui est l'enfer.

— Oui, je pense que cela peut l'être. Mais, en même temps, je me dis que c'est une expérience qu'il serait peut-être temps que je fasse. Dommage que vous ne soyez pas libre.

— Quant à cela, j'étais justement en train de me demander si le moment n'était pas venu que je prenne un amant.

— Vous et moi, ce serait d'assez mauvais goût.

— J'adore le mauvais goût.

— Où est Alastair, au fait ?

— Comment le saurais-je ? Je ne pense quand même pas qu'il soit en train de s'envoyer l'une des demoiselles d'honneur, encore que je l'aie surpris dévorant des yeux la blonde au teint de pêche. Qui est-ce, au fait ?

— Une cousine. Lucy Pelham-Grey. Pas une concurrente à votre hauteur, Van.

— Pas si sûr. Elle a l'air d'une écolière. Et cela, c'est toujours de la concurrence. Avez-vous vu Alfred depuis votre retour ? Elle serait tout à fait son type, vous ne pensez pas ? Cet air innocent. Il ne peut jamais y résister. Il n'a pas pu y résister avec moi. Puis j'ai perdu mon air innocent.

— Je n'arrive pas à vous voir innocente, Van. Désolé.

— Écoutez, me dit-elle alors. Sérieusement, il y a quelque chose dont je voudrais vous parler. Mais je ne peux pas le faire ici. C'est à propos d'Alastair. Non, cela n'est pas sexuel. Vous n'avez pas besoin de prendre un air gêné. Mais c'est important, ou, du moins, je pense que ça l'est. Alors pourquoi ne pas venir déjeuner avec moi un jour de la semaine prochaine ? Juste nous deux ? Allez, dites oui. Je sais que vous me trouvez épouvantable, mais dites oui.

Elle se pencha et me déposa un baiser sur la joue. Je sentis venir à moi une bouffée de sexualité. Elle me parvint comme une musique, de Bix Beiderbecke peut-être, jouée dans le lointain par une soirée d'été, troublante, attirante, mélancolique. Comme Vanessa se détournait, je vis le regard de Mère fixé sur nous.

Alastair, je le découvris, s'était joint à un groupe de jeunes gens réuni autour de Père. En son sein se trouvaient quelques-uns des camarades officiers de Colin, minces et l'air respectueux, peut-être enchantés d'avoir cette occasion – rare pour eux, car le régiment de Colin n'était pas une unité particulièrement distinguée – d'écouter quelqu'un ayant été si proche du pouvoir dont dépendait leur sort. J'avais vu auparavant l'un d'eux en déférente conversation avec le Premier ministre, très chaleureusement invité malgré sa décision, prise à contrecœur à l'en croire, de ne pas faire participer Père au gouvernement qu'il avait formé lorsqu'il avait succédé à Stanley Baldwin.

Père se délectait. Il n'y avait rien qu'il aimait mieux que d'avoir un public de jeunes, et, une nouvelle fois, je me dis qu'il aurait dû, en réalité, faire une carrière universitaire. Mais peut-être son plaisir était-il d'autant plus grand que la situation était occasionnelle et ne se trouvait liée à aucun devoir professionnel. Je m'approchai du groupe.

— L'Europe, déclarait-il, me consterne. Quand je considère le continent, je ne puis y constater qu'un recul du courage et de la volonté, en même temps qu'une acceptation des menaces et des promesses – promesses fausses par nature, puisque ne respectant aucun principe – de démagogues ignorants et arrogants. Tout cela est profondément malsain, car la tradition européenne, qui consistait à rechercher la *via media*, a été détournée de son sens par des hommes qui ne comprennent rien au patrimoine qu'ils ont annexé. Il règne partout un affreux climat de pathologie. C'est comme si une société adulte avait été envahie et dominée par des enfants malades et vicieux.

— La guerre est donc inévitable, dit alors l'un des jeunes officiers.

Père secoua la tête.

— Comment pourrions-nous envisager une autre guerre quand nous connaissons son caractère ravageur ? La Grande Guerre a empoisonné et corrompu les fruits d'une civilisation européenne amoureusement construite au fil de longs siècles. Pouvons-nous vraiment nous résoudre à nous engager dans un nouveau conflit, dont les conséquences seraient certainement plus funestes encore ? Pouvons-nous demander encore aux vaillants jeunes hommes de toutes les nations d'entrer à nouveau dans l'enfer de l'Apocalypse ? C'est impensable. Alors, que faire, puisque c'est toujours la grande question qui se pose dans la vie ? Que faire ? Nous devons mettre l'Europe en quarantaine, laisser ce continent malade à son destin. Et, dans le même temps, nous devons nous consacrer aux parties du monde où la raison garde encore ses droits : les États-Unis d'Amérique, les Dominions et ce grand Empire pour lequel nous avons assumé le noble rôle de tuteurs. La politique que nous avons adoptée devant la folie espagnole – la noble politique de non-intervention –, nous devons l'étendre à tout le continent malade avant que nous ne soyons nous-mêmes gagnés par la contagion et succombions à la peste...

Et il continua ainsi, inlassablement. Bien qu'il eût rarement mis les pieds sur le continent après la Grande Guerre – à part pour quelques séjours à Aix-les-Bains avec les Baldwin et un tour des cathédrales françaises avec moi –, je n'avais jamais connu personne qui fût enraciné plus profondément et avec plus de révérence (pour employer un de ses mots favoris) dans la civilisation européenne. En tant qu'érudit féru des classiques, se reportant si fréquemment, dans ses moments de loisir, aux *Odes* d'Horace (dont il avait traduit une demi-douzaine en vers écossais), et en tant que calviniste – encore que calviniste romantique, comme son maître Stevenson –, il avait conscience d'être l'héritier de ce qu'il y avait de plus beau, à ses yeux, dans ce qu'avait réalisé l'Europe. De plus, et de nouveau comme Stevenson, il avait un profond amour de la France, encore réchauffé par les derniers feux de la Vieille Alliance entre ce pays et l'Écosse. Et, bien qu'il ait véhémentement désapprouvé toutes les initiatives politiques françaises depuis l'époque de Richelieu, ce sentiment ne le quittait pas. Je l'ai vu un jour contempler pendant plus d'un quart d'heure un Monet en murmurant : « *Ah, la belle France ! La belle France*[1] ! » Cependant, lorsqu'il affirmait que nous devions éviter tout engagement continental, sa sincérité était évidente. C'était comme si, regardant les visages des jeunes gens réunis autour de lui, il voyait

1. En français dans le texte.

soudain les tombes de leurs pères, comme si, apercevant à l'autre bout de la pièce Colin, tenant sagement sa tasse de thé et écoutant avec une courtoise attention – que ne justifiait certainement pas l'intérêt du propos – mon intolérablement prolixe grand-tante Charlotte, veuve d'un ancien évêque de Bath et de Wells et toujours férue de commérages ecclésiastiques, il retrouvait derrière le jeune homme accomplissant vertueusement ses devoirs de nouveau venu dans la famille l'ombre de son héroïque père, qu'il avait connu sous-lieutenant en Afrique du Sud, tout de suite après la guerre des Boers. Il y avait des moments où nous étions tous des fantômes aux yeux de Père.

*

Alastair et Vanessa habitaient dans une maison de location dans Hertford Street, une étroite petite demeure avec des pièces à la configuration incommode.

— L'adresse est bonne, avait coutume de dire Vanessa, et la situation aussi. Alastair se fiche de l'endroit où il vit. Alors, autant ici qu'ailleurs.

Ayant oublié que je devais venir, elle prit un air maussade. Cela lui allait très bien. Les romanciers du dix-neuvième siècle – Trollope et Thackeray, par exemple – ont bien souligné le pouvoir de séduction des beautés boudeuses au caractère difficile, d'autant plus attirantes qu'elles semblent ne pas se soucier d'autrui.

— Je ne comptais pas déjeuner, me dit-elle. Mais je suppose que vous n'allez pas être de cet avis.

— J'ai l'habitude de me restaurer quelque peu vers ce moment de la journée.

— Prenez déjà un peu de gin, puisque vous êtes là.

— Entendu.

— Je suppose que nous pourrions aller dans un pub ensuite. J'aime assez les petits pubs de quartier. On n'y voit jamais personne de connaissance, sauf les putes locales. Certaines sont tout à fait intéressantes.

— Vous me surprenez.

— Je me surprends aussi moi-même, quelquefois.

Puis, vidant d'un trait son verre de gin et bitters et s'en servant un autre, elle commença à me parler d'Alastair et de la déception qu'avait représentée leur mariage. Elle ne savait pas précisément, reconnut-elle, ce qu'elle avait espéré. Contrairement à beaucoup de filles de sa classe et de sa génération, elle n'était pas ignorante des choses du sexe. Je savais, ainsi, qu'elle avait été la maîtresse d'Alfred Moss. Elle n'avait pas tenté de le cacher. Pourquoi l'aurait-elle fait ? Elle ne s'attendait certes pas à ce que son mari soit vierge. Elle estimait donc normal d'avoir quelque expérience, elle aussi. Et Alastair ne s'en était pas offusqué. Elle lui rendait cette justice.

— Sur le plan sexuel, précisa-t-elle, cela va, en fait. Ou, tout au moins, cela allait.

— Pourquoi l'imparfait ?

— Si tôt, pensez-vous. Mais oui, il faut mettre cela à l'imparfait. Nous sommes lassés l'un de l'autre. Je ne m'étais pas rendu compte, voyez-vous, qu'Alastair n'était qu'un enfant.

— Qu'est-ce que vous voulez dire ?

— Je déteste qu'on me demande ce que je veux dire.

Elle fit une grimace, avançant les lèvres vers moi en une moue qui me rappelait étrangement celle de ce barman de Berlin qui semblait toujours sur le point de vous embrasser.

— Vous devez savoir que ce n'est qu'un enfant, insista-t-elle.

— Oui, c'est exact, mais je suis surpris que vous vous en soyez avisée si vite.

— Vous m'avez toujours sous-estimée.

— Vraiment ? Peut-être.

Elle releva sa jupe et se gratta la cuisse.

— Reconnaissez-le, dit-elle.

— Reconnaître quoi ?

— Que vous aimez me regarder.

— Qui ne serait dans ce cas ?

Je vis alors comment l'après-midi allait se passer. J'avais senti le désir monter en moi dès que Vanessa s'était étendue sur le divan, la beauté trop parfaite de son visage altérée par sa mauvaise humeur, me donnant aussi un aperçu de ce que seraient ses traits lorsque le gin et la déception y auraient exercé leurs atteintes. Pour moi, c'était un soulagement de savoir que, cette fois, les vieilles routines de la séduction ne seraient pas nécessaires.

— Ce n'est pas simplement parce que je suis la femme de ton frère, n'est-ce pas ? me demanda-t-elle après.

— Non, fis-je, pensant à Trude. Pas du tout.

*

Plus tard, nous sortîmes et nous allâmes manger des huîtres et boire de la bière forte.

— Je t'ai promis de te dire pourquoi tu penses que je suis intolérable, et je ne l'ai pas fait.

Elle pouffa de rire.

— Car tu pensais que j'étais intolérable, avoue-le, dit-elle.

— Je n'aurais pas pu te le dire avant, mais oui, c'est vrai. Je t'ai trouvée intolérable la première fois que nous nous sommes rencontrés, chez Gaston. C'est quelque chose que tu as dit.

— Tu pensais que j'étais une garce snobinarde et ignorante.

— Quelque chose comme cela.

— Ce n'est pas ma faute. L'ignorance, c'est tout ce que je sais.

— Tu te paies ma tête.

— À ton avis ?

— Je ne savais pas que tu avais le sens de l'humour.

— Non. Tu m'as simplement jugée. Et condamnée.

— J'avais tort, de toute évidence.

— Je le voudrais bien. Mais je sais que je ne suis pas gentille. La plupart des gens dans mon cas ne le savent pas. Moi, je le sais, je l'ai toujours su. Et je ne peux rien y faire. Ce doit être chimique.

— Ne t'en fais pas. Je t'aime beaucoup, maintenant.

— Je ne m'aime pas beaucoup moi-même. Je suis folle de moi, je le sais, mais je ne m'aime pas beaucoup. Ce n'est pas la même chose, tu sais – l'auto-passion et l'auto-affection.

*

Souvent, au cours des mois qui suivirent, en sortant de la maison d'Hertford Street ou en entendant la porte se refermer derrière Vanessa quand elle était venue me rejoindre (ce qui arrivait plus fréquemment) dans mon appartement de Fitzroy Square, je me dis que c'était la dernière fois, que tout était fini entre nous. Mais il suffisait que j'entende sa voix au téléphone, le « C'est moi » plein d'assurance qui était son entrée en matière habituelle, pour être de nouveau attiré vers elle. Qui plus est, si, pour une raison quelconque, une ou deux semaines s'écoulaient sans que nous ayons l'occasion de coucher ensemble, j'étais tourmenté par les rêves les plus fous et rendu malade par la jalousie. Il m'était arrivé un jour, en février, de rester trois heures tapi dans l'encoignure d'une porte en face de la maison d'Hertford Street, attendant de voir qui allait en sortir, avant d'éveiller les soupçons d'un agent de police et d'être obligé de déguerpir.

La jalousie se nourrit de l'incertitude, et je me disais que je n'avais donc aucun motif d'être jaloux, ne fût-ce que parce que Van ne m'avait jamais laissé supposer que j'étais son seul amant. En fait, elle prenait plaisir à me le préciser, allant même jusqu'à me raconter comment, un après-midi, elle avait recruté un homme d'affaires d'âge moyen qui l'avait prise pour une professionnelle.

— Je ne l'ai pas détrompé, me dit-elle. Après tout, l'argent est toujours bon à prendre, et j'étais curieuse de voir à combien il m'évaluait. Tu penses que c'est de la dépravation ? Allez, avoue-le.

— Jusqu'à un certain point.

— Mais tu as toi-même levé des putes. En quoi est-ce différent ? Et en quoi est-ce différent d'Hector levant des grands soldats baraqués ?

— Je ne crois pas qu'il le fasse, tu sais.

— Vraiment ?

— Vraiment.

— Alastair pense que si.

— C'est simplement que les soldats baraqués ne sont pas son type, c'est tout.

— Il était très gentil, mon homme d'affaires. Il m'a dit : « Merci tout plein ! » Tu penses que je suis dépravée, dis-le ?

— Combien a-t-il payé ?

— Secret professionnel.

*

Hitler entra en Autriche. L'Anschluss était accompli. Quatre-vingt-dix pour cent des électeurs l'approuvèrent à la faveur d'un référendum fait sur mesure. Je suppliai Billy Hughes de me laisser faire le reportage.

— Le patron dit non, me répondit-il.

Je pensai à démissionner et ne le fis pas.

— Maintenant, la guerre est certaine, dis-je à Vanessa.

— Les Autrichiens ? fit-elle. Cela n'a pas beaucoup d'importance, non ? Après tout, c'est le même peuple. Je ne vois pas l'importance.

— Demande à Alfred si cela n'a pas de l'importance pour les juifs autrichiens.

— Les juifs ? dit-elle. Je ne pense pas à Alfred comme à un juif.

*

Nous passâmes Pâques à Blankets. Mère me regardait d'un air curieux.

— Elle est au courant, pour nous, dis-je à Vanessa.

Mais Mère ne fit aucune remarque. Je me dis qu'elle était comme Chamberlain : elle pensait que si on ignorait un problème, il disparaîtrait.

— J'ai entendu dire que Vanessa et toi aviez une liaison, me déclara, en revanche, Hector. Tu ferais mieux d'être prudent. Nous n'avons vraiment pas besoin d'un scandale.

— Bien sûr, fis-je.

— Il a déjà fallu faire quelques efforts pour étouffer l'affaire de George, tu sais. Et où est Alastair, de toute façon ?

— En Allemagne, à ce que dit Van. Quelqu'un a fourni de l'argent pour monter une société de production de films. Van pense que c'est de l'argent allemand.

— Ils ne vont pas divorcer, j'espère ?

— Non, pourquoi le feraient-ils ? Van dit qu'il a une Fräulein sur place. Je ne sais pas d'où elle tient ses informations.

— Et moi, je ne savais même pas que tu étais attaché à elle. Je pensais que tu la détestais comme moi.

— Ce n'est pas une question d'être attaché. Je suis fou d'elle. Et c'est comme cela qu'il faut vivre maintenant. Nous n'avons plus tellement de temps devant nous, n'est-ce pas ?

Puis nous parlâmes de la prochaine initiative d'Hitler. Hector me dit que pratiquement personne, au Foreign Office, n'était en faveur d'un coup d'arrêt.

— Ces idiots ont plus peur du communisme que d'Hitler, déclara-t-il.

*

Père était très essoufflé, mais il insista pour que nous allions nous promener dans les collines en traversant le bois de chênes. Il exprima sa confiance en Chamberlain. Je lui rappelai alors ce qu'il avait dit de l'état de l'Europe le jour du mariage de Kirstie. Il eut un petit sourire malin.

— Il m'arrive de me laisser emporter, fit-il. Je ne pense pas qu'Hitler soit un homme vain, et c'est important. Cecil Rhodes m'a dit un jour : « On peut s'accommoder d'une canaille, mais pas d'un vaniteux, car un vaniteux est imprévisible. » Et c'est vrai... Je me fais du souci pour mes fils. Pas pour toi, Alec, car tu t'es montré fort sage pour ton âge en demandant d'aller à l'école en Écosse. Mais il m'arrive de penser que j'ai commis une erreur en envoyant tes frères à Eton. C'est la plus grande des écoles, et pourtant Hector et George sont tous deux des déracinés. Étrange. Quand je ne serai plus là, j'aimerais que tu gardes Blankets. Ce fut ma ferme sabine – *ille terrarum mihi praeter omnes angulus ridet*[1]. Mais peut-être penses-tu que ce ne sera pas possible. Tu crois la guerre inévitable, n'est-ce pas ?

Je ne l'avais jamais vu si nerveux. Habituellement, il suivait l'avis de son bien-aimé Horace – *aequam memento rebus in arduis servare mentem*[2].

Là, il frappait l'herbe du bout de sa canne.

— Je ne comprends tout simplement pas, dit-il. Je ne comprends pas la volonté de destruction qui a déferlé sur le monde. « Ils vont à tâtons dans le noir sans une lumière, et il les fait tituber comme des hommes ivres. » Tu te souviens, Alec, des paroles de la femme de Job : « Conserves-tu ton intégrité ? Maudis Dieu et meurs. » C'est là le genre de folie qui me parvient de toutes parts.

Il s'en prit ensuite à George – « qu'un de mes fils s'abaisse à une telle malhonnêteté ! » – et à Hector – « De grands dons, mais que va-t-il en faire ? » – mais ne dit rien d'Alastair, alors que je me doutais que la détresse qu'il manifestait à ce moment précis était surtout due à ses inquiétudes au sujet de son plus jeune fils.

Quand nous regagnâmes la maison, son humeur

1. Ce petit coin de terre me plaît plus que tous les autres.
2. Souviens-toi de garder ton sang-froid dans les périodes difficiles.

changea. Il redevint tout à fait lui-même, parlant longuement à Vanessa des combats de la guerre de Sécession, sur lesquels il était en train d'écrire un livre.

— Je prierais volontiers Dieu, déclara-t-il, de nous envoyer un homme comme Abraham Lincoln si je ne croyais pas qu'il nous avait déjà dépêché son semblable en la personne du président Roosevelt. De tous les grands chefs d'État que j'ai eu le privilège de connaître, nul ne m'a plus impressionné. Il est sage comme un vieux chien, mais il a en même temps le cœur ardent d'un jeune homme.

*

— Penses-tu qu'il sache, pour nous ?

Debout sur la marche supérieure, au tournant de l'escalier, le visage coloré de rose par la lumière filtrant à travers un vitrail préraphaélite, Vanessa me posa les mains sur les épaules.

— Je suis certain qu'il ne sait rien, dis-je.

— Je pense qu'il a des soupçons.

— Ce n'est pas comme cela que son esprit fonctionne.

— Tu as raison, fit-elle en me posant un doigt sur les lèvres. Mais ta mère, elle, sait.

— Elle n'a rien dit ? Non, évidemment pas. Elle ne dit jamais rien.

— Viens me rejoindre ce soir.

— Il ne vaut mieux pas.

— J'ai envie de toi.

— J'ai envie de toi moi aussi.

— Le diable t'emporte ! Je ne voulais pas me sentir comme cela. Je n'aime pas cela du tout.

Sa langue vint toucher sa lèvre supérieure, et, pendant un instant, elle parut vulnérable, perdue, la beauté en détresse.

— C'est affreux, souffla-t-elle en se retournant.

Je la suivis jusqu'à la porte de sa chambre et lui pris la main.

— Nous partirons demain, lui dis-je. La messe est

obligatoire, mais après le déjeuner, nous nous sauverons.

*

Hector se coucha littéralement en travers de la table de billard, ne touchant plus le sol que d'un orteil. Il garda la pose un bon moment avant de se décider à jouer.

— Merde! fit-il en manquant son coup. Je déclare forfait.

Il prépara deux verres de whisky et soda et m'en tendit un.

— Guy est de retour, me dit-il. Tu le savais?

Je secouai la tête tout en remettant les queues de billard au râtelier.

— Tu l'avais vu un petit moment à Madrid, n'est-ce pas? Comment était-il?

— Malheureux.

— Oui. J'ai déjeuné avec lui la semaine dernière. Et j'ai pris une décision. D'être célibataire. Chaste, si tu préfères. C'est de voir Guy qui m'a amené à cela. Je l'admirais terriblement, tu sais, je l'enviais vraiment.

Il but une gorgée de whisky, fit tourner le reste du liquide dans son verre et poursuivit:

— Il avait tant de style, tant de panache, et cette conscience d'être ce qu'il est que je ne possédais pas. Et puis l'autre jour, au grill du *Savoy*, j'ai vu la façon dont les gens le regardaient, même les serveurs, l'un d'eux particulièrement – une assez mignonne petite chose –, et je me suis rendu compte que tout le monde voyait simplement en lui une folle perdue. Pas encore une vieille folle, mais en passe de le devenir, avec la voix qui changeait pour compléter la chose. Et je n'ai pas aimé cela. J'ai détesté cela, en fait.

— Personne ne te prendrait pour une folle, Hector. Tu es beaucoup trop constipé.

— Merci. Mais, quand même, je me suis regardé dans la glace.

Ce qu'il fit de nouveau, contemplant son mince

visage intelligent, au long nez et aux hautes pommettes, qui semblait toujours appeler une fraise élisabéthaine sous le menton, car l'allure générale était celle de l'un de ces mélancoliques personnages du seizième siècle promis à un trépas précoce sur l'échafaud.

— J'ai le choix, dit-il. Soit je fais de ma vie quelque chose de positif, soit je deviens un dégénéré. Donc, chasteté, refus du plaisir. C'est un sacrifice, mais un sacrifice qui me rendra plus fort pour le travail que j'ai à accomplir.

— Pauvre Guy.

— Pauvre Guy. Je n'aurais jamais cru que j'en viendrais à penser à lui de cette manière. Mais pauvre Guy, en effet. Le Continent va bientôt lui être interdit, et ici, en Angleterre, le danger d'un chantage est permanent. C'est une existence intolérable, et elle n'est pas pour moi.

Même alors, je me demandai si c'était vraiment le déjeuner avec Guy qui avait provoqué la décision d'Hector – décision à laquelle, je pensais le connaître assez bien pour en être sûr, il se tiendrait, si pénible que ce fût pour lui. Je n'arrivais pas à me convaincre que le fait de revoir Guy avait été plus que le coup de pouce final – le coup d'œil déterminant au portrait de Dorian Gray – et l'idée me vint que, très probablement, Hector lui-même avait été victime de la sorte de chantage dont il évoquait le risque pour son ami.

*

Durant tous ces mois conduisant à Munich, cette ville dont le nom devait sonner ensuite comme le glas de l'Europe, mon principal sujet d'irritation fut le refus obstiné de mon journal de m'employer comme je le souhaitais. Toutes mes requêtes pour un poste à l'étranger étaient rejetées. Billy Hughes soutenait que, compte tenu de mon expérience et de mes relations, j'étais irremplaçable au service étranger du journal à Londres.

— J'apprécie au plus haut point votre discernement, me répétait-il. Vous avez la qualité essentielle d'un chef du service étranger, un nez pour ce qui est vraiment important. Alors, prenez patience, même si je contrarie vos aspirations.

C'était un homme foncièrement bon, bien que dépassé par ses responsabilités.

Je m'inclinais, en partie parce qu'aucun des coups de sonde que j'avais effectués discrètement auprès d'autres journaux n'avait exactement donné les résultats escomptés, et principalement à cause de Vanessa. Alastair était toujours à l'étranger. De temps à autre, des cartes postales arrivaient d'Allemagne, de Hongrie (je me demandai s'il y avait rencontré la comtesse de Sophie – et si celle-ci était toujours la comtesse de Sophie), d'Italie et du Midi de la France. Elles ne donnaient que peu d'indications sur ses activités, et ne faisaient, en fait, que retracer son itinéraire géographique. Vanessa avait fait clairement savoir que leur mariage n'existait plus en ce qui la concernait. Elle parlait maintenant d'Alastair avec une aversion teintée de mépris. C'était naturel. Personne, auparavant, ne l'avait rejetée. Je pense qu'à sa manière, elle m'aimait, et ne me considérait pas seulement comme un trophée de guerre. Dieu sait qu'elle aurait pu en avoir de plus prestigieux ! Lorsque nous soupions, par exemple, après le théâtre, au grill du *Savoy*, j'étais orgueilleusement conscient des regards de convoitise qu'elle attirait. Nous en vînmes, cet été-là, à être acceptés comme un couple, le caractère légèrement scandaleux de nos relations nous conférant, dans certains milieux, un éclat particulier. La mère de Vanessa elle-même semblait approuver, allant jusqu'à me dire un jour qu'elle aurait souhaité que sa fille m'ait connu avant d'épouser mon frère.

J'ai maintenant été étranger à la passion depuis si longtemps qu'il m'est difficile de retrouver et de reconstituer son intensité. Comment ce qui vous rend esclave peut-il aussi vous enrichir ? Vers le milieu de l'été 1938, je me rendis compte que je devenais nerveux et irritable si je passais un jour entier sans Vanessa. Connaissant son pouvoir, elle veilla à ce que ces jours-là soient fréquents.

Récemment, je suis tombé sur une enveloppe pleine de vieilles photos que je n'avais pas éprouvé le besoin de regarder, car chacune d'elles se trouvait imprimée, encore embellie, dans ma mémoire. Et là, pourtant, pendant des heures, je les ai contemplées, voyant ces surfaces plates prendre soudain chair – l'une, en particulier, prise à son insu dans un jardin, sur un fond de roses trémières, et me restituant ce demi-sourire félin qu'elle avait quand elle pensait ne pas être observée et pouvoir s'abandonner à son contentement d'être.

Vanessa avait vingt-deux ans en 1938. J'en avais vingt-huit. Nous en étions venus à nous aimer (dans la mesure, je pense, où chacun d'entre nous en était capable). La passion était nécessaire. Le simple fait de penser à elle suffisait à déchaîner mes sens. L'inclinaison de son visage... non, je ne puis continuer. Il suffit de dire que, cet été-là au moins, pour la seule fois de ma vie, j'ai éprouvé ce que Stendhal appelle l'*amour-passion*[1]. Et je pense que, bien qu'elle me fût infidèle, elle l'a éprouvé aussi.

— C'est moi.

— Tu as pris ton petit-déjeuner ?

— Je suis en train.

— La soirée d'hier a été affreuse. Tout seul, sans toi. Raconte-moi une histoire drôle.

— Je n'en connais pas. Alastair revient. Télégramme : « Attends-moi pour dîner. » Qu'est-ce que je fais ?

— Sors avec moi.

— Peux pas. Tu viens ici.

— Tu crois ?

— Impératif.

— Vraiment ?

— Vraiment impératif.

— S'il me voit te regarder, il saura. Obligatoire.

1. En français dans le texte.

— M'en fous. Impératif : sept heures.
— Qu'est-ce que tu vas faire d'ici là ?
— Prendre un bain. M'admirer.
— Nous serons deux... Je t'aime.
— T'aime aussi.

*

Alastair était seul dans le salon de la maison d'Hertford Street quand la femme de chambre m'y fit entrer, non sans m'avoir adressé un clin d'œil complice. Il bondit de son siège, apparemment enchanté de me voir. Il avait minci, perdu un peu de son air adolescent, mais il ressemblait toujours, quand même, au capitaine de l'équipe première du collège.

— Formidable de te voir ! Van a eu une riche idée en t'invitant.

— Je devais dîner avec elle de toute manière.

— Cela arrive souvent ?

— Encore assez.

— Gentil de ta part. Comment vont les parents ? Je pense que je vais aller faire un saut à Blankets demain. Non, pas demain, j'ai un truc à faire, après-demain. Mais dis-moi comment ils vont. Un homme averti en vaut deux, c'est mon principe.

Je lui donnai donc des nouvelles, assez satisfait de constater qu'il était nerveux et parlait trop.

— Je ne sais pas quand les filles vont se décider à descendre, dit-il.

— Les filles ?

— Van ne te l'a pas dit ? Je ne suis pas seul. J'ai une amie avec moi. Une petite amie, en fait. Elle te plaira. Je pensais que nous pourrions tous aller dans un restaurant.

En fait, quand la petite amie d'Alastair, Yvette, fit son apparition, elle me plut assez. Ce n'était pas la Walkyrie à laquelle je m'étais attendu. Yvette était en réalité une Bretonne, petite, brune, avec un petit nez rectiligne, des yeux marron expressifs et un naturel rieur. Van semblait l'avoir trouvée, elle aussi, sympathique. Je fus d'abord très impressionné par l'aisance que manifestait Yvette. Puis je me demandai soudain : est-il possible qu'il ne lui ait pas dit que Vanessa était sa femme ? Oui, ce n'était que trop possible.

Nous allâmes dans un petit restaurant français de Soho, *Le Trouville*, peut-être, ou *Chez Victoire*.

— Je veux montrer à Yvette, dit Alastair, qu'on peut en fait très bien manger en Angleterre. Nous pensons tous deux que ce n'est pas possible en Allemagne, ce qui est triste.

Alastair était dans une forme éblouissante, ne tarissant pas d'histoires sur les rivalités entre les principaux dirigeants nazis, répétant les multiples plaisanteries sur l'appétit de Goering – « On dit qu'il avalerait l'Europe si elle était au menu, et elle y sera peut-être, qui sait ? » – et sur la passion de Goebbels pour les blondes – « S'il voyait ne serait-ce que ta photo, Van, il serait à tes pieds. Dommage qu'il soit un tel avorton... Bien sûr, le Führer aime les blondes aussi. Il a une passion pour les sœurs Mitford, mais, comme il est très moral, il ne déjeune seul qu'avec Unity, maintenant que Diana est mariée à Tom. »

Pourquoi écoutais-je passivement ce genre de propos ? Parce qu'Alastair, en les tenant, donnait l'impression d'un élève de première racontant les menus scandales de son collège.

— Tu es sûr que Père va bien, Alec ? Il semble si triste et si las, dans ses lettres. Il n'avait jamais donné cette impression. Bien sûr, il continue à faire de la morale. Il n'y a pas une lettre – que dis-je ? –, pas une page sans le cours de morale habituel.

Puis :

— Tu te trompes complètement, Alec, en pensant qu'il va y avoir une guerre. Le Führer ne veut pas la guerre, n'est-ce pas, Yvette ? Tu l'as entendu le dire, non ? Quand je pense à toute cette hystérie – car c'était de l'hystérie, Alec – à propos de l'Anschluss ! Qu'est-ce que cela peut bien nous faire que des Allemands s'unissent à d'autres Allemands ? Si tous les Allemands se trouvant hors du Reich venaient s'ajouter à ceux qui en font déjà partie – et ceux des Sudètes devront bien être dans ce cas, car les Tchèques les ont traités abominablement, j'ai entendu des histoires à te donner la chair de poule –, cela ne donnerait à l'Allemagne qu'une population de 80 millions d'habitants. Quelle importance pour nous, je voudrais bien le savoir ?

Il commanda encore un peu de champagne.

— Tu aimes cet endroit, Yvette, n'est-ce pas ? C'est vraiment bon, tu ne trouves pas ? Tu devrais vraiment retourner en Allemagne, Alec. Cela me rappelle – j'ai une lettre de Trude pour toi. La voilà, mais ne la lis pas maintenant. Comment elle va ? Resplendissante, dirais-je. Toujours très gentille, aussi. Mais tu sais, Alec, la transformation a été prodigieuse depuis l'époque où tu te trouvais là-bas. Tu devrais vraiment revenir et voir cela, et voir quelques-uns de tes vieux amis, évidemment.

— Je retrouverais la plupart d'entre eux morts, dans des camps ou en exil, j'en ai bien peur.

— Oh ! Tout cela, ce ne sont que des balivernes ! Hitler est le chef d'État le plus populaire d'Europe. Je ne dis pas qu'il n'a pas été un peu dur avec certains fauteurs de troubles, mais c'était nécessaire. Et, tu sais, il est formidablement pro-britannique. C'est vrai. La visite du duc de Windsor l'an dernier a fait remonter nos actions de façon sensationnelle. Bien sûr, personne n'arrivait à comprendre comment nous avions pu le laisser partir. Tout le monde trouvait toute cette histoire à propos de Wallis absurde. Si seulement les relations entre les deux pays pouvaient être ce qu'elles doivent être ! Je pense que c'est ma mission dans la vie : promouvoir la compréhension et l'entente. Et le film est un moyen merveilleux de le faire, n'est-ce pas, Yvette ? Nous allons commencer à travailler le mois prochain sur un film à propos de trois anciens combattants de la dernière guerre – un Allemand, un Français et un Anglais. Yvette joue la fille du Français, et le film va montrer la folie, la totale démence d'une autre guerre. Le Führer ne la veut pas. Pour l'amour du Ciel, il a combattu dans la dernière, comme Tom. Si seulement nous pouvions obliger les vieux dinosaures comme Winston à la fermer...

« Remarque bien, tous les dirigeants nazis ne sont pas de la même qualité. Je suppose que c'est cela qui inquiète Père chez eux. Ribbentrop est ce qu'il appellerait un goujat, et je ne le contesterais pas. En revanche, Goering est très amusant, en même temps que remarquablement compétent. Pourquoi ne lui demandons-nous pas de venir chasser à Sandringham[1] ? Il adorerait cela. Et le Führer souhaite vraiment une alliance avec l'Angleterre.

« Mais tu sais, s'ils ne représentent pas tous le dessus du panier, c'est aussi l'un des traits séduisants du Parti. Il a balayé toutes ces âneries que sont les notions de classes. Tom estime que l'Angleterre est condamnée si nous ne faisons pas de même ici. Et tu dois vraiment être d'accord, Alec, après ce que tu as vu dans les régions défavorisées. Ascot, les mondanités et le reste, il nous faut envoyer tout cela promener.

— Et le champagne ? demanda Van.

— Je ne vois pas pourquoi je ne devrais pas boire de champagne parce que je veux voir la fin du système des classes. Voilà un argument typiquement féminin. Je veux que tout le monde puisse boire du champagne.

— Il n'y en a pas assez pour tout le monde, fit remarquer Van.

Quand, enfin, les garçons, ayant débarrassé les autres tables, se mirent à tourner autour de la nôtre, la paupière lasse et le pas lourd, Alastair admit l'idée que la soirée devait prendre fin ou se transporter ailleurs. Il régla l'addition avec un somptueux pourboire.

— Où allons-nous maintenant ? Quelle est la meilleure boîte, Van ? Tu sais toujours ce genre de choses.

Elle lui donna un nom.

1. L'une des résidences royales dans le Norfolk. *(N.d.T.)*

— Mais vas-y de ton côté, ajouta-t-elle. Je suis fatiguée. Alec peut me reconduire.

— Tu es sûre ? Cela ne te ressemble pas. Comme tu veux. Veille sur cette femme, Alec, veux-tu ?

Il embrassa rapidement sa femme, et, se retournant, passa son bras autour de la taille d'Yvette.

Dans le taxi, Van me dit :

— Chez toi, Alec.

Elle m'embrassa, glissant sa langue entre mes lèvres.

*

Ce furent le clair de lune et le mouvement qui me réveillèrent. J'étendis le bras, et m'aperçus que le lit, à côté de moi, était vide. Je me levai et, regardant par l'entrebâillement de la porte communiquant avec le salon, la vis de profil, assise sur la banquette devant la fenêtre, les genoux ramenés sous le menton, les bras serrés autour de ses jambes. J'allai jusqu'à la petite cuisine, préparai du thé et vins la rejoindre. Ce fut seulement quand je lui tendis une tasse de thé qu'elle s'avisa de ma présence.

— Ne t'inquiète pas, tout va bien, lui dis-je, me souvenant soudain que, pour la toute première fois, elle avait pleuré dans mes bras après avoir fait l'amour.

— Alec, me dit-elle, quand nous nous sommes vus pour la première fois, tu ne m'as pas aimée du tout. Je t'ai assuré que je te dirais moi même pourquoi, mais je ne l'ai jamais fait, n'est-ce pas ? Pas vraiment. Tu pensais tout simplement que j'étais une fasciste, même si j'étais avec Alfred Moss, n'est-ce pas ?

— J'ai pensé que tu parlais comme une fasciste, et oui, je t'ai trouvée passablement abominable. Mais c'était il y a longtemps.

— J'étais excitée, fit-elle. C'est mal, mais il y a une partie de moi qui est encore excitée par ce genre de choses, les hommes en bottes, les hommes sans pitié, la cruauté – peut-être qu'il en sera toujours ainsi. J'étais excitée par Alastair, ce soir, terriblement. C'est désespérant. Mais je suis contente qu'il ait cette fille. Autrement... Je sais que je ne devrais pas, mais, Alec, Alec, je t'en prie...

Je la serrai dans mes bras, et, au bout d'un moment, la ramenai vers le lit. Nous fîmes l'amour – je me le rappelle tristement – avec une tendresse que nous n'avions jamais connue auparavant. Mais elle pleura de nouveau ensuite, et, quand elle finit par s'endormir, sa joue, reposant sur ma poitrine, était humide de larmes.

Ce ne fut que le lendemain matin que je me souvins de la lettre de Trude.

« Très cher Alec,

« Il est bizarre que je confie cette lettre à Alastair, car mes sentiments sont si différents des siens. Et cependant je sais que je puis lui faire confiance pour la remettre. N'est-il pas terrible que je me trouve en train d'écrire de cette façon ?

« Ma vie n'a pas été facile durant les deux années et plus qui se sont passées depuis que Père a été tué.

« Oui, j'écris "a été tué" et non pas "est mort", bien que je ne puisse pas le prouver.

« Ce n'est pas dans les conditions de la vie que j'ai rencontré la difficulté. Elles ont été suffisamment confortables. J'ai assez d'argent. Je ne m'étais pas rendu compte que Père était tout à fait riche, parce que, bien sûr, lui-même ne prêtait pas attention à ces choses-là. Aussi, je n'ai pas à travailler. C'est bien, parce que le Führer préfère que les femmes restent à la maison. Il préfère particulièrement, je crois, que les femmes intelligentes restent à la maison.

« Aussi, c'est ce que j'ai fait et j'ai entrepris d'écrire un roman, bien que je n'imagine pas qu'il puisse un jour être publié.

« Vous vous demandez si j'en sais assez pour écrire un roman, et je dois confesser que probablement non.

« J'ai peur que mon anglais soit rouillé. Mais c'est un plaisir d'essayer d'écrire dans votre langue.

« Alastair me dit que vous ne vous êtes pas marié. Peut-être que c'est sage. Si l'on se marie, ensuite viennent des enfants, et ce monde n'est pas, je pense, un monde où on peut souhaiter élever des enfants. Aussi, je m'attends à être bientôt cataloguée comme une "vieille fille".

« Dois-je écrire sur la situation politique ? C'est trop pénible. Il est incontestable qu'Hitler est populaire. Beaucoup de mes amis eux-mêmes – Gunter et Oskar, par exemple, si vous vous souvenez d'eux – ont appris à au moins simuler l'enthousiasme. Ils haussent les épaules et disent : "Nous sommes allemands, nous devons vivre ici, et les choses ne vont pas changer. Alors, nous devons en tirer le meilleur parti." Je ne les blâme pas, mais je suis triste. Je pense que si j'étais un homme, il se pourrait que je fasse comme eux. Heureusement, je ne suis pas un homme.

« Donc, nous devons espérer des temps meilleurs.

« Mais, Alec, vous ne devez pas croire ce qu'on écrit sur le viol de l'Autriche. Malheureusement, ce n'est pas comme cela. Les Viennois mouraient d'envie de vivre sous la croix gammée. Et que peut-on y faire ?

« Cependant, j'ai eu une proposition de mariage. Cela vous choque-t-il ? Peter est un banquier. Il dit qu'il vous connaît, et qu'il croit que vous vous souviendrez de lui. C'est aussi un ami de Barbara. Mais je ne sais pas si je dois l'épouser. Je ne l'aime pas. D'un autre côté, être une femme jeune, ou, hélas, plus si jeune, célibataire dans l'Allemagne d'aujourd'hui revient à être considérée comme un peu étrange. Comme l'amie de Barbara, Sophie – vous vous souvenez ? –, qui est revenue de Budapest et qui n'est pas heureuse.

« C'est une longue lettre, et c'est agréable de

l'écrire car c'est comme si je bavardais avec vous – avec quel plaisir je me rappelle tant de nos conversations, surtout celles dans les montagnes – mais je n'ai pas encore osé aborder le principal objet de ma lettre. Alors, je m'éclaircis la gorge :

« Alec, vous devez, s'il vous plaît, persuader Alastair de ne pas revenir en Allemagne. Peut-être votre père peut-il l'interdire ? C'est pour le bien d'Alastair que j'écris cela. Il est charmant mais, je m'en aperçois maintenant, inconscient. Il manque de sens critique. Et s'il revient ici, il lui arrivera malheur. De cela, je suis certaine.

« En un sens, j'ai l'impression de le trahir en envoyant cette lettre par lui. Néanmoins je le fais.

« Si l'un ou l'autre de nous était croyant, je prierais pour nous deux, car nous arrivons à de terribles temps. Mais je n'ai pas cette foi et vous non plus, à moins que quelque chose ne soit venu vous changer. Et je n'ai pas non plus la foi que je pense que mon père avait – et peut-être le vôtre aussi, Alec – en le progrès ascendant de l'humanité.

« C'est étrange. Écrire cette lettre m'a permis de prendre ma décision. Je viens de regarder par la fenêtre. Il est quatre heures du matin, et il y a une belle et grande lune d'été qui pâlit. La lumière nouvelle colore de rose les feuilles des marronniers, et tout est très calme. C'est le calme le plus merveilleux, Alec, comme si Dieu avait vraiment fait le monde, et l'avait fait bon. Nous savons que ce n'est pas vrai, bien sûr, mais il y a, néanmoins, des moments où cela semble vrai. Ah, si je pouvais citer Nietzsche ! Mais ma mémoire est si inexacte. Je pense au fait qu'il disait toujours que la personne véritablement forte est joyeuse. Il y a quelque chose à propos d'un nouveau parfum apportant le salut – et d'un nouvel espoir. Vous vous souvenez ? Oui, c'est là, cela revient comme les pas d'un petit enfant dans ma mémoire...

« Mais c'est seulement quand on est seul, à la première lumière du jour, que cela semble possible à croire. Et s'il doit en être un jour ainsi, j'ai peur que nous devions passer d'abord par les ombres, les vallées de la mort et de l'humiliation.

« J'ai été détournée de ce que j'allais dire à propos de la décision que je viens de prendre : je vais épouser Peter.

« Voilà ! Cela va vous décevoir, non, bien sûr, parce que je suis assez sotte pour supposer que vous êtes toujours amoureux de moi ou que vous pensez l'être – car, en réalité, je savais que ce que vous aimiez, c'était une idée que je représentais. (Peut-être vous allez dire : mais c'est tout ce que l'amour est toujours, tout ce qu'il peut être – la personne aimée est la représentation de la vertu que celui qui aime place le plus haut à ce moment, à laquelle il aspire le plus. Peut-être vous direz cela, et peut-être vous aurez raison.)

« En tout cas, même si je me trompe et si vous m'aimiez vraiment, il est impossible que ce soit maintenant plus qu'un souvenir sentimental. Cela fait tant d'années ! Nous avons, l'un et l'autre, tant grandi, souffert et connu des expériences pendant ce temps.

« Non, vous serez déçu parce que je vous ai déjà dit que je n'aime pas Peter – et, en fait, que je ne pourrai jamais l'aimer ni même le respecter. Alors, vous allez dire : Trude est moins qu'elle était. Et vous avez raison de le dire. Je suis moins que j'étais, moins saine (je veux dire par l'esprit, car ma santé corporelle est excellente). Mais je suis aussi plus : plus prudente, plus avertie. Et c'est exactement parce que je n'aime pas Peter que je vais l'épouser, parce que j'ai été trop blessée et je ne peux pas concevoir l'idée de subir plus que ce que le monde va déjà me faire subir, ainsi qu'à nous tous.

« Alors, pourquoi se marier ? Vous vous le demandez – je peux vous voir d'ici froncer votre front comme vous le faites quand vous vous posez une question.

« Parce qu'il m'offre la protection dont j'ai besoin.

« Voilà pourquoi.

« Alors, je suis une lâche ? Je ne le pense pas. Vous vous souviendrez que Nietzsche louait Thucydide aux dépens de Platon (qui – c'est clair aujourd'hui – est l'esprit de notre temps, préférant les idées qui éblouissent l'humanité et permettent que de terribles actes soient commis parce que l'idée les justifie). Mais Nietzsche a dit que Thucydide avait montré du courage devant la réalité, et que Platon était un lâche qui fuyait la réalité pour se réfugier dans l'idéal...

« Alors, en acceptant d'épouser Peter, qui m'aime à sa manière tiède de banquier, j'accepte la réalité. Nous sommes au bord de l'Enfer, mon cher Alex.

« N'écrivez pas. Ce ne serait pas prudent. Et persuadez Alastair que l'Allemagne n'est pas un endroit pour lui. Ligotez-le en Angleterre, pour son bien.

« N'écrivez pas, mais conservez un coin de votre cœur pour moi, et n'oubliez pas...

« Je vous adresse toute l'affection dont je suis capable, et c'est une pauvre chose, maintenant.

« Trude. »

— Elle t'a écrit tout un roman !

Van me tendit une tasse de café et alluma une cigarette.

— Étais-tu amoureux d'elle ? Ou l'inverse ? Devrais-je être jalouse ?

— Voilà, lui dis-je. Lis toi-même.

— Tu sais bien que je ne lis pas l'allemand.

— C'est en anglais. Ou cela essaie de l'être. Elle aime écrire en anglais. Eh oui, pour répondre à ta question, j'étais amoureux d'elle, mais elle ne l'était pas vraiment de moi. En fait, elle a couché avec Alastair.

— Et c'est pourquoi tu couches avec moi ?

— Bien sûr. Lis plutôt.

Elle courba la tête sur le texte. Vanessa lisait toujours lentement, comme si la chose ne lui était pas naturelle. Ce qui était, en un sens, assez trompeur. Il était vrai qu'elle ne lisait pas souvent – qu'elle n'était certainement pas une lectrice maladive, du genre de celles qui préféraient lire l'annuaire du téléphone ou l'emballage d'un paquet de céréales plutôt que de ne pas lire. Mais, quand elle s'y décidait, elle lisait avec une grande attention et absorbait réellement le texte. Ainsi, j'avais, à cette époque, été effaré de découvrir qu'elle avait acquis au cours des mois précédents une connaissance considérable des romans de George Eliot, à peu près inconnus des gens qu'elle fréquentait habituellement et ne représentant guère le genre de livres vers lequel elle avait été attirée jusque-là.

Elle passa un long moment sur la lettre de Trude. Je buvais mon café à petites gorgées. Le soleil matinal venait dorer ses magnifiques épaules nues.

Van et Trude ne se seraient vraisemblablement pas appréciées. Elles prenaient au sérieux des choses si différentes ! Ensemble, elles auraient pu former ma femme idéale, à ceci près qu'il était inconcevable de les mettre ensemble. La vie serait peut-être plus tolérable si nous avions droit à deux femmes – et si nous étions dispensés, en même temps, de toute vie domestique, sauf à de rares moments comme celui que je passais ce matin-là avec Vanessa.

Trude et moi étions, je m'en rendais compte, si jeunes, si désespérément jeunes, quand nous nous étions rencontrés, pris dans une phase d'adolescence, cette période de la vie où il est naturel de croire à la perfection – et où il est naturel aussi de pratiquer l'introspection. Van, peut-être, n'avait jamais été adolescente. Elle était passée directement d'une enfance (gâchée ?) à un âge adulte sans illusions. Était-ce ce que Trude cherchait maintenant ? Van n'était-elle pas en avance sur elle, conforme à l'idée que Nietzsche se fait de Thucydide, se contrôlant, et, par conséquent, contrôlant le monde alentour ? Je voyais Trude ballottée par des vagues que Van fendait résolument.

— Elle s'en tire, dit Van.

— Je suppose.

— Tu l'aurais trouvée épouvantablement rasante si tu l'avais épousée, mais je puis voir que, pour toi, une lettre d'elle est un cadeau venu du ciel. Elle va épouser ce type, Peter ?

— On le dirait.

— Pas drôle. Mais je n'ai rien à dire. J'ai fait ma bêtise, moi aussi.

— Je comprends pourquoi elle peut vouloir l'épouser.

— Oh, oui ! Tu lui parleras, n'est-ce pas ?

— À qui ?

— Oh, pardon ! À Alastair. Tu lui parleras, comme elle te le demande, hein ? Elle était amoureuse de lui ?

— Non. Attirée.

— Comme moi. Ou peut-être pas. En un sens, j'étais amoureuse de lui. Ou, du moins, je pensais l'être. Peu importe. Mais tu lui parleras ? Cette folie allemande me flanque la frousse. Tu sais quelque chose ? Je n'aime pas vraiment les étrangers. On ne les comprend jamais très bien.

*

Quand j'arrivai à Blankets le samedi après-midi, tout un groupe d'invités prenait le thé sur la pelouse. Il y avait un secrétaire d'État et sa femme, deux députés conservateurs, l'un accompagné de son épouse et l'autre non, ce qui ne me surprit guère, sachant qu'Edwin Pringle n'avait contracté qu'un mariage de convenance pour faire taire quelques rumeurs et convaincre le président de son comité électoral, ou plutôt la femme de celui-ci, qui était connue pour soupçonner tout homme resté célibataire après trente ans de ce qu'elle considérait comme des mœurs contre nature – ce qui eût été justifié dans le cas de Pringle. Il y avait aussi un pasteur et sa femme, deux éminents universitaires et un étudiant que je ne connaissais pas. Ce n'était pas le genre de compagnie dont Mère était particulièrement friande, bien qu'elle l'eût toujours dissimulé à Père.

Elle ne tarda pas à m'extirper de cette assemblée, ce qu'elle fit à sa manière habituelle, discrète mais implacable, pour me conduire dans son propre salon, où il était bien entendu qu'on n'était accueilli que sur la sorte d'invitation oblique qui venait de m'être adressée. Ce salon recelait, pour nous tous, des souvenirs moins plaisants que ne l'auraient laissé supposer à quelqu'un le voyant pour la première fois son cadre suranné mais délicat, son ensoleillement et les aimables aquarelles peintes par Mère, ses sœurs et peut-être une tante. C'était le cadre habituel de ce que nous appelions les « petites causeries de Mère », leçons de morale que, parmi nous, George était seul capable d'affronter la tête haute. Encore que je me sois demandé à plusieurs reprises si la vraie raison de la fuite de George vers l'Orient n'avait pas été le désir d'échapper au salon maternel.

— Je sais bien, dit-elle, me désignant une chaise et prenant une cigarette égyptienne ovale (une Khedive de chez Sullivan et Powell) dans la boîte incrustée de nacre qu'on remplissait tous les matins, en remettant méticuleusement au-dessus les cigarettes restées de la veille, puis attendant que je quitte la chaise où elle venait juste de me faire asseoir afin d'aller prendre le briquet posé à côté d'elle pour lui en présenter la flamme, je sais bien que les choses ne sont plus ce qu'elles étaient lorsque j'étais jeune fille, mais j'ai trouvé un peu gênant qu'Hortense Ladiwick, personne assommante, je te le concède, vienne me dire qu'elle t'avait vu déjeunant avec Vanessa au grill du *Savoy*. Il n'y a, bien sûr, aucune raison pour que tu ne déjeunes pas dans un endroit public avec ta belle-sœur, et je pense que même Hortense le comprend. Je suis même sûre qu'elle le comprend. Aussi, le fait qu'elle se soit donné le plaisir d'attirer mon attention sur la chose tend à indiquer que celle-ci avait un caractère un peu déconcertant, la suggestion, peut-être, d'une plus grande intimité qu'il ne serait convenable. Tu comprends ce que je veux dire ?

— Je n'en suis pas sûr.

— Ne joue pas les idiots, Alec, cela ne te va pas du tout. S'il est une manifestation de vulgarité impardonnable, c'est de donner motif à faire parler de soi. Mais vous semblez tous résolus à le faire. Je me demande pourquoi.

— Les conventions changent, Mère.

— Je n'ai jamais trouvé ce mariage convenable. Honor Stuart-Styles s'est toujours, quant à elle, depuis qu'elle était jeune fille, laissée aller à ce genre de vulgarité dont je parlais à l'instant. Ils n'ont pas l'intention de divorcer, j'espère ?

— En me désignant comme complice d'adultère ? Non, rassurez-vous.

— Ton père ne saurait plus où se mettre. Il ne voit rien, évidemment. Le choc n'en serait que plus rude.

Elle laissa tomber sa cigarette dans un bol où flottaient des pétales de roses. (« Ce n'est pas très beau à voir, avait-elle coutume de dire, mais ce spectacle est encore préférable à la mauvaise odeur d'un cendrier plein. »)

— Donc, reprit-elle, de la discrétion, s'il te plaît. De toute façon, tu seras fatigué d'elle avant longtemps. Tout homme intelligent le serait.

*

Je sifflai Lucy, l'un des épagneuls, et allai m'enfoncer dans les bois. Comme à l'habitude, Mère avait laissé entendre beaucoup plus qu'elle n'avait dit. Comme à l'habitude, elle m'avait laissé dans un état de grand inconfort moral. N'ayant pas l'attachement romantique qu'avait Père au temps de leur jeunesse, attachement qui le conduisait, malgré l'indubitable amour qu'il portait à ses enfants, à la triste conviction qu'ils étaient inférieurs à ce qu'avaient été les gens de sa génération et qu'ils avaient par conséquent besoin,

Alastair en particulier, d'être protégés contre la contagion de l'époque, Mère, même à travers sa réserve et ses silences, exprimait une sorte de mépris pour nos faiblesses. C'était comme si nous lui avions manqué en nous conformant simplement aux normes du monde dans lequel nous vivions. Cependant, lorsque nous étions enfants, il nous avait été difficile à tous de savoir de façon tout à fait certaine comment elle attendait que nous nous comportions. Et là, me disais-je, résidait certainement son échec.

Après avoir traversé le bois, que l'épagneul continuait à fouiller avec application, j'arrivai en terrain découvert. Là s'était trouvée une colonie de l'âge de pierre. Elle avait été abandonnée, et, à l'époque saxonne, ce flanc de colline avait certainement été reconquis par les broussailles. Installés à partir du onzième siècle, les moines de l'abbaye avaient défriché et transformé ces pentes en pâtures à moutons, apportant la prospérité. Les trois ou quatre clochers visibles de l'endroit où je me trouvais – leur nombre dépendant de la saison – témoignaient de la richesse médiévale.

La chienne vint s'étendre à côté de moi, la bouche ouverte et la langue pendante. Je plaçai une main sur son épaule au pelage tiède et souple, et me sentis en paix. L'histoire prenait un cours tranquille à ce flanc de colline.

*

Au dîner, Alastair s'engagea dans une controverse avec l'un des universitaires d'Oxford. Mère y mit bon ordre, mais la discussion reprit quand les dames nous eurent laissés devant notre porto. Le digne professeur déclarait que si Hitler exprimait des exigences à propos de la Tchécoslovaquie, nous devions y résister.

— Notre alliée naturelle est l'Union soviétique, affirmait-il.

— Vous laisseriez au bolchevisme le champ libre en Europe ? demanda Père.

— Je ne suis pas si sûr que l'Union soviétique doive encore être considérée comme bolchevique. En tout cas, c'est une question de sens commun. Si nous ne voulons pas voir Hitler détruire les États créés par le traité de Versailles, nous devons le contraindre à livrer une guerre éventuelle sur deux fronts.

— Pouvons-nous vraiment envisager une nouvelle guerre ?

— Je pense que ce ne sera pas nécessaire. La perspective d'une guerre sur deux fronts suffirait, je le pense, à le dissuader.

— Versailles, déclara Alastair, est la cause de tous les problèmes qu'il y a en Europe.

Il parlait avec une tranquille et froide assurance qui me déconcerta.

— Y a-t-il vraiment, dit-il, la moindre raison sur cette terre pour que les Allemands des Sudètes, honnêtes et travailleurs, soient gouvernés par les Tchèques ? C'est de la folie. Versailles a été l'application démente et vindicative de la loi des vainqueurs. Nous devons nous en débarrasser. Ensuite, il y aura une chance de paix en Europe.

La même discussion, sans nul doute, faisait rage autour de milliers de tables de dîner, dans d'innombrables bars et auberges. Et là où nous nous trouvions à ce moment précis, et où l'on prétendait à quelque connaissance des véritables données du problème – la faiblesse de nos défenses, par exemple, ou notre terrible état d'impréparation militaire –, cette discussion demeurait aussi confuse, aussi incertaine, aussi compromise par les peurs et les préjugés personnels, qu'elle l'était chez ceux que, tous autour de la table, nous aurions tenus pour des profanes peu et mal informés.

— Je ne crains pas de reconnaître, déclara alors l'autre universitaire présent, un historien, que je redoute une autre guerre. J'ai vu assez de la dernière pour avoir de bonnes raisons. Nous ne nous en sommes jamais remis. La France est la moitié de la nation qu'elle était en 1914.

*

Les invités s'étaient dispersés, les uns regagnant Oxford, d'autres montant se coucher. Alastair et moi restions à terminer nos cigares dans la salle de billard.

— Père baisse beaucoup, dit Alastair. C'est triste à voir.

Je jetai une ou deux bûches dans le feu. La chienne, dérangée par la flamme qui jaillit soudain, me lança un regard de reproche, puis retomba dans le sommeil.

— Van m'a dit, pour elle et toi.

— Ah, oui ?

— Oui. Je devrais être furieux, je suppose.

— Je ne pense pas que tu en aies le droit.

— Non. Peu importe, de toute façon.

— Elle a toujours de l'affection pour toi. Elle s'inquiète pour toi. C'est notre cas à tous. Père est le premier à s'inquiéter, même s'il ne trouve pas les mots pour exprimer ce qu'il ressent.

— Cela ne lui ressemble pas, fit Alastair en tirant sur son cigare. Ou peut-être que si. Je ne sais pas. À cette heure de la soirée, je ne sais plus rien.

— Bien.

— Comment cela, bien ? Pas d'importance. Écoute, c'est la chouette. Épatant, hein ?

— Épatant.

— Quand j'étais gosse, je restais souvent éveillé, dans mon lit, à écouter la chouette. C'est marrant, la façon dont nous avons le béguin pour les mêmes femmes. Je pense que Van aimerait divorcer.

— Elle ne m'en a rien dit. Cela tuerait Père.

— Oh ! fit Alastair en souriant et en agitant négligemment son cigare. Je prendrais les torts. Aucun problème là-dessus. Tu ne serais pas mis en cause. Ne t'inquiète pas.

— Ce n'est pas cela qui m'inquiète, lui dis-je. Ou qui inquiète Van, par le fait. C'est que nous n'aimons ni l'un ni l'autre le chemin que tu es en train de prendre.

Alastair ouvrit tout grands les yeux.

— Mais je suis sérieux, déclara-t-il. Ce n'est pas un jeu. Je pense réellement et sincèrement que notre seul espoir est une alliance avec l'Allemagne. Autrement, c'est la fin. C'est la fin de tout cela – de tout ce que nous aimons, apprécions et défendons.

— La fin d'un cri de chouette par une nuit d'été en Angleterre ?

— La fin de ce que nous ressentons en entendant cette chouette, la fin de notre genre de sensibilité. Il nous faut une Europe unie – la Grande-Bretagne, la France et l'Allemagne ensemble, dressées contre la barbarie de l'Est. L'Allemagne nouvelle garde la porte, tout comme elle le faisait à l'époque des Chevaliers teutoniques. On ne peut laisser un petit pays – un petit pays artificiel – comme la Tchécoslovaquie faire obstacle à un ordre nouveau en Europe. C'est aussi la seule façon, pour nous, de sauver l'Empire. Je ne suis pas un politicien, Alec – je suis un homme de cinéma –, mais cela, je le vois.

— Et tu retournes en Allemagne ? Tu y es décidé ?

— Et où est le drame ? Je t'ai dit que je retournais pour faire un film, dès que j'en aurais trouvé le financement complet, ce qui n'est pas facile, je puis te le dire, à moins que tu ne veuilles te mettre entre les mains des juifs, ce qui n'est, bien sûr, pas mon cas. Mais oui, quand tout sera réglé, je retournerai. Si cela peut te rassurer, nous tournerons surtout en France. Je souhaiterais que tu ne sois pas aussi aveugle, Alec. Au sujet de l'Allemagne, veux-je dire. Tu peux dire à Van que je prendrai tous les torts, si c'est vraiment ce qu'elle veut. Mais je ne vois pas l'utilité. J'aurais plutôt pensé que les choses étaient très bien telles qu'elles sont. Je ne pense pas que tu veuilles l'épouser, non ?

*

Quelques heures plus tard, alors que j'étais en train de m'habiller, je vis la Lagonda remonter en trombe l'allée principale. Au petit-déjeuner, Père fut inhabituellement silencieux. Un peu plus tard, je les accompagnai, Mère et lui, à l'église. Le prêtre avait choisi comme thème de son sermon « Le Royaume des Cieux est comme une graine de moutarde », et il nous parla du discret travail de la volonté divine façonnant le monde. Il avait été aumônier sur la Somme, mais ses croyances et sa façon de les exprimer remontaient au début de l'ère victorienne. Je me dis que le même sermon, en un peu plus long sans doute, aurait pu venir de cette même chaire un siècle plus tôt, vingt ans avant que Darwin ait publié *De l'origine des espèces* et mis en question l'idée d'une divinité anthropomorphique.

En revenant de l'église, je m'arrêtai, comme je le faisais souvent quand je me trouvais le dimanche à Blankets, au pavillon occupé par les Haskins. Frank n'était pas là ; il était à l'entraînement avec son unité de Territoriaux. Le vieux Haskins secoua la tête.

— Frank dit que nous allons vers une autre guerre. Cela me paraît fou.

Il regardait son fils en s'interrogeant visiblement. Bien qu'il possédât lui-même une dignité innée (caractéristique, en fait, de beaucoup de ceux que les sociologues eussent péremptoirement classés parmi les domestiques) qui lui faisait considérer tout homme comme son égal devant le Tout-Puissant, sa conception de la société – un mot qu'il n'eût, quant à lui, jamais employé – était confortablement hiérarchique. Il avait été un peu troublé lorsque Frank, étant passé de la tranquillité de l'enfance à une certaine forme de rébellion adolescente, avait commencé à converser avec moi, et dans une moindre mesure avec mes frères, en termes égaux. Le vieux Haskins avait même été offusqué de me voir accepter la chose comme naturelle. Il considérait cela, je pense, comme une atteinte à sa propre conception des relations humaines. Il lui parut pire encore de voir Frank devenir conseiller municipal travailliste d'Oxford et se donner pour but d'être désigné comme candidat parlementaire. Il considérait que de telles choses n'étaient pas destinées à des gens tels que lui-même et sa famille. Son attitude intriguait et irritait certaines des relations de Frank, mais pas Frank lui-même. D'un autre côté, celui-ci prenait un malin plaisir à taquiner son père en lui faisant observer que j'étais considérablement plus à gauche que lui.

— Ce que pense Mr. Alec est son affaire, lui disait alors sa mère. Je te serais reconnaissante de te rappeler, jeune Frank, que tu as été élevé en bon chrétien.

Ces divergences ne venaient en rien compromettre l'affection et la confiance qui les unissaient.

XII

LONDRES, 1938-1939

Le soir où Chamberlain revint de Munich avec son chiffon de papier, Alfred Moss donnait une grande soirée.

C'était une coïncidence. C'était son anniversaire, et la soirée était prévue depuis plusieurs semaines. Mais Chamberlain en changea l'atmosphère. La veille encore, tout le monde eût été nerveux, apeuré, pensant dans bien des cas – le mien certainement – que nous n'aurions pas dû être là, qu'il était d'une impardonnable frivolité de se rendre à une soirée quand des bombes risquaient de tomber sur Londres dans les deux jours. (« Oh, je ne sais pas, disait Van. Pense au bal de la duchesse de Richmond la veille de Waterloo. ») Mais, soudain, même ceux d'entre nous qui se sentaient le plus honteux et juraient que c'était une terrible et déshonorante capitulation ne parvenaient pas à dissimuler leur soulagement. Nous nous sentions tous la tête légère ; c'était comme si, à l'école, on nous avait octroyé des vacances que nous n'attendions pas.

— Maintenant, me dit Max, je sais ce que doit ressentir le condamné à mort quand on lui annonce que son exécution est ajournée en raison d'une grève d'électricité. Et regarde un peu Alfred ! Il paraît douze ans de moins. Le jour de son anniversaire !

Ce n'était pas tout à fait exact, peut-être parce que Max était trop excité pour être vraiment observateur. Alfred paraissait, certes, superbe. Il portait un costume de velours prune, avec une chemise de soie et des bagues à presque tous les doigts. Ses cheveux – qu'il s'était abstenu de faire couper pendant plusieurs semaines – pendaient en bouclettes brillantinées. Mais c'était son expression de dédain fatigué qui lui donnait l'allure de Disraeli. Il était celui qui avait tout vu et tout subi, et, tandis qu'il déambulait à travers l'assistance, donnant un baiser ici, une tape sur l'épaule là, sa démarche même disait que, s'il était content que Chamberlain ait pu égayer sa soirée, il n'était pas dupe. Demain viendrait quand même, et la réalité reprendrait le dessus. En attendant, que la populace s'amuse !

Je n'avais pas vu Max depuis des mois. En fait, je ne l'avais aperçu qu'une seule fois – très brièvement, à un bar de théâtre – depuis mon retour d'Espagne. Je devais tout d'abord m'enquérir d'Annie – qui travaillait toujours dans le nord, à ce qu'il semblait – et d'autres amis. Je lui dis que j'étais surpris de le trouver encore à Londres lui-même. Quelqu'un m'avait dit qu'il avait regagné les États-Unis. De toute manière, je m'étais souvent demandé, sans lui en parler pour autant – et c'était peut-être là l'occasion –, comment, compte tenu de l'attitude du syndicat britannique du spectacle à l'égard des Américains, il réussissait à travailler autant en Angleterre. Il ouvrit de grands yeux.

— Mais, bien sûr, j'ai une carte du syndicat, chéri !

— Comment cela se fait-il ?

— Parce que j'ai un passeport britannique. Tu ne le savais pas ? Je suis né ici. Papa était anglais, et, bien que nous soyons allés aux États-Unis quand j'étais encore bébé, je me suis accroché à la nationalité britannique, accroché comme du lierre. En fait, ne le dis à personne, parce que je crois que cela ne se fait pas, j'ai deux passeports, britannique et américain.

— Et que se passe-t-il s'il y a la guerre?

— Ce gentil Mr. Chamberlain l'a empêchée, non?

— Allons donc, Max!

— Une guerre ajournée, mon petit, est une guerre qui peut ne jamais arriver. Mais si elle arrive, celui qui te parle présentement fera son devoir, quel que soit celui-ci!

Il prit un instant une allure martiale, qu'il abandonna pour me demander des nouvelles d'Hector.

— Il est à Bucarest, tu ne le savais pas?

— Je n'ai pas entendu parler de lui depuis si longtemps!

Non, pensai-je, il t'a rayé des listes. C'est ce qui arrive quand l'amour meurt. En même temps, Hector, Max avait – a? – une affection désintéressée – peut-être un amour désintéressé – pour toi. Et c'est une chose que tu prends le risque de rejeter...

— Tu as su, dis-je à Max, qu'il avait fait vœu de chasteté?

— Pauvre Hector! On ne peut pas en dire autant de toi, Alec, à ce que j'entends dire.

— Ce que tu entends dire est sans doute juste. Et ta vie à toi?

— Triste.

Edwin Pringle s'approcha de nous, cramponné à une assiette de salade de homard qu'il semblait avoir quelque mal à ne pas renverser. Il se mit à parler de la victoire remportée par Chamberlain et me rappela qu'il avait bien dit à Blankets – « combien j'aime me retrouver là, quel dommage que votre père ait renoncé à toute activité ministérielle, mais il dit qu'il écrit ses mémoires, c'est merveilleux... » – que nous ne ferions pas la guerre à propos de la Tchécoslovaquie. Ce n'était pas qu'il eût quoi que ce fût contre la Tchécoslovaquie, il était l'ami sincère de toutes les démocraties, mais, en même temps, aller faire la guerre pour contraindre les Allemands des Sudètes à rester au sein d'une nation dont ils ne voulaient pas faire partie, cela n'avait pas de sens, non ? Et quant à l'idée que nous pourrions conclure une alliance avec les bolcheviks, quelle aberration !

— Vous pouvez me trouver étroit d'esprit, Alec, mais je ne puis oublier que je suis un homme très riche.

Tout en parlant, il gardait l'œil fixé sur Max, et il mit un accent inhabituel sur la phrase concernant sa situation de fortune.

— Présentez-moi donc, s'il vous plaît, me demanda-t-il. Je suis sûr d'avoir déjà vu votre jeune ami quelque part. Je veux dire que je le sais – je n'aurais pu l'oublier. Mais je sais aussi que nous n'avons pas été présentés.

Je réparai cette omission avec quelque réticence, et ajoutai innocemment :

— Linda est avec vous ce soir, Edwin ?

Il ignora ma question et enchaîna :

— Un danseur ? Sur la scène ? Dans une revue ? N'était-ce pas *Jamais à trois* ? Bien sûr ! J'ai vraiment adoré. Quel plaisir de vous rencontrer !

Il prit Max par le coude et le guida vers le buffet. Max se retourna vers moi en levant le sourcil gauche.

— On dirait bien qu'on te laisse tomber, mon pauvre chéri, dit Vanessa en arrivant par-derrière et me déposant un baiser sur la joue, juste sous l'oreille.

— Pauvre Max ! fis-je. J'ai rarement vu Pringle aussi excité.

— Max est capable de se débrouiller tout seul ; les pédés ont toujours de la défense. Je viens de me faire longuement déshabiller des yeux par un type qui prétend qu'il est un grand ami à toi. Il est en train de parler à Maman, là-bas. Je dois dire qu'il a été autrefois un peu plus qu'un grand ami à elle.

Je regardai dans la direction qu'elle indiquait. Jukes avait un bras passé autour de la taille d'Honor, et il se penchait vers elle, la bouche ouverte en un grand rire.

— Il dit qu'il t'a sauvé la vie en Espagne.

Nous avions, pendant ce temps, traversé le salon, où une demi-douzaine de couples s'étaient maintenant mis à danser. Alfred Moss avait rejoint Jukes et Honor.

— Alors, Jukes, dit-il, on t'a refusé ta petite guerre ?

— Quand cela chauffe, je suis toujours là, répondit l'autre. Salut, Al, content de te voir, mon garçon. Al, ici présent, le sait bien. Nous avons vécu quelques coups durs en Espagne, n'est-ce pas, Al ?

— Si tu le dis...

Alfred Moss sourit.

— Nous allons tous vivre bientôt, fit-il, ce que tu appelles des coups durs.

— Sûrement pas, protesta Honor. Herr Hitler a donné sa parole au Premier ministre.

— C'est vrai, déclara alors Jukes, que l'homme au parapluie s'est dégonflé et vous a acheté un mois ou deux de répit, mais je ne me fierais pas plus à la parole du petit Adolf que je ne boirais directement de l'eau de l'Hudson. Ou de la Tamise.

— Tu essaies simplement de me faire peur, dit Honor.

*

Nous avons tous lu des récits de la Saison londonienne de 1914, qui fut la plus étincelante et la plus extravagante de toutes, comme si, à demi consciemment, on y forgeait de superbes souvenirs destinés à peupler l'enfer dans lequel l'Europe s'apprêtait à se précipiter. La réception d'Alfred ne pouvait s'y comparer. Magnifique à sa façon, indéniablement somptueuse autant que coûteuse (ce qui allait causer les plus graves ennuis à Alfred lorsque le fisc allait se décider à comparer le montant de ses revenus déclarés, et celui de ses dépenses ostensibles, contribuant à l'amener à la ruine deux ans plus tard), elle ne parvenait pas, néanmoins, à dissiper les sinistres prémonitions qui nous entouraient depuis plusieurs mois et allaient persister jusqu'à la déclaration de guerre effective, en septembre de l'année suivante. Un climat qui faisait paraître tout ce que nous faisions – y compris ma liaison avec Vanessa – simplement provisoire, un arrangement temporaire avec le Ciel que nous ne pouvions espérer voir durer.

Pour moi, la présence de Jukes rendait plus aigu encore ce sentiment d'appréhension. Son arrivée à Londres évoquait chez moi le vol des vautours au-dessus du futur charnier. Éternel spectateur, il était aussi le messager de l'horreur, rendu d'autant plus inquiétant par l'air de cynique et maligne autorité que ne parvenait pas à dissimuler sa jovialité de façade.

— Alors, dit Alfred, il va y avoir la guerre, hein, Jukes ? Et que va faire l'Amérique ?

— Il va y avoir la guerre, confirma Jukes. « L'homme d'État qui, se sachant prêt, hésite à frapper le premier se rend coupable d'un crime contre son pays. » C'est ce qu'écrivait le baron von der Goltz, auteur de *La Nation en armes*. Eh bien, la nation allemande est en armes et attend le moment propice. C'est tout. Et quant à nous, les Américains, je pense que nous resterons en dehors de ce coup-là.

— Tu crois ?

— Bien sûr. Pourquoi ne le ferions-nous pas ? Mr. Baldwin et Mr. Chamberlain ont opté pour la non-intervention en Espagne, et les Français aussi. Je pense donc que nous, nous n'interviendrons pas en Europe. Alors, ne vous racontez pas d'histoires. Cette fois, la vaillante cavalerie américaine restera de l'autre côté de l'Atlantique.

Vanessa, me tirant par la manche, m'entraîna à l'écart.

— Ce type est horrible, dit-elle. Il t'a vraiment sauvé la vie ?

— Non.

— Parfait. Je me disais que c'était peut-être vrai, mais que personne ne pourrait reconnaître avoir eu la vie sauvée par un pareil individu. Moi, en tout cas, je ne pourrais pas.

*

Comme l'hiver approchait, Vanessa découvrit qu'elle était enceinte. L'enfant était probablement le mien. Elle me dit que c'était certain. Elle n'avait couché avec personne d'autre que moi depuis Munich. Munich, me dit-elle, l'avait convaincue que nous n'avions peut-être plus que peu de temps à passer ensemble, et elle s'était aperçue qu'elle ne souhaitait personne d'autre. Elle ajouta que l'idée de m'être fidèle lui avait beaucoup plu. Je la crus, ou presque. En tout cas, j'aimais, moi, l'idée qu'elle portait mon enfant. Et je pensais – je pense toujours – qu'elle disait la vérité.

Heureusement, nous avions passé quelques jours à Paris en octobre.

Je m'y étais rendu pour le journal, et elle m'avait accompagné en se disant que c'était peut-être la dernière fois qu'elle voyait Paris. Comme nous avions laissé entendre à Blankets que Van m'accompagnait à Paris pour passer quelques jours avec Alastair avant qu'il ne commence le tournage de son film, Père ne douta pas qu'il fût le père de l'enfant à venir. Je ne pense pas que, même alors, Mère fût abusée, mais elle choisit le parti du tact et ne manifesta rien. Père était aux anges. Ce ne serait pas le premier petit-enfant ; Kirstie et Colin avaient eu une fille, Jean, à l'automne. Mais l'enfant d'Alastair serait particulier, et la pensée de sa venue réchauffait le cœur de Père, l'amenant à penser que l'idée que le mariage était en difficulté n'avait été qu'un produit de son imagination. La suspicion avec laquelle il avait considéré Vanessa – suspicion dont nous nous étions tous deux rendu compte bien qu'il se fût efforcé de la cacher – était dissipée. Dorénavant, elle ne pouvait plus mal faire.

En conséquence, un divorce devenait impensable. Il me fallut quelque temps pour en persuader Van. Elle était à la fois indignée et perplexe.

— C'est ton enfant, me dit-elle. Tu ne veux pas le reconnaître ?

— C'est mon enfant, répondis-je, que je le reconnaisse ou non. Mais nous ne pouvons faire cela à Père. Il tient trop à Alastair.

— Tu es impossible, déclara-t-elle. À Paris, je l'ai détesté. Je ne veux plus jamais le revoir. Cela fait-il une différence ? Mes sentiments comptent-ils ?

Néanmoins, elle finit par accepter. Le mot « noble » a pris maintenant une résonance étrange et peu convaincante, mais ce n'en fut pas moins l'acte le plus noble de sa vie.

XIII

Ce que j'ai écrit tend, je le vois bien, à être très personnel, comme si je tentais de rédiger une autobiographie. C'est, dans une certaine mesure, inévitable ; l'expérience directe a eu, et peut même conserver, sa fraîcheur, dont manquera toujours l'expérience d'autrui simplement rapportée. J'avais pensé y remédier au moyen de l'imagination, pouvant même aller jusqu'à l'invention. Mais après avoir essayé, j'ai déchiré avec dégoût les pages que j'avais écrites. Il me semblait frivole, répréhensible, malhonnête, de faire de gens que j'avais connus les personnages d'une fiction ou même d'une reconstitution. C'est pourquoi, souvent, je dois me replier sur moi-même et sur mon expérience.

Et pourtant ce n'est pas l'histoire d'un individu que je m'efforce d'écrire. Ce n'est pas même l'histoire d'une famille particulière. Plus j'écris, même quand j'évoque des séances amoureuses ou reconstitue des conversations dont le souvenir est devenu imprécis – reconstitution facilitée parfois par une note jetée dans ce journal que je continue de tenir, mais dont le caractère fragmentaire et rudimentaire m'interdit la plupart du temps l'utilisation directe –, plus je me rends compte que ce que j'essaie de faire, c'est de pratiquer l'autopsie d'une faillite morale. Ce n'est pas celle d'un individu. En fait, les échecs particuliers d'individus particuliers sont déterminés, semble-t-il, par la faillite plus générale d'une classe. J'ai commencé par rappeler le succès, sous des formes diverses, des mémoires fictifs de Père, *Coins de terre étrangère*. Or le livre d'origine, malgré ses détours, sa nostalgie trop facile, sa sentimentalité complaisante et tout le reste, pose la question qui est au cœur de mes propres tentatives d'écriture. En simplifiant, elle est la suivante : qu'est-ce qui a provoqué la ruine morale de l'Établissement britannique ? Cette simplification est peut-être excessive. Peut-être vaudrait-il mieux demander : quelles causes nous ont conduits, à mesure que le siècle avançait – et l'on remarquera que ce « nous » indique que je m'inclus dans ceux que j'accuse de faillite –, quelles causes nous ont conduits à cette répugnance à regarder la réalité en face ?

J'en reviens, inévitablement, à ce passage de Nietzsche que citait Trude, à sa préférence pour Thucydide vis-à-vis de Platon, sous le prétexte que Platon est « un lâche en face de la réalité ».

Et n'était-ce pas précisément notre cas ? Cela ne l'avait-il pas été, au moins depuis le moment où nous nous étions détournés de la réalité des dictatures pour rêver d'un avenir plus aimable et plus souriant ? Pourrait-on, pour prendre un exemple extrême, imaginer le duc de Wellington se comportant comme Chamberlain ?

Et Churchill, alors ? Je me rappelle Kirstie m'opposant cet argument, il y a des années, alors que je développais mon propos à sa table, à Tullymoran. Ce à quoi je pus seulement répondre que si Churchill faisait effectivement face à une réalité, il ne pouvait se résoudre à en affronter une autre : à savoir que sa politique – si nécessaire qu'elle fût sans nul doute – était en elle-même équivoque. Il n'était pas venu au pouvoir pour présider à la liquidation de l'Empire britannique. Certes non ! Il est des moments où de

Gaulle me semble avoir été supérieur à Churchill, comme Nietzsche trouvait Thucydide supérieur à Platon – et pour la même raison.

Il m'a fallu longtemps pour arriver à cette conclusion. Au cours de l'été 1940, je succombai à la rhétorique de Churchill. Tout comme Père, qui s'était pourtant méfié de lui pendant des années, comme d'« un enfant brillant qui n'a jamais grandi et ne le veut pas ».

*

Durant les mois précédant la naissance de l'enfant, nous nous querellâmes parfois. Nous ne partagions pas la maison d'Hertford Street, ce qui rendait nos querelles plus faciles à supporter et, aussi, à réparer. Nous pouvions nous éviter le temps de nourrir nos griefs. Mais chaque rencontre était comme un nouveau commencement. Je me disais parfois que c'était là la meilleure façon de vivre pour un couple. C'était parce que c'était, en fait, la seule façon dont je pouvais vivre en tant que partie d'un couple.

Mais ce n'était pas la façon – et ce facteur était au cœur de nos problèmes – dont Van aurait voulu que nous vivions. Tout en reconnaissant, comme elle le faisait quelquefois, son incapacité à éprouver de l'amour, au moins pour un autre adulte, qui, étant précisément adulte, portait inévitablement entrave à sa liberté, elle était, ce printemps et cet été-là, aussi complètement amoureuse de moi qu'elle en était capable. Ce n'était plus simplement du désir sexuel, et cela me mettait à mon tour mal à l'aise. Elle exigeait de moi ce que je ne voulais pas et ne pouvais pas lui donner. Nous étions, à cet égard, trop semblables. Sauf au lit, nous ne parvenions ni l'un ni l'autre à renoncer à manifester notre amour-propre. Aussi nous querellions-nous. Je ne me rappelle généralement pas à quel propos. Des vétilles, je suppose.

Mais il n'existe peut-être pas de vétilles dans les relations entre un homme et une femme. Un simple regard d'irritation ou d'ennui n'est pas une vétille, car il constitue un acte de rejet. Il y avait des moments où je me félicitais de ce genre de rejet. Je me disais que le monde était sur le point de craquer comme un œuf, et qu'il était intolérable que je me mette martel en tête parce que Van était en retard à un rendez-vous ou parce que j'avais oublié de lui téléphoner la veille. Parfois, je m'avouais que je n'avais pas oublié. J'étais simplement resté à boire du whisky, assis près de mon téléphone, prêt à l'appeler, puis reculant devant le geste. C'était parce que je voulais m'échapper. J'avais toujours voulu m'échapper lorsque quelqu'un me serrait de trop près. J'aurais voulu échapper à Trude si elle s'était trouvée en situation de me posséder. C'était le fait qu'elle m'avait repoussé qui m'avait conduit à la vouloir.

Aussi étais-je injuste et peu attentionné envers Van, et le fait qu'elle était injuste et peu attentionnée envers moi n'était en rien une justification. Il me le semblait, toutefois, particulièrement quand j'étais un peu ivre, comme je l'étais souvent cet été-là. Le fait que tous nos amis fussent sur les nerfs n'était pas non plus une justification. J'aurais dû en tirer la conclusion inverse. Si nous risquions, dans un an, de nous retrouver tous morts ou dans un camp de concentration, il y avait, au contraire, une obligation de se montrer attentionné.

Je m'imaginais souvent dans un camp. La chose me semblait probable. Mes écrits, sans être célèbres, étaient néanmoins assez marqués pour me faire porter sur une liste noire nazie. Pas la première liste, bien sûr – je n'étais pas assez vaniteux pour le croire –, mais sur une liste secondaire.

M'en entendre parler mettait Vanessa en colère. C'était, bien sûr, folie que de l'en entretenir. Je savais qu'elle détestait ce genre de spéculations. Elle estimait qu'on devait prendre les problèmes au moment où ils se présentaient.

— Tu n'es pas juif, me disait-elle. Ne te donne pas des airs.

C'était ce que je faisais à son avis, et c'est bien pourquoi cela l'irritait. Je pouvais le comprendre, mais je n'en continuais pas moins à jouer avec cette idée et à la tourmenter ainsi.

Il était plus facile et plus plaisant, parce que moins astreignant, de passer la soirée avec Barbara ou avec Max. Nous nous rencontrions souvent dans un pub de Soho et faisions ensuite la tournée des bars du quartier et de Fitzrovia. Nous finissions souvent chez Gaston. Les pubs étaient pleins d'hommes et de femmes s'efforçant de noyer leurs appréhensions dans le bavardage. Ils parlaient de poésie ou de coucheries. Cela aurait dû être un réconfort.

Parfois, les soirs où j'étais avec Max, je me disais que la vie aurait été plus simple si je m'en étais tenu aux garçons. Je savais fort bien, tout en me berçant de cette idée, que c'était un mensonge.

Un soir, chez Gaston, à demi ivre et continuant à boire cognac sur cognac, je le gratifiai d'une version très enjolivée de ma relation d'écolier avec Colin.

— L'ennui avec toi, Alec, me dit Max, c'est que tu es un romantique. Il n'y a plus place pour les romantiques dans le monde actuel.

— Je ne sais pas, lui répondis-je. Qu'est-ce que le fascisme, si ce n'est un romantisme dévoyé ?

— Est-ce qu'Alastair est vraiment fasciste ? me demanda-t-il.

— Peut-être. Il n'a jamais grandi, vois-tu. Le fascisme est une croyance pour les garçons qui n'ont jamais grandi.

— À la différence du marxisme, fit-il en souriant.

*

J'arrivai au bureau vers midi, par une journée ensoleillée de mai. J'avais traversé à pied Green Park et St. James's Park et m'étais arrêté pour prendre une Guinness à la Maison irlandaise de Ward, dans le Strand. C'était une journée créant le même climat qu'un disque de Fats Waller, où l'on avait l'impression que la guerre n'aurait pas lieu.

— Il veut vous voir, me dit Billy Hughes. Il n'est pas content.

— Quand est-il content ?

Harbottle ne m'aimait pas. Il n'approuvait, non plus, ni ce que j'étais ni ce que je faisais. Billy Hughes et moi le savions. Je m'étais souvent demandé pourquoi il ne me congédiait pas. Il y avait nombre d'autres journalistes capables de faire ce que je faisais, avec une compétence plus régulière.

— Ce sont vos éclairs de brio, disait Billy Hughes, mais sans y croire vraiment.

La vérité, telle que je la vois maintenant, est qu'Harbottle était un snob. Ce qu'il appréciait, c'étaient mes origines et mes relations. Maintenant, bien sûr, les temps ont changé. Aujourd'hui, les directeurs et rédacteurs en chef de journaux sont plus susceptibles d'avoir été à Eton que les ministres en exercice. Mais Harbottle était venu du fin fond de la province comme jeune reporter. Son père tenait une quincaillerie à Smethwick. Il restait mal à l'aise avec tous ceux qu'il avait été dressé, à l'origine, à considérer comme socialement supérieurs. Si un ministre l'invitait à déjeuner à son club, il était enchanté, mais il ne pouvait quitter la table sans se demander s'il ne s'était pas rendu coupable de quelque solécisme.

Je le trouvai contemplant le gros globe terrestre posé sur son bureau comme si l'existence de tous ces pays étrangers était, pour lui, une source d'étonnement et d'irritation.

— Cet article, me dit-il, que vous avez écrit à propos des garanties à la Pologne. Que veut-il dire ?

— J'aurais pensé que c'était assez clair.

— Oh, c'est clair, certainement ! Horriblement clair.

— Eh bien, alors ?

— Si je comprends bien…

Harbottle s'interrompit pour bourrer sa pipe avec une détermination qui ne pouvait masquer le tremblement de ses mains.

— … vous proposez que nous écrivions que les garanties offertes par le gouvernement de Sa Majesté, en accord avec le gouvernement de France, ne valent même pas le papier sur lequel elles sont écrites.

— Oui, c'est plus ou moins cela.

— Et comment pensez-vous que le prendront nos lecteurs ?

La parfaite connaissance affichée par Harbottle des aspirations de nos lecteurs était devenue légendaire. Personne, soulignait-on, ne l'avait jamais vu avec un lecteur. Peut-être les recevait-il chez lui, mais cela semblait pour le moins improbable. Les gens qu'il rencontrait à son club, où il fréquentait d'ailleurs peu de monde, étaient plus susceptibles de lire le *Times* ou le *Telegraph* que notre journal. Il passait ses vacances dans un cottage perdu dans les landes du Yorkshire, où il s'adonnait à la marche et à l'observation ornithologique. J'avais toujours estimé, quant à moi, que son goût de la solitude (intensifié depuis la mort prématurée de sa femme, trois ans plus tôt) était l'un des traits les plus séduisants de son caractère, peu engageant d'autre part. Cependant, il prétendait à une infaillible connaissance des désirs de nos lecteurs, et sa certitude à cet égard n'avait cessé de croître durant les quinze années où il avait dirigé le journal. De façon énervante, la relative stabilité du tirage donnait à penser qu'il avait raison. En faisant un journal à sa convenance, Harbottle avait créé un organe exprimant parfaitement les opinions d'une tranche de lecteurs recrutés dans la toute petite bourgeoisie et les classes moyennes anglaises.

— Vous laissez également entendre, reprit-il, que le gouvernement le sait, qu'il sait que ces garanties sont du bluff.

— Je suis même prêt à le dire plus nettement encore.

— Pas dans mon journal, en tout cas.

Il avait fini par allumer sa pipe et en soufflait la fumée dans ma direction.

— Supposons, dit-il d'un ton où perçait une lourde dérision, supposons que vous ayez raison.

Il tira de nouveau sur sa pipe.

— Je ne dis pas, précisa-t-il, que c'est le cas, car cela reviendrait à dire que Mr. Chamberlain se livre à une tromperie délibérée, mais supposons, pour n'écarter aucune hypothèse, que vous ayez raison. Qu'est-ce que cela implique, mon garçon ? Je vais vous le dire. Cela implique que cette tromperie s'adresse à Herr Hitler. N'est-ce pas ? Qu'elle vise à le dissuader d'agir. Et que, donc, si nous publions ce… cette chose, nous disons à Herr Hitler : « Ne vous occupez donc pas de ces garanties données par la Grande-Bretagne, les astucieux jeunes gens d'Angleterre – en l'occurrence vous, Mr. Allan – peuvent vous assurer qu'elles sont sans valeur. » C'est ce que cela reviendrait à dire. Pour moi, publier cela équivaudrait à dire à Herr Hitler : « Allez-y, entrez en Pologne, il n'y a rien que nous puissions y faire ou entendions faire. » Est-ce là, je vous le demande, le message que nous devons adresser au monde ?

— Cela pourrait au moins ressembler à la vérité. Mais il y a plus que cela dans mon propos.

— Oh, oui ! fit Harbottle en projetant devant lui un nuage de fumée. Il y a plus que cela dans votre propos. C'est vrai. Vous dites au gouvernement – vous, le jeune Mr. Allan –, vous dites aux ministres de Sa Majesté qu'il est de leur devoir – de leur devoir, pas moins – d'arriver à une entente – non, je me trompe, plus qu'une entente, une alliance ferme – avec l'Union soviétique. Mr. Allan, savez-vous ce que nos lecteurs pensent de l'Union soviétique ?

— Je suppose qu'ils ne l'aiment pas beaucoup…

— Vous supposez juste. Il est peu de dire qu'ils ne l'aiment pas beaucoup. Elle représente tout ce qu'ils redoutent et détestent : l'athéisme, le socialisme, la tyrannie. Que diront-ils, à votre avis, de la suggestion que vous faites ?

— Je ne suis pas sûr d'aimer beaucoup moi-même l'Union soviétique, lui dis-je. Mais le problème n'est-il pas plus important que celui de savoir si nos lecteurs aiment ou non l'Union soviétique ? Nous parlons de la paix en Europe.

— Tout juste. C'est pourquoi Mr. Chamberlain a donné sa garantie à la Pologne. C'est pourquoi la France a donné sa garantie à la Pologne. Mr. Allan, savez-vous quel est le potentiel actuel de l'armée russe ? Non, ne vous donnez pas la peine de répondre. J'en parlais avec un général – un très important général – hier encore au club, et il m'a assuré, donné sa parole, que les purges effectuées par Mr. Staline, purges qui ont décimé et démoralisé le corps des officiers, ont rendu l'armée russe inopérante. Inopérante – c'est le terme exact qu'il a employé. À son avis, il faudra dix ans à cette armée pour se remettre de l'agression subie de la part de ses maîtres politiques. Maintenant, allez-vous soutenir que votre jugement a plus de valeur que celui de l'un de nos principaux généraux – l'un des plus expérimentés, aussi ?

— À en juger par les exploits de l'État-Major général durant la dernière guerre, je pourrais être fondé à le faire.

— Ne soyez pas impertinent, Mr. Allan.

Il s'interrompit et fit tourner son globe terrestre.

— Dites-moi, me demanda-t-il, avez-vous discuté de vos vues – de vos vues très particulières, si vous permettez à un vieil homme de les qualifier ainsi – avec votre père ?

— Oui.

— Et est-il d'accord avec vous ?

— Non, il est de votre avis, ou de ce que je crois être votre avis.

— Je suis très heureux de l'entendre. J'ai un grand respect pour votre père. Il n'est pas de ceux dont les paroles évoquent le crépitement des brindilles sous la marmite. Je le respecte profondément. Et vous soutiendriez votre point de vue contre le sien ? Honte à vous, mon garçon. Mr. Allan, vous êtes un jeune homme aux dons considérables, mais vous avez beaucoup à apprendre. Je suis très heureux de vous avoir dans ma rédaction. Vous avez fait du bon travail pour nous, et Mr. Hughes vous estime. Mais ne croyez pas que vous allez pouvoir inonder mon journal de propagande bolchevique. Je ne le tolérerai pas.

*

— Alors, demanda Billy Hughes, qu'a dit le grand homme ?

— Il pense que mes propos évoquent le crépitement des brindilles sous la marmite.

— Cela faisait un certain temps que je n'avais pas entendu cette formule venant de lui. Bien, il faut prendre les choses comme elles viennent ! Il y a une dépêche de Freddie Beshore, à Rome, sur laquelle j'aimerais que vous jetiez un coup d'œil. Nous devons faire attention à ce que nous disons sur Musso, vous savez.

*

Notre enfant, une petite fille que nous appelâmes Rose, naquit à la veille de la Saint-Jean. Vanessa, qui avait été lasse et souvent lassante durant les dernières semaines de sa grossesse, commença par déclarer :

— Pauvre petite chose, je la plains d'arriver dans le monde que nous lui avons fabriqué.

Il faut, je pense, un accouchement particulièrement difficile pour dresser une mère contre son bébé, mais, en fait, je ne tardai pas à m'apercevoir que les allures désinvoltes prises par Van et ses remarques acerbes ne parvenaient pas à dissimuler l'affection qu'elle portait à l'enfant. Nous l'aimions l'un et l'autre, et je me pris à regretter de n'avoir pas été honnête et n'avoir pas reconnu être le père. Mais quand, m'étant rendu à Blankets, j'y trouvai mon père s'interrogeant sur l'absence d'Alastair et tentant de trouver des excuses à l'indifférence montrée par son favori, je cessai de déplorer cette duperie. Je télégraphiai à Alastair de venir et de jouer un peu la comédie pour dissiper la tristesse de Père, mais tout ce que j'obtins en retour fut un message de « bons vœux et tendres baisers à Van » et l'assurance qu'il ne pouvait abandonner son projet de film à un stade particulièrement délicat. Je fis part de la nouvelle à Père en m'efforçant d'en adoucir les termes au maximum.

— Bien, dit-il. Les hommes doivent travailler et les femmes pleurer. Il en est ainsi.

Mais, bientôt, une lettre de George vint détourner son attention. Avec réticence, se laissant finalement convaincre par Hector, moi-même, et, plus efficacement, par Kirstie et notre mère, il avait fait avancer par la fondation familiale de l'argent à George pour acheter une plantation d'hévéas. Mais il l'avait fait en secouant la tête et marmonnant que rien de bon ne pourrait sortir de cette affaire, car George s'était comporté de façon malhonnête, et qu'en Orient, un homme malhonnête se retrouvait sur une pente descendante impossible à remonter.

— Kipling, déclara-t-il, m'a dit un jour que lorsqu'un homme s'est laissé gagner par la corruption des races orientales, il ne reste plus qu'à couper les amarres qui le rattachaient à ses semblables.

Cette fois, George écrivait pour dire qu'il avait pris une épouse malaise, et Père y voyait la preuve ultime que « le pauvre » était irrémédiablement sur la voie de la perdition.

— Il n'a ni principes ni dignité, proclama-t-il, et quand un homme est dans ce cas, on ne peut prévoir qu'une chute rapide.

Mère était d'un avis différent. Elle déclarait que le mariage serait la sauvegarde de George. Et, de façon beaucoup plus surprenante, elle ajoutait d'un ton un peu acide qu'à son avis, si l'Empire auquel Père était si attaché devait survivre, les mariages entre races différentes étaient impératifs.

— Certaines de ces Malaises sont très jolies, à ce que je crois savoir, et elles font probablement de bonnes épouses. Mais ce n'est pas vraiment là l'essentiel. Puisque nous ne pouvons maintenir les autres races en état de soumission, mieux vaut nous mélanger avec elles.

— Ce sont là des opinions surprenantes, Mère, lui dis-je.

— Seulement pour ceux qui ne veulent pas voir plus loin que le bout de leur nez, répondit-elle. De toute façon, on disait souvent que Kipling lui-même était de sang mêlé. Il avait certainement un air exotique. Je ne l'ai jamais beaucoup aimé.

*

J'avais depuis longtemps dépassé mon amour de jeunesse pour la poésie de Kipling, et j'avais appris, selon la mode de ma génération, à dénigrer celui-ci. Ferguson, le principal de mon collège, avait coutume de le citer avec une fréquence pour le moins lassante, et Père s'inclinait devant ce qu'il appelait la « sagesse surnaturelle de Kipling », mais, pendant des années, les lignes qui me restaient en mémoire me semblèrent involontairement comiques ou carrément détestables. Je me souviens qu'à Cambridge, nous avions coutume, lorsque nous étions un peu pris de boisson, de réciter, sur le ton de la dérision, les vers sur les suites – visiblement jugées admirables – de la conquête normande :

L'Angleterre est sur l'enclume – entends résonner les
[marteaux,
Entends-les résonner de la Severn à la Tyne !
Jamais on ne vit forgeron comme notre roi normand,
Martelant l'Angleterre pour lui donner sa forme.

Et pourtant, tandis que s'étirait ce dernier été de paix, un été d'après-midi passés à boire du Pimm's sur la pelouse ou à monter, avec Van, jusqu'à la crête où l'on apercevait, derrière le feuillage épanoui, la pointe d'un seul clocher parmi tous ceux que la nudité de l'hiver découvrait habituellement, je m'aperçus que certains de ses poèmes me parlaient :

Il en était ainsi à la naissance de l'Homme comme il en
[sera dans l'avenir:
Quatre choses seulement sont certaines depuis le début
[du progrès de l'humanité.
Que le chien retourne à sa vomissure, que la truie
[retourne à sa fange,
Que le doigt brûlé de l'insensé retourne en tâtonnant
[vers le feu...

— C'est Chamberlain tout craché! dis-je en interrompant ma récitation.

— Oh, arrête un peu!

Van se leva et s'éloigna vers le mur écroulé d'une bergerie en ruine.

— Pourquoi faut-il que tu reviennes toujours à cela? demanda-t-elle.

— Parce que, fis-je, je n'y peux rien...

— Je préfère compartimenter la vie. Le compartiment où nous nous trouvons suffit pour le moment. Mais j'ai parfois l'impression que tu aspires à ce qui va suivre.

— Non, lui affirmai-je. Ce n'est pas cela. Ou pas exactement. C'est plutôt que je n'arrive pas à me débarrasser de l'impression que la vie est en suspens, qu'elle le sera jusqu'à ce que tout soit fini.

— Nous avons un enfant. Cela, ce n'est pas en suspens.

— Non, bien sûr que non...

Mais d'autres vers me venaient sournoisement à l'esprit, que, compte tenu de l'humeur de Van, je n'osais réciter:

Qu'est donc une femme pour que tu l'abandonnes,
Avec ton foyer et ton champ,
Pour aller rejoindre la vieille Faucheuse d'Hommes?

XIV

PARIS, 1940

L'après-midi du 9 mai 1940, je n'avais aucune information à rapporter. Les choses restaient ce qu'elles avaient été durant les longs mois de ce que les Français appelaient la « drôle de guerre ». C'était une parfaite journée parisienne, et, dans les rues, les gens qui se promenaient ou vaquaient à leurs affaires avaient le sourire. Beaucoup d'hommes arboraient des chapeaux de paille, car il était facile de se persuader que le printemps avait déjà cédé la place à l'été. Dans la soirée, j'avais prévu d'aller voir Garbo dans *Ninotchka*, et j'avais quelques heures à tuer après le déjeuner. J'allai donc en flânant jusqu'au petit square à l'extrémité de l'Île de la Cité, juste sous le Pont-Neuf et la statue d'Henri IV, et m'assis à l'ombre des marronniers pour regarder les pêcheurs opérer.

Ils utilisaient de longues cannes à pêche et des flotteurs à plumes. À mon arrivée à Paris, je les avais trouvés très amateurs, comparés aux pêcheurs opérant dans nos rivières et dans nos lochs d'Écosse, mais, après les avoir observés de nombreux après-midi, je m'étais aperçu qu'ils étaient fort expérimentés, et que la plupart d'entre eux rentraient rarement bredouilles le soir. Il était reposant de les regarder sans éprouver le besoin de faire quoi que ce soit d'autre. Les poissons qu'ils attrapaient étaient charnus et appétissants, comme de bonnes sardines fraîches ; quelques-uns des restaurants des quais les servaient entiers, en friture. Les pêcheurs étaient presque tous vieux ou d'âge moyen. Il n'y avait aucune femme parmi eux, et très peu de jeunes. Beaucoup étaient des anciens combattants, dont certains avaient sans aucun doute vécu les terribles combats de la Marne et de Verdun, où ils avaient sauvé la France. Maintenant, leurs fils ou leurs petits-fils étaient à leur tour en première ligne, se préparant à revivre ces batailles.

Parfois, je parlais avec eux de leur guerre. Un certain nombre d'entre eux en étaient sortis mutilés. Quelques-uns étaient communistes, et quand on leur parlait de cette guerre qui n'avait pas encore eu lieu, ils haussaient les épaules, avec mépris ou peut-être avec gêne. Dès le premier jour, ils avaient désapprouvé. L'ambassadeur soviétique avait récemment été expulsé. Dans une dépêche adressée au Kremlin, il avait dénoncé les Français et les Britanniques comme des fauteurs de guerre.

Je me disais que, là, il était bien loin de la vérité. J'avais suivi professionnellement la mobilisation française, et la phrase, constamment entendue, qui m'était restée en mémoire était : «*Il faut en finir*[1].» Il était impossible d'imaginer soldats moins ardents. Ils n'aimaient pas Hitler. La plupart le détestaient même. Ils se rendaient compte qu'il fallait qu'on l'arrête, et regrettaient seulement que ce fût à eux de le faire. Quelques-uns blâmaient les politiciens, dont la faiblesse (à leur avis) avait amené les choses à un point où ils devaient abandonner leurs emplois, leurs femmes et leurs familles pour prendre la route du nord-est. Chez nous, Churchill et d'autres reprenaient le vieux refrain selon lequel la France avait la meilleure armée d'Europe et donc du monde, mais nulle personne ayant assisté à la mobilisation ne pouvait partager cet optimisme. Quand je voulus le suggérer, mon article ne fut pas publié.

La Norvège, déjà, avait été un désastre, mais, à Paris, le soleil brillait, les pêcheurs attendaient que cela morde et rien n'arrivait.

*

Barbara et moi sortîmes du cinéma en souriant.

— Mais n'oublions quand même pas, me dit-elle, que la raison pour laquelle on aime tant ce film est

1. En français dans le texte.

qu'il permet aux gens d'oublier leurs craintes à l'égard du communisme. Des Russes réduits à l'état de personnages comiques, c'est réconfortant. Mais aujourd'hui, au déjeuner, la femme d'un avocat m'a assuré que si les Allemands attaquaient, il y aurait une insurrection communiste et des massacres dans les rues de Paris. Elle a fait un stock d'essence de façon à pouvoir partir pour le Midi d'un instant à l'autre. Qu'est-ce que tu veux faire avec des gens pareils ?

C'était le genre de personnes qui avaient parlé tout l'hiver de la nécessité d'une paix négociée. Après tout, disaient-elles, nous n'avons pas de motif de conflit avec les Allemands. Certaines autres, tout en reconnaissant qu'il y avait eu matière à affrontement, préconisaient des négociations. Le romancier Philippe Torrance, un ami d'Alastair, me dit un jour :

— Nous sommes entrés en guerre pour défendre la Pologne. Et maintenant, la Pologne est occupée. Alors pourquoi combattons-nous ? Quelqu'un peut-il me l'expliquer ?

— Sais-tu, m'informa de son côté Barbara, que les normes françaises de production d'armement sont fondées sur l'hypothèse qu'il n'y aura pas d'attaque allemande cette année ?

— C'est ce que j'ai entendu dire. Je n'arrive pas à y croire.

— Ce que tu crois importe peu. C'est vrai.

J'avais toujours envié à Barbara sa faculté de regarder la réalité en face. Mais, en fait, elle en tirait plaisir. Il était dans sa nature de voir de préférence le côté négatif des choses.

— Qu'est-il arrivé à cette amie à toi, Trude ? me demanda-t-elle, changeant soudain de sujet.

— Aux dernières nouvelles, elle envisageait d'épouser un banquier nazi.

— J'ai toujours su que c'était une fille raisonnable. Il n'empêche qu'elle aurait mieux fait d'accepter mon invitation.

— Trop tard, maintenant.

— Oui, trop tard.

*

À l'aube du 10, les sirènes se mirent à sonner. Le spectacle qui s'offrait à moi de la fenêtre de ma chambre d'hôtel, sur la place Louvois, était celui d'un théâtre élisabéthain, avec des rangées de spectateurs à tous les étages. Mais, au lieu de regarder vers une scène, c'était vers le ciel qu'ils regardaient. On ne pouvait savoir si les points qu'on voyait là-haut étaient des avions français ou des avions allemands. De l'autre côté de la Seine, des canons aboyaient. La petite femme de chambre que je croisai dans le hall était en larmes. C'était une jeune Auvergnate qui n'était à Paris que depuis deux mois. Elle pleurait, me dit-elle, en pensant à son frère qui était au front.

Plus tard dans la matinée, je retrouvai Barbara au *Dôme*. Aux tables voisines, les gens parlaient tous de la même chose: « Finalement, ça y est! » Nous avions appris que les Allemands étaient entrés en Belgique, violant la neutralité de ce pays avant de violer celle des Pays-Bas. Un député breton nommé Henri de Kérillis me mit la main sur l'épaule.

— Alors, me dit-il, l'attente a pris fin. Très bien. Dans un mois, nous serons à Berlin ou les Allemands seront ici, à Paris. Ce n'est pas seulement une bataille. C'est le moment décisif de la guerre.

— Ils ne seront pas à Berlin, fit Barbara, comme il s'éloignait.

Elle avait parlé en anglais, mais assez haut et clair pour attirer des regards furieux.

— Les Français pensent que nous allons intervenir, poursuivit-elle. C'est la faute de Bullitt. Il est trop engagé personnellement pour être un bon ambassadeur. La vérité est que le Congrès ne laissera pas Roosevelt agir, et, de toute façon, je ne suis pas sûre qu'il le veuille.

Je tentai de téléphoner à Londres, d'abord au bureau, puis à Van, mais il était impossible d'avoir la communication. Nous n'avions pas de bureau à nous à Paris. J'accompagnai donc Barbara à ceux du *Herald Tribune*, m'arrêtant d'abord à mon hôtel pour voir si des télégrammes y étaient arrivés. À Paris, la vie continuait normalement, mais le concierge de l'hôtel me dit qu'aucun télégramme n'était arrivé pour moi.

Tout semblait assurément normal. Les ménagères faisaient leur marché. Les enfants étaient en classe. La guerre n'avait encore dérangé personne.

Au *Herald Tribune*, on nous dit qu'il y avait une conférence de presse prévue pour cinq heures au ministère de la Guerre.

— Peut-être, ajouta-t-on.

Au Club de la Presse, on parlait d'une contre-offensive française. On avait l'impression étrange d'être dans la guerre sans y être. Cela ne ressemblait pas à Madrid. Cela ne ressemblait pas du tout à Madrid.

La conférence de presse n'apporta aucune information précise. Les choses se déroulaient, affirmait-on, conformément au plan prévu.

— Tu parles ! fit Barbara. Cela sent déjà mauvais.

Puis elle me quitta pour aller retrouver quelques-uns de ses camarades communistes plus ou moins hors la loi. Après son départ, l'un de ses confrères américains me dit :

— Méfie-toi, vieux. Cela ne te fait aucun bien d'être vu avec cette souris.

Au bar de l'hôtel Meurice, la première personne que je vis fut Jukes. Il était en conversation avec un gros pédéraste français, un marquis de Quelque Chose, et je crus d'abord pouvoir passer sans qu'il m'aperçoive. Mais peu de choses échappaient à Jukes. Je ne tardai pas à m'entendre appeler par mon nom et à sentir qu'on me retenait par le bras.

— Content de te voir, mon petit vieux.

— C'est dégoûtant, disait à ce moment son interlocuteur, dont le prénom était Patrice. Avez-vous entendu ce que disent les Rouges ? J'ai écouté leur prétendue Radio-L'Humanité. Ils excitent la canaille. Ils lui disent qu'elle n'a rien à craindre des Allemands, mais seulement des capitalistes français. On devrait les attraper, les coller au mur et les fusiller.

— Pas facile, mon vieux, fit Jukes. Ils émettent du territoire allemand. Bien joué, hein ? L'ami Goebbels connaît son boulot.

— Vous voulez dire que c'est de la propagande ? dit Patrice.

— Bien sûr.

— Quand même, je tiens de source sûre que si les Boches arrivent à moins de trente kilomètres de Paris, les Rouges sont prêts à se révolter. Ce sera la Commune qui recommencera.

— Peut-être bien, répondit Jukes en souriant.

Le désarroi de son ami le faisait visiblement jubiler.

— Bah ! fis-je. Les trains pour le Midi roulent encore.

*

Ces jours me reviennent sous forme d'images séparées et d'instantanés. Se peut-il vraiment que le lendemain, samedi, qui était le premier jour des vacances de la Pentecôte, je me sois retrouvé à Auteuil en train de gagner un joli paquet sur une pouliche de trois ans ? Était-ce vraiment là, m'étais-je demandé même à l'époque, une façon de commencer à vivre une guerre ? Les parachutistes tombaient sur Rotterdam ce matin-là, mais les casaques de soie des jockeys luisaient fièrement au soleil. Comme les journaux ne manquaient pas de le souligner, il y avait un climat de calme total. « Hitler a fini par dangereusement s'exposer », entendait-on répéter régulièrement. « Il ne va pas tarder à s'apercevoir que nous sommes des Français, pas des Norvégiens ou des Polonais. » « Bien sûr, affirmaient d'autres, il a gagné du terrain au départ, mais j'ai appris de bonne source que nous n'avons pas été surpris. Nous ne reculons que pour mieux contre-attaquer. » Le nombre de gens qui avaient appris des choses « de bonne source » était considérable. Un journaliste américain me dit :

— Les gens sont obsédés par mars 1918. Vous avez remarqué ? Mais il n'y a pas de Foch cette fois-ci...

*

Mon travail se situait à Paris, dans la capitale. Harbottle avait bien souligné que je n'étais pas un correspondant de guerre.

— Ce qu'il veut, avais-je dit à Barbara, c'est de l'analyse, dont il ne se servira pas. Il a décidé, vois-tu, que tout devait aller très bien. Les seules choses que je puisse lui envoyer avec une chance d'être publiées sont des papiers euphoriques sur le calme à Paris. Le calme et la détermination. Si j'écris que la moitié des gens se sont faits à l'idée de la défaite et que l'autre moitié s'en fout, cela passera aux oubliettes. Je ne peux rien faire ici.

— La guerre va être longue, affirma-t-elle. Ce n'est que le prologue.

— Je croyais que la « drôle de guerre » était le prologue.

— Si tu veux. C'est l'Acte I, Scène I.

*

Le mercredi 15, les troupes allemandes franchirent la Meuse et ouvrirent une brèche de quatre-vingts kilomètres de large dans les défenses françaises. Au *Dôme*, on m'informa que la 9e Armée du général Corap s'était effondrée. On disait que ses unités étaient pleines de communistes, qui avaient jeté leurs armes. Certains affirmaient même qu'ils étaient passés en masse à l'ennemi. Au *Ritz*, j'entendis dire que Corap s'était tiré une balle dans la tête, au *Crillon*, qu'il avait été arrêté sur ordre de Gamelin et devait passer en conseil de guerre. Le cri de tous était : « Il n'y a plus rien entre les Boches et Paris ! » Dans les jardins du ministère des Affaires étrangères, Quai d'Orsay, on brûlait les archives.

*

On parlait de la mutinerie, à Compiègne, d'un régiment constitué de recrues communistes de la « banlieue rouge » de Paris, on disait qu'il s'était emparé de la ville et était prêt à la livrer aux Allemands. Je demandai l'autorisation de me rendre sur place. On me répondit que « l'affaire était en main », mais que les journalistes n'étaient pas admis dans ce secteur. Dans la soirée vint l'assurance que les mutins avaient été neutralisés par d'autres unités.

Dans les rues, les agents de police avaient été armés de fusils. Jukes me raconta qu'un attaché de l'ambassade du Japon lui avait dit qu'il était bien agréable d'être japonais, à ce moment ; on ne risquait pas de se faire soupçonner d'être un parachutiste allemand. Je ne connaissais pas ce genre de sens de l'humour aux Japonais.

Le samedi 18 mai, je me rendis à la gare du Nord pour voir arriver des réfugiés belges. La Croix-Rouge y avait installé une soupe populaire. L'une des dames de la Croix-Rouge demanda à Barbara :

— Vous êtes américaine ? Alors, dites-moi qui nous a trahis. Ce sont les rouges ou les juifs ?

— Vous pensez que les juifs vous livreraient aux nazis ? dit Barbara.

— Oh oui ! Ce ne sont pas de vrais Français, vous savez...

— Mais les nazis persécutent les juifs.

— C'est ce qu'on dit... mais quand même...

Elle se détourna pour aller consoler, avec une grande douceur et une immense gentillesse, une petite fille qui avait perdu sa mère et pleurait.

On annonça un remaniement ministériel, dont nous entendîmes les détails au bar du *Ritz*. Mandel devenait ministre de l'Intérieur.

— Bien, dit Barbara. Cela va peut-être leur donner un peu de nerf à tous.

— Mandel ? fit notre marquis homosexuel, Patrice. C'est logique. Pour une guerre juive on a besoin d'un Clemenceau juif. Néanmoins, il en vaudrait mieux un qui soit français. S'il faut continuer à combattre, ce dont je doute.

Le retour de Pétain fut approuvé.

— On dit qu'il n'est que vice-président du Conseil, mais c'est le véritable homme fort du gouvernement.

— Quel âge a-t-il ? demanda Barbara. Au moins quatre-vingts, n'est-ce pas ?

— Quatre-vingt-quatre, mais la virilité intacte, tu sais. Sa maîtresse a moins de la moitié de son âge.

— Hitler aussi, remarqua Barbara.

Je me dis que Père, qui l'avait connu en 1918, le considérait comme un défaitiste.

— Viens, me dit Barbara. Allons voir Ilya.

*

Je ne pense pas que quelqu'un lise encore Ilya Ehrenbourg à l'heure actuelle. Les jeunes ne connaissent sans doute même pas son nom. En fait, je me rends compte que, dans cette chronique, je n'ai cessé de citer des noms totalement ignorés de la jeunesse. Pour elle, je suis en train d'évoquer un monde aussi lointain que l'Antiquité grecque. Mais je n'y peux rien.

Ehrenbourg était alors le correspondant à Paris des *Iszvestia*, titulaire de plusieurs prix Staline, un juif ayant survécu à l'antisémitisme stalinien, à peine moins virulent que celui d'Hitler. Champion de l'antifascisme, figure de proue du Congrès des écrivains, il s'était néanmoins forcé à avaler le pacte germano-soviétique. Barbara le connaissait, l'aimait et l'admirait depuis des années.

Nous le trouvâmes assis à son bureau, dans son appartement derrière la gare Montparnasse.

— Ainsi, nous dit-il, vous êtes toujours dans ce Paris transformé en une forêt vierge pleine d'étrangers. On m'a raconté aujourd'hui qu'il y avait 40 000 soldats allemands déguisés qui circulaient dans la ville. Les gens croient n'importe quoi quand les points de repère habituels de leur existence se trouvent détruits.

Il tira sur sa barbe. Avec sa veste d'intérieur en

velours marron, il ressemblait à un littérateur de la fin du siècle précédent.

— Cela arrive plus vite que je ne pensais, cette débâcle, poursuivit-il. Nous avons tenté de gagner du temps, mais, cette fois, c'est le temps qui gagne sur nous.

— Resterez-vous à Paris quand les Allemands arriveront ? lui demanda Barbara.

— Naturellement, répondit-il. Ce sera intéressant. J'écrirai un roman intitulé *La Chute de Paris*. C'est une ironie du sort. En tant que citoyen soviétique respecté, je suis le juif le plus en sécurité de Paris.

*

Je reprends mon journal.

«*20 mai*. – Un éditorial souligne : "Plus les Allemands avancent, plus ils se mettent en danger, car ils s'éloignent de leurs bases, alors qu'au contraire, plus nous battons en retraite, plus nous nous rapprochons des nôtres et plus notre situation s'améliore."

«— Chouette ! dit Barbara. Battons en retraite jusqu'aux Pyrénées, et Hitler sera foutu !

«Alors que je tentais d'envoyer une dépêche, aujourd'hui, le censeur a coupé toutes mentions du bombardement du Havre.

«— Cela veut-il dire que ce n'est pas arrivé ? lui ai-je demandé.

«— S'il vous plaît, m'a-t-il répondu. Ne plaisantez pas. Ce n'est pas le moment d'exercer votre sens de l'humour anglais.

«Ce matin, *Le Figaro* publie une recette permettant d'utiliser les restes en farcissant des fonds d'artichauts. On distribue des cartes de rationnement. Il y a déjà pénurie de pain.

«À mon hôtel m'attendait une lettre de Van. Très détachée et dépourvue, comme délibérément, de toute véritable information. Elle ne me parle pas de Churchill, mais me dit que le bébé a un rhume. Pas un mot pour s'enquérir d'Alastair.»

« *21 mai*. Ce matin, je ne voulais pas me lever. Le soleil filtrait à travers les volets mi-clos et flottait dans l'air une odeur de pain en train de cuire. Cela semblait une belle matinée parisienne. Étendu dans mon lit et contemplant les jeux de lumière au plafond, je pensai à cette phrase d'Hemingway : "La guerre était toujours là, mais nous n'y allions plus." Pendant un moment, la guerre semblait nous oublier. Elle nous laissait encore un peu à notre monde personnel. Je relus la lettre de Van, et l'imaginai au lit avec moi.

« Quand, finalement, je me levai et revêtis un complet d'été gris clair, la guerre semblait toujours dans un autre monde. Je quittai l'hôtel et flânai dans les petites rues, non loin de la Seine. J'achetai un journal et allai manger, dans un petit restaurant breton, du gigot de pré-salé avec une demi-bouteille de vin rouge.

« Mais, dans les rues, les gens semblaient différents. L'ossature de leur visage se faisait plus aiguë. Ce n'était pas encore la faim. Cela viendrait sans doute plus tard. C'était l'anxiété.

« Reynaud devait parler dans l'après-midi au Sénat.

« Il parla bien, avec énergie. Mais cette énergie n'était pas communicative. On aurait dit que ses mots tombaient dans le vide. Il reconnut que des erreurs avaient été commises. On avait surestimé l'importance de la Meuse en tant que barrière, on avait omis de faire sauter les ponts devant les Panzers, on avait dû s'en remettre à "des divisions de réserve, mal commandées, mal entraînées et sans appui sérieux". Mais on procédait à une remise en ordre. C'est pourquoi il avait rappelé comme commandant en chef Weygand, l'ancien bras droit de Foch.

« Trop tard, murmuraient certains. Trop vieux, disaient d'autres.

« — La France ne peut mourir, déclara Reynaud en écartant largement les bras. Et si, un jour, on devait m'affirmer que seul un miracle pouvait sauver la France, je dirais aussitôt : "Très bien, messieurs, je crois en ce miracle, car je crois en la France."

« Mais les Français ne croient pas aux miracles. Parler de miracles jette une ombre déprimante sur un Parlement qui, après tout, est bourré d'anticléricaux ayant mis les miracles hors la loi.

« Néanmoins, la dépêche que je rédigeai et envoyai au journal avait un ton optimiste. J'y louais l'"indomptable esprit combatif" de Reynaud. C'est ce qu'Harbottle veut entendre. Et puis il y a quelque chose de magnifique en ce petit homme. Il représente ce qu'il y a de meilleur dans la France provinciale.

« Mais, quand je compare ce personnage aux gangsters auxquels il s'oppose, j'ai les plus grandes craintes. Ce que, par contraste, on peut dire en faveur de Churchill, c'est qu'il est une sorte de gangster lui-même. Mais gangster n'est pas exactement le mot. C'est un personnage du dix-septième siècle, qu'on peut très bien imaginer en général des Cavaliers[1]. Bien sûr, les Cavaliers ont perdu. »

« *22 mai.* – Quelques-uns de mes confrères – Sye Barnton, par exemple – font leurs bagages en vue d'un retour à Londres. C'est là que l'histoire va se poursuivre sous très peu de temps. Mais j'hésite. Il y a quelque chose de fascinant dans ce Paris si calme et si beau à la surface ; quel mystérieux système nerveux frémit en dessous ?

« Je suis allé ce matin à l'église Saint-Étienne-du-Mont, derrière le Panthéon. C'est du très beau gothique finissant. Je n'y étais encore jamais entré, mais, là, je m'y suis rendu parce qu'on y commence un cycle de prières de quatre jours. Des Parisiens qui n'avaient pas, à les voir, prié depuis des années – si ce n'est peut-être pour demander de gagner au PMU – emplissaient l'église. Celle-ci a été choisie parce qu'elle abrite la tombe de sainte Geneviève, dont la ferveur a repoussé de Paris Attila et les Huns.

1. Partisans du roi Stuart dans la guerre civile anglaise, les Cavaliers se caractérisaient souvent par leur panache face aux « Têtes rondes » puritaines de Cromwell *(N.d.T.)*

« — Il faudra plus que des prières à une femme morte qui n'a peut-être jamais existé pour convaincre Hitler de rebrousser chemin, a dit Barbara.

« Elle m'a cru fou quand je lui ai dit que j'avais été ému par le service religieux. Le prêtre a demandé aux fidèles de ne pas blâmer leurs gouvernants, mais, au contraire, de leur accorder leur pleine confiance. Difficile exigence, même si, personnellement, je me sens sûr de Reynaud. C'est-à-dire que je me sens sûr de ses bonnes intentions...

« Un communiqué de presse : “En dépit des difficultés commerciales actuelles, Mr. Mitty Goldin, directeur de l'ABC, estime de son devoir que les artistes et le personnel du théâtre assurent, malgré des recettes réduites et même négatives, la poursuite des représentations avec la troupe tout entière. À partir de vendredi, en matinée comme en soirée, un nouveau spectacle présentera des chansons françaises, tant patriotiques que sentimentales, avec le concours des plus célèbres vedettes de cabaret, représentant l'esprit indomptable de la France et de notre Paris bien-aimé.”

« Alors, tout va bien.

« Weygand était de retour à Paris ce matin. Il est arrivé tout droit du front dans le bureau de Reynaud sans avoir pris le temps de se laver ou de se raser. On le dit plein d'optimisme et de dynamisme. Le propos officiel est que “tout son être rayonne d'énergie et d'esprit de décision”. Il projette une contre-attaque – devant impliquer le corps expéditionnaire britannique, que, bien sûr, il ne commande pas. Mais, si la bataille est vraiment perdue, notre objectif devra devenir de nous assurer les ports de la Manche afin de pouvoir évacuer notre armée.

« Me souvenant de ce que Barbara a dit de l'âge de Pétain comparé à celui d'Hitler, je ne puis oublier que Weygand lui-même a plus de soixante-dix ans. Quand Napoléon a anéanti les Autrichiens à Austerlitz et les Prussiens à Iéna l'année suivante, c'était l'inverse. Le Corse avait trente-six ans et les généraux autrichiens et prussiens avaient plus de deux fois son âge. Et Hitler est également plus jeune que Churchill de quinze ans.

« Quand les gens parlent de Weygand, ils le prennent manifestement pour Foch : "Mon centre est enfoncé, mon aile droite recule, situation excellente ; j'attaque..."

« Si seulement c'était aussi simple que cela ! Foch, lui, avait de quoi attaquer, et l'armée allemande s'était épuisée.

« Refrain des journalistes français : "Pourquoi vous, les Anglais, n'engagez-vous pas vos avions ?"

« On ne peut leur donner la véritable réponse : "Parce que nous ne croyons pas que les Français aient la volonté de se battre."

« Attendant Barbara au bar du *Ritz*, dans la soirée, je me suis entendu appeler par mon nom. La voix, un alto un peu flûté, rappelait curieusement les étés à Blankets, et les après-midi paresseux à l'ombre des ormes. Pendant un moment, je ne reconnus pas celui qui avait parlé. Puis je m'aperçus qu'il s'agissait de Robin Maltravers, travesti en capitaine d'un régiment impossible à identifier.

« — Mon cher ! fit-il.

« Il portait son uniforme, qui lui faisait une taille de guêpe, comme un figurant dans une opérette viennoise.

« — Que faites-vous ici, Robin ? demandai-je. Je dois dire que, ces temps-ci, on voit en uniforme les personnes les plus déconcertantes.

« — Eh bien, je n'ai jamais réussi à résister à une tentation, comme vous le savez.

« — En effet.

« — Aussi, bien sûr, dès le moment où le cher vieux pays a été en danger, j'ai répondu au Grand Appel. Non que j'aie eu l'occasion de beaucoup déployer ma bravoure, mon cher. Je suis au minuscule état-major de notre ancien roi, et je dois dire que Son Altesse Royale est dans le plus lamentable état. La duchesse est partie vers le sud, et la seule question qui hante le pauvre petit cerveau de son époux est de savoir comment il va bien pouvoir la rejoindre et quand. C'est réellement méprisable. Je doute donc de pouvoir rester beaucoup plus longtemps avec lui. Je tire toutes les petites ficelles sur lesquelles je puis mettre ma patte délicatement manucurée pour me faire muter. Les lanciers me conviendraient très bien. J'ai toujours trouvé les officiers de la Garde si constipés et si vides ! Comment ils en arrivent à commander de si charmants jeunes hommes, je me le suis toujours vraiment demandé !

« Curieusement, son attitude ne m'a pas surpris. Je ne vois d'ailleurs pas pourquoi j'écris "curieusement". Cultiver une aussi flamboyante extravagance que Robin avait toujours exigé, en fait, une bonne dose de courage. Il allait probablement terminer la guerre avec un DSO.

« — J'ai vu votre petit frère, l'autre jour, me dit-il.

« — Je ne savais pas qu'il était à Paris.

« — Oh, oui ! C'est un grand chouchou de Son Altesse Royale et de quelques-uns de ses minables et peu recommandables copains milliardaires.

« — Peu recommandables, Robin ? Je suis surpris de vous entendre employer cette expression.

« — C'est la guerre, chéri. Cela me fait tellement me sentir de la vieille école ! Je me surprends parfois à parler exactement comme ma maman.

« Je tentai de lui faire dire où habitait Alastair. Mais il resta dans le vague. Cela ne lui ressemblait pas. »

« *Jeudi 23 mai*. – Paris est calme, beau et ensoleillé – l'un de ces après-midi où le jeune Marcel pourrait avoir regardé Gilberte jouer au volant aux Champs-Élysées. Il était étrange de voir des ouvriers réparer le piédestal d'une statue sur le pont du Louvre. Peut-être la Cinquième Colonne remettait-elle la ville en état pour accueillir dignement Hitler.

« L'absence d'informations précises est affreuse – mais il semble que nous, Britanniques, battions en retraite pour nous assurer les ports de la Manche. S'il en est ainsi, c'est que le War Office est arrivé à la conclusion que la Bataille de France est perdue.

« Dans la soirée, nous sommes retournés, Barbara et moi, voir Ehrenbourg. Il avait téléphoné à Barbara pour lui demander de venir. Il a paru un peu hésitant quand il m'a vu avec elle, puis il a fait un geste vague de la main, comme s'il balayait ses réserves à mon égard. Il nous a d'abord dit qu'il avait eu des problèmes avec la police. Il est peut-être en danger d'être expulsé. En revanche, dans l'après-midi, il avait été convoqué chez Anatole de Monzie, le ministre des Travaux publics.

« — Monzie, nous dit-il, est un vieil ami, une relation tout au moins. Pour vous dire la vérité, je n'ai jamais été certain de ses positions politiques. Il n'empêche que sa convocation éveilla chez moi le plus vif intérêt. Il était assis derrière son bureau, fumant sa pipe. Si son intention était de m'impressionner par son calme, ce fut raté. Il était manifestement nerveux. Et il y avait de quoi. Il ne perdit pas de temps. "Écoutez, me dit-il, la situation est critique. C'est pourquoi on m'a donné mandat de vous parler. Le gouvernement est divisé. Pétain, Baudouin et d'autres veulent demander un armistice. Reynaud refuse. Et Mandel aussi, évidemment. Mais nous avons très peu de chars et encore moins d'avions." Puis il s'interrompit. Je lui demandai pourquoi le gouvernement s'obstinait à persécuter de bons communistes français. N'était-ce pas de la folie que de provoquer la colère de la classe ouvrière, dont dépendait toute résistance efficace ? Il ne put le nier, mais ce n'était visiblement pas ce qui l'intéressait. Il en vint à l'essentiel. La France était prête à rétablir des relations diplomatiques avec l'URSS si elle obtenait des avions en retour.

« — Alors, ils en sont vraiment réduits au désespoir, dit Barbara.

« — Tout cela est en confidence, vous le comprenez bien, précisa Ehrenbourg. Je suis allé tout droit à notre ambassade, et, après consultation avec Ivanov, qui est le chargé d'affaires, j'ai rédigé moi-même un télégramme. Il ira directement à Staline.

«— Pourquoi penses-tu qu'il nous a raconté cela? demandai-je à Barbara, comme nous nous enfoncions de nouveau dans la douce nuit parisienne. Pour se couvrir d'une certaine façon?

«— Pour nous prévenir que la France était battue. Staline n'enverra pas d'avions. Comment le pourrait-il?

«— Mais est-il dans l'intérêt de l'URSS que la France perde la guerre?

«— Peut-être. Cela dépend des conditions de la paix.»

«*24 mai.* – J'ai télégraphié hier soir au journal pour dire qu'il n'y avait plus rien d'utile que je puisse faire ici et pour suggérer qu'on me rappelle à Londres. Cela m'a fait me sentir un peu minable. Et pourtant, ce que je disais était vrai. La radio parle de violentes attaques contre le saillant d'Amiens, mais nous n'en connaissons pas le résultat. Le franc a monté contre le dollar. Dieu sait pourquoi. Il est impossible de s'imaginer que les Allemands risquent d'être là la semaine prochaine. Et pourtant, nous savons bien que c'est le cas. J'ai déjeuné au Racing Club, dans la paix profonde du Bois de Boulogne. Là, on continue à avoir la même impression que pendant la "drôle de guerre". Puis, retour au ministère de la Guerre pour une conférence de presse pleine de contre-vérités et de dérobades. Aurais-je dû poser des questions embarrassantes? Oui, bien sûr.

«À mon hôtel, j'ai trouvé un mot d'un ami d'Alastair, un romancier nommé Torrance, me proposant que nous dînions ensemble. Il était urgent qu'il me parle. Je ne vois pas pourquoi. Tout ce que je sais de Torrance, c'est qu'il est l'un des écrivains engagés par Alastair pour travailler au scénario de son film sur les trois anciens combattants de l'autre guerre – film qui ne peut sûrement plus être réalisé maintenant. À moins qu'il l'ait déjà été? Je ne le sais même pas.

«Quoi qu'il en soit, je vais aller à ce dîner. Bien sûr.»

*

Mon journal s'interrompt là. En fait, je devais l'oublier à Paris, à mon hôtel, et, un soir de 1946, comme j'y avais fait halte pour une nuit en me rendant à... je ne me rappelle plus où... le concierge me le remit comme si c'était quelque chose de grande valeur. Il l'avait trouvé, me l'avait gardé et attendait des remerciements, ainsi, bien sûr, qu'un pourboire. Je le lui donnai en dollars, car c'était une période où le Trésor britannique ne nous laissait exporter qu'une très faible quantité de livres sterling – fait qui semblera inconcevable aux jeunes de maintenant, nourrissant l'illusion que leur argent est véritablement et totalement à eux et n'ayant pas encore appris la grande vérité de la vie moderne – à savoir qu'il leur est simplement loué par l'État.

Mais j'ai encore quelques réminiscences de ce dîner avec Torrance. Là aussi, ce nom ne dira rien à toute personne de moins de cinquante ou soixante ans. La vogue de Torrance a été brève. De jeunes cinéphiles, enthousiastes, ont peut-être vu le film tiré de son roman *À l'ombre du futur* que les connaisseurs présentent comme l'un des chefs-d'œuvre du cinéma français dans les années précédant les remous – faibles, à mon avis – de la « nouvelle vague ». Il avait un certain charme, ce qu'on ne pouvait guère dire de son auteur. Cette histoire d'un amour impossible entre la femme d'une haute personnalité de Vichy et un instituteur-romancier idéaliste représentait, en fait, ce qu'il y avait de meilleur en lui. Je ne parle pas ici en critique littéraire, car j'ai lu fort peu de ce qu'a écrit Torrance, mais je veux dire que tout ce qu'il pouvait y avoir de bon, de noble et de généreux chez cet homme que je trouvais antipathique au point d'en être répugnant se trouvait dans le livre et le film. Bien sûr, leur succès résultait avant tout d'un profond apitoiement sur soi-même, mais on pourrait dire la même chose de la plupart des œuvres connaissant la popularité. N'est-ce pas pour cela que nous sommes attirés vers Hamlet ou vers Anna Karénine ? Pour ne pas parler de Scarlett O'Hara.

Mais l'impression que me fit Torrance ce soir-là fut déplorable. Il était, en fait, mort de frousse.

Cette frousse l'empêchait d'aborder directement la raison pour laquelle il avait voulu me voir. Au lieu de le faire, il parla littérature, ou plutôt de lui-même par rapport à la littérature. Cela ne semblait pas être le moment. Je l'interrogeai sur le film qu'il devait, à ce que je supposais, avoir écrit ou contribué à écrire pour Alastair.

— C'est impossible, me dit-il. La guerre a rendu cela impossible. Cette stupide guerre...

Je lui dis alors que j'avais été surpris d'apprendre qu'il travaillait avec Alastair.

— J'ai lu quelques-uns de vos écrits, précisai-je, et je vous croyais à gauche.

— Il est impossible à un homme intelligent de rester à gauche, me répondit-il. La guerre est une folie, et la gauche y a poussé.

— Avez-vous un message de mon frère à mon intention ?

— Qu'est-ce qui vous fait penser cela ?

Il enfonça dans sa bouche un gros morceau de steak et sauça son assiette avec du pain. Il s'était refusé à boire du vin, en craignant peut-être les effets sédatifs.

Puis il commença à se plaindre. Le monde l'avait mal traité, et mon frère en particulier. Il avait suspendu d'importants travaux pour écrire le scénario, et maintenant, on l'écartait. Ce n'était pas juste. De plus, Alastair lui devait de l'argent. Enfin, Alastair lui avait pris Yvette. « Elle était ma découverte », répéta-t-il à plusieurs reprises. Il semblait s'attendre à ce que je l'indemnise de tout cela. Il alla jusqu'à tracer un parallèle entre la façon dont Alastair l'avait abandonné et la retraite de l'armée britannique vers les ports.

— La vérité, me dit-il deux ou trois fois, c'est que vous n'êtes pas des Européens. C'était une folie de vous avoir fait confiance.

Je me bornai à lui répondre que, quand le monde explosait, les individus devaient s'attendre à en subir les effets. Il n'aima pas cela. Il trouvait déplorable que l'explosion du monde puisse l'affecter.

Cette rencontre fut désagréable, ennuyeuse et stérile. Ce n'est pas pour cela que je la rapporte ici. C'est parce que l'aigreur geignarde qui s'en dégageait devait caractériser, pour moi, dans les années qui suivirent, l'esprit de Vichy – encore que Torrance ait, quant à lui, su se démarquer à temps du régime pétainiste pour réapparaître à la Libération comme un véritable héros de la Résistance. Mais, durant les années de guerre, quand je pensais à Vichy, je pensais à Torrance.

Trouvant celui-ci repoussant, je tendis à moins me préoccuper d'Alastair. C'était peu généreux, et il ne m'apparut pas, à l'époque, que le Torrance qui s'était présenté à mon frère, dont il attendait beaucoup, devait sembler très différent de l'amer et assommant individu qui s'était imposé à moi. Il était même possible qu'il ait, dans un cas, subi la contagion de la gaieté naturelle d'Alastair, et, dans l'autre, de ma sombre humeur. Nous jugeons les gens sur ce que nous voyons d'eux à l'instant, et c'est naturel : nous ne pouvons rien faire d'autre. Cependant, en passant jugement, nous devrions, si nous étions sages, nous efforcer de nous souvenir que nous ne pouvons nous fonder que sur un aspect d'un personnage – celui qu'il choisit, consciemment ou non, de manifester devant nous ou dans les épisodes de sa vie dont nous pouvons être mis au courant. De plus, nous ne pouvons tenir compte de la façon dont le sujet se voit lui-même et même les gens qui ont peu tendance à l'introspection doivent quand même mieux se connaître que les autres ne les connaissent.

À ses propres yeux, Alastair, j'en suis certain, était bien le personnage audacieux et imaginatif dont il offrait ou pensait offrir l'image au monde extérieur. Mais n'y avait-il pas des moments où il s'interrogeait sur ses capacités véritables ? Van prétendait que non, qu'il n'était pas ouvert au doute, mais Van avait sur les gens un jugement si tranché qu'elle ne pouvait envisager aucune complexité.

XV

LONDRES, 1940

— Je continue à trouver étrange que tu n'aies fait plus d'efforts pour le voir.

— Mais tout était étrange, là-bas.

Le soleil qui inondait Park Lane venait simplement dorer Hertford Street. C'était un dimanche après-midi. Le son des cloches faisait oublier un moment celui des moteurs d'avions. Rose dormait dans son berceau Art Nouveau, cadeau de la mère de Van. Van me tendit une tasse de Lapsang de chez Fortnum et répéta :

— Bien sûr, je sais maintenant que je ne l'ai jamais compris, mais je pensais que c'était parce qu'il était un collégien n'ayant pas grandi. Mais, maintenant, je découvre que je ne te comprends pas non plus, et tu n'es pas un collégien.

— Bien, fis-je. C'est comme cela. Pour une raison ou pour une autre, nous ne nous sommes pas vus, et je ne sais pas où il est maintenant.

Je me disais que j'aurais bien aimé aller aux vêpres. Ce n'était pas ou ce ne serait pas du goût de Van. Je n'en parlai donc pas. Mais les paroles du *Nunc Dimittis* me vinrent à l'esprit, ainsi que la vision du service vespéral, l'été, dans la chapelle de l'école, avec le soleil couchant faisant flamboyer le vitrail et danser des traînées d'or et de pourpre dans les cheveux de Colin. Celui-ci avait été porté disparu, présumé tué, à Saint-Valéry.

*

Ce fut le deuxième soir suivant mon retour de France que Van me dit qu'elle avait couché avec Jukes. Ce n'était pas une confession ni un plaidoyer ; juste une déclaration. Il lui avait, me dit-elle, téléphoné en demandant à la voir pour lui donner de mes nouvelles, ils avaient dîné ensemble et puis... Cela semblait naturel.

Cela ne l'ennuyait pas qu'il ait été l'amant de sa mère ? Qu'elle l'ait elle-même déclaré « horrible » à leur première rencontre ?

Pas du tout. Elle n'alla pas jusqu'à dire que cela ajoutait du piquant à la chose. Simplement, cela ne faisait pas de différence.

— C'est un homme très attirant, tu sais.

— C'est une ordure.

— Cela ne l'empêche pas d'être attirant aux yeux des femmes. En plus, je ne savais pas si je te reverrais. Tu étais très lié avec une fille, à Paris, semble-t-il.

— C'est ce qu'il t'a dit ? Cette fille, c'était Barbara. Je t'ai parlé d'elle. Je pourrais aussi être jaloux de... oh, disons Max, que toi de Barbara.

— Tu es naïf, Alec, tu sais ? Il y a plus de motifs de jalousie que le lit. Et je n'étais pas jalouse. Je me fichais de savoir si tu te la tapais ou non. J'avais simplement envie de coucher avec Jukes.

— Une fois ou plus d'une fois ?

— Une fois jusqu'ici. Je ne suis pas ta propriété, Alec. Nous ne sommes même pas mariés. C'est toi qui as choisi qu'il en soit ainsi, tu te souviens ?

*

Il était surprenant de ne pas trouver d'invités à Blankets. Je n'avais pas mesuré à quel point Père était maintenant isolé. Il était assis dans un fauteuil sur la pelouse, une couverture autour des jambes pour se protéger de la froidure vespérale et un volume d'Horace sur les genoux. Le livre posé sur la table, à côté de lui, était un roman policier de Dorothy Sayers, et il semblait probable qu'il lui avait accordé plus d'attention qu'à Horace. Et pourquoi pas, après tout ?

Il étendit la main vers moi. J'étreignis ses phalanges osseuses et glacées et posai mon autre main sur son épaule.

— Je m'imaginais entendre des canons, dit-il. Mais il n'y a pas de canons, n'est-ce pas ?

Il resta silencieux pendant tout le dîner. Mère entretenait la conversation avec des nouvelles des voisins et quelques informations locales. On ne parla pas d'affaires de famille, et le deuil de Kirstie ne fut pas mentionné. On ne m'interrogea pas sur Van ou sur Rose, non plus que sur mon séjour à Paris. Père mangea peu de son poisson et encore moins de son gigot d'agneau, mais il but à peu près une demi-bouteille de bordeaux. Quand Mère nous quitta, elle me glissa :

— Ne restez pas trop longtemps. Il se fatigue facilement.

— Elle pense que je faiblis, me dit ensuite Père. Peut-être, comme la civilisation. Deux guerres en une génération, il n'est pas étonnant que les Français se soient effondrés. As-tu eu, d'aventure, des nouvelles d'Alastair ?

Le « d'aventure » lui donnait sans doute l'illusion de prendre de la distance avec la réponse qu'il pouvait craindre.

— Non, fis-je, en croisant les doigts sous la table.

Il avala une gorgée de son whisky et soda. Son cigare s'éteignit. Il eut du mal à le rallumer.

— Dis-lui qu'il devrait revenir. Dis-lui que tout est différent et qu'il devrait revenir.

Qu'entendait-il par là ? On aurait pu croire, évidemment, aux vaines divagations de l'âge, mais je pense que la signification du propos était plus précise.

Il ne voulait pas savoir ce qu'Alastair faisait parce qu'il craignait de connaître la réponse. Mais il en revenait à quelques-uns de ses vieux héros : des jacobites qui avaient servi dans des armées étrangères, qui avaient combattu pour la France à Blenheim et à Fontenoy, et avaient pu le faire dans l'honneur. Toutefois, il n'était plus question de faire ce genre de choses dans l'honneur lors d'une guerre opposant une nation à une autre nation, et non un roi à un autre roi ou à un prétendant.

Puis il me dit :

— J'ai écrit à Winston, tu sais, pour proposer mes services en n'importe quel rôle. Je suppose qu'il me faut qualifier de généreuse sa réponse mais elle n'était pas encourageante. Il me disait que le moment était venu pour mes fils de reprendre le flambeau. Mes fils, dont pas un seul n'est en uniforme... Je te mets à part, Alec, car le travail de reporter est une action de guerre, en quelque sorte, mais... Hector, un dégénéré, George, un voleur, et Alastair... Où est ce garçon et que fait-il ?

— Peut-être, lui dis-je – et Dieu me pardonne la *suggestio falsi* contenue dans mes paroles –, a-t-il de bonnes raisons de ne pas vous envoyer d'informations sur ses activités.

*

L'absence d'invités ne troublait nullement Mère. Recevoir ceux-ci ne l'avait jamais, pensai-je, beaucoup intéressée. Elle acceptait le fait que les nécessités de la vie publique exigeaient leur présence, et qu'il était convenable que Père y fût engagé, mais elle ne pouvait, quant à elle, prendre tout cela très au sérieux. Elle préférait de loin parler avec Haskins du potager ou des parasites des rosiers ou avec Mrs. Haskins des affaires du village plutôt que de faire la conversation à des politiciens ou des universitaires. Et elle était peut-être encore plus heureuse seule, sans avoir à parler à quiconque.

Mais là, assise toute droite, comme on le lui avait appris dès l'enfance à se tenir, et tirant sur sa cigarette, elle me demanda :

— Dis-moi le pire.

Je fis mine de ne pas comprendre, mais elle revint à la charge en termes plus précis :

— Qu'est-il en train de faire ?

— Si je le savais de façon sûre, je vous le dirais.

— Ton père n'ose pas le demander. L'âge l'a rendu lâche. Je l'avais toujours craint. Moi, cela me fait l'effet inverse. En fin de compte, je préférerais être blessée plutôt que menée en bateau. Tu le comprends ?

— Oui, dis-je, c'est la revanche que nous prenons sur nos parents, de leur cacher des choses comme ils nous en cachaient quand nous étions enfants. Mais, sincèrement, je ne sais rien. Tout ce que je puis dire, c'est qu'Alastair a ce que vous appelleriez de mauvaises fréquentations.

— Nous avons été privilégiés, déclara-t-elle alors. Nous avons eu la vie facile. Mais je l'ai accepté, très volontiers – je n'aurais pas aimé vivre différemment –, parce que j'avais aussi accepté l'idée qu'en période de danger et d'efforts, nous nous mettrions automatiquement en première ligne. Comme l'ont fait mes frères. Comme Colin l'a fait.

Oui, me dis-je, mais peut-être n'est-ce pas si simple. Votre génération a peut-être eu la chance de pouvoir croire que ce l'était, que le patriotisme était une chose aussi claire et évidente que le gel en hiver. Mais il n'en est pas ainsi maintenant. Cela ressemble plus à l'époque des Tudor, d'Elizabeth et de Mary Stuart. Nous vivons dans un monde où les frontières sont idéologiques, et où le patriotisme a une signification différente pour différentes personnes. Et, quoi qu'il puisse faire, je ne doute pas qu'Alastair se considère, conformément à sa vision des choses, comme un patriote. Ne jouons pas à prétendre qu'on est en 1914, Mère.

Mais je n'exprimai rien de tout cela. Je me bornai à répéter, lâchement, que, vraiment, je ne savais rien. Puis je demandai à Mère quels projets avait Kirstie.

— Parce que tu crois qu'elle est capable de faire des projets ? me dit-elle.

*

Le soleil brillait, et l'on couvrait les plages de fils de fer barbelés. La Troisième République française avait cessé d'exister. Pétain était devenu l'Hindenburg de la France, un vieil homme orgueilleux, frôlant parfois la sénilité, mais avec, néanmoins, une obstination paysanne.

Un jour, Harbottle me dit :

— Je n'ai pas confiance en Winston. Tout le monde peut voir combien il aime le pouvoir et la guerre.

Harbottle, je le compris, aurait été partisan d'une paix de compromis. Au fond de son cœur, il était toujours un tenant de Chamberlain, et déplorait que Halifax ne soit pas devenu Premier ministre quand son héros avait été évincé.

Je fis des démarches pour accélérer mon appel sous les drapeaux, au grand déplaisir de Van.

Elle continuait à voir Jukes, tout en admettant que j'avais peut-être raison à son sujet.

— Je n'y peux rien, disait-elle. Désolée.

Comme je la gratifiais, pour la quarante-deuxième fois peut-être, de mon analyse personnelle de l'individu, elle me lança une bouteille de gin à la tête, m'ouvrant l'arcade sourcilière gauche. Pendant ce temps, la radio nous entretenait d'une grande bataille aérienne se déroulant au-dessus de la Manche. Cinquante-trois avions ennemis abattus. Nous cessâmes de nous quereller, nous embrassâmes, nous enlaçâmes, et, du bout de la langue, elle lécha le sang qui coulait de mon arcade fendue.

C'était ainsi : tempêtes, réconciliations, et refus obstiné d'interdire son lit à Jukes.

Barbara arriva à Londres via le Portugal. Elle parlait du long cortège de réfugiés français remontant vers le nord maintenant que les combats avaient cessé, du désir de revanche de Vichy contre ceux qu'on accusait d'avoir démoralisé la France – les juifs et les instituteurs, selon elle –, des riches Anglais vivant douillettement à Lisbonne, où grouillaient les agents nazis, des bonnes affaires faites par certains commerçants parisiens avec l'armée d'occupation.

Nous nous rendîmes au Café Royal, alors en pleine vogue, et où je savais donc qu'il y aurait des personnes de connaissance. Leur présence aurait pour effet de retarder le moment où Barbara me donnerait les nouvelles d'Alastair qu'elle avait, je le sentais – comme je la sentais partagée entre la crainte et l'envie de me les communiquer.

Alfred Moss était là, avec Max, Guy Holland et un Américain mince et brun que je ne connaissais pas. Sachant que Barbara détestait Guy, je m'apprêtais à passer en les saluant simplement, mais elle s'installa sans un mot à leur table, serrant rapidement la main de l'Américain et adressant à Alfred un signe de tête qui indiquait qu'ils étaient de vieilles connaissances.

Max était en uniforme de simple soldat d'aviation. Il ressemblait à un collégien effectuant sa préparation militaire.

— Je suis en permission, dit-il.

Il avait été affecté à une base aérienne de l'Essex, très accessible par train ou par autocar.

— Je m'y plais beaucoup, déclara-t-il. C'est une surprise. Et les garçons, là-bas, sont si gentils ! C'est merveilleux, pour une vieille pute comme moi, d'avoir l'impression de participer à quelque chose.

— Allons donc, Max !

Il évoqua avec un enthousiasme ému l'héroïsme des jeunes pilotes.

— Je suis amoureux d'eux, collectivement, proclama-t-il. *L'amour fou*[1]. Juste ce dont tu parlais quand tu écrivais cette chose sur Stendhal. Tu l'as finie ? Non ? Dommage.

L'amour, nous affirma-t-il, imprégnait l'atmosphère même de la base. La vie y était si précaire. Même les « rampants » en avaient conscience. Tout aérodrome était, après tout, une cible privilégiée pour les bombardiers. Max n'en avait pas été moins gêné quand Edwin Pringle était arrivé à la base dans une Rolls-Bentley bondée de fleurs et de bourriches de

1. En français dans le texte.

chez Fortnum, et avait insisté pour l'emmener avec lui dès qu'il ne serait plus de service.

— Il s'était lui-même renseigné sur l'heure, alors je ne pouvais vraiment pas dire non. Mais, depuis, le commandant me regarde un peu de travers.

— Il est probablement amoureux de toi, lui aussi.

— Cela m'étonnerait. Mais mon adjudant a été très gentil.

Le Café Royal se remplissait. Environ la moitié des hommes étaient en uniforme. À ce stade de la guerre, il n'y avait pas encore pénurie de boissons fortes. Des seaux à champagne trônaient à côté de plusieurs tables. Le climat était joyeux. Les gens n'avaient pas encore adopté cet air las et soucieux que j'associe maintenant aux années de guerre. À la table voisine de la nôtre, se trouvait un groupe de Français. Ils étaient venus rejoindre de Gaulle, dont bien peu d'entre eux, c'était évident, avaient jamais entendu parler avant sa fameuse allocution du 18 juin. Ils buvaient maintenant à sa santé non sans un soupçon d'ironie.

Guy fit venir une autre bouteille de champagne et un grand cognac pour lui-même.

— Oui, dit-il, j'ai la trouille. Je n'arrive pas à m'endormir, le soir, si je ne suis pas à moitié défoncé. À ce stade, je me fiche de savoir si une bombe va me tomber sur la figure. J'ai été réformé, vous savez. Peut-être aurais-je dû entrer au Foreign Office. Je pourrais être bien en sécurité à Bucarest, comme Hector.

— Je ne pense pas qu'on sera encore longtemps en sécurité à Bucarest, lui dis-je.

Alfred Moss s'était embarqué dans l'une de ses histoires juives. L'Américain brun semblait gêné. Je me demandai s'il n'était pas juif lui-même.

— Timmy m'a quitté, vous savez, me confia Guy. Vous vous souvenez de Timmy, à Madrid? Il est retourné aux États-Unis. Il a été question que j'y aille aussi, mais, finalement, j'ai décidé que non. Je me suis dit: tu n'es pas un poète de gauche ayant appelé à la formation d'un front antifasciste, donc tu n'as aucune raison de détaler comme un lapin, chéri. J'ai entendu dire que vous aviez vu Robin, à Paris, et qu'il était maintenant un héros.

Cette perfidie était nouvelle, et je le lui fis remarquer.

— Vous avez tout à fait raison, cher, me dit-il. Je suis devenu la plus épouvantable vieille salope qu'on puisse rencontrer.

Barbara interrompit Alfred Moss.

— Vous pensez, lui dit-elle, que c'est vraiment le moment de raconter ce genre d'histoires ?

Alfred écarta les mains, jouant les petits commerçants juifs de caricature.

— Bourquoi bas ? fit-il. Gu'est-ze gu'il y a de nouveau ? Hitler ? Toujours, nous, chuifs, avons été berzégutés... Alors bourquoi bas rire ?

— J'aurais pensé, répondit Barbara, que le moment était venu de montrer un peu de solidarité.

— Vous voulez dire – Alfred avait repris sa voix anglaise normale, la voix qui rappelait que c'était son grand-père qui était arrivé d'un ghetto d'Europe centrale pour s'installer dans la Cité de Londres, avec un succès dont son fils, propriétaire terrien dans le Surrey, anobli, membre du Parlement et ami personnel d'Édouard VII, pouvait déjà témoigner –, vous voulez dire que nous, méprisables juifs, devrions dissimuler notre juiverie et prétendre que nous sommes des goys pour assurer notre sauvegarde ? Qu'en Angleterre, nous devrions faire cela ? Miss Jakobsen, vous me surprenez.

— Ce n'est pas du tout ce que je voulais dire, répondit Barbara. Vous savez très bien que ce n'est pas ce que je voulais dire. Mais il est de mauvais goût, actuellement, de raconter cette sorte d'histoires juives. C'est tout.

— Et quelle sorte d'histoires juives devrais-je raconter, ma chère demoiselle ?

Cigare à la bouche, nœud papillon, complet à fines rayures et œillet rose à la boutonnière, Edwin Pringle s'était approché de notre table durant cet échange. Il serra l'épaule de Max.

— Que l'uniforme lui va bien ! Mais c'est Alec que je cherchais. Votre présence, mon cher garçon, est un plaisir inattendu. Mais je dois d'abord échanger quelques mots avec Alec. Vous permettez ? C'est personnel.

Nous nous transportâmes à l'une des quelques tables encore libres, près d'une vitre qu'un voilage protégeait du soleil ayant envahi Regent Street.

— On m'avait dit que vous risquiez d'être là. Je suis vraiment content de vous avoir trouvé.

Nous nous installâmes et Pringle nous commanda des whiskies et soda. Pendant un moment, il resta silencieux, son regard parcourant la salle et s'arrêtant un instant sur Max, qui riait à la conclusion d'une histoire d'Alfred qu'il avait certainement entendue plus d'une fois auparavant.

Pringle tira sur son cigare, puis, nos boissons étant arrivées, il me dit :

— Je suis un grand admirateur de votre père. Je pense que vous le savez. C'est pourquoi j'ai tenu à vous voir. Il y a des ennuis en perspective. Il va y avoir une question posée à la Chambre à propos de votre frère.

— Alastair ? Qu'entendez-vous par là ?

— Cette question concerne essentiellement le sort des sujets de Sa Majesté se trouvant en France, que ce soit en zone occupée ou en zone non occupée. Mais il y a un passage gênant à la fin, mentionnant nommément votre frère et demandant s'il est vrai qu'il risque de se faire entendre à la radio française. En avez-vous entendu parler ?

— Je n'ai eu aucun contact avec Alastair depuis des semaines.

— L'information est-elle parvenue à votre journal ?

— Pas que je sache. Mais je n'y vais pas très souvent.

— Vous comprendrez qu'il n'est rien que je puisse faire pour empêcher qu'on pose cette question, mais je pense que vous devriez prévenir votre père. Que l'émission de radio ait lieu ou non, la question elle-même va, à coup sûr, susciter une grande émotion – compte tenu de sa personnalité. Un vrai jeune idiot, votre frère, je dois dire ! Le Foreign Office n'est pas vraiment enchanté, comme vous pouvez l'imaginer.

— C'est gentil de votre part de m'avoir prévenu. C'est un idéaliste, vous savez.

— Oui. Ils causent de sacrés ennuis, les idéalistes. Maintenant, il faut que je dise un mot au jeune Max avant qu'il regagne son unité. Vraiment courageux de sa part, n'est-ce pas – il aurait très bien pu filer aux États-Unis.

*

Quelques années après la guerre, durant le passage de Maxwell-Fyfe au ministère de l'Intérieur, Guy et deux autres personnages – dont un journaliste que je connaissais – furent arrêtés et inculpés pour avoir eu des relations sexuelles avec deux jeunes conscrits, qui avaient avoué leur « crime » et accepté de devenir témoins de l'accusation. Guy me dit ensuite que lorsque les policiers étaient arrivés à son appartement et qu'il avait compris à leur mine qu'ils n'étaient pas venus pour l'interroger de nouveau mais bien pour l'arrêter, il avait senti monter en lui une vague de soulagement. C'était, m'affirma-t-il, le moment qu'il avait attendu et redouté depuis l'instant où il avait pris conscience de son homosexualité. Il s'en était presque réjoui.

— Je ne sais pas pourquoi, me dit-il. C'était simplement, je suppose, dans l'ordre des choses. C'était une scène qui venait à point nommé dans la pièce.

Il me fit cet aveu deux ans environ après sa libération, alors que je venais de le rencontrer par hasard à Rome. Nous étions installés devant des Negronis à la terrasse d'un café, au coin du Campo di Fiori. On était en début de soirée, et il faisait encore très chaud. L'odeur des melons et des pêches du marché qui s'était tenu le matin persistait dans l'air. Guy avait envoyé son petit ami italien faire quelque course. Il tira sur son cigare toscan, dont l'âcre fumée s'éleva, toute grise dans la lumière dorée, et il me dit :

— J'ai souvent pensé à ce que vous aviez dû ressentir quand vous avez entendu la première émission d'Alastair.

— En fait, je ne l'ai pas entendue directement, mais oui, en gros, j'ai eu la même impression.

— Curieusement, la pire nouvelle devient une bonne nouvelle. C'est un tel soulagement que cela ait fini par arriver ! Je savais que vous comprendriez.

— Oui, fis-je. Mais cela a quand même tué mon père.

*

Avant d'attraper le train du soir pour Oxford, j'allai à la Chambre des Communes entendre les questions. La galerie de la presse n'était qu'à moitié pleine. Van avait voulu venir, elle aussi, mais je l'en avais dissuadée.

— Cela ne pourrait qu'attirer encore plus l'attention, lui avais-je dit. Nous nous verrons après.

— J'aurais envie de le tuer, avait-elle déclaré. Vraiment.

Certains de mes confrères me regardèrent d'un œil désapprobateur, comme si les éventuelles fautes d'Alastair m'avaient rendu moi aussi impur. Jukes était là.

— Quel était, demanda-t-il, le dernier refuge d'une canaille, selon le docteur Johnson ?

— Le patriotisme.

— Exact.

La question fut posée par un député conservateur, Sir Frank Loochy, lui-même soupçonné, quelques années plus tôt, d'avoir flirté avec Mosley. Ma première impression fut qu'il tentait de se dédouaner. Son intervention fut accueillie par des manifestations de désapprobation de plusieurs députés travaillistes de base. Il n'avait jamais été, il faut le dire, très populaire auprès de ses collègues. La réponse à sa question fut apportée avec d'élégantes circonvolutions par Rab

Butler, alors secrétaire d'État aux Affaires étrangères, et le secrétaire titulaire du Foreign Office, Halifax, siégeant à la Chambre des Lords, principal porte-parole du gouvernement aux Communes pour les affaires extérieures. Il était passé maître dans l'art de ne rien dire en s'étendant longuement. Sa réponse eut pour effet d'entourer toutes choses d'un doute diffus. Il laissa entendre que, quoi qu'Alastair fît ou ne fît pas éventuellement, le gouvernement de Sa Majesté, bien que n'ayant pas d'informations particulières sur la situation, estimait que ses motivations pouvaient être honorables et patriotiques, sans pouvoir recevoir pour autant un aval officiel. Il ne le dit évidemment pas en ces termes. En fait, on aurait pu, en tentant d'analyser sa déclaration, aboutir à une interprétation tout à fait différente. Le seul souci de Butler était, de toute évidence, de ne s'engager à rien en ne compromettant personne. Il n'empêche que Jukes me donna un coup de coude en disant :

— Ainsi donc, l'apaisement est toujours dans l'air. Cela ne va pas plaire à Winston. De toute façon, tu sais, il ne peut pas blairer Butler.

Edwin Pringle, grand ami du bras droit de Butler, Chips Channon, m'avait ménagé une entrevue avec le secrétaire d'État après la séance. Pringle vint me chercher au bas de l'escalier conduisant à la galerie de la presse.

— Cela ne s'est pas passé aussi mal que j'aurais pu le craindre, me dit-il.

— Vous ne m'aviez pas dit que c'était Loochy qui avait déposé la question.

Sans répondre, il me prit par le coude pour me guider dans les couloirs.

— Un peu étrange, non ? insistai-je.

— Quoi donc ?

— Que vous ne me l'ayez pas dit.

— Vous ne l'avez pas demandé.

— Non, effectivement. Je supposais que c'était un travailliste qui avait déposé le texte. Je ne sais pas pourquoi. Mais cela donne à la chose un éclairage différent.

Chips nous attendait dans le cabinet de Butler, un shaker à la main.

— Je trouve, déclara-t-il, que Rab a enveloppé la chose très joliment. Il a un grand respect pour votre père, vous savez. Moi aussi, bien sûr. Vous l'assurerez de toute mon affection. Il a toujours été charmant avec moi, et, quand j'étais jeune, il a été particulièrement indulgent envers un roman que j'avais écrit alors. Savez-vous que j'aspirais à être le Proust anglais ? Encore une ambition tombée aux oubliettes. J'espère que vous aimerez ce petit cocktail. Il est de mon invention. Je l'appelle « Le baiser de l'évêque », et j'y ai ajouté une minuscule dose de benzédrine.

— Merveilleux, Chips, proclama Pringle.

Son cocktail était, en fait, assez mauvais, beaucoup trop sucré, mais il avait l'avantage d'être fort.

— Avez-vous entendu, demanda Chips, le mot de Maggie Greville à propos de Mrs. Keppel ? C'est Circe Londonderry qui me l'a rapporté. Maggie a dit : « À entendre Alice parler de son départ de France, on pourrait croire qu'elle a traversé la Manche à la nage avec sa femme de chambre entre les dents. » Délicieux. Maggie est peut-être une venimeuse vieille mégère, mais elle a l'art de tourner la phrase... Rab est encore en retard, j'en ai peur. Il est toujours en retard. C'est vraiment très étrange, vous savez. L'autre jour, il avait rendez-vous pour déjeuner avec l'ambassadeur d'Égypte, et il a insisté pour y aller en autobus, alors qu'il était déjà en retard. Et Dieu sait qu'il n'est pas indigent ! Mais je bavarde trop. Je pense que la Chambre en a déjà assez de Winston. Quel est ton avis, Edwin ?

— J'en parlais avec Lloyd George, dit Pringle. Il ne m'a jamais aimé, bien sûr, aussi s'est-il fait un malin plaisir de me dire que je n'aurais pas dû changer de cheval, pour reprendre l'expression qu'il a employée. Il affirme qu'après la première grosse erreur de Winston – qui, je le cite, « si j'en crois la longue et profonde connaissance que j'ai de lui ne saurait se faire attendre » – le pays va se retourner contre lui et se souvenir de Gallipoli. Ce pauvre Neville[1] ne va pas bien, à ce que j'apprends.

— Pauvre Neville ! Un jour, les gens apprécieront les efforts héroïques qu'il a faits pour la paix. Vous aviez un bien charmant garçon avec vous, l'autre soir, Edwin.

— Max ? C'est à Alec, ici présent, que je dois d'avoir fait sa connaissance.

— Vraiment ?

Channon leva un sourcil.

— Vraiment ? répéta-t-il, avant d'étendre la main vers le shaker et de remplir de nouveau mon verre.

À ce moment, Butler fit son apparition, entrant dans le bureau comme si ce n'était pas le sien, et comme si nous pouvions contester à tout instant son droit de s'y trouver. On fit les présentations, on protesta de son respect pour mon père, on s'enquit de sa santé. Je le remerciai de ce qu'il avait dit, ou plutôt du ton de sa déclaration. Il se montra confus, évasif.

— Savons-nous comment Loochy en est venu à poser cette question ? demandai-je.

— Il est assez incontrôlable, dit Butler.

Puis il commença à m'interroger sur Alastair. J'eus immédiatement conscience d'une intelligence pénétrante et sceptique, que ses allures bénignes et hésitantes semblaient destinées à dissimuler.

— Bien sûr, déclara-t-il, nous sommes tous patriotes, mais cela ne nous avance pas à grand-chose, j'en ai peur. Vous étiez à Paris avant l'invasion, je crois ?

— Oui.

— Cela a dû être difficile. C'est une erreur que de croire que nous pouvons comprendre les Français. L'Angleterre est si différente. Votre frère en est-il conscient ?

Je m'efforçai de déterminer s'ils savaient exactement ce qu'Alastair était censé avoir dit ou se préparait à dire, car il semblait y avoir des doutes sur le point de savoir si l'émission avait eu lieu ou non.

1. Neville Chamberlain. *(N.d.T.)*

— Ce à quoi on peut s'attendre en pareil cas, fit Butler, une main un peu flétrie posée sur le ventre. La menace rouge contre la civilisation, la nécessité d'une paix négociée... Ce genre de choses, j'imagine. Votre père va être inquiet et désolé. Je souhaiterais qu'on puisse l'éviter. Dites-lui que je ferai ce que je pourrai. Mais je ne m'attends pas à rester longtemps encore à ce poste. Ce que j'aimerais être, bien sûr, c'est être le dernier vice-roi des Indes. Mais c'est peu probable, j'en ai peur. Quoi qu'il arrive, rien ne sera plus la même chose après la guerre, n'est-ce pas ? Vous le comprenez, je pense. J'ai lu et admiré vos articles, vous savez ?

Je résume ici en quelques phrases une conversation qui s'étendit sur quelque trois quarts d'heure. Butler était – c'était évident même alors – un personnage considérable. La naïveté de quelques-uns de ses propos était calculée. Sans que je m'en rende compte, il tira de moi tout ce que je savais au sujet d'Alastair et m'amena à exprimer des craintes et des soupçons dont j'aurais préféré ne pas faire état. Je sentis chez lui une certaine sympathie pour la position d'Alastair, sinon pour son comportement.

— Bien sûr, me dit-il au moment où nous nous séparions, nous ne devons jamais oublier que nous sommes une puissance maritime, une race insulaire. Nous ne sommes jamais arrivés à rien sur le Continent sans alliés. Votre père, je m'en souviens, l'a souligné dans sa biographie de Castlereagh.

*

Je traversai à pied St. James's Park pour aller retrouver Van au *Ritz*. Je repensai à la promenade que j'y avais faite, des années plus tôt, avec Hector, et aux craintes qu'il avait. Il était loin de tout cela à présent. Une nurse escortant deux petits enfants nourrissait les canards. Elle portait un chapeau de paille noire d'allure presque ecclésiastique. Les enfants gloussaient de rire en voyant les canards se précipiter sur le pain qu'on leur lançait. Ils étaient très mignons. Allaient-ils grandir sous un régime fasciste ? Et quand allait-on faire rôtir les canards pour nourrir les populations ? La douceur de ce début de soirée anglais tendait à faire paraître stupide ce genre de questions. Et pourtant, quelques jours auparavant, j'avais rencontré Eric Blair (il ne me venait pas à l'esprit, à l'époque, d'appeler Orwell autrement que par son vrai nom) à la BBC, et il m'avait dit, les sourcils froncés et sa voix aigrelette tremblant, plus de mépris, je pense, que de rage, que l'intelligentsia de gauche britannique – ce qu'il appelait la gauche pédérastique – était devenue totalement défaitiste, considérant la situation militaire comme désespérée et étant presque avide de capituler au plus vite pour lécher les bottes d'Hitler.

— Vous étiez en Espagne, Allan, avait-il ajouté, alors cela ne vous surprendra pas. Tous ces glapissements sur la nécessité d'un Front populaire, puis, quand les choses sérieuses arrivent, tout le monde se dégonfle…

Arrivant dans le jardin d'hiver du *Ritz*, j'y trouvai quelques personnes de connaissance, mais, heureusement, aucun ami proche, ce qui me permit de m'en tirer avec quelques signes de tête polis. Je trouvai une table à l'extrémité de la salle, sous une nymphe de bronze dont la respectable nudité ne pouvait susciter aucune pensée érotique. Van était évidemment en retard. Comme beaucoup d'égocentristes, elle avait cette habitude, qui traduisait non seulement son dédain des conventions, mais aussi un besoin d'attirer l'attention. Jusqu'à une période récente, j'avais trouvé cela plus touchant qu'irritant. Cela me semblait l'une des manifestations de sa vulnérabilité.

Les cocktails de Chips m'avaient passablement écœuré. Je commandai une théière de Darjeeling. Je savais qu'il était de mon devoir de ne pas manquer le train de début de soirée pour Oxford. Il ne fallait pas que j'arrive trop tard à Blankets. En même temps, je n'étais pas fâché, cette fois, que Van fût en retard. Un moment de solitude était agréable. À une table voisine, deux romanciers progressistes encadraient une fille blonde. Elle était fort jolie et sa voix un peu enfantine se détachait au milieu du brouhaha général. Elle se considérait, de toute évidence, comme un objet de désir sexuel caractérisé. Mais elle perdait, je le craignais bien, son temps et gaspillait en vain son énergie ; ces deux pâles produits du système d'éducation britannique ne s'intéressaient pas plus à elle qu'à la nymphe de bronze. Il semblait étrange qu'elle ne l'ait pas encore compris. Van s'en serait rendu compte immédiatement et les aurait écrasés de son mépris.

Elle arriva, éclipsant aussitôt la petite blonde, et s'assit sans prendre la peine de s'excuser pour son retard. Je lui versai une tasse de thé. Elle irradiait la mauvaise humeur, mais ne disait rien. Quand je commençai à lui raconter la séance aux Communes et ma rencontre avec Butler, sa bouche se durcit. Il était impossible de croire que ces lèvres-là avaient rencontré les miennes en d'ardents baisers. Une immense lassitude m'envahit soudain.

— Cela ne semble pas t'intéresser beaucoup, lui fis-je remarquer.

— Pourquoi cela m'intéresserait-il ? Je l'ai rayé de ma vie.

— Mais tu voulais venir à la Chambre ?

— C'est toi qui m'en as empêchée, non ? Je n'y suis pour rien.

Le silence nous enveloppa, comme la brume envahissant une vallée. Nous n'avions jamais été aussi éloignés l'un de l'autre. Des phrases me tournaient dans la tête, mais elles s'en allaient sans que je les aie prononcées. Communiquer avec la nymphe n'aurait sans doute pas été plus difficile. À côté, la fille blonde riait, sans parvenir à déclencher une réaction de ses compagnons. La futilité des heures que j'avais passées avec Van, y compris au lit, me pesait lourdement sur les épaules. Elle écrasa sa cigarette dans le cendrier.

— Je n'aurais pas dû venir, dit-elle, mais d'être là m'a amenée à prendre une décision. Jukes veut que je vienne vivre avec lui. Je vais accepter. Tu as eu ta chance, Alec. Maintenant, elle est passée.

— C'est comme cela, donc ?

— C'est comme cela.

— Et cela ne sert à rien de demander pourquoi, je suppose ?

— À rien du tout.

— Ce sont des choses qui arrivent. Je suis désolé. Tu sais que c'est un être épouvantable, n'est-ce pas ?

— Je suis un peu épouvantable moi-même. Je te l'ai dit. De toute manière, c'est lui que je veux maintenant.

— Et Rose ?

— Elle vient avec moi, bien sûr.

— Je suis son père.

— Pas légalement.

*

Mes fragments de journal (que j'ai utilisés comme aide-mémoire, particulièrement pour des scènes comme celle du *Ritz*) me rappellent que, dans le train pour Oxford, j'ai rencontré Frank Haskins. Il avait entendu parler de la question parlementaire par l'un de ses amis du parti travailliste. Tout à fait par hasard, précisa-t-il.

— Il n'a jamais eu beaucoup de tête, Alastair, dit-il. Vous savez qu'il n'est pas fasciste, je sais qu'il n'est pas fasciste, mais il se promène partout en parlant comme un fasciste, alors on ne peut pas reprocher aux gens de penser qu'il en est un.

— C'est un parfait idiot, j'en ai peur, fis-je.

— Pas de doute à ce sujet. Mais ce que vous et moi, le connaissant, savons être de l'idiotie, d'autres le jugent comme quelque chose de bien pire. Enfin, la guerre va être longue, Alec…

— C'est, je suppose, ce qu'il nous faut espérer.

Frank était en permission. Il était sur le point d'être nommé officier dans le train des équipages. On avait tenté de le convaincre de conserver son emploi civil, estimé nécessaire à la défense nationale, mais il s'y était refusé. Mettant en avant son expérience de soldat de l'Armée territoriale, il avait réussi à se faire appeler sous les drapeaux peu après la déclaration de guerre. À la différence de presque tous ceux que je connaissais, il accueillait le conflit armé avec enthousiasme. Il y voyait un moyen de réaliser une révolution sociale.

— Rien de sanglant, attention, précisait-il. Ce n'est pas ainsi que nous faisons les choses en Angleterre. Mais nous allons nous rendre compte que nous ne pouvons gagner cette guerre que par le socialisme. Ce n'est pas simplement parce qu'on la fait pour rendre le socialisme possible. C'est qu'on ne peut la gagner que si l'on socialise le pays. Aussi y a-t-il un tas de choses dont il faut se débarrasser avant que nous ne puissions combattre efficacement. En commençant par le haut. En commençant au sommet. Ce journal pour lequel vous écrivez, Alec, est plein de défaitistes. Vous trouverez plus de défaitisme dans vos clubs londoniens que dans les pubs populaires.

— J'aimerais avoir votre confiance, Frank. Peut-être que je passe trop de temps dans ces clubs dont vous parlez. Mais j'étais à Paris, vous savez, et cette expérience ne me rend pas très optimiste.

— Je suppose que non, dit Frank. Mais nous ne sommes pas des Français. Et nous battrons le vieil Adolf, vous verrez.

— Je l'espère.

— Si seulement ces cochons de rouges voulaient bien travailler, écouter Ernie Bevin et pas Joe Staline.

— Cela me fait du bien de vous entendre, Frank. Vraiment.

*

Nous prîmes l'autocar d'Oxford au village (Mère m'avait dit au téléphone que Père s'inquiétait de la pénurie d'essence et répugnait à envoyer Haskins à la gare avec la voiture. « Balivernes ! » avait-elle ajouté).

Puis, après avoir pris une pinte de bière au pub, où Frank fut accueilli avec ce mélange de respect et d'ironie réservé aux garçons du cru ayant réussi une ascension sociale, nous gagnâmes à pied Blankets, dans la douceur du soir, en coupant à travers champs, nos souliers humides de la rosée vespérale. Près du ruisseau, un héron prit son envol. L'air était encore imprégné de la chaleur de la journée, et les derniers rayons du soleil venaient dorer les formes carrées du vieux clocher normand.

— Un soir comme celui-là, fit Frank, ce n'est pas difficile de se dire que l'Angleterre vaut bien qu'on se batte pour elle.

— C'est vrai.

Il s'arrêta pour rallumer sa pipe. Une chouette hulula, tandis que la lune commençait à faire une timide apparition au-dessus du bois de hêtres.

— Et cependant, reprit-il, il y a des dizaines de milliers de garçons qui vont combattre pour l'Angleterre aussi dur que vous et moi, alors qu'ils n'ont jamais connu la sorte de paix que nous connaissons ici, qu'ils n'ont jamais entendu une chouette ni vu la nuit tomber sans que les réverbères s'allument.

Si l'Angleterre n'était que ce que l'Angleterre semble,
[cita-t-il,
Et non l'Angleterre de nos rêves,
Que nous serions prompts à la rejeter!
Mais elle ne l'est pas.

Il ajouta :

— Ce vieux Chesterton n'a pas son pareil.

— Là, c'est plutôt Kipling, Frank.

— C'est Kipling, vraiment ? Si on m'avait dit que je citerais Kipling !

— Une mauvaise note à l'école des cadres du parti.

— Cela, vous pouvez le dire !

*

Mère m'accueillit dans le vestibule.

— Si tu n'as pas dîné, il y a du mouton froid avec des cornichons. Mais nous pensions que tu arriverais plus tôt. Il s'inquiétait. Va le voir au plus vite, veux-tu...

— Je suis venu à pied avec Frank. Nous nous sommes arrêtés au pub.

— Oh, Frank...

Très à l'aise avec les parents de Frank, dont elle préférait la compagnie à celle de toute personne hors de la famille – qu'elle considérait, en fait, comme faisant partie de la famille –, elle l'était beaucoup moins avec lui. En bonne libérale à l'ancienne mode, elle ne pouvait qu'approuver, dans le principe, sa progression résolue dans la vie. Mais, dans la pratique, ce qui n'était peut-être pas surprenant chez une personne n'ayant jamais pu vraiment admettre que Lloyd George était un homme possible à inviter, elle restait incertaine. Elle ne savait pas très bien si Frank devait entrer par la grande porte ou par la porte de service.

— C'est une triste affaire, me dit-elle.

— Qu'en savez-vous au juste ?

— Oh, il y a toujours de bons amis prêts à vous transmettre les mauvaises nouvelles.

*

Depuis deux ans environ, le bureau de Père avait cessé de ressembler à un lieu de travail. Je fus donc surpris de le trouver assis à sa table, écrivant. Il écrivait à la main. Il n'avait jamais appris à se servir d'une machine à écrire, s'en remettant à sa secrétaire, Mrs. Clarke. Quelques-uns de ses derniers livres avaient été, je le pense, directement dictés à celle-ci. Mais là, peut-être pour se changer les idées, il avait entrepris d'écrire lui-même.

À mon entrée, il se leva aussitôt et hésita, comme si, un instant, il avait pensé à me donner l'accolade. Mais le contact physique ne lui avait jamais été naturel. Je ne l'avais jamais vu embrasser ma mère, bien qu'il daignât offrir sa joue à Kirstie et aussi à Alastair. Quant à nous, nous n'avions plus échangé que des poignées de main depuis le jour où il avait renoncé à m'embrasser sur le front, comme il le faisait quand j'étais à l'école primaire. Ce comportement n'avait, bien sûr, rien de remarquable pour un homme de sa génération, et je n'en fais mention que parce que les choses ont beaucoup changé à cet égard.

— Tu te souviens de mon grand-père ? me demanda-t-il.

— Oui, bien sûr.

— « Heureux qui, comme Ulysse, a fait un beau voyage… » J'essayais de tracer un portrait de lui. Dure tâche pour un esprit fatigué.

— Il m'avait dit de réaliser des choses. Je l'aurais bien déçu.

Il actionna le siphon, me tendit un verre et me désigna la boîte de cigares. Il porta une allumette à sa pipe et alla jusqu'à la fenêtre, contemplant un moment la majestueuse pelouse sur laquelle l'ombre s'épaississait et les ormes se détachant en noir sur un ciel que la couleur désertait. Sa veste d'intérieur pendait sur lui et ses cheveux clairsemés, habituellement disciplinés par la brosse et l'Eucris de Trumper, s'effilochaient en mèches éparses.

— Si tu es venu pour essayer de me réconforter, me dit-il, je ne veux rien de la sorte.

— J'ignore ce que vous savez.

— Trop. Plus que je ne le voudrais.

Comme beaucoup d'Écossais, Père, trouvant difficile d'exprimer ses sentiments de façon personnelle, était beaucoup plus lui-même lorsqu'il jouait un rôle. Là, il était le jacobite exilé survolant du regard les plates étendues de Picardie pour revoir Schiehallion ou Bennachie, contemplant l'Arno ou le Tibre en pensant à la Tay gonflée par les pluies ou aux vertes rives de la Don. Là, le malheur l'accablant plus encore, il voyait les hautes tours d'Ilion embrasées. Là, trébuchant dans le noir, il était Job lui-même.

Il se détourna de la fenêtre, éteignit sa pipe et en vida le fourneau.

— J'ai fait de cet endroit, dit-il, ma ferme sabine, mon *arx*, une plaisante retraite, trop plaisante peut-être, car il semble qu'elle m'ait permis d'oublier ce que je pouvais savoir de la malveillance et des traîtrises du monde. *Naturam expelles furca, tamen usque recurret*. J'ai donné à ce garçon toute mon affection, trop, peut-être.

L'apitoiement sur soi-même est chose repoussante. Tout le monde le sait; c'est une vérité d'évidence. L'apitoiement sur soi-même est de la sentimentalité devenue folle; vrai aussi. Et cependant, face à l'apitoiement sur soi-même de Père, je ressentis moi-même une profonde pitié pour lui, pitié et affection. En jouant sa douleur devant moi, il me la rendait réelle. Et pourtant je ne trouvais pas de mots pour le réconforter, rien que je puisse dire. Je ne pouvais répondre par l'insincérité à cette volonté de se livrer tout en jouant un rôle. Et je ne pouvais dire la vérité, à savoir que l'amour qu'il avait porté à Alastair avait été dévastateur, l'indulgence se muant en complaisance. Je ne pouvais dire non plus que, de par la façon dont il avait été élevé, Alastair était devenu incapable d'aimer autre chose que ce qui émanait de lui-même.

Je me bornai donc à déclarer:

— Alastair vit trop dans l'intellect pur. Il se convainc lui-même d'adopter un comportement et reste fermé au sentiment.

Il ne répondit pas. Cela n'avait rien de surprenant. Ce n'était peut-être pas le moment d'essayer d'analyser le personnage d'Alastair. Cela n'aurait servi à rien, si ce n'est à tuer le temps. Cela aurait pu difficilement, en tout cas, apaiser le chagrin de Père, calmer son esprit en tumulte. Et, s'il avait voulu parler, son verdict aurait peut-être été l'inverse du mien. On pouvait très bien soutenir, en effet, qu'au contraire de ce que j'avais dit, Alastair était guidé par l'émotion, incapable de réflexion. Pourtant, des années plus tard, alors que je parlais de cette triste affaire avec Toby Macrae, tard dans la nuit, en finissant une bouteille de whisky, je le trouvai en accord avec moi.

— Il se trouve, dit Toby, que je dois être l'une des rares personnes à avoir réellement entendu cette émission de radio. Pas sur le moment, tu comprends, mais plus tard, quand j'étais employé par les services spécialisés de l'armée à tracer les profils psychologiques – comme on ne les appelait pas encore à l'époque – des divers traîtres ou traîtres potentiels. Et son propos était très logique. Parfaitement argumenté. Si l'on admettait le postulat bien connu selon lequel les nazis étaient les défenseurs de la civilisation européenne contre les forces destructrices du bolchevisme, cela se tenait parfaitement. L'ennui est que c'était en divorce de la réalité parce que c'était trop sacrément limpide. Et la réalité n'est jamais limpide – pas vraiment et pas de cette façon. Les fous sont toujours des intellectuels, d'une certaine façon ; ils ont perdu le lien sympathique devant exister entre l'intellect et le sentiment, la sensation. Donc, partant du postulat en question, beaucoup de ce qu'il disait était parfaitement logique : la nécessité de construire un État européen qui s'opposerait à la fois au bolchevisme et au capitalisme américain sans âme. C'est devenu presque un cliché, n'est-ce pas ? Je veux dire que c'est l'idée courante à la mode. Les buts politiques d'Alastair n'étaient pas très différents de ceux de Jean Monnet ou, plus près de nous, de Ted Heath. Tout cela, donc, était parfaitement logique si... Mais « si » était un mot qui ne figurait pas dans son vocabulaire. Viens à l'hôpital et écoute parler quelques-uns de mes patients ; tu trouveras exactement la même dissociation de la sensibilité et de l'intellect. Ce n'est possible que si tu vis dans ta propre construction intellectuelle, sans compréhension sympathique du monde d'autrui. Je suis sûr qu'il y a des magnats de la finance ou de l'industrie qui présentent les mêmes caractéristiques, mais on ne me les envoie pas en consultation.

— Tu es en train de dire qu'il était fou ?

— Non. J'ai bien peur que non. Il était parfaitement capable de fonctionner dans la vie quotidienne.

— Ce serait un réconfort de pouvoir penser qu'il était fou.

— Désolé, camarade. Il n'était pas fou, il était juste aliéné. Ce n'est pas exactement la même chose.

XVI

ANGLETERRE, 1940-1941

Comme l'automne glissait vers l'hiver et comme les bombes tombaient chaque nuit sur Londres, je me libérai du journal et fus recruté par le Secret Intelligence Service. L'entretien final, avec un colonel de la Première Guerre mondiale et un universitaire d'Oxford encore plus âgé, fut presque comique.

— N'est-il pas, demandai-je, un peu étrange que vous soyez sur le point d'admettre quelqu'un dont le frère a été stigmatisé comme un traître par la presse populaire ?

Le colonel renifla, sans nul doute pour marquer son opinion de la presse populaire, et l'universitaire se mit à rire.

Je ne revis jamais aucun des deux et me demandai s'ils avaient d'autres fonctions dans l'organisation. Je fus envoyé en stage d'instruction à Oxford. Nous étions logés à Oriel, mais, au bout d'une quinzaine de jours, j'obtins de résider à Blankets, faisant le trajet chaque jour à motocyclette. En décembre, Van m'écrivit pour me dire qu'elle allait aux États-Unis avec Jukes. Rose l'accompagnerait évidemment. Si je voulais les voir, il fallait que je me rende à Londres. Le ton de la lettre indiquait que nous n'étions plus que de simples relations.

Deux jours plus tard, alors que je m'efforçais d'obtenir une permission pour aller à Londres, une bombe tomba sur la maison de Dorset Square où Jukes avait son appartement. Il n'y eut pas de survivants.

Les parents de Van ayant choisi de ne pas revenir d'une visite en Afrique du Sud, pays où le père avait des intérêts et où ils étaient arrivés quelques semaines avant la déclaration de guerre, il m'incomba d'organiser les obsèques. Il semblait convenable de faire enterrer Van et la petite Rose dans le cimetière paroissial de Blankets. Alfred Moss m'accompagna à bord du train qui transportait les cercueils. Il pleura pendant presque tout le voyage, mais, quant à moi, je n'y arrivais pas. Je portais le poids de mon échec, de mon incapacité à aimer, qui avait conduit Van à la maison de Dorset Square.

Alfred sortit sa gourde de poche et avala une lampée de whisky.

— La guerre, dit-il, tue ceux qu'il ne faut pas. C'était déjà comme cela la dernière fois.

Puis, regardant par la portière alors que nous nous arrêtions en rase campagne sans raison évidente, comme les trains le faisaient souvent à ce moment, il me raconta qu'il lui était devenu impossible de peindre, qu'il ne gagnait donc plus rien et avait des ennuis plus graves encore avec le fisc.

— Il paraît absurde, poursuivit-il, de parler d'argent en ce moment, mais je suppose qu'il faut bien payer la guerre. En attendant, chaque fois que je prends un pinceau et que je m'approche d'une toile, je me sens physiquement malade. Pendant la dernière guerre, quand j'étais dessinateur au front, je me sentais plein d'ardeur, même dans les tranchées de première ligne. Et ce que j'y ai vu était bien pire que tout ce que j'ai pu voir cette fois-ci. En fait, je n'ai rien vu cette fois-ci. Mais cette pauvre fille est morte.

*

Ce soir-là, Père présida majestueusement le dîner, presque dans son ancien style. Il cita Henry Adams :

«En fin de compte, l'homme en sait terriblement peu, et, un jour, il peut en arriver à connaître assez sa propre ignorance pour tomber à genoux et prier.»

— Depuis, poursuivit-il, qu'on m'a appris le sort de ces pauvres créatures, j'ai relu l'un de mes vieux livres de chevet, *Le Voyage du pèlerin*. J'ai souvent craint, au cours de ces dernières années, que le monde tout entier soit devenu une vaste foire aux vanités. Et, comme je l'ai toujours soutenu, la vanité n'est qu'un désespoir enjolivé. Je t'ai dit, Alec, que j'essayais d'écrire une petite étude sur mon grand-père. C'est une tentative pour saisir quelque chose du vrai sens de la vie. Mon grand-père n'avait pas de temps à perdre, aimait-il à proclamer, avec ce qu'il ne pouvait personnellement appréhender, ce qui n'était pas admis par son propre sens commun, et pourtant il s'appuyait sur une grande confiance en l'avenir. Son souvenir m'a fortifié contre les aléas de l'expérience. Quand Cecil Rhodes est mort, ses derniers mots ont été: «Si peu de temps et tant à faire.» Depuis mon éviction du monde politique, j'ai découvert que j'avais, moi, tant de temps et si peu à faire. Mais mon grand-père n'a jamais eu ce sentiment. À quatre-vingt-dix ans, il conservait un véritable appétit de vivre et s'appuyait sur une réserve d'énergie qui semblait inépuisable...

Un peu plus loin, il dit:

— Colin est-il mort? Eh bien, si c'est le cas, c'est une belle mort, quoi que puisse en penser le *New Statesman*.

*

Peut-on en dire autant de sa propre mort, quelques jours plus tard? Et cette expression a-t-elle encore un sens dans un monde qui a cessé de croire à l'au-delà?

— Il faut à l'Histoire, était en train de dire Père, des siècles pour déterminer la justesse d'une cause ou l'aberration d'un comportement. Pendant une centaine d'années, des hommes se sont interrogés sur

Napoléon. Je l'ai fait moi-même. Maintenant, nous le considérons avec répugnance. L'Histoire a modifié notre perspective. Et voyez un peu les vicissitudes de la réputation de Cromwell. Son corps a été exhumé et suspendu à des chaînes. Et maintenant, nous le tenons pour le Grand Homme de son siècle, le seul personnage fort et véritablement moral. Les réputations ne sont que fétus voltigeant dans le vent. Le sage se contente du jugement de sa propre conscience.

Ce furent ses dernières paroles. Il pensait à Alastair.

Lorsqu'il bascula et que son torse vint s'écraser contre l'acajou massif de la table, un médaillon d'argent du dix-huitième siècle se trouva expulsé de la poche de son gilet. Le lendemain matin, Mrs. Haskins le retrouva sur le plancher, près de sa chaise, et me le donna. Il contenait une photographie d'Alastair enfant, riant.

*

On ne pouvait s'attendre à une grande assistance pour les enterrements du temps de guerre. La pénurie d'essence, les obligations des uns et des autres, la fatigue générale, tout cela concourait à éloigner le public habituel de ce genre de cérémonies. Cette situation était, en fait, du goût de Mère. Il avait fallu qu'elle porte à Père une affection considérable pour qu'elle accueille comme elle l'avait fait tous ceux qui lui étaient liés professionnellement ou se croyaient tenus de venir lui rendre hommage, et, lui parti, elle ne tenait nullement à leur présence. Ce qui n'allait pas l'empêcher, dans les années à venir, de remarquer souvent, en entendant prononcer un nom : « Encore l'un de ceux qui buvaient volontiers le bordeaux de ton père mais n'ont pas eu la courtoisie de venir à ses funérailles. » Cela avait été particulièrement le cas de jeunes écrivains – comme mon condisciple de Cambridge Andrew Somerled – qu'il avait encouragés et considérés comme ses protégés. Cependant, alors qu'elle parlait à la porte de l'église à quelques membres de la famille (dont Lucy Pelham-Grey, l'une des demoiselles d'honneur de Kirstie, qu'elle avait quelque peu espéré me voir épouser) et que la Rolls-Bentley d'Edwin Pringle arriva, elle ne put s'empêcher d'être heureuse et même flattée de voir le chauffeur, ayant fait le tour de la voiture, en ouvrir la porte et aider à en descendre un vieil homme courbé sur lui-même – l'ancien Premier ministre Stanley Baldwin. Bien que Mère eût toujours légèrement méprisé les positions politiques de Baldwin – « C'est vraiment dommage, avait-elle coutume de dire, après s'être assurée que Père était hors de portée d'oreille, que quelqu'un qui est de toute évidence un gentleman se comporte comme une vieille femme » –, elle ne pouvait, compte tenu des circonstances, de sa mauvaise santé, de son impopularité et même de la crainte qu'il pouvait avoir de réactions hostiles, que considérer sa présence comme un grand hommage à la personne de son mari. L'impopularité de Baldwin était due au fait qu'il n'avait pas préparé la Grande-Bretagne à la guerre. Et sans nul doute, sa responsabilité était grande. J'avais moi-même écrit des articles vengeurs à ce sujet au cours de l'été 1939, deux ans après qu'il fut, selon l'expression que j'avais alors employée, « allé se terrer dans la vie privée et à la Chambre des Lords » – où il siégeait d'ailleurs fort peu. Mais, ce jour-là, avançant à petits pas incertains vers l'église, appuyé sur le bras de Pringle, il manifestait, comme il l'avait toujours fait dans ses meilleurs moments, une honnêteté innée, et aussi, comme il ne l'avait pas toujours fait, un incontestable courage. Il était là parce qu'il était le genre d'homme à faire son devoir comme il l'entendait et à ne pas se laisser décourager d'exprimer son affection et son estime à un vieil ami parce que le fils de cet ami l'avait violemment attaqué dans ses écrits. S'il représentait la faiblesse qui avait amené notre pays et son Empire à la situation désespérée où ils se trouvaient présentement, il possédait aussi les qualités qui nous donnaient une chance – une chance seulement, en ce mois de janvier 1941 – de nous en sortir.

En tout cas, il semblait maintenant trop affaibli et trop las, presque comme le roi Lear au cinquième acte, pour qu'on vienne l'accabler.

— Mon cousin Kipling, murmura-t-il, disait toujours que votre père avait en lui une fibre véritable. Il méritait de mourir heureux, mais ceux que le Seigneur aime, Il les châtie.

Je compris alors qu'il avait tenu tout particulièrement à être présent pour la raison même qui avait empêché d'autres de venir.

Il commença à pleuvoir au moment où nous descendîmes le cercueil dans la fosse. Le vieux Premier ministre se tenait debout à côté de celle-ci, tête nue. Les gouttes de pluie luisaient sur son pardessus sombre. Incapable de se pencher, il fit signe à Pringle, qui plaça un peu de terre dans sa main tendue. Il ouvrit alors les doigts et laissa la terre s'égrener sur le cercueil.

*

— Juste nous deux.

Kirstie était installée devant le feu, un châle des Shetlands drapé sur les épaules et une tasse d'Ovaltine entre les mains.

— Je suis contente que ce soit toi, s'il devait y en avoir un, et non Hector ou Alastair.

— Ou George ?

— J'en arrive à oublier ce vieux George.

— Peut-être a-t-il été le plus sage d'entre nous, en coupant les amarres.

— Tu sembles amer. Ne le sois pas. Tu ne dois pas l'être. Nous n'avons pas le droit d'être amers.

— En dépit de tout ?

— En dépit de tout. Père est loin de tout cela, lui.

— Oui.

Kirstie était enceinte. L'enfant, conçu lors de la dernière permission de Colin – « La dernière nuit, en fait, c'est la seule fois où nous avons fait l'amour. Cela te choque ? » –, était attendu dans une quinzaine de jours.

— Père aurait aimé avoir un petit-fils.

— J'espère que c'est une fille, dit Kirstie avant d'avaler une gorgée d'Ovaltine. Col a porté, jusqu'à l'extrême fin, le fardeau de son père mort en héros. Tu te souviens ? Je n'aimerais pas que cela se reproduise à la génération suivante.

— Tu ne serais pas comme la mère de Colin.

— Peut-être pas, non. Écoute, le vent se lève...

C'était approprié. Si l'âme de Père hantait le voisinage, ce genre de vent qui souffle dans les ballades écossaises dont il se délectait était le bienvenu. Si fort qu'il aimât prétendre avoir planté ses racines dans la tranquille beauté du Sud, ce qui donnait à ses romans populaires leur qualité particulière, les élevant parfois au-dessus du lot, était le rappel d'un paysage plus sévère et plus sauvage. Je tirai les rideaux (un court moment, pour ne pas trop braver la colère d'un hypothétique représentant de la Défense passive) et ouvris les volets. Les branches supérieures des arbres dansaient frénétiquement et les nuages défilaient à toute allure devant la lune, de sorte que la pelouse était tantôt illuminée comme une scène de théâtre, tantôt plongée dans une totale obscurité. Lorsque je refermai la fenêtre, rejetant la nuit hors de la maison, j'entendis l'appel d'une chouette, qui chassait au loin dans la vallée.

— La dernière fois qu'Alastair était là, nous écoutions une chouette.

— Je n'arrive pas à réagir comme toi, me dit Kirstie. Je ne ressens que honte et colère. Comment a-t-il pu faire cela ? C'est ce que je ne cesse de me demander dans mon lit quand je n'arrive pas à dormir.

— Il fait ce qu'il pense juste, répondis-je. C'est seulement dommage qu'il se trompe à ce point.

— Je ne vais pas discuter. Je ne veux pas me quereller avec toi. Nous avons trop perdu, l'un et l'autre, pour nous quereller. Je n'ai pas pu t'écrire au sujet de Vanessa. Je n'arrivais tout simplement pas à trouver les mots. Je me sentais coupable parce que je l'avais tant détestée...

— Elle ne s'aimait pas beaucoup non plus elle-même, pauvre fille. C'était une partie du problème.

Kirstie posa sa tasse et alluma une cigarette.

— Col était comme cela aussi, tu sais, me dit-elle. Je n'ai jamais pu m'y faire. Peut-être que je ne m'y serais jamais faite.

— Tu es tout à fait certaine – pardonne-moi – qu'il est mort ?

— Oh, oui ! J'ai vu son fantôme, tu sais. Il est venu me voir deux ou trois fois, très doucement et silencieusement. Je ne serais pas surprise si, en cet instant, il venait s'asseoir entre nous deux, sans rien dire. Après tout, c'est ce qu'il a toujours fait, en un sens.

*

Kirstie resta à Blankets pour la naissance de son enfant. Mon stage à Oxford prit fin. Je fus appelé à Londres pour travailler au traitement de ce qu'on appelait HUMINT – des renseignements de multiples origines, venant aussi bien de journaux que d'agents sur le terrain, qu'il fallait recueillir, réunir, analyser et mettre en une forme digestible à l'intention du haut commandement et du cabinet de guerre. C'était un travail astreignant et peu gratifiant dans l'immédiat, car on pouvait très rarement en entrevoir les résultats. Il était assez facile de s'imaginer au sein d'un monde décrit par Kafka – alors fort en vogue parmi les intellectuels. Les heures étaient longues, et, ce qui était une bonne chose, la vie privée mise en suspens. Le printemps de 1941 fut le plus sombre de la guerre.

Hector revint de Bucarest et passa six semaines en Angleterre avant d'aller prendre un nouveau poste à Washington, ce qui l'affolait d'avance. Habituellement porté au pessimisme, il était alors au plus bas, affirmant que la façon dont la guerre était conduite était totalement erronée et même paradoxale.

— Nous ne pouvons gagner la guerre, déclarait-il, sans une révolution politique et sociale, et il n'y a aucune chance d'en voir une se produire si nous n'avons pas vaincu l'Allemagne.

De sa vie personnelle, il ne disait rien. Quand je me souviens de lui à cette époque, je pense à des cigognes que j'ai vues un jour, blotties les unes contre les autres sous la pluie, dans la boue d'un zoo de qualité inférieure. Comme je lui disais que nous pourrions dîner ensemble un soir, il me répondit :

— Je ne puis rien avaler.

Il ne passa qu'une seule soirée à Blankets. Après quoi Mère déclara :

— Il n'est pas en état d'aller à Washington, mais je suppose qu'il ira quand même. Je ne le comprends pas, et je ne pense pas qu'il se soucie beaucoup de moi.

*

Une lettre de Kirstie me parvint quelques semaines après la naissance de sa fille, Hattie. Je pense du moins que c'est à ce moment qu'elle a été écrite, car il me manque le premier feuillet, qui ne contenait, je suppose, que des banalités.

> « Je pense, écrivait-elle, que tu as été choqué quand je t'ai dit que Col et moi n'avions fait l'amour qu'une seule fois au cours de sa dernière permission, mais c'est parce que tu avais une vue très idéalisée de notre couple. Comme beaucoup de vues de ce genre – comme tant de celles de Père, pourrait-on dire – elle n'était pas, bien sûr, entièrement fausse. Mais elle était fragmentaire. J'adorais Col, évidemment, et je l'admirais, et il essayait de m'adorer. Mais, en fait, il avait simplement besoin de moi. Il avait besoin de moi pour pouvoir croire qu'il était adulte. Mais il ne l'était pas. Il n'était jamais sorti de l'adolescence. Comme Alastair, je suppose. C'est du moins ce que tu dis d'Alastair, n'est-ce pas ? Toby Macrae le savait, et il m'avait même mise en garde. Il

m'avait dit : "Tu es très courageuse de prendre en charge quelqu'un qui n'aime pas la vie adulte." Col n'arrivait pas à traduire ses sentiments en mots car il ne pouvait se les avouer à lui-même, et cela, peut-être, parce qu'ils étaient toujours en gestation. Il t'adorait vraiment, il t'a adoré jusqu'à la fin, mais tu t'es éloigné de lui, devenant adulte tandis que lui avait toujours seize ans. Il était un bon officier car il y a une part de jeu dans le métier de soldat, et je soupçonne qu'il accueillait plutôt favorablement l'idée de la mort.

« Ce que je viens d'écrire peut sembler horrible. Je ne veux pas dire qu'il ne souhaitait pas continuer à vivre, simplement qu'il ne savait pas comment le faire dans un monde adulte. Notre mariage était devenu de plus en plus silencieux, mais ce n'était pas le silence de la béatitude.

« Quand tu étais ici, tu as parlé de ne pas pouvoir aimer, ou d'être inapte à aimer, quelque chose comme cela. Je ne me souviens pas exactement, mais je sais que cela concernait Vanessa (je pense que la même chose était vraie, et probablement plus vraie encore, pour elle aussi). Lorsque je regarde autour de moi, je nous vois tous perdus dans une sorte de désert émotionnel.

« Est-ce une idée folle ?

« Au moins, j'ai mes enfants. Je me le répète.

« Hector, je l'en soupçonne, fait retomber sur Mère la responsabilité de son triste état psychologique. Je voudrais pouvoir penser qu'il a tort.

« Tu as dit un jour : "Peut-être ce vieux George est-il le plus sage de nous." Cela m'avait paru aberrant sur le moment, mais il me semble maintenant que tu pourrais avoir raison. J'aimerais bien connaître sa femme malaise, et je me demande s'ils sont vraiment heureux ensemble. Je pense que c'est très possible.

« Je me rends compte que c'est une lettre parfaitement sinistre. Pas mon genre du tout. Désolée.

« Les nouvelles de Grèce me remplissent d'inquiétude.
« Affectueusement.

« K. »

XVII

PARIS, 1944

Deux photographies avec, pour titre : *Expiation*.

La première montre un Français accusé de collaboration arrêté à Paris. Il est tenu par un gardien de la paix et entouré – gardé – par quatre autres hommes armés. L'un, un très joli garçon vu de profil, tient un pistolet à la main. Il y a du sang sur le visage de l'homme arrêté. L'état de son complet semble indiquer qu'il a été jeté à terre dans la rue. Tout ce qu'il veut dans l'immédiat, à ce qu'il semble, c'est se soustraire aux regards.

La seconde montre deux femmes que l'on promène pieds nus dans les rues. Elles ont été tondues et sur leurs fronts on a peint des croix gammées. L'une, d'âge moyen, a eu le corsage déchiré. Son soutien-gorge parvient tout juste à maintenir en place des seins flasques. Elles sont suivies d'une foule de gens dont la plupart, surtout les femmes, sourient largement. Un jeune homme qui marche en tête rit aux éclats.

Récemment, quelque quarante ans plus tard, j'ai lu un article de presse à propos d'une femme qu'on avait retrouvée morte dans une ferme isolée d'Auvergne. De toute évidence, elle était décédée depuis plusieurs semaines. L'article précisait qu'elle avait été déclarée coupable de collaboration par un tribunal populaire en 1944, et avait été tondue. Ensuite, elle s'était repliée du monde et était devenue folle.

Cet articulet a fait renaître en moi des souvenirs. Des réminiscences de ce mélange de jubilation, de terreur et de sadisme qui caractérisait le climat de la France à l'époque de l'épuration.

Boulevard Saint-Michel, j'en avais vu une misérable manifestation. Cette fois, la femme devait bien avoir cinquante ans. On ne l'avait pas complètement tondue, et quelques mèches grises pendaient encore comme des queues de rat sur l'un des côtés de son visage gonflé et tuméfié. Elle avait perdu ses souliers et un bas, l'autre pendant sur son genou. Elle avançait lentement en boitillant, au milieu de la foule qui la raillait et l'insultait, et ses lèvres remuaient. Elles semblaient former le simple mot : « Non, non, non... »

À la terrasse du café, Barbara était montée sur sa chaise pour mieux voir. Elle proclama :

— On peut se fier aux Français pour se venger sur les femmes. C'est du sadisme médiéval.

Sans nul doute. Mais, en se retournant ainsi contre les collaborationnistes, la population n'exprimait-elle pas aussi un dégoût de soi-même qu'elle ne pouvait s'avouer ? Indubitablement, beaucoup de ceux qui conspuaient maintenant ces femmes avaient, quelques années plus tôt, acclamé le maréchal Pétain, et ils en étaient conscients au fond d'eux-mêmes.

— Il n'y a pas que les Français, dit Barbara. Vous vous seriez conduits de la même manière en Angleterre si Hitler était venu.

— Et vous, les Américains ?

— Mon premier rédacteur en chef m'a raconté un jour comment il avait assisté au lynchage d'un Noir en Alabama. Il n'est jamais retourné dans le Sud depuis.

*

J'avais obtenu ma démobilisation quelques semaines plus tôt. La guerre ne pouvait plus être perdue, et mon travail, pour peu qu'il ait eu une valeur, semblait superflu. J'étais donc redevenu journaliste. Tout à fait à l'aise financièrement depuis la mort de Père, toujours entouré de la méfiance d'Harbottle, je m'étais mis à travailler pour un modeste hebdomadaire libéral. Il ne pouvait me payer que peu, mais il me fournissait ce que je souhaitais, c'est-à-dire une accréditation.

En venant à Paris, j'avais un mobile personnel au-delà du motif professionnel. Je cherchais à retrouver la trace d'Alastair. En voyant les manifestations de cette fureur épuratrice, il me semblait urgent de faire ce que je pouvais pour le soustraire aux conséquences de son choix. Si c'était possible.

Nul n'avait eu de nouvelles de lui depuis 1942, où, selon certaines informations, il travaillait à un film à Paris. Il était impossible de savoir la part de vérité que comportaient les informations en question. Comme le savent tous ceux qui ont travaillé dans les médias, les renseignements, même en période de calme, arrivent souvent très déformés. Et quand les Quatre Cavaliers de l'Apocalypse parcourent au galop la terre entière, cela devient beaucoup plus vrai encore. C'était néanmoins un point de départ possible.

Le simple fait de se retrouver à Paris, même dans l'état où était alors Paris, était enivrant. Je me sentais plus vivant que je n'en avais eu l'impression depuis 1939. Je recommençai même à tenir un journal – une sorte de journal, tout au moins, car il s'agissait de notes que je jetais, sans même me soucier d'en préciser la date, dans un gros cahier d'écolier.

*

Quelques extraits parmi d'autres :

« Barbara désapprouve que je me soucie d'Alastair. “Je sais que c'est ton frère, dit-elle, mais toutes ces conneries à la mode de Bloomsbury et d'E.M. Forster selon lesquelles on pourrait trahir son pays mais pas ses amis me rendent malade. Pourquoi ne peux-tu pas tout simplement laisser tomber ? Si quelque chose doit lui arriver, cela lui arrivera, et c'est exactement ce qu'il mérite. Mais non, tu te remets à réagir comme un grand bourgeois anglais, qui pense qu'il peut faire jouer ses petites relations ici ou là et balayer la merde sous le tapis!"

«Elle a continué sur ce thème pendant un bon moment, et, à la fin, je l'ai rendue plus furieuse encore en lui demandant pourquoi nous avions combattu, si ce n'était pour maintenir des relations humaines entre les gens. "Pour un ordre social nouveau", m'a-t-elle répondu d'un ton pincé.»

«Ce matin, je suis allé voir Armand de Balastre. Il est proche de De Gaulle, et il m'arrivait de le rencontrer au Café Royal. C'est l'un des rares Français que j'aie jamais aimés, et j'espérais recueillir auprès de lui quelques indications sur les intentions de De Gaulle. Les amis communistes de Barbara ont déjà fait clairement savoir qu'ils se méfiaient de celui-ci, qu'ils disent "autoritariste" et sympathisant de l'Action française. À les écouter, on se demande pourquoi il n'a pas rejoint Vichy. La vérité est, bien sûr, qu'ils le considèrent comme le principal obstacle à une prise de pouvoir communiste, à laquelle, si extraordinaire que cela puisse paraître, Roosevelt serait, à en croire certains d'entre eux, favorable. (Je précise que Barbara n'est pas du nombre, et trouve cette dernière supposition aberrante.)

«Interrogé par moi, Balastre déclara que, bien que se trouvant "au bord extérieur du cercle intérieur" (c'est exactement l'expression qu'il employa) gaulliste, il ne savait pas vraiment quelles étaient les intentions du Général – si ce n'est maintenir le prestige de la France et rétablir l'autorité de l'État. Je me hasardai alors à aborder le sujet de ma recherche personnelle.

«Balastre prit un air las. Et un peu méfiant, soudain.

«— Pourquoi est-ce à moi que vous avez choisi de vous adresser pour cela? me demanda-t-il.

«Je trouvai la question curieuse et lui répondis que

je ne l'avais pas particulièrement choisi. J'avais déjà interrogé d'autres personnes, et je comptais bien en interroger d'autres encore.

«— Vous devez néanmoins vous rendre compte, me dit-il alors, que c'est une question particulièrement délicate pour moi.

«— J'ai peur de ne pas comprendre.

«— Disons, fit-il en écrasant sa Gauloise dans le cendrier, que c'est une affaire dont je préfère ne pas parler ici, dans ce bureau.

«— Mais ailleurs et à un autre moment ?

«— Oui, si vous voulez...

«Il avait marqué une assez longue pause avant de me donner cette réponse affirmative, comme s'il avait été, en fait, tenté de refuser. Nous convînmes que j'irais le voir à son domicile personnel le lendemain à l'heure du déjeuner.»

«Au bar du *Ritz*, un officier anglais :

«— Ces Américains, ils débarquent ici et ils veulent faire un monde nouveau, ou nous expliquer comment le faire. Ne se rendent-ils pas compte que nous sommes tout simplement trop fatigués pour que cela nous intéresse ?

«Je pensai alors au sergent Riddle, un sous-officier attaché à mon service, qui, lui non plus, n'appréciait guère les Américains mais pour des raisons inverses : parce qu'il les considérait comme un obstacle à la création d'un monde nouveau. "Ils vont, disait-il, essayer de nous imposer de nouveau leur système capitaliste pourri."

«Le plus étrange est qu'ils ont tous deux raison. Quand je dis cela à Barbara, elle me répond que je ne comprends rien à rien.»

«L'appartement de Balastre se trouvait non loin du boulevard Haussmann. Il avait cette allure vieillotte et un peu trop chargée caractéristique de la bourgeoisie traditionnelle française. Une femme de chambre m'avait ouvert la porte. Il était presque impossible d'imaginer que, quelques mois plus tôt, le maître de maison, qui se tenait devant moi dans un complet croisé (d'avant-guerre) de bon faiseur, avec une chemise de soie et une cravate de Charvet, courait la campagne et se cachait dans les granges en Normandie, où il avait été parachuté pour assurer la liaison avec le maquis. Mais je savais que c'était le cas.

« Il ouvrit une bouteille de champagne avec un tour de poignet très expert et me dit :

« — Les apparences de la vie normale sont faciles à reconstituer. Il est des choses auxquelles nous devons nous attacher si nous ne voulons pas être entièrement balayés.

« En le regardant, j'avais envie de m'excuser pour ma petite guerre douillette.

« — Dans vingt ans, ajouta-t-il, rien de tout ce que nous vivons en ce moment ne dira plus rien à personne.

« Puis, me tournant le dos, il alla se planter devant une fenêtre et regarda au-dehors. Le temps était clair et froid. Sans se retourner, il me dit :

« — Nous avons pas mal de choses en commun, j'en ai bien peur. J'ai parlé de vous à Malraux. Il dit qu'il vous a connu en Espagne, et que vous y avez fait de l'assez bon travail. Pourquoi ne vous êtes-vous pas adressé à lui ?

« — Il ne m'est pas venu à l'esprit qu'il pouvait se souvenir de moi.

« — Mon frère Lucien, déclara alors Balastre, était un ministre de Vichy. Il est mort. C'est pourquoi je disais que nous avions des choses en commun.

« — Oh ! fis-je.

« Je ne pense pas en avoir dit plus sur le moment. Les nouvelles de ce genre n'appellent pas de commentaires, et je n'ai jamais cru au pouvoir des lamentations. C'est un recours dont la civilisation nous a privés.

« — Lucien, reprit Balastre, était un idéaliste qui pensait être un homme pratique faisant face à la réalité. Cette description correspond-elle aussi à celle de votre frère ? C'est ce que j'ai pensé. J'ai posé quelques questions, mais je n'ai pas obtenu de réponses satisfaisantes. Je ne sais pas où il est, s'il est encore vivant ou s'il a connu le sort de Lucien. Il était certainement encore à Paris il y a un an. Quelqu'un a dit qu'il se trouvait maintenant en Allemagne. J'espère pour vous que non. Mais j'ai quand même quelqu'un à qui vous envoyer, un ami de mon frère, un metteur en scène de cinéma nommé Marcel Pougier. Il a réussi de justesse à se tirer d'affaire, ce qui me fait plutôt plaisir. Il est pédéraste, mais c'était un bon ami de Lucien. C'est une histoire assez amusante, mais cela, ce sera pour une autre fois. Je ne pense pas que ce soient des histoires amusantes que vous cherchiez pour le moment. »

*

Pougier avait précisément son heure de célébrité. Son film *Le Jeune David* était projeté dans trois cinémas au moins. J'avais bien aimé ses réalisations précédentes, des comédies légères avec cette touche de frivolité typique de certains homosexuels. Sa nouvelle œuvre était réputée d'un registre beaucoup plus sévère. J'allai la voir l'après-midi même. Connaissant la vanité des artistes, je savais que si je devais rencontrer Pougier, il valait mieux que je sois en mesure de lui parler à peu près intelligemment de son film. Cela n'allait pas, je m'en rendis compte aussitôt, être très facile de le couvrir de fleurs. On ne retrouvait dans *David* ni le charme ni la subtilité des films d'avant-guerre. Tout y était artificiel et exagéré. Les analogies que le réalisateur essayait d'imposer entre l'histoire biblique et la France contemporaine étaient carrément grotesques. David incarnait la Résistance, héroïque et juvénile. Les Philistins étaient les Allemands, avec un Goliath allant jusqu'à parodier le maréchal Goering. On avait pris les plus grandes libertés avec Saül, devenu un octogénaire pédéraste prêt à collaborer avec les Philistins. L'absurdité, là, était totale ; quoi qu'on ait dit de Pétain, jamais personne n'a pu l'accuser de préférer les garçons. Il était connu pour être un infatigable amateur de dames, même dans son vieil âge. Mais je pense que le désir lubrique de Saül à l'égard de David, souligné en longs plans inquiétants dans l'ombre propice de la tente royale, était censé représenter par allusion, dans l'esprit du metteur en scène, les relations entre le Maréchal et la France. Seul Jonathan échappait à ce jeu d'assimilations grossières. Peut-être représentait-il l'âme pure de la France, mais, à la différence de tous les autres dans ce film où quiconque avait admiré les précédentes réalisations de Pougier pouvait seulement considérer qu'il prostituait son talent, le point n'était ni développé ni mis en relief.

— Cela me rend malade, dit Barbara en sortant. Il aurait dû s'en tenir à la petite dentelle.

Pourtant, le public, en énorme majorité français, semblait apprécier le film au plus haut point. On entendait des murmures flatteurs pendant la projection. C'était quelque chose qui contribuait à faire oublier à beaucoup leurs faiblesses de comportement durant l'Occupation. Et peut-être n'était-ce pas plus absurde que tant de nos propres films patriotiques de la période.

C'est du moins le souvenir que j'en ai. Curieusement, je m'étais borné, dans mon journal, à noter le fait que j'étais allé voir le film, ainsi que le commentaire acide de Barbara.

*

Pougier, de toute manière, avait des excuses. Il était mort de peur. Il était resté à Paris pendant toute l'Occupation et avait continué à travailler. J'avais entendu quelqu'un dire, au *Flore*, qu'il avait même eu un amant dans la Gestapo, mais c'était peut-être totalement faux. C'était le genre de malignités qui circulaient couramment à l'époque. Il était toutefois hors de doute qu'au moment où le vent avait tourné contre l'Axe, Pougier avait senti la nécessité de se dédouaner. On ne pouvait guère l'en blâmer. Et il avait certainement fallu beaucoup d'astuce et d'imagination pour réaliser un tel film durant les derniers mois de l'Occupation.

*

Ici, le journal reprend :

« Pougier m'a accueilli avec un empressement qui ne pouvait dissimuler la contrariété que lui causait ma visite. Je pense qu'il préférerait voir ces dernières années s'effacer totalement. *Le Jeune David* lui a indubitablement épargné beaucoup d'ennuis – l'indignité nationale à tout le moins. Il suffit de le regarder pour voir qu'il ne peut avoir d'opinions politiques sérieuses. C'est un artiste d'une certaine sensibilité, mais je doute qu'il ait jamais accordé une pensée un peu approfondie à quoi que ce soit d'autre que sa vie personnelle ou le cinéma. Il se dégage de lui une sorte d'innocence qui a le don de vous enrager, car il est trop intelligent pour qu'on lui autorise ce genre d'irresponsabilité.

« Et cependant, je ne pus m'empêcher de le trouver sympathique. C'était peut-être en partie parce qu'il avait encore peur. Je m'étais aperçu que, depuis l'Espagne, je n'arrivais plus à détester quelqu'un qui avait peur.

« Deux jeunes et jolis garçons se trouvaient dans l'appartement encombré de bibelots, de cadres, de photos dédicacées et rempli de fleurs. Je me demandai où il arrivait à s'en procurer autant dans la pénurie parisienne. Il demanda aux garçons de passer dans une pièce voisine, où nous continuâmes à les entendre bavarder d'une voix aiguë en pouffant comme des écolières.

« Nous engageâmes la conversation en français, son anglais étant, me dit-il sur un ton d'excuse, trop médiocre.

« — C'est Armand qui vous envoie ? me demanda-t-il. C'est surprenant. Il n'a jamais pu me sentir.

« Il se demandait, visiblement, s'il devait s'en inquiéter.

« — Son frère, le pauvre Lucien, poursuivit-il, était évidemment un grand ami.

« — Mais c'est du mien que je suis venu vous parler.

« — Oui, évidemment.

« D'un mouvement théâtral, il se leva du divan sur lequel il était assis pour aller redresser un cadre au mur.

« — Seigneur ! fit-il. C'est si difficile !

« Je lui assurai du mieux que je pus que la seule chose qui m'intéressait était de découvrir, dans son propre intérêt, où se trouvait Alastair. Je ne me souciais nullement de ce qui avait pu se passer durant l'Occupation.

« — Oh, je vous crois ! fit-il en passant ses longs doigts sur son front. Il semblait si certain, vous savez, en 1940, que tout ce que nous pouvions faire était de trouver un moyen de nous accommoder de la situation... Votre frère pensait ainsi.

« — Mais il ne détestait pas totalement ladite situation ?

« — Cela, je ne le sais pas.

« — Vous avez fait un film ensemble ?

« — Il était toujours plein d'idées. Elles n'étaient pas toujours très bonnes, ou très réalisables si elles étaient bonnes. Ce qui, dans la pratique, revient au même.

« Le film, semble-t-il, n'avait jamais été tourné. (Un seul des projets d'Alastair en était-il arrivé au stade de la réalisation ?) Tel que le décrivait Pougier, cela ne paraissait pas surprenant. Ce devait être une version de *Coriolan* située dans un pays imaginaire des Balkans durant les années précédant la guerre.

« — Il y avait là, reconnut Pougier, une certaine ambiguïté qui ne me déplaisait pas.

« C'était Philippe Torrance qui devait écrire le scénario. Et ce fut là, apparemment, que commencèrent les problèmes. D'abord, le texte de Torrance jugé par

Pougier d'une vulgarité inacceptable. Puis Torrance lui-même prit peur.

« — Il avait senti le vent tourner avant moi, fit Pougier en souriant. C'est un malin.

« Et d'autre part, le financement n'était pas là – éternel refrain avec Alastair, pensai-je.

« — De plus, poursuivit Pougier, et cela pourra peut-être vous aider et même vous consoler, il semblait que votre frère ne jouissait plus tellement de la faveur des autorités. Je ne sais pourquoi. Vous devez comprendre que, durant ces années-là, on préférait ne pas parler ouvertement de choses qui allaient beaucoup mieux sans être dites. Tout ce que je sais, c'est que votre frère devint quelque peu suspect. Mais de quoi, je ne le sais pas. Il passa même quelques semaines en prison. Finalement, on ne lui faisait pas confiance.

« — Et qui était "on" ?

« — En dernière analyse, les Allemands, je crois, bien que ce soit la police française qui l'ait arrêté. Ensuite, je ne sais plus. Je n'ai pas vu votre frère depuis le printemps 43, quelques semaines avant que j'apprenne son arrestation.

« Il alluma une autre cigarette et s'étendit de nouveau sur le divan.

« — Cela vous plaît, hein ? fit-il. Vous êtes tous les mêmes ; vous voulez que les gens souffrent.

« Je ne sais dans quel "vous" il prétendait m'inclure.

« — Néanmoins, reprit-il après un instant de silence, je lui suis reconnaissant. De façon curieuse, c'est son *Coriolan* qui m'a donné l'idée du *Jeune David*. Mais je pense que c'est à lui que vous devriez parler.

« — À qui ?

« — À mon David. Mais son véritable nom est Frédéric. Je puis arranger cela. Il peut vous en dire plus long que moi. Voyez-vous, sa cousine était la compagne de votre frère. »

« Visiblement soucieux de se débarrasser de moi, Pougier me donna l'adresse à laquelle je pourrais trouver ce Frédéric.

«— Ce n'est pas la peine d'essayer de téléphoner, me précisa-t-il. Il vit avec sa mère. J'ai tenté de le persuader de s'en aller, mais il lui est très attaché. Elle s'est toujours méfiée de votre frère, alors je crois que la meilleure solution, c'est encore d'y aller directement. Oh, ciel! Tout cela est d'un difficile! Dites toute mon affection au garçon. La mère est une comtesse bretonne, une vieille harpie...

«Il était déjà l'heure du déjeuner lorsque je quittai l'appartement de Pougier. J'attendis donc l'après-midi pour aller rendre visite à la terrible comtesse et à son fils, près de Saint-Germain-des-Prés. La porte me fut ouverte par une bonne en robe noire, tablier blanc et coiffe de dentelle, comme dans une comédie de Feydeau. Je trouvai cela extraordinaire sur le moment, mais cela ne l'était pas. L'Occupation n'avait évidemment pas supprimé les domestiques.

«La bonne m'introduisit dans un salon bleu pâle plein de meubles coloniaux – un fauteuil recouvert de peau de buffle, des tables basses faites de plateau indochinois en cuivre. Ils semblaient quelque peu déplacés à côté de quelques authentiques pièces du dix-huitième siècle, notamment un bureau et un bahut. Une collection de cravaches entourait un miroir.

«Une femme mince, revêtue d'un tailleur noir sévère mais bien coupé, entra dans la pièce, suivie d'un garçon en qui je n'eus aucune peine à reconnaître le David de Pougier, malgré son complet d'avant-guerre, sans doute taillé pour son père, car il semblait beaucoup trop grand pour lui. Il avait l'air à la fois intéressé et inquiet.

«La comtesse me toisa du regard et me fit signe de m'asseoir.

«— Je tiens à ce que vous sachiez, me dit-elle, que je n'approuvais pas la liaison qu'avait ma nièce avec votre frère. Si son oncle (ici son regard se porta sur la photo encadrée d'un officier de marine posée sur l'une des tables basses) avait encore été en vie, il y aurait mis bon ordre.

«J'expliquai, aussi courtoisement que je le pus, que

ce n'était pas cela qui m'amenait. Je n'étais venu, lui précisai-je, que dans l'espoir qu'elle pourrait me dire où se trouvait Alastair ou ce qui lui était arrivé. J'étais désolé si ma démarche ressuscitait des souvenirs pénibles, mais j'étais sûr qu'elle comprendrait l'importance qu'avait la famille et qu'il était donc de mon devoir... et ainsi de suite. Je fis donner la grosse artillerie.

« — Yvette a été bien élevée, déclara-t-elle. Naturellement. J'aimerais que vous le compreniez bien. Après la mort de mon frère, je me suis trouvée responsable d'elle. Je suis veuve, maintenant. Mon mari est mort en servant son pays. L'amiral Darlan le tenait en haute estime.

« Je devais apprendre ensuite qu'il avait été tué lorsque nous avions canonné la flotte française à Mers-el-Kébir ; il n'était donc pas étonnant qu'elle détestât les Anglais. Il fut rapidement évident qu'elle ne savait pas ce qui était arrivé à Alastair et n'en avait cure. Elle avait surtout accepté de me recevoir pour m'empêcher de voir Frédéric seul. Celui-ci se bornait à assister à la conversation, pâle et silencieux. De temps à autre, il passait ses doigts fins sur ses lèvres.

« — Maintenant, dit-elle à un moment, les communistes vont s'emparer du pouvoir. De Gaulle est un imbécile et un traître.

« — Maman ! fit timidement Frédéric.

« — Comprenez, poursuivit-elle sans transition, qu'il y a des règles de vie que j'ai toujours maintenues. De prime abord, je n'ai nullement écarté votre frère. Puis j'ai découvert qu'il était déjà marié.

« Sur quoi elle se lança dans une tirade sur la décadence et l'immoralité des Anglais. Pendant qu'elle parlait, Frédéric hasarda dans ma direction un timide sourire d'excuse. Ce fut rapide, mais, pour la première fois, j'y retrouvai ce charme naturel qui m'avait frappé sur l'écran.

« Cependant, le monologue se poursuivait. Un climat d'horreur glaciale s'était installé dans la pièce, et ce climat était d'autant plus oppressant et angoissant qu'il était imposé par un esprit qui, dans ses très étroites limites, était puissant.

« Le ressentiment et l'amertume accumulés par cette femme dépassaient tout ce que j'avais pu constater en Angleterre chez ceux qui étaient assez intelligents pour comprendre que la société qu'ils avaient connue et dont ils avaient joui était en train de s'effondrer, qu'un nouvel ordre des choses allait s'imposer, qui, quelle que soit la forme qu'il prendrait, ne leur laisserait pas place. Edwin Pringle, par exemple, en est bien conscient, et il réagit à cet état de choses par un cynisme résigné qui lui vient peut-être de la tradition d'empirisme caractérisant l'Angleterre. Sans pouvoir se garder, de temps à autre, d'une mauvaise plaisanterie ou d'une remarque fielleuse, Edwin s'accommodera néanmoins de cette situation. Il pourra même – très probablement – apprendre le langage qui lui permettra de continuer à jouer le jeu et de tirer personnellement profit d'un système qu'il déplore et méprise. Naturellement conservateur, Edwin acceptera la social-démocratie, car finalement, pour lui, rien d'autre n'importe que son propre confort. Il est incapable de la granitique et rébarbative arrogance affichée par la comtesse face à un avenir dont elle se refuse à accepter l'idée même. Je plaignis intérieurement le garçon, Frédéric, pris dans la logique glaciale de cette attitude.

« Je réussis finalement à prendre congé. Je lui présentai mes excuses pour avoir ainsi accaparé son temps. Elle secoua la tête, très lentement, mais je ne sus si elle voulait dire par là que nulle excuse n'était nécessaire, ce qui me parut improbable, que son temps n'avait été nullement gaspillé, ou, ce qui me semblait le plus vraisemblable, que, dans le désert que représentait sa vie, le temps ne comptait pas. J'eus soin d'expliquer que j'avais un autre rendez-vous au *Dôme*. J'étais déjà en retard, dis-je, et il se pouvait que mon ami fût reparti, mais je devais quand même me rendre au café et l'attendre. Il reviendrait sans doute, et, de toute manière, il y avait pire endroit que le *Dôme* pour perdre une heure ou deux… »

« Le garçon fit son apparition au bout d'un peu plus d'une heure.

« Il s'était changé et portait maintenant un chandail à col roulé noir et un pantalon de flanelle grise. Deux ou trois personnes le saluèrent au passage et quelques autres le dévisagèrent, reconnaissant sans nul doute la vedette du film de Pougier. Je trouvais, quant à moi, difficile de faire le rapprochement entre le garçon qui avait joué David et celui que j'avais vu assister, timide et résigné, aux sorties de sa mère.

« Il me dit qu'il était désolé de m'avoir fait attendre si longtemps, et que cela avait été très astucieux de ma part de lui faire savoir, sans en avoir l'air, où j'étais. Il préférait toutefois que nous allions ailleurs, dans un endroit moins à la mode et où il se sentirait plus libre. Nous gagnâmes donc un petit café tranquille, dans une rue voisine, où nous commandâmes café et cognac. Puis, repoussant la mèche de cheveux châtains qui lui tombait sur l'œil, il entreprit de me raconter son histoire. »

« Partagée entre une maison sinistre, juchée sur une falaise au-dessus d'un port breton, et l'appartement que je venais de voir, l'enfance de Frédéric n'avait été ni gaie ni libre.

« Sa mère, qui n'avait jamais été très sociable, s'était retirée du monde dès avant la mort de son mari. Frédéric avait à peine connu son père ; il avait été dressé à vénérer une image faite de rigidité et d'héroïque abnégation. Malgré cela, il ne put s'empêcher de subodorer, lorsqu'il atteignit l'âge de dix ou onze ans, que sa mère, en fait, n'avait nulle affection pour son mari, que sa haine des choses de la chair l'avait même amenée à détester l'homme auquel elle avait été contrainte de céder. Elle fut peut-être même satisfaite lorsqu'arriva la nouvelle de sa mort ; tout s'était passé comme si elle s'était préparée depuis longtemps au rôle, plus confortable pour elle, de veuve. C'était alors qu'ils étaient venus s'installer complètement à Paris, ville que, pourtant, elle méprisait.

« La scolarité de Frédéric n'avait pas été plus heureuse que son enfance. Enfant malingre jusqu'à seize ans, où sa beauté physique s'était soudain épanouie, il avait beaucoup de mal à nouer des relations amicales avec les garçons de son âge. Il avait été longuement brimé parce qu'il était différent. Enfant, il avait adoré sa cousine Yvette, de sept ans son aînée. Elle était son seul refuge, la seule personne à laquelle il pouvait se confier. Et elle s'était constituée sa protectrice.

« En conséquence, quand Yvette s'était liée à Alastair, il avait été malheureux et jaloux.

« — Mais comment diable, lui demandai-je, y était-elle arrivée ? Je veux dire, comment était-elle parvenue à échapper à votre mère ? Pardon de dire les choses aussi crûment.

« Il m'adressa son éblouissant sourire – ce sourire que j'avais déjà vu imiter par une bonne demi-douzaine de jeunes Parisiens depuis que je l'avais remarqué dans *Le Jeune David*.

« Il m'expliqua qu'Yvette était une personne au caractère très affirmé. Sa mère n'était "pas tout à fait du même milieu", "pas bien née, vous comprenez", et elle-même considérait le genre de vie choisi par la mère de Frédéric comme un exercice d'autopunition stérile – "comme si la plus grande gloire de Dieu contraignait quelqu'un à être misérable". Frédéric lui donnait maintenant raison, mais il avait durement ressenti, tout d'abord, le fait de la voir s'éloigner. Il était à un âge où il se trouvait encore obsédé par sa mère et parvenait à se persuader qu'il adorait celle-ci. Maintenant, ce qu'il ressentait, outre de l'irritation, c'était de la pitié. C'était de cela qu'il restait prisonnier.

« Ce ne fut qu'au moment où, finalement, il rencontra Alastair, quelque deux ans après le début de la liaison d'Yvette avec celui-ci, que son ressentiment disparut. Alastair débordait tellement de vigueur et d'enthousiasme qu'il fit sa conquête. L'ayant connu, Frédéric eut l'impression d'avoir soudain ouvert une fenêtre et découvert que le printemps avait succédé à l'hiver. Chose plus surprenante, Alastair eut, de prime abord, le même effet sur la mère de Frédéric. Quoi qu'elle ait pu dire ensuite, elle l'adorait elle aussi. En écoutant Frédéric me relater l'évolution des relations entre sa mère et Alastair, il m'apparut clairement que la violente antipathie manifestée à la fin par la première à l'encontre du second avait dû être motivée, au moins dans une certaine mesure, par une sorte de frustration amoureuse.

« Tout cela était intéressant mais ne m'avançait pas à grand-chose. Je ne connaissais déjà que trop, en fait, la faculté qu'avait Alastair de susciter des emballements, et l'effet destructeur de son charme. Je souhaitais voir Frédéric aller au-delà de l'analyse rétrospective, mais je l'écoutai scrupuleusement, pensant qu'il était peut-être important pour lui de parler librement, et soucieux, aussi, de ne pas le laisser se refermer comme une huître.

« Frédéric n'avait pas entendu les émissions de radio faites par Alastair en 1940. Elles ne lui auraient, de toute manière, pas apporté grand-chose, car il n'avait alors que treize ou quatorze ans. C'était, pensait-il, pendant l'hiver 41-42 qu'Alastair et Yvette étaient revenus à Paris. Auparavant, ils avaient vécu en Haute-Savoie – avec l'autorisation du gouvernement de Vichy – où Alastair travaillait à un livre et à un scénario de film. Au moment où Frédéric l'avait réellement connu, Alastair prétendait ne pas s'intéresser le moins du monde à la guerre et à la façon dont elle évoluait. Il tenait toujours pour acquis que l'Allemagne allait être victorieuse, et parlait même comme si c'était chose faite. L'important, selon lui, était de travailler à la construction de cette Europe nouvelle qui devait émerger des "cendres de la guerre". Il ne cessait de répéter que la guerre avait été pire qu'un crime, une faute.

« — C'est de Napoléon, n'est-ce pas ? demanda Frédéric d'un ton incertain.

« — Non, de Talleyrand, je pense. À propos de l'exécution du duc d'Enghien.

« — Oh ! fit-il. Je suis nul en histoire.

« Cependant, poursuivit Frédéric, Alastair critiquait fréquemment les nazis. Il trouvait que leur antisémitisme allait trop loin, qu'ils manquaient de mesure en beaucoup de domaines. Il persistait néanmoins à les soutenir, parce qu'à ses yeux, contrairement à la classe dirigeante britannique, ils étaient modernes. Ils comprenaient que la société industrielle avait créé des déracinés, rendant impérative une nouvelle éthique de l'héroïsme. "Il est absurde de supposer, avait-il coutume de dire, qu'on guérira les maux du monde moderne en donnant des salles de bains à la classe ouvrière." Le film qu'il projetait devait célébrer le "héros-individu", qui se rend néanmoins compte que sa supériorité lui crée le devoir de commander. Et il devait amener les masses à saluer la naissance de l'Homme Européen Nouveau.

« — Cela paraît, comme cela, pompeux et vide, dit Frédéric, mais on n'avait pas cette impression quand Alastair en parlait.

« — S'agissait-il de *Coriolan* ?

« — Oui, mais du *Nouveau Coriolan*, purgé de... Je ne sais plus au juste de quoi il était purgé...

« Sur quoi Frédéric se mit à rire – première indication chez lui d'un certain sens de l'humour.

« Comme la guerre évoluait et la situation commençait à se retourner contre l'Allemagne, les relations entre Alastair et Yvette se détériorèrent. Cela troublait Frédéric. Yvette se plaignait qu'Alastair fût déraisonnable. Il se montrait de plus en plus véhément au moment où il aurait dû garder le silence et essayer de changer de cap. Yvette ne disait pas les choses en termes aussi précis, mais tel semblait bien être le sens de son propos. Et Frédéric pouvait constater qu'elle avait raison. Cela le surprenait, toutefois, car il n'était pas dans la nature d'Yvette d'opérer un revirement de ce genre. Elle avait toujours fait preuve d'une grande détermination. Quant à lui-même, Frédéric, il n'avait jamais partagé, il me l'assura, les sentiments d'Alastair et d'Yvette à l'égard de l'Allemagne. Il avait dès le départ trouvé les nazis repoussants. Je n'allais peut-être pas vouloir le croire – et il le comprenait –, mais telle était la vérité.

« Dès l'été 1943, Alastair et Yvette étaient pratiquement brouillés. De plus, elle haïssait Pougier, ce qui n'arrangeait pas les choses. Elle avait été furieuse quand Alastair avait présenté Frédéric au metteur en scène. Frédéric avait dû la supplier en pleurant de ne rien dire à sa mère. Celle-ci – pouvais-je l'imaginer ? – ignorait encore qu'il avait tourné dans *Le Jeune David*.

« — Quand je m'absentais, précisa-t-il, elle pensait que j'allais à mes cours. Il n'y a aucun risque qu'elle aille voir le film, et, comme elle ne parle à personne et ne lit, dans les journaux, que les cours de la Bourse, il est peu probable qu'elle apprenne jamais quoi que ce soit. Cela vous paraît fou ? Là, je ne puis qu'être d'accord avec vous...

« Il me sourit avec une certaine insistance. Je regardai par-dessus son épaule vers la porte ouverte du café. Au-dehors, il avait commencé à pleuvoir. Frédéric jouait avec son verre vide, mais sans nulle sollicitation. Je n'en commandai pas moins d'autres cognacs.

« — En fait, dit Frédéric, ce n'était pas à propos de politique qu'Alastair et Yvette se querellaient. C'était à propos de moi.

« Pougier s'était follement épris de Frédéric. Il avait coutume de dire, apparemment, qu'il ne pouvait écrire une histoire ou réaliser un film s'il n'y avait pas un personnage qui lui inspirait un véritable désir physique. Cela, je l'avais déjà deviné. La façon dont la caméra s'attardait sur le jeune David dans la scène où il essayait son armure, puis la retirait, et cette séquence où l'on avait l'impression de contempler à travers les yeux de Jonathan le même David revenant, tendu et couvert de sueur après sa victoire sur Goliath, tout cela mettait totalement à nu l'imagination érotique de Pougier. Cela m'avait quelque peu troublé sur le moment. Et, maintenant, assis en face du garçon, qui me racontait son histoire non sans une certaine hésitation, je retrouvais la même impression que Proust entrant dans la cour pavée de la résidence des Guermantes et retrouvant soudain Venise et quelques rares instants de félicité. Je me revoyais dans la demi-pénombre du pavillon de cricket, à l'école, contemplant Colin, qui venait de défaire ses jambières, et regardait, au-dehors, une pluie torrentielle s'abattre sur le terrain que nous venions juste de quitter, victorieux grâce à lui.

« Les sentiments qu'éprouvait Pougier ne faisaient que gêner le garçon. Et la difficulté s'accrut encore lorsque Frédéric tomba amoureux – sans le moindre espoir, précisa-t-il – d'Alastair. Il le connaissait depuis trois ans et lui portait déjà une grande affection lorsqu'un soir, le voyant passer un bras autour de la taille d'Yvette, qui le repoussa avec colère, le décontenançant et lui faisant perdre son habituelle expression d'assurance, il sentit monter en lui une soudaine poussée d'angoisse et de désir.

« Frédéric me raconta cela avec gêne et maladresse. Il n'en avait jamais parlé à personne. Il n'avait jamais tenté d'expliquer ce qu'il ressentait à Alastair lui-même parce qu'il jugeait ridicule de le faire. Si inexpérimenté qu'il fût, il se rendait compte que jamais Alastair ne répondrait à son sentiment et à son désir. Mais Yvette, pensant – elle n'en faisait pas mystère – qu'Alastair avait livré son jeune et innocent cousin à Pougier, soit en échange d'une participation au film, soit par vice à l'état pur, se querella violemment puis se brouilla avec lui. Frédéric s'en sentit d'autant plus coupable que cette séparation représentait une première étape nécessaire à l'assouvissement de ses désirs – même s'il savait fort bien que ceux-ci ne pourraient jamais être assouvis.

« Ce fut trois semaines plus tard qu'Alastair fut arrêté.

«— Et pourquoi a-t-il été arrêté, finalement ? demandai-je.
«— Quelqu'un l'a dénoncé.
«— Était-ce Yvette ?
«— J'espère que non. Elle en était capable. Mais je n'en ai jamais été sûr, et je n'ai jamais osé lui demander.
«— Elle est toujours à Paris ?
«— Oui, mais elle ne nous parle plus, ni à Maman ni à moi. Elle a rejoint à temps la Résistance, et, maintenant, Maman la met plus bas que terre pour s'être associée à ce qu'elle appelle "la canaille".
«— Je ne comprends pas, dis-je.
« Mais en fait, si je ne comprenais pas le détail de cette histoire, je n'en étais pas non plus sidéré. Dans ce Paris surexcité, toutes les émotions se trouvaient démesurément amplifiées, et donc déformées. Le ressentiment, la jalousie, l'impression d'avoir été trahie, tout cela avait pu se conjuguer, chez Yvette, pour transformer l'amour qu'elle avait certainement éprouvé pour Alastair en une haine ne pouvant s'assouvir que par un acte de vengeance. Nous pouvons, après tout, pardonner à tout le monde, sauf à ceux que nous avons aimés et que nous n'aimons plus. De plus, il apparaissait qu'Yvette avait rejoint non seulement la Résistance, mais très précisément le Parti communiste, et ce peut-être, à ce que pensait Frédéric, dès avant sa séparation d'avec Alastair. Rien n'était plus ni simple ni direct dans ce monde où toutes les certitudes avaient été ébranlées.
«— Mais ce n'était peut-être pas Yvette, dit Frédéric. C'était peut-être Torrance.
« Il avait deux raisons pour le soupçonner. D'abord, Alastair lui-même avait déclaré un jour savoir de façon certaine que Torrance était dorénavant son ennemi et ferait tout pour lui nuire. Il l'avait dit, précisait Frédéric, sur ce ton de légèreté et avec ce sentiment de sa propre invulnérabilité qui concouraient à son charme, mais pouvaient en même temps provo-

quer de la façon la plus dangereuse un homme comme Torrance.

« En deuxième lieu, peu après l'arrestation d'Alastair, Frédéric lui-même avait été convoqué à la Police judiciaire pour être interrogé sur la nature de ses relations avec mon frère. Au cours de cet interrogatoire, qui avait d'ailleurs été conduit avec la correction la plus parfaite, il était clairement apparu à Frédéric que quiconque avait dénoncé Alastair avait en même temps évoqué la possibilité d'un détournement de mineur.

« — Bien sûr, dit Frédéric, je les ai assurés que rien de ce genre ne s'était produit. Mais il y avait de quoi être mal à l'aise.

« On lui avait dit de s'attendre à un deuxième interrogatoire, mais celui-ci n'avait jamais eu lieu. Il semblait qu'Alastair avait été libéré entre-temps. Frédéric pensait que quelques-uns de ses amis allemands étaient intervenus. Il ne savait pas où il était allé à ce moment ni où il se trouvait maintenant. Il pensait qu'il était probablement en Allemagne.

« Nous sortîmes du café et commençâmes à marcher lentement sous la pluie qui persistait, mais était devenue cette bruine légère des grandes villes, apportant avec elle une vague senteur de suie. Nous restions silencieux, comme si nous avions épuisé tous les sujets. Arrivant à la Seine, nous nous accoudâmes côte à côte au parapet humide. Devant nous coulait le fleuve, emportant, comme il l'avait fait depuis des siècles, tout ce que Paris rejetait, et je me pris à penser à tous ceux qui, avant nous, avaient regardé s'écouler ces flots, indifférents mais toujours différents, en espérant les voir emporter leurs peines et leurs angoisses. D'une petite rue derrière nous venait la plainte musicale d'un accordéon, et il semblait brusquement que, par un étrange caprice de la rotation terrestre, on était mystérieusement revenu au Paris de l'avant-guerre.

« Puis Frédéric me dit soudain :

« — Je ne veux pas encore rentrer à la maison. »

*

Mon journal s'arrête ici, de façon abrupte, comme si ce qui avait suivi avait effacé chez moi le besoin de consigner et d'analyser ce qui se passait autour de moi et en moi. En effet, tandis que les feuilles tombaient des marronniers et des platanes, que la guerre s'enfuyait vers l'est et que l'automne se muait en un hiver rendu plus âpre encore par la pénurie de charbon et de mazout, je me retrouvais gratifié, en cette période médiane de mon existence terrestre, de ce que je n'avais certes pas cherché ou espéré en me lançant dans ma pénible quête : une idylle. Une idylle que je savais, dès l'abord, brève et sans avenir, mais une idylle quand même, qui apaisait la douleur, effaçait le sentiment de culpabilité, allégeait le poids d'années de solitude au cours desquelles j'avais senti, à chaque pas, la honte m'envelopper, honte de ne pouvoir pleurer ce que j'aurais dû pleurer et de me sentir émotionnellement infirme.

Bien sûr, comme je l'ai déjà dit, je sus dès le premier instant que cela ne pouvait durer. La tendresse que je ressentis pour le garçon en m'éveillant et découvrant l'auréole formée par ses boucles châtains sur l'oreiller, en caressant d'un doigt léger ses lèvres endormies, ne pouvait me dissimuler le fait que le bonheur que nous éprouvions à être ensemble résultait en bonne part – ce qui n'avait pas été le cas avec Vanessa – de la certitude, que nous partagions, que tout cela n'était qu'un interlude. Il se trouvait aussi que, pour Frédéric, je n'étais peut-être, au mieux, qu'un substitut d'Alastair. Et, quant à moi, le sentiment que je lui portais n'était-il pas, en partie, la conséquence du sentiment m'attachant à mon frère ? Il me sembla, au moment même où je posais mes lèvres sur les siennes pour l'éveiller, que tout ce que je faisais était de me soustraire un court moment à la réalité, que Frédéric le savait et qu'il avait le même sentiment. Mais la réalité ne pourrait être longtemps niée, et il n'existait pour aucun de nous deux un avenir pouvant inclure l'autre, sans le sacrifice de ce respect de soi-même sans lequel la vie devient elle-même méprisable. Cette pensée apportait, elle aussi, sa part de réconfort, car je ne pouvais souhaiter voir Frédéric tomber dans le piège de l'homosexualité.

L'image de Pougier venait renforcer cette position, de même que le souvenir de ma dernière entrevue avec Hector avant mon départ pour Paris. Nous nous étions rencontrés au *Reform*. Il savait que j'allais essayer de découvrir ce qui était arrivé à Alastair, et cela le rendait nerveux.

— Je ne vois pas, me déclara-t-il, comment nous allons pouvoir éviter un scandale public, à moins qu'il ne soit mort. Ce serait la solution la plus satisfaisante.

— Tu ne parles pas sérieusement !

— Je n'ai jamais été plus sérieux de ma vie. J'en ai discuté avec Mère, tu sais. Elle est de mon avis.

— Père...

J'hésitai, et il me dit d'un ton coupant :

— Ne mêle pas Père à cela. Il a toujours gâté et pourri Alastair. Il a encouragé un garçon très ordinaire à se croire remarquable. Je ne suis pas loin de rendre Père responsable de toute cette catastrophe.

— Je ne suis pas d'accord pour dire qu'Alastair était « très ordinaire ».

— Non ? Eh bien, soyons d'accord pour ne pas être d'accord. Je ne suis pas d'humeur à discutailler. Le climat est horrible au Foreign Office. Les réactionnaires prennent déjà leurs dispositions pour nous braquer contre l'Union soviétique. L'opposition qu'a rencontrée la décision de reporter sur Tito notre soutien à Mihaïlovitch n'a été qu'un modeste prélude. Et Winston ne fait rien pour arranger les choses ; il est prisonnier de ses schémas de pensée impérialistes du dix-neuvième siècle.

— Et ta vie privée ?

— Je n'en ai aucune, absolument aucune.

— J'ai vu Max l'autre jour. Il est toujours dans la RAF. Il t'assure de son affection.

Un jeune homme gras et un peu sale, portant un nœud papillon, dériva vers nous.

— Tu sais, Hector, dit-il, ce club me déprime. Tu as remarqué qu'il n'y avait pas de petits grooms ?

Il s'effondra dans un fauteuil, et des effluves de whisky flottèrent jusqu'à moi.

— Ne sois pas idiot, lui dit Hector.

— Offre-moi un verre, alors. Tu sais que j'adore qu'on m'offre des verres.

— Et tu sais que je déteste en offrir. Alors, un, mais un seulement.

*

Un peu plus tard dans la soirée, ayant partagé avec moi un médiocre repas conclu par un encore plus mauvais café, toujours abstinent et fronçant les sourcils en me voyant allumer cigarette sur cigarette, Hector me dit :

— Père parlait beaucoup de devoir. Mais dans une sorte de brume romantique que je me permets de trouver complaisante. Je l'ai déçu, cela, je le sais depuis longtemps. Tu as parlé de Max tout à l'heure. Je n'ai pas répondu parce que, comme je te l'ai dit il y a des années, j'ai renoncé à tout cela. Mais je ne regrette pas ma liaison avec lui. J'en ai tiré une leçon : que ce genre de choses n'est pas pour moi. Depuis, je me suis consacré tout entier au devoir. En ce qui me concerne, le bonheur ne peut être atteint que par une action délibérée. Je me considère comme un homme utile, travaillant à construire une société juste. Et, en dehors de cela, rien n'importe. Tu comprends ?

— Cela paraît plutôt austère.

— C'est précisément l'austérité qui m'attire. L'austérité et l'abnégation, la chance de se perdre dans une cause.

XVIII

BLANKETS, NOËL 1945 – NOUVEL AN 1946

Presque aucun homme, me fit un jour remarquer Guy Holland, n'est satisfait d'être ce qu'il est, si considérables que puissent être ses réalisations et sa renommée. D'où la tentation permanente de construire une autre version de soi, meilleure ou pire que la réalité, mais en tout cas plus intéressante, que l'on s'efforce de présenter au monde extérieur. Les vues de Guy se trouvaient illustrées avec une inquiétante clarté dans ma propre famille.

Elles s'appliquaient à chacun d'entre nous, mais le cas le plus évident était naturellement celui d'Alastair. Toujours disparu sept mois après la défaite de l'Allemagne, peut-être mort, il avait en tout cas négligé de cultiver les talents réels encore que mineurs qu'il possédait, préférant prendre le rôle d'un héros tragique – rôle que nul autre que lui-même n'estimait fait pour lui. Ne l'avait-il pas choisi, au fond, parce qu'il nc pouvait se résoudre à admettre que son caractère et ses aptitudes le prédisposaient en fait à une existence banale – au train de 8 heures 40 pour gagner chaque jour un bureau dans la Cité ? C'était la question que je me posais dans l'air vif de ce matin d'hiver, en écoutant les rabatteurs au travail dans le bois devant nous.

Les faisans, qui n'étaient pas des oiseaux d'élevage, jaillirent soudain des arbres, presque à la verticale. Des coups de feu éclatèrent aussitôt de part et d'autre de moi, mais, bien qu'ayant levé mon fusil, je ne tirai pas, laissant deux coqs faisans passer indemnes au-dessus de ma tête. J'allais devoir, sans aucun doute, subir les amers reproches du vieux Haskins. Ainsi que ceux de Mère ; bien que détestant la chasse, elle avait fait savoir que, Noël approchant, elle aimerait voir des carniers bien remplis.

Lorsque nous fîmes une pause pour les sandwiches (au corned-beef en cette période d'austérité) et le sherry, j'allai présenter mes excuses à Haskins pour mon manque d'attention.

— Je ne sais pas si je peux vraiment vous le reprocher, Mr. Alec, me dit-il. Il y a trop de choses qui arrivent, et qui viennent nous occuper l'esprit.

Il téta pensivement sa pipe.

— Les choses n'ont plus été ce qu'elles étaient depuis que votre père nous a quittés, ajouta-t-il. Je ne sais pas si elles redeviendront un jour ce qu'elles devraient être.

Haskins était troublé par l'élection de Frank au Parlement l'été précédent. Il ne savait plus si, dans une chasse, Frank devait être compté comme un rabatteur ou comme un fusil de plus. D'apprendre que j'avais parrainé la candidature de Frank à l'un de mes clubs londoniens lui avait fait secouer tristement la tête. Et il ne servait à rien de plaisanter en lui disant qu'il était le dernier tenant du système féodal en Angleterre. Il ne voyait rien de drôle là-dedans. Pour Haskins, la guerre avait été inutile si sa conclusion n'était pas le retour de l'Angleterre qu'il avait servie et aimée. Or il pouvait constater que les amis politiques de son fils étaient bien décidés à ce que cela ne se produise pas..

Bien sûr, Frank et ses amis avaient raison. Tenter de restaurer l'Angleterre qu'appréciait le vieux Haskins ne serait pas tolérable. Les hommes ne s'étaient pas battus et n'étaient pas morts pour cela. Et de plus, me disais-je alors que le brouillard commençait à nous envelopper, nous contraignant à mettre fin à la battue, c'était cette Angleterre-là qui nous avait plongés dans la guerre par son incapacité et sa lâcheté.

Le sentier que j'avais emprunté conduisait, à travers bois, à une «folie» 1900: un pavillon d'été où, enfants, nous avions coutume de pique-niquer durant les longs après-midi d'août. Il avait été construit, semble-t-il, à des fins quelque peu différentes; Sir Reuben Goldsmith, le magnat sud-africain dont la veuve avait vendu Blankets à Père, avait la réputation de séduire en cet endroit les femmes et les filles de ses amis de la Cité. Frank m'avait dit un jour qu'au village, le pavillon était toujours surnommé « le boudoir de Sir Reuben ». Maintenant, le sentier, pratiquement abandonné, était à demi envahi par les ronces. Les vitres du pavillon avaient été brisées, peut-être par quelques-uns de ces évacués londoniens dont la présence dans les bois avait tant irrité Haskins. Un coin du toit s'était effondré. Quand je touchai l'un des montants de bois, un morceau m'en resta entre les mains. Le jour commençait à tomber. Les arbres alentour glissaient doucement dans une mystérieuse obscurité. Alerté par un bruit que je n'avais point perçu, un faisan s'envola à grand fracas. Il faisait maintenant froid, mais je restais assis à fumer sous la petite véranda humide, retardant le moment où je devrais me décider à revenir vers la maison, le feu de cheminée, le plateau à thé et les toasts. Et, pendant tout ce temps, une voix intérieure me répétait :

« Tu ne peux revenir en arrière, mais tu ne souhaites pas aller de l'avant. »

Je trouvais cela étrange. Ne m'étais-je pas, après tout, toujours considéré comme progressiste ? N'avais-je pas écrit des articles appelant à l'édification d'une société socialiste ?

*

Kirstie m'accueillit dans le vestibule avec la nouvelle.

— George est arrivé. Malheureusement, il est un peu ivre. Mère l'a envoyé s'étendre.

— Pas exactement l'accueil réservé à l'Enfant prodigue.

— L'Enfant prodigue n'était probablement pas pompette. Un major américain lui avait donné une bouteille de bourbon…

— Ce vieux George !

Cela faisait près de quinze ans que nous ne l'avions

pas vu, et sa mère l'envoyait directement au lit. Cela valait vraiment la peine d'avoir passé trois ans et demi dans un camp de prisonniers japonais !

Le dîner se déroula dans un climat un peu tendu. L'idée de George sommeillant à l'étage supérieur nous oppressait. Je me disais qu'il n'était pas exactement le « mouton noir » de la famille. George avait réussi, d'une certaine façon. La plantation d'hévéas qu'on l'avait aidé à acheter avait, au moins selon lui, prospéré. Il en avait été ainsi jusqu'à l'invasion japonaise. Son mariage avec la Malaise avait produit deux enfants. Ils risquaient fort d'être les seuls représentants de la génération suivante à porter le nom familial. Avant tout, la guerre vécue par George, horrible à défaut d'être glorieuse, se révélait beaucoup plus méritoire que la mienne, celle d'Hector ou, certainement, celle d'Alastair. Il n'avait pas, il est vrai, beaucoup combattu, mais ce n'était pas sa faute. Un simple caporal des Volontaires de Johore pouvait difficilement être tenu pour responsable de l'ignominieuse reddition de Singapour. Bien que nous ne connaissions encore que mal, à l'époque, les terribles souffrances connues par les prisonniers de guerre dans les camps japonais – souffrances qui, dans les décennies à venir, allaient, à tort, moins frapper la conscience universelle que les atrocités des camps de la mort nazis –, il était déjà clair que le simple fait d'avoir survécu à ces horreurs constituait la preuve d'une valeur particulière. Ces camps étaient des écoles d'héroïsme, d'un héroïsme discret, presque privé, qui avait de quoi laisser pantois. Or notre héros familial, le seul d'entre nous dont les souffrances avaient été physiques aussi bien que mentales – et il ne faut jamais sous-estimer les répercussions de la souffrance physique sur l'esprit et l'imagination –, était revenu ivre parce qu'il avait peur d'affronter sa mère.

Plus tard, après que Mère et Kirstie furent montées dans leurs chambres, nous nous repliâmes, Hector et moi, sur la salle de billard. Un feu y avait été allumé, pour la première fois peut-être depuis deux ans, et la cheminée fumait. Un drap recouvrait le tapis vert de la table de billard. J'allumai une cigarette et me servis un verre du vieil armagnac de Père. Hector se mit à parler de la déception que lui occasionnait le gouvernement travailliste, qui, à son avis, était prêt à s'allier avec toutes les forces réactionnaires d'Europe pour s'assurer la faveur des Américains.

— Il est juste encore temps, dit-il, de créer une Union européenne des États socialistes, mais la douzième heure est déjà bien avancée.

Je lui répondis que je trouvais le projet chimérique. Je lui parlai de l'impérialisme soviétique. Il se refusa à m'entendre.

— Le choix en Europe de l'Est, proclama-t-il, demeure entre les forces progressistes réunies sous l'aile des partis communistes et le néofascisme réactionnaire. Il n'y a pas de solution médiane.

Qu'il est difficile, avec le recul, de ne pas faire sonner Hector comme un parfait imbécile ! Ou comme une crapule ! Mais avec ce même recul, combien échapperaient à de telles accusations ?

— J'ai toujours détesté l'Amérique, poursuivit-il, son optimisme ignare, son matérialisme sordide, son intense égoïsme. Il n'est rien que je ne ferais pour empêcher la Grande-Bretagne de devenir un satellite américain – ce qui est le sort que nos maîtres nous réservent, encore qu'ils soient trop stupides pour s'en rendre compte eux-mêmes.

Sur ce, la porte s'ouvrit.

— Je pensais bien vous trouver ici, les enfants. Dans le vieux repaire.

Je n'aurais pas reconnu George. Bien sûr, en y réfléchissant, je me serais attendu à le trouver squelettique. Sa calvitie non plus n'avait rien pour surprendre. Mais si je l'avais rencontré dans la rue, j'aurais certainement passé mon chemin sans réagir. Cependant, il y avait toujours en lui quelque chose de l'ancien George. Ce fut vite évident. Les yeux trop bleus, légèrement exorbités, avaient toujours ce déconcertant éclat de folie et d'humour combinés, trahissaient toujours cette détermination qu'avait George d'emprunter le chemin qu'il entendait en se réjouissant que d'autres ne trouvent pas la chose à leur goût. Il tenait négligemment à la main une bouteille, qu'il posa sur une table. Elle était encore au tiers pleine. Il se trouva un verre et y versa une généreuse rasade. Puis il se retourna vers nous.

— Et où est, demande-t-il, le chouchou de notre défunt père ?

Une explication était difficile mais inévitable. Je m'efforçai de la lui apporter, brièvement.

— Le crétin ! fit George. L'horrible crétin !

Il se renversa dans son fauteuil, et, nous regardant par-dessus le bord de son verre, dit :

— Vous savez, cela paraît dingue de se retrouver ici et d'entendre de pareils trucs !

— Tu n'aurais pas dû te lever, George, lui dit Hector. Tu es encore ivre.

— Et j'entends bien le rester ! J'ai des tas de verres et de cuites à rattraper. Vous autres, les politicards, vous m'avez volé des années de ma vie !

Il leva son verre et poursuivit :

— Donc, le Vieil Homme a été rappelé auprès du Dieu de ses pères. Je ne crains pas de vous dire que c'est un soulagement pour moi. En un sens. En un autre, je suis désolé. Je me suis fait engueuler par lui pendant des années, et j'aurais aimé avoir l'occasion de lui dire que son Empire était foutu. Ce puissant Empire, sur lequel le soleil ne se couchait jamais et qui est maintenant dans l'obscurité totale. C'est la grande farce de notre temps. Je le savais au moment même où nous avons déposé les armes à Singapour. Il n'y a jamais eu plus belle déconfiture, vous savez. Et vous, quelle sorte de guerre avez-vous connue, mes bien chers frères ?

Hector se leva.

— Je pense que nous en parlerons un autre jour, dit-il.

— Toujours le parfait petit diplomate, fit George.

Son rire poursuivit Hector au moment où il sortait de la pièce.

— Et, à propos, combien laisse le Vieil Homme ?

*

L'une des formules favorites de Père était : « Les infirmes ont le droit d'être venimeux. » L'amertume de George était pardonnable. Cela ne voulait pas dire qu'elle était facile à accepter. Il ne fallut que quelques jours pour que Mère commence à lui reprocher de s'apitoyer sur lui-même. En même temps, elle fit un effort pour essayer d'aboutir à un *modus vivendi* avec ce fils qui avait fui vers l'Orient pour lui échapper. Elle n'y parvint pas. Toute manifestation d'affection, tout geste d'apaisement et même toute amorce d'excuses étaient ostensiblement repoussés. George, au contraire, semblait prendre plaisir à dire tout ce qu'il pensait pouvoir heurter sa mère. Même Kirstie ne pouvait percer sa carapace. Quand elle voulut s'enquérir de sa femme et de ses enfants, il l'ignora.

— George, proclama Hector, semble considérer la guerre comme ayant été déclarée spécialement pour lui nuire. Il pourrait comprendre que d'autres aussi ont souffert. Certains d'entre eux ne sont plus là pour se noyer dans le bourbon.

Les seules personnes dont George semblait goûter la compagnie étaient les petites filles de Kirstie, Jean et Hattie. Couché sur le sol de la nursery, il se laissait escalader par elles. Il leur construisait des fermes en miniature avec des briques, et leur lisait Beatrix Potter. Quand il avait fini une histoire et qu'elles en redemandaient à grands cris, il la reprenait docilement au début et la leur lisait de nouveau. Il les emmenait en promenade et leur racontait des histoires de tigres, de jungle et de chasseurs indigènes. Des années plus tard, se rappelant cette époque, Hattie me dit :

— Bien sûr, je n'ai jamais compris, sur le moment, combien il devait être malheureux. Nous pensions seulement qu'il était merveilleux. Je regrette, Oncle Alec, mais Oncle George était vraiment notre oncle favori. Bien sûr, je n'ai jamais aimé Oncle Hector. Même en ce temps-là, je trouvais qu'il y avait quelque chose de malsain en lui. Mais Oncle George, lui, me juchait sur ses épaules et partait ainsi dans les bois en chantant.

— Et que chantait-il ? Je ne l'ai jamais entendu chanter.

— Oh, ne me le demande pas maintenant ! C'était il y a tant d'années ! Mais nous l'adorions. Donc il devait être vraiment gentil. Les enfants ne s'y trompent jamais, tu ne crois pas ?

Hattie est quelqu'un avec qui j'ai renoncé depuis longtemps à essayer de discuter. Je m'abstins donc de lui demander si elle avait toujours placé la même foi dans le jugement de ses propres enfants.

*

Père avait toujours insisté pour que nous célébrions Hogmanay, la Saint-Sylvestre écossaise, par un dîner de famille où chacun d'entre nous, depuis l'âge de onze ou douze ans, devait faire un discours où il présentait son bilan de l'année expirante et exprimait ses espoirs pour celle qui allait naître. Ces festivités ne procuraient pas grand plaisir à Mère, et l'habitude s'en était perdue depuis le trépas de son mari. Aussi fus-je surpris lorsque Kirstie m'informa que, cette année, Mère comptait les organiser de nouveau.

— Étrange, n'est-ce pas ? dit Kirstie.

— Un acte de piété tout à fait inattendu.

— Et peu réjouissant à mes yeux.

*

Père, toujours sentimental en ce domaine, avait décrété une fois pour toutes que le dîner devait être authentiquement écossais – fait qui eût déjà pu, à lui seul, dissuader Mère de renouer avec la tradition. Le menu s'ouvrait toujours sur un potage à la tête de mouton, confectionné selon la recette classique de Meg Dods, même s'il n'était plus nécessaire ni sans doute possible d'envoyer, comme aux temps anciens, la tête de mouton chez le forgeron local pour y être rôtie sur la braise ardente. Tandis que nous absorbions notre potage (avec quelque répugnance dans le cas d'Alastair), Père avait coutume de nous raconter l'histoire de l'éminent universitaire écossais, qui, exilé à Cambridge, avait éprouvé « une nostalgie bien naturelle et patriotique de ce plat, qui est, pour un Écossais, comme le lait de sa mère ». Il s'était donc procuré une tête de mouton et l'avait envoyée chez le forgeron pour y être rôtie. Et, l'heure du dîner étant arrivée, il avait attendu avec impatience.

— Imaginez, disait alors son père, son horreur et sa déception lorsqu'on posa devant lui une tête de mouton sans la moindre chair. Et son désarroi devint plus grand encore quand on lui présenta une note d'un shilling et quatre pence pour « nettoyage et polissage d'un crâne de mouton pour le professeur Smith », ce qui montre combien peu sont appréciés, dans ces régions barbares, les plus robustes de nos mets nationaux...

Sur quoi, invariablement, Alastair proclamait que le professeur Smith avait eu bien de la chance d'échapper à la tête de mouton – et, comme il était Alastair, Père lui pardonnait cette plaisanterie sacrilège.

Si le potage à la tête de mouton n'était du goût de tout le monde (encore que Kirstie et moi partagions, à cet égard, l'opinion de Père), il n'en était pas de même pour les trois ou quatre plats qui suivaient habituellement : les huîtres dans leur jus, le pâté de lapin du Royaume de Fife, la venaison ou le gigot de mouton aux oignons rôtis. La tarte aux airelles arrosée de crème et le fromage fermier sur galettes d'avoine qui concluaient le repas rencontraient aussi l'approbation générale. Pendant tout le dîner, l'on buvait du bordeaux, servi dans une *tappit hen* [1] d'une contenance de près de trois litres et demi.

1. Grande carafe dont le couvercle affectait la forme d'une crête de gallinacé. *(N.d.T.)*

Bien que le récipient ne fût jamais empli à ras bord et qu'il ne fût (probablement) jamais complètement vidé, on comprendra qu'au moment où nous étions tenus de faire nos petits discours, beaucoup de nos inhibitions s'étaient agréablement envolées. Et nous étions maintenus dans cet état d'euphorie après que Père eut confectionné ce qui était connu comme un « punch de Glasgow ».

J'ai dit un peu plus haut que ce dîner traditionnel était une manifestation de la sentimentalité de Père. C'était indiscutablement vrai en un sens. Mais, à bien considérer la chose avec le recul du temps, j'y vois aussi l'expression d'un regret : celui du cours que sa propre ambition avait finalement donné à sa vie. C'était comme si, un soir dans l'année, il se débarrassait de tout ce que ses succès lui avaient apporté, comme s'il grattait de lui le vernis d'Oxford et de l'Empire pour redevenir l'Écossais du terroir, seigneur de la lande ou simple berger. Bien sûr, c'était une comédie, mais une comédie révélant l'idée qu'il avait de sa nature profonde.

En cette première année d'une paix difficile, le repas n'était plus ce qu'il avait été dans les années d'insouciante abondance. Les huîtres étaient introuvables, le pâté du Royaume de Fife contenait nettement plus de lapin que de porc, du faisan remplaçait le gigot de mouton, et la *tappit hen* était absente. Quelques bouteilles dépareillées, restes de la cave relativement modeste de Père, lui avaient été substituées.

Mère avait toutefois insisté, avec une délectation maligne, sur le potage à la tête de mouton, dont elle ne prit elle-même que quelques cuillerées. Elle présida au repas de façon lointaine, comme la grand-prêtresse d'un culte à l'abandon accomplissant un office nécessaire mais devenu dérisoire. Le climat était d'autant plus réfrigérant qu'on avait dressé des couverts pour Père, pour Alastair et pour Colin.

Quand Mrs. Haskins eut placé sur la table les carafes de porto et de cognac, ainsi qu'une boîte, peut-être la dernière, des cigares favoris de Père, Mère prit la parole.

— Vous êtes tous, je suppose, surpris, déclara-t-elle, que j'aie tenu à renouer avec la tradition en organisant ce repas. Ne craignez pas que cela se répète. Mais c'est la première Saint-Sylvestre que nous passons tous – ou presque tous – ensemble depuis le trépas de votre père, et je pense que ce sera la dernière. Tout d'abord, le gouvernement que vos amis ont porté au pouvoir va rendre extrêmement improbable que nous puissions garder Blankets. Votre père dépensait l'intégralité de son revenu, et certaines années un peu plus. Vous savez tous combien il était généreux envers vous, ses enfants. Bien que certains de ses livres continuent, et, je l'espère, continueront, à se vendre, je n'ai plus les moyens de vivre ici. Je propose donc que cette maison soit louée ou vendue. Pour ma part, j'entends aller vivre avec votre tante Elizabeth. Cela fait deux ans qu'elle me le demande. Nous sommes toutes deux veuves, et, bien qu'il nous arrive d'avoir quelques frictions, nous sommes sœurs. En conséquence, j'aimerais maintenant entendre, de façon tout à fait formelle, votre réponse à ces propositions, et savoir ce que vous comptez faire. Hector, étant l'aîné, devrait parler le premier, mais votre père souhaitait que ce soit finalement à toi, Alec, que revienne la maison. Et tu n'as pas les moyens de l'entretenir, n'est-ce pas ? De plus, comme Hector, tu n'as pas de famille. George, tu as une famille, mais je doute qu'elle souhaite venir vivre ici. Alec, donc ?

Tout cela était magistral. Nous étions tous sidérés. Mère alluma une cigarette et en regarda la fumée flotter entre elle et nous.

— Il se peut, dis-je alors, que Père ait voulu me laisser Blankets. Il me l'a dit, en tout cas. Mais je ne sais pas si ce devait être pris sérieusement. Et, à coup sûr, je n'ai pas les moyens de vivre ici. Mon seul enfant est mort – oui, je ne vois plus l'utilité de cacher, maintenant, que la petite Rose était ma fille – et il est peu probable que je décide un jour de me marier. De toute manière, je suis un journaliste, et non un propriétaire terrien. Je retourne à mon ancien journal comme chef du service étranger. Maintenant qu'Harbottle est mort, on me demande de revenir. C'est Billy Hughes qui va prendre la direction au printemps. Mais, cela dit, je pense que nous devrions louer Blankets plutôt que de vendre. Ce n'est pas le moment idéal pour mettre une propriété sur le marché. À moins qu'il n'y ait encore des droits de succession à régler ?

— Oui, répondit Mère, il en reste. Mais cela devrait être bientôt réglé. Les négociations sont toujours en cours. Il aurait été bien agréable de bénéficier d'aide et de conseils à ce sujet. Quant à la vente, il doit bien y avoir quelques personnages ayant fait de bonnes affaires durant la guerre.

Hector toussota pour s'éclaircir la gorge.

— Bien sûr, je devrais me sentir bafoué dans cette affaire, dit-il. Et les gens penseront sans nul doute que je l'ai été. Mais cela m'est indifférent. Vendons cet endroit, et débarrassons-nous de ce... de cette affectation de haut statut social.

— N'est-ce pas plutôt, demanda Mère, ton refus de reconnaître ton statut social qui est une affectation ? George ?

— Cela ne me regarde pas. Je n'ai rien à faire ici. Je n'ai jamais rien eu à faire ici.

George étendit le bras vers la carafe de cognac et s'en servit généreusement.

— C'est comique, vous savez, reprit-il, vraiment comique d'entendre cette conversation à l'époque où nous sommes. Comme si rien n'était arrivé depuis la réception du vice-roi des Indes. Ne comprenez-vous pas que tout cela est parti en fumée ? Le dernier des gentlemen a péri sur la Somme, et, depuis, tout n'a plus été qu'une farce. Moi, je retourne en Orient. J'ai une femme là-bas. Elle a survécu, de justesse. L'un des enfants est mort. Joyeux, n'est-ce pas ? Est-ce que Père m'a laissé un peu d'argent ? Personne ne me l'a dit.

— Ne sois pas stupide, George. Tu le sais parfaitement bien. Tu as eu copie du testament. La plantation d'hévéas est à toi, ainsi que 20 000 livres.

— Eh bien, tout est réglé. Je vais vendre la plantation et acheter un bateau. Je vais me lancer dans le transport maritime. Il y a de l'argent à se faire dans le commerce entre les îles. Je vais pêcher en eaux troubles, et ce n'est pas cela qui manque de Sumatra à la Nouvelle-Guinée. Je vais vivre de façon totalement égoïste, uniquement pour moi et ma famille.

— Parce que tu as déjà vécu autrement ? demanda Hector.

— Peut-être. Ce qui est sûr, en tout cas, c'est que je n'ai pas gaspillé des années à prétendre remodeler le monde. Ce brave vieux monde se refait tout seul, et tout ce que nous pouvons faire, c'est nous accrocher à la roue qui tourne en essayant de ne pas être broyés par elle. Cela me fait bien rire quand je vous vois prendre des airs de responsabilité. Vous ne savez pas que le monde, lui, s'en contrefout ? Cela, je pense que le jeune Alastair l'a appris, maintenant, si tant est qu'il soit encore vivant et en état d'apprendre quelque chose. Alors, faites ce que vous voulez de cet endroit, Maman. Je ne l'ai jamais aimé. Ce n'était qu'un décor de théâtre. Et toi, Hector, oublie le Fardeau de l'Homme blanc, que tu prêches l'évangile selon saint Paul ou selon Karl Marx. L'Orient suivra sa propre route, dans la beauté et la corruption.

— Kirstie ?

— Je n'ai rien à dire pour le moment. Vous allez tous aller chacun de votre côté, comme vous l'avez toujours fait. Un jour, vous comprendrez peut-être ce que vous devez à Père.

*

— Je ne sais pas pourquoi Mère nous a infligé cela. Nous nous promenions, Kirstie et moi, dans les bois couverts de givre. Lucy, la chienne, devenue vieille, ne prenait plus, comme autrefois, cent mètres d'avance sur nous, mais restait à notre portée, au milieu des frênes.

— Tu ne comprends pas ? fit Kirstie. Elle est amère.

— C'est évident. Mais pourquoi ?

— Tu ne le sais pas ?

— Non. Je n'ai jamais pensé qu'elle avait beaucoup d'ambition pour aucun d'entre nous.

— Ce n'est pas cela. C'est plutôt que vous tous… tous quatre… vous semblez avoir mené des existences qui étaient un défi à la sienne, à celle de Père et à tout ce qui lui tenait à cœur. C'est-à-dire l'ordre des choses qu'elle juge et a toujours jugé convenable. Et elle a aussi le mépris de la vie politique. Elle la tolérait chez Père, mais elle juge que vous avez tous triché en le suivant dans cette voie.

— Cela ne tient pas debout. On croirait entendre George.

— Oui, à part que lui se soucie surtout de l'argent.

— Vraiment ? Je ne l'avais pas remarqué.

— Il ne pense qu'à cela.

Il faisait très froid. Le vent soufflait assez violemment de l'est. Dans la clairière persistait l'odeur d'un renard mâle. Quelques plumes de faisan éparses indiquaient qu'il avait confortablement dîné. Une pie s'envola d'un arbre en protestant.

— Le vieux Haskins se relâche, dis-je. Il y a dix ans, on n'aurait jamais vu une pie ici. À ton avis, va-t-il prendre sa retraite si nous louons ou vendons Blankets ?

— Blankets ne sera ni loué ni vendu, déclara Kirstie.

— Qu'est-ce que tu veux dire par là ?

— J'ai eu une demande en mariage.

— Oh !… De qui ?

— Edwin Pringle.

J'en restai muet.

— Il est riche. Je lui ferai racheter Blankets. Ce sera ma condition.

— Kirstie, commençai-je, c'est un peu difficile, mais…

— Je sais ce que tu essaies de dire. Ne crois pas que je n'aie pas pensé à ce côté des choses.

De toute manière, qui étais-je donc pour juger ainsi… Je revis Frédéric étendu sur mon lit, beau comme une carte postale…

Kirstie et moi émergeâmes des bois et arrivâmes à une prairie où j'avais fait, un jour, l'amour à Vanessa.

— Alors, tu vas dire oui ?

— S'il accepte mes conditions. Et il le fera. Il tient à moi. Il a vécu dans la solitude depuis la mort de Linda. Il a besoin d'une épouse. Et, de plus, il sera fier de pouvoir apparaître, en un sens, comme un héritier de Père. Il l'admirait vraiment, tu sais.

— Tu es pleine de confiance, Kirstie. Je voudrais pouvoir être aussi sûr de toute chose que tu l'es.

— Tu t'interroges trop.

Mais toi, pensai-je alors, n'attends-tu pas un peu plus de la vie ? Un mariage de convenance, cela semble tout à fait à sa place dans un roman du dix-neuvième siècle. Nous nous attendons à voir les femmes et même les jeunes filles s'y plier avec raison. Je ne crois pas, par exemple, qu'Emma aimait vraiment Mr. Knightley[1]. Mais ce mariage était éminemment convenable. Le problème est que nous ne vivons plus ce genre de vie maintenant.

Kirstie gravissait la colline de son pas allongé de fille de la campagne. Elle me dit :

— Si nous coupons par les bois de Lazely, nous pourrons faire tout le circuit et revenir en contournant le lac.

— Il va faire nuit.

— Pas d'importance. Tu ne crois pas que ce sera trop pour Lucy, non ?

C'était une question qu'elle n'aurait pas posée pour ses filles.

Nous demeurâmes une demi-heure, peut-être, sans parler. Curieusement, ce silence nous rapprochait, nous faisait retrouver un moment notre intimité de l'enfance. Maintenant, je me sentais à la fois très près et très loin de Kirstie. Ces deux sentiments étaient

1. Personnages du roman de Jane Austen *Emma*. *(N.d.T.)*

l'un et l'autre suscités par l'admiration que je portais à son assurance – ou tout au moins à l'impression d'assurance qu'elle réussissait à donner.

— Et toi ? demanda-t-elle, comme nous nous enfoncions de nouveau dans les bois, sous les branches agitées par le vent. Ne serait-il pas temps que tu te maries ?

— Tu as entendu ce que j'ai dit hier soir.

— Oui. Tu as fait un beau gâchis, en ce domaine, hein ? Vanessa était une garce. Je suppose que c'était cela qui t'attirait. La cousine Lucy t'aurait bien épousé, tu sais. Voilà une occasion qui s'est envolée !

— Sucre et miel ? Merci bien pour moi ! Elle a fait un choix beaucoup plus raisonnable.

Lucy Pelham-Grey, l'ancienne demoiselle d'honneur de Kirstie, avait épousé un major de la Garde, héritier de quelque 800 hectares dans le Dorset.

— Tu devrais quand même te marier, insista Kirstie, avant que tu deviennes vraiment bizarre.

Que dirais-tu, petite sœur, pensai-je alors, si tu savais qu'en ce moment même, je me languis d'un jeune Français de dix-huit ans ?

— Je n'ai pas oublié Col, tu sais, fit-elle soudain. Je ne veux pas que les filles pensent que je suis infidèle à sa mémoire.

— Pauvre Col ! Pense à la façon dont la mort de son père a pesé sur lui. Tu ne commettras pas la même erreur.

— Non. Pauvre Col ! Il n'avait nulle ambition d'être un héros. Je pense souvent à lui, et je le plains.

— Oui, dis-je. Il était capable d'aimer certaines personnes, mais il n'aimait pas beaucoup la vie.

Nous sortîmes des bois devant le lac, dont le vent plissait la surface. Lucy donna la chasse à deux canards, qui s'envolèrent avec un violent battement d'ailes. L'humidité traversait le tweed épais de mon manteau.

— Regarde un peu ces broussailles, me dit Kirstie. Ce lac a besoin d'être nettoyé. Je dirai à Edwin de s'en occuper.

— Tu crois que c'est dans ses talents ?

— Je voulais dire de payer.

Au bout du sentier longeant le lac, nous arrivâmes devant le petit gibet où Haskins pendait ses proies. Deux écureuils gris, un geai et deux corbeaux se balançaient au vent.

— Tu vas vraiment à Nuremberg, pour ces procès ?

— Oui. C'est la condition que j'ai posée à Billy Hughes.

— Cela va être infernal.

— Je l'espère.

— Je ne pense pas que les généraux – Keitel et Jodl, non ? – et les amiraux devraient être jugés. Qu'est-ce qu'un soldat peut faire d'autre qu'obéir aux ordres ?

— Ils seraient de ton avis.

Il faisait presque nuit quand nous arrivâmes en vue de la maison. Kirstie me prit le bras.

— Et Alastair ? demanda-t-elle. Penses-tu qu'il soit mort ?

— Je l'espérerais presque, parfois.

— Mère aussi.

— Par orgueil. Mais s'il n'est pas mort, il est peut-être prisonnier en Union soviétique. Et là, je préférerais être mort.

— Tu vas interroger les gens, en Allemagne ?... Je suis idiote. Bien sûr que tu vas le faire. Mais n'est-ce pas la vraie raison pour laquelle tu tiens tant à y aller ?

— Disons simplement que c'est une raison.

— Avant, je te comprenais mieux, Alec.

— Moi aussi, crois-moi. Moi aussi.

XIX

NUREMBERG-BERLIN, 1946

« *Wie es eigentlich gewesen* » – était-ce de Ranke ou de Goethe ? Voir la vie, la peindre « comme elle était vraiment ». En regardant ces hommes tout gris au banc des accusés, il était presque impossible de les voir comme ils avaient vraiment été. Mais n'étaient-ils pas, eux, contraints de regarder en face la réalité de leurs vies ? N'était-ce pas là l'objet du procès ? Et n'est-ce pas là, me demandai-je, l'objet de tout procès ?

— Je suppose, me dit un major américain, que c'est l'impératif catégorique en action.

Sa conviction n'excluait pas l'ironie. C'était un homme intelligent, avocat d'affaires dans la vie civile, m'avait-il dit, mais ayant résisté à de multiples tentatives visant à l'affecter au service juridique de l'armée. Fumant Camel sur Camel et buvant du café acheté au PX, il me parlait de son grand-père allemand qui, venant précisément de Nuremberg, avait émigré aux États-Unis en 1895 en s'embarquant à Hambourg ou à Brême et avait vu la vitrine de sa quincaillerie brisée en 1917 par des patriotes trop zélés, dans une petite ville du Missouri.

— Vous avez sans doute encore des cousins ici, en Allemagne, lui dis-je.

— Je ne suis pas sûr d'avoir très envie de les rechercher, me répondit-il.

Il avait été parmi les premiers soldats à arriver à Ravensbrück.

— Bien que nous fussions de bons citoyens américains, mes grands-parents parlaient allemand entre eux, et nous parlaient aussi allemand, à nous, les enfants. La veille de Noël, nous chantions des cantiques traditionnels allemands, réunis autour du piano. C'était très *gemütlich*.

Le procès lui-même était profondément déprimant. Le mot peut paraître déplacé, mais je n'en trouve pas d'autre pour exprimer ce que je ressentais alors, et je ressens encore quand Nuremberg revient hanter mes rêves. Ce n'était pas seulement l'épouvantable catalogue d'horreurs que l'on devait feuilleter, déjà affreux dans tous les sens que pouvait prendre ce pauvre mot. C'était plutôt que le refus d'humanité, dont, au moins collectivement, tous les accusés étaient coupables, était maintenant pratiqué à leur encontre. Il y avait là une certaine justice. Nul ne pouvait le nier. Mais c'était comme si nous avions tous été aspirés dans un marécage à l'odeur fétide.

Nous avons tous été élevés dans le culte de la tragédie. Je veux dire par là que nous avons été dressés à considérer la tragédie, que ce soit sous sa forme grecque, sa forme shakespearienne ou sa forme classique française, comme le sommet de l'art. Or il eût pu paraître à première vue que les éléments de la tragédie étaient là, à Nuremberg, on eût pu même argumenter longuement à ce sujet, mais, pourtant, l'horreur véritable provenait de leur totale absence. C'était comme si *Macbeth*, dépouillé du langage de la poésie, se révélait une simple histoire sordide.

Il était impossible, en regardant ces hommes grisâtres et insignifiants, d'imaginer le pouvoir qu'ils avaient possédé quelques mois auparavant. Goering était une exception. Les médecins alliés l'avaient soustrait à l'emprise de la drogue, et il avait retrouvé une vigueur nouvelle, balayant les quelques années précédentes. Il y avait même des jours où il semblait s'amuser.

La plupart de ceux qui ont écrit sur ce procès ont cru devoir souligner combien Speer semblait « différent », comment lui seul avait conservé de la dignité. Ce ne fut pas ce que je ressentis. Je vis des restes de dignité chez les soldats – Jodl, Keitel, même Kaltenbrunner –, mais Speer ? Il était trop soucieux de dire exactement ce qu'il fallait dire à son avis. Cela tenait sans nul doute au fait qu'il avait conservé ou retrouvé la faculté de distinguer le bien du mal. Cependant, je trouvais déplaisante la façon dont celui qui avait été, pour Hitler, ce qui pouvait le plus ressembler à un ami, utilisait son discernement pour prendre ses distances vis-à-vis de ses coaccusés.

Nous, journalistes étrangers, étions logés dans un vaste manoir situé à trois kilomètres environ de Nuremberg. Il était construit dans un style baroque évoquant un décor d'opéra wagnérien, ce qui pouvait sembler de circonstance, compte tenu de l'influence exercée par le wagnérisme sur le régime que l'on jugeait à ce moment. Le manoir était bondé, et il était inconfortablement évident que, lorsqu'on l'avait construit, vers 1880, on tendait à attacher beaucoup moins d'importance aux salles de bains qu'on ne devait le faire ultérieurement. Cette promiscuité forcée eût dû faire naître un esprit de camaraderie, mais, bien que le bar, installé dans un vaste salon garni de plaques de marbre évoquant des étals de boucherie, fût très fréquenté dans la soirée, hommes et femmes y buvaient silencieusement la plupart du temps, contrairement aux habitudes de la profession. Nous étions les vainqueurs, mais nul n'avait le moindre sentiment de triomphe.

J'étais déjà là depuis une semaine quand Barbara arriva. Elle avait suivi la guerre civile en Grèce, avant de nous rejoindre en passant par la Yougoslavie. Ce qu'elle avait vu l'avait amenée, pour la première fois peut-être, à remettre en question la Cause à laquelle elle avait consacré sa vie et dont même ce que nous avions pu constater l'un et l'autre en Espagne n'avait pu la faire douter.

Sa silhouette avait pris une épaisseur très américaine, et sa voix une âpreté nouvelle. Elle se prononçait véhémentement pour que le châtiment le plus impitoyable soit infligé aux nazis, et n'avait pas de mots pour stigmatiser l'ancien chef de l'OSS[1], le

1. *Office of Strategic Services*, service de renseignements américain ancêtre de la CIA. *(N.d.T.)*

général Donovan, éminent avocat dans la vie civile, qui avait démissionné de l'équipe requérant contre les accusés lorsque le procureur Jackson avait refusé d'honorer un arrangement proposé par lui dans le cas de Goering. Mais la suspicion dont elle entourait maintenant les Soviétiques conduisait d'ores et déjà Barbara à prévoir que nous serions amenés un jour à réarmer les Allemands pour la défense de la démocratie.

Nous ne parvenions pas, dans nos conversations, à retrouver notre intimité d'antan. Barbara, consciente de ma lucidité à son égard, était étrangement mal à l'aise avec moi. Je m'étais toujours, auparavant, incliné devant elle, reconnaissant qu'elle possédait non seulement une volonté plus forte que la mienne, mais aussi une clarté de vision qui me faisait paraître hésitant et incertain, de façon typiquement anglaise. Mais maintenant, voyant la façon dont elle changeait de peau pour s'adapter à la tendance nouvelle, je perdis le sentiment que j'avais de sa supériorité. Elle le sentit, cela lui déplut profondément et elle m'en manifesta de la froideur.

Ce fut différent avec Helmut, que je revis pour la première fois depuis la lointaine époque de Berlin. Continuant à faire usage de cette nationalité norvégienne qu'il avait prudemment acquise, il suivait le procès pour le compte d'un journal d'Oslo. Dès le premier soir, il vint me taper sur l'épaule avec un «*wie geht's, mein Alter*», qui attira l'attention désapprobatrice de quelques journalistes américains.

— Alors, Helmut, dis-je, tu es toujours un communiste sans espoir ?

— Certainement. Comment un communiste peut-il avoir le moindre espoir lorsqu'il considère l'Union soviétique ?

— Mon frère y réussit, mais il n'a jamais été membre du Parti.

— Non ? En tout cas, nous nous en sommes tirés, mon ami. Tu as passé une bonne guerre ?

— Non.

— Moi non plus. L'Europe n'a pas passé une bonne guerre. Quand je vois ce que l'Allemagne s'est attiré, le pétrin dans lequel se sont mis les Allemands, je suis près de désespérer.

— Près seulement ?

— Pas plus que cela.

Il se mit à rire.

— Maintenant, dit-il, allons boire un peu de whisky américain.

Je parlai à Helmut d'Alastair, chose que je ne pouvais faire avec Barbara à ce moment.

— Ah ! fit-il. Je me souviens de ton frère, si jeune, si charmant, si stupide. Même alors, je me disais : toi, jeune homme, tu devrais bien retourner jouer au cricket. J'aurais donc dû le dire à haute voix. Non ?

— Est-ce qu'il pourrait être à l'Est à ton avis ?

— Oui, s'il avait une autre identité. Sous son vrai nom, impossible. Ils l'auraient certainement produit en public à l'heure qu'il est. Pour vous embarrasser, tu comprends. Mais sais-tu de façon certaine s'il a jamais été en Allemagne ?

— Non. Je ne sais rien.

— Ah ! dit-il. Tu te ranges, toi aussi, parmi les mutilés de guerre.

Nous dînâmes ensemble. Avec réticence, Helmut me parla de son travail pour la Résistance norvégienne. Mais il ajouta que tout cela était du passé, sans importance maintenant. Allait-il reprendre la nationalité allemande ?

— C'est une tentation de ne pas le faire, dit-il. Je le reconnais.

Il écrasa un peu nerveusement sa cigarette dans le cendrier.

— C'est tout à fait confortable d'être norvégien, tu sais. Pour nous, Norvégiens, la guerre a été un accident. Alors, nous pouvons l'oublier.

— Mais vous avez eu Quisling, en Norvège ?

— Oh, oui ! Cela n'a pas d'importance.

— Et des sympathisants nazis. Knut Hamsun, par exemple.

— C'est vrai.

Il balaya la chose d'un geste de la main et alluma une autre cigarette.

— Cela ne change rien, reprit-il, au fait que, pour nous, Norvégiens, la guerre a été un accident. Elle n'est pas sortie de notre société. Mais pour nous, Allemands, il en fut tout autrement. Ces vingt dernières années illustrent notre caractère national. C'est triste.

— Nous Norvégiens ? Nous Allemands ? Laquelle des deux solutions, Helmut ?

— En fin de compte, mon ami, je suis un Allemand. Je ne puis esquiver cette réalité. Alors, oui, mon avenir est ici, à moins que les Américains ne rétablissent le fascisme, comme ils seront tentés de le faire. Et même alors, qui sait ? En attendant, buvons encore un peu de leur excellent bourbon.

Plus tard, beaucoup plus tard, alors que d'un autre salon venait le son de voix chantant en chœur un air à la mode, Helmut nous versa encore un peu de whisky et me dit :

— En même temps, pour nous autres Allemands, la guerre a été un drame terrible et nécessaire, dont nous émergerons peut-être purifiés et plus forts. Mais en a-t-il été de même pour vous, Anglais ? Je ne le pense pas.

— Alors, qu'est-ce que cela a représenté pour nous ?

— Un rêve, je pense. Peut-être le dernier élan romantique.

*

Je me fis offrir un passage pour Berlin à bord d'un avion de la RAF. Le Tiergarten, où je m'étais promené avec Trude, était devenu un vaste champ de pommes de terre, s'étendant sous le ciel gris vers l'immensité des plaines orientales. Les statues des Hohenzollern, qu'Hitler avait fait retirer d'Unter den Linden pour les cacher dans le parc autrefois touffu, se dressaient maintenant, nues, au milieu des tronçons d'arbres mutilés. Des hommes et des femmes âgés, courbés comme en pénitence, préparaient le sol pour la récolte qui permettrait peut-être d'éviter la famine.

Berlin était une cité de morts vivants.

— Le fruit de l'union de Kafka et de Piranèse, remarqua l'un de mes compagnons de voyage, un officier d'infanterie gallois attaché au service de renseignement militaire.

— Un étrange mariage, dis-je, et un terrible enfant.

— J'enseignais les lettres classiques avant la guerre. Je ne sais pas si je pourrai encore faire ce métier.

— Les Grecs ont sûrement quelque chose à apprendre aux jeunes de maintenant. *Hubris, Nemesis*...

— Les Allemands étaient les premiers du monde dans l'étude des classiques, fit-il. Et j'ai été contraint récemment de visiter Belsen...

Le froid de Berlin m'étreignait de nouveau.

— D'un autre côté, dis-je, Nietzsche déclarait que les cités de la Grèce antique se déchiraient pour que leurs citoyens puissent trouver eux-mêmes leur paix. Ou quelque chose de ce genre. C'est peut-être le message que vous devriez apporter à vos élèves. N'est-ce pas ce que nous avons fait, quant à nous ?

— Vous voulez dire que nous avons fait cette guerre pour notre satisfaction personnelle ?

— Quelque chose comme cela. Parce que nous avions honte, peut-être ?

— Je n'ai jamais douté que nous devions combattre, déclara-t-il. Ma femme était contre toute guerre ; ses parents sont des Quakers. C'est une personne profondément bonne. Je ne sais pas si je pourrai revivre avec elle. C'est ce que cette guerre m'a fait. J'enseignais dans une école privée, une petite – le genre d'établissement, vous savez, dont les anciens élèves disent : « Cela s'appelait Grindlay Hall – vous n'en avez sans doute jamais entendu parler. » Une école provinciale très convenable, préparant ses élèves à des existences très convenables, comme notaires, exploitants agricoles, médecins, hommes d'affaires. Nous considérions comme un triomphe de faire entrer un garçon à

Oxford. Ce n'est arrivé que trois fois durant les neuf années où j'ai exercé là. Mais nous étions tout à fait honorables, à notre façon tranquille, discrète et bien anglaise. J'initiais mes élèves de première à Homère, à Eschyle et au reste. Je n'aurais jamais cru que la vie pouvait être si féroce maintenant, au vingtième siècle. Étais-je un naïf ? Étais-je un idiot ?

*

Une vieille femme était recroquevillée au-dessus d'un brasero dans ce qui avait été la loge du concierge. Les vitres avaient été pulvérisées, de même que toutes celles des étages inférieurs. Mais l'immeuble était l'un des deux ou trois seuls de cette longue avenue qui ne comportait plus qu'une façade. Et de petites lumières – des bougies, supposai-je, car il semblait improbable qu'on eût remis en route gaz et électricité au milieu de cette désolation – brillaient dans certains appartements.

La vieille femme me regarda avec indifférence, le regard aussi vide que son avenir. Je lui expliquai le but de ma visite. Elle ne répondit pas. Tout ce qu'elle voulait, c'était que je m'en aille. Il lui était égal que ce fût en retournant sur le trottoir, dans la nuit qui tombait, ou en montant les escaliers. Je me demandai si elle était la femme du vieux concierge, qui m'avait regardé, à mes premières visites, avec une curiosité un peu méfiante, mais avec qui j'avais pris, ensuite, l'habitude de converser. Plus exactement, je l'écoutais me raconter maintes et maintes fois comment il avait été blessé à la nuque près de Messines et la gentillesse qu'avaient montrée les Tommies à son égard.

« Des gars blonds, comme nous », avait-il coutume de dire, en frappant du poing sa paume ouverte.

La cage de l'escalier était dans l'obscurité, et une partie de la rampe avait disparu. Une odeur de moisissure et de décomposition régnait. Je montai, prudemment, tâtant du pied chaque marche.

Quand je frappai, il y eut un silence, puis un bruit

de pas traînants, et la voix d'une vieille femme demanda qui se permettait de venir déranger ainsi les gens. Je donnai mon nom, et j'entendis les pas s'éloigner.

Puis la porte s'ouvrit et une voix demanda :

— C'est vraiment vous, Alec ?

Nous nous embrassâmes. Elle se mit à rire, et réprimanda la vieille femme pour ses frayeurs inconsidérées. Il y avait une note d'hystérie dans sa voix. Elle me prit par la main et me conduisit, tout au long du couloir, jusqu'à ce qui avait été le bureau de son père. La pièce était éclairée par une demi-douzaine de bougies, et je pus mesurer le changement qui s'était opéré en elle.

Trude avait toujours été mince, mais c'était la minceur de l'énergie. Ce que je voyais maintenant, c'était la minceur de l'épuisement. Ses mains étaient rugueuses. Elle m'expliqua que, « comme tout le monde », elle avait passé la journée à déblayer les décombres pour remettre en état la ville, meurtrie de toutes parts.

— Ce n'est pas aussi épouvantable, dit-elle, que ce l'était il y a neuf mois. À moins que je ne m'y sois habituée.

Je déballai mon sac à dos, en sortant café, biscuits, chocolat, jambon en boîte, ainsi qu'une bouteille de Johnnie Walker. Elle lança immédiatement le café à la vieille femme.

— Vite, Marga, fais chauffer de l'eau ! Du vrai café, Alec ! Je n'en ai pas bu depuis 1942.

Et elle se mit à pleurer.

— C'est le choc, fit-elle. Et l'idée de ce café...

Nous parlâmes d'abord de notre passé un peu lointain, plus facile à vivre que le présent. Trude buvait son café à petites gorgées.

— C'est si bon, si riche, disait-elle. J'ai peur que mon estomac se révolte.

Puis elle commença à parler avec ce que je n'avais pas encore entendu en Allemagne : de l'optimisme.

— Nous avons pris une purge, déclara-t-elle. Et nous en sortirons plus forts.

Elle sourit et ajouta :

— Je ne veux pas dire que nous serons plus forts à notre ancienne et déplorable manière, cher Alec. Nous serons plus forts dans le bon sens.

Je lui donnai une cigarette et elle me dit :

— Peter va être si heureux que vous soyez venu nous voir ! Vous vous souvenez de Peter, n'est-ce pas ? Je suis presque sûre de vous avoir dit que j'allais l'épouser. Nous avons souvent parlé de vous. Il vous admire, Alec. Il se souvient très bien de vous.

La banque de Peter avait effectivement, comme Helmut – était-ce bien Helmut, au fait ? – l'avait prédit, prêté de l'argent aux nazis alors qu'ils étaient sur le point de prendre le pouvoir. Aussi avait-il connu une belle réussite dans les années trente. Il était très bien en cour auprès du régime, tout en se trouvant, au dire de Trude, en butte aux railleries des vrais nazis.

— Peter est très correct, vous vous en souviendrez, et les nazis n'étaient pas corrects.

Il avait été exempté de service militaire en raison du travail qu'il accomplissait dans le secteur bancaire. En 1941, tout en restant l'un des administrateurs de la banque familiale, il se vit confier l'un de ces postes désignés par des noms à six ou sept syllabes auprès de la Trésorerie du Reich. Trude n'aima pas cela, mais Peter se montrait plein de confiance. « Bien sûr, je méprise les nazis, disait-il. J'appartiens à une vieille bourgeoisie qu'ils ne peuvent comprendre. Je ne suis pas un paysan bavarois, tu sais. Mes ancêtres étaient de gros négociants de Lübeck. Mais maintenant que les nazis sont au pouvoir, ils sont l'Allemagne, et je suis un patriote allemand. Alors, naturellement, je sers l'État. »

— Il tenait souvent ce genre de propos, me dit Trude. Ce n'était pas entièrement convaincant. Est-ce comme cela que les gens parlent en Angleterre ?

— Les gens comme Peter ne parlent guère de l'État. L'État n'a jamais été tout à fait respectable en Angleterre. Mais ils pourraient parler, en des termes analogues, de servir la Couronne. Mon père le faisait.

Père disait également qu'il fallait une longue cuiller pour souper avec le Diable. Ce n'était apparemment pas un adage auquel Peter souscrivait. Il avait été préposé à organiser le financement de l'opération visant au transport de main-d'œuvre venue des territoires conquis à l'est vers les usines allemandes. Peu lui importait que ce fût de la main-d'œuvre forcée, pratiquement réduite en esclavage. Il n'était pas, voyez-vous, responsable des conditions de travail. Tout ce dont il avait à se soucier, c'était que les finances fussent en ordre. Il eut quelque difficulté à éliminer la corruption, car de nombreux fonctionnaires voyaient, dans une opération de cette envergure, l'occasion de bénéfices aussi faciles qu'illicites. Cela heurtait le sens moral de Peter. Celui-ci avait coutume de dire que la banque était une profession honorable, qui ne pouvait s'exercer que si des normes de totale honnêteté étaient maintenues. Il tirait fierté de son intégrité personnelle.

En août 1944, il fut arrêté. Bien qu'il n'ait eu, en fait, aucun lien avec le complot de juillet contre Hitler, il se trouvait que l'un de ses cousins était parmi les conspirateurs. Ce cousin fut exécuté dans les premiers ; il figurait parmi ceux dont la mise à mort fut filmée à l'intention d'Hitler. Le nom de Peter fut retrouvé sur une liste de gens pouvant être employés à des postes de confiance par le gouvernement destiné à prendre le pouvoir après l'élimination d'Hitler et des siens.

— C'était tout à fait naturel, dit Trude. Malheureusement. Bien que personne ne soit entré en contact avec Peter, tous les gens informés savaient qu'il n'avait pas de sympathie véritable pour les nazis, qu'il était un banquier et un administrateur très compétent et qu'il était entièrement digne de confiance. Il fut donc arrêté et torturé. Peter n'est pas très capable de résister à la torture. Je ne puis l'en blâmer.

Il fut condamné à mort, mais dans le chaos administratif régnant au cours des dernières semaines d'existence du Troisième Reich, les documents le concernant furent perdus ou modifiés. Trude ne savait pas exactement ce qui s'était passé. En tout cas, Peter fut libéré au début du mois de mars 1945. Trude et lui étaient d'abord restés à Berlin en se cachant, puis, au prix de graves dangers et de grandes difficultés, ils avaient réussi à gagner Lübeck. Là, Peter avait été arrêté par les Britanniques, et avait dû subir une procédure de dénazification. Il avait trouvé cela terriblement injuste. Il avait maintenant retrouvé la liberté, mais n'avait plus le droit d'exercer son métier. Ils étaient revenus à Berlin à cause de l'appartement, auquel Trude attachait une grande valeur sentimentale, et dont la vieille femme, Marga, que je n'avais pas reconnue mais qui, elle, m'avait certainement identifié, ne pouvait assurer seule la charge. Quant à l'avenir... Trude sourit de nouveau, de ce sourire mi-sérieux mi-ironique qui avait été l'une des choses que j'aimais en elle.

Trude s'était animée et sa voix avait repris une tonalité plus vive alors qu'elle me racontait les mésaventures de son mari. Il était visible que les infortunes de celui-ci, même si elles avaient été, comme elle en était consciente, la conséquence de ses défauts de caractère et de ses erreurs de jugement, avaient fait naître chez Trude, à défaut d'amour, une plus profonde affection pour ce personnage assez absurde. Elle l'avait épousé parce que c'était pratique ; elle resterait mariée à lui parce que c'était honnête.

Si j'étais venu là, comme c'était peut-être en partie le cas, dans l'espoir qu'elle puisse donner un nouveau sens à ma vie, que nous puissions retrouver et prolonger ce qui avait, autrefois, existé ou presque existé entre nous, cet espoir se révélait vain.

Je lui donnai une version expurgée de ma liaison avec Vanessa, mais ne fis pas mention de notre enfant. S'apitoyer sur soi-même est une chose ; solliciter la pitié d'autrui en est une autre, intolérable. Je ne lui parlai pas de Frédéric. Je l'entretins de mon séjour en Espagne, et de ce que j'y avais malheureusement appris. Puis je mentionnai Alastair.

J'entendis une clé tourner dans la serrure. La porte de l'appartement s'ouvrit et se referma. Il y eut des bruits de pas et une petite toux dans le vestibule, puis une autre porte se referma.

— C'est Peter, dit-elle. Il est allé dans sa chambre. Il va se raser à l'eau froide avant de venir me voir. Il est toujours très pointilleux sur ce genre de choses, voyez-vous... Alastair... Est-ce que vous m'en voulez toujours à cause de cela ?

— Je ne vous en ai jamais voulu.

— Alors ?

Alors, rapidement, je lui dis une partie – mais seulement une partie – de ce que je savais sur la guerre d'Alastair. Elle fut stupéfaite. Elle m'assura ne pas savoir qu'il y eût eu des traîtres britanniques.

— Vous me croyez ? insista-t-elle.

— Vous ne m'avez jamais menti.

— Vous espérez qu'il est mort ?

— Parfois. Mais je me le reproche. C'est parce que ce serait plus facile. Mais oui, cela arrive quelquefois.

Peter fit son entrée. N'étaient ses yeux exorbités, je ne l'aurais pas reconnu. C'était sa façon d'être qui avait changé. Il était si anxieux de plaire, si prêt à se confondre en excuses. Il avait perdu cette belle assurance qui avait sans doute été moins le produit de sa nature que celui de sa confiance en son statut social et ses fonctions au sein d'une importante organisation. Maintenant, une suite d'expériences qu'il n'eût jamais pu imaginer l'avait mis à nu.

Au début, Peter s'exprimait en phrases brèves, les mots semblant sortir de lui de façon presque spasmodique. Il y avait beaucoup de choses dont il avait à se plaindre, mais chaque plainte s'accompagnait d'une excuse ou de l'expression de la conscience de sa culpabilité. Il était gênant de voir cet homme, habituellement avantageux et péremptoire, s'abaisser ainsi de façon systématique. Puis, ayant bu quelques verres du whisky que j'avais apporté, il commença à retrouver un certain contentement de soi. Il ne tarda pas à expliquer comment il allait sortir du gouffre, comment l'Allemagne allait se relever – à condition que les Alliés ne soient pas assez stupides pour laisser aux communistes une part du pouvoir.

— Mais, dit-il en fronçant les sourcils, je ne puis en être sûr. Si vous, Britanniques et Américains, compreniez ce qu'est le communisme, vous ne vous seriez pas alliés à l'Union soviétique. Vous n'auriez pas insisté pour la capitulation sans conditions de l'Allemagne, ce qui, je dois vous le dire, a démoralisé l'opposition à Hitler et à sa bande – opposition dont je connais bien les sentiments puisque j'étais directement lié à ses chefs.

Après deux whiskies de plus, Trude réussit à le persuader d'aller se coucher, ajoutant que j'allais dormir sur le divan du salon.

— Je suis désolée, Alec, dit-elle, mais les chambres d'amis, ou ce qui était les chambres d'amis, sont maintenant occupées par des cousins à moi qui ont perdu leur propriété de Prusse Orientale.

Quand il fut parti, elle soupira :

— Pauvre Peter ! Dans quelques mois, il aura été l'une des âmes du complot de juillet, peut-être même l'éminence grise de Stauffenberg.

— Peut-être vaut-il mieux qu'il le pense.

— Comment pouvez-vous dire cela, Alec ? La vérité vaut toujours mieux. Comment pouvons-nous affronter l'avenir si nous ne pouvons regarder en face la vérité sur notre passé ?

— Je ne sais pas, lui répondis-je. J'ai traversé six années de guerre, et j'ai beaucoup moins de certitudes que lorsqu'elle a commencé. Je ne crois pas que je vais profiter de votre divan, Trude. Quand je suis venu vous voir ici, ce n'était pas seulement pour m'assurer que vous étiez toujours en vie. C'était, dans une certaine mesure, parce que j'espérais que le fait de parler avec vous, d'être avec vous, pourrait me remettre sur une voie que je veux suivre. J'espérais même...

— Non, Alec, n'ajoutez rien. Autrefois, nous étions jeunes, et, même si nous étions naïfs, nous étions peut-être, quand même, plus sages que maintenant. Vous parlez d'espoir. Pour moi, la seule façon de retrouver l'espoir est de faire mon devoir. J'ai épousé Peter parce que j'avais peur. Je pensais que sa position et, oui, permettez-moi d'être honnête, ce que je savais de son caractère me protégeraient. Son caractère était encore plus médiocre que ce que j'avais supposé, mais je m'en suis quand même tirée. J'ai survécu dans l'enfer que nous, Allemands, avons fait de ce monde, et c'est maintenant mon devoir de soutenir Peter, pour qu'il puisse travailler à réparer ce que nous avons brisé. Je n'ai pas de foi religieuse. Mais cela, c'est un devoir auquel je dois consacrer ma vie. Alors, Alec, je vous aime beaucoup, et je suis désolée de vous voir dans une telle détresse, mais je ne suis pas assez forte. Je ne suis pas assez forte pour me charger d'un autre fardeau.

Nous nous embrassâmes donc comme frère et sœur, ou comme de vieux amis entre lesquels un voile de brume est descendu. Puis je remis mon manteau et, d'un pas lourd, m'enfonçai dans l'obscurité glaciale de la nuit berlinoise.

*

Dix ans plus tard, je revis Peter. C'était à une conférence à Milan. J'avais choisi d'en rendre compte car le Marché commun était en train de se créer – ou venait juste de se créer ? – sans la Grande-Bretagne. Je pensais qu'il pourrait être utile aux lecteurs du journal d'en savoir un peu plus long sur la nouvelle organisation, ses principes, ses intentions et le reste. C'était l'un de mes moments, de plus en plus rares, d'abnégation professionnelle.

Peter était l'un des conseillers de Ludwig Erhard, le ministre de l'Économie de la République fédérale, déjà célébré comme l'artisan du « miracle économique allemand ». Peter ressemblait à un miracle économique fait homme ; il rayonnait de bien-être et resplendissait d'autosatisfaction. Son complet était mal coupé mais le tissu était d'excellente qualité et l'on pouvait voir qu'il avait coûté cher. Il m'accueillit avec des manifestations d'enthousiasme qui ne pouvaient dissimuler une certaine condescendance. Il insista pour m'inviter à dîner et me gratifia d'un cours magistral sur les carences de la politique économique britannique. Il évita tout sujet personnel. Pendant un court moment, je mis cela sur le compte d'une gêne résultant de notre précédente rencontre et de l'état d'abattement dans lequel il s'était alors trouvé. Mais il n'en était rien. Je compris qu'il se considérait dorénavant comme trop important pour avoir une vie personnelle.

Quand je finis par l'interroger sur Trude, qui avait cessé de m'écrire depuis plusieurs années, il me dit :

— Nous ne sommes plus ensemble. Elle ne veut plus voir personne et ne se conduit plus sérieusement. Elle boit trop. C'est triste.

XX

NUREMBERG, 1946 – YOUGOSLAVIE, 1944

De retour à Nuremberg, je fus assailli par une série de cauchemars. Certains se rapportaient aux mois que j'avais passés en Yougoslavie. Ces rêves, qui revenaient presque chaque nuit, commençaient de façon plaisante. J'avançais dans une large vallée, avec des châtaigniers sur les pentes et, au fond, une rivière coulant paisiblement au milieu de vertes prairies piquetées de coquelicots. Devant moi, dansait l'image d'une jolie ville, musulmane, à en juger par les minarets. Un pont enjambait la rivière. Je restais un moment là, à écouter l'appel à la prière du soir, tandis qu'hirondelles et martins-pêcheurs voltigeaient dans l'air tiède, et à regarder les maisons blanches aux toits rouges, au milieu de la verdure. Je traversais le pont et allais m'asseoir à la terrasse d'un café. Je commandais du café et du slivovitz, tandis qu'à côté de moi, quelques vieillards jouaient aux dominos en fumant leur pipe. C'était l'endroit le plus paisible et le plus agréable qu'on puisse imaginer.

Puis la scène s'assombrissait. Il commençait à pleuvoir. Je restais néanmoins assis là où j'étais. À ma grande surprise, la place sur laquelle se trouvait le café, au lieu de se vider en raison de la pluie, s'emplissait. Des hommes, des femmes et des enfants sortaient des maisons et des boutiques, tendant leurs visages à la pluie qui continuait à tomber. Puis, retentissait un roulement de tambour, et de trois des quatre coins de la place – le quatrième semblant bloqué – surgissaient des colonnes de soldats. Mais ces soldats étaient tous des enfants, des garçons et des filles de dix ou onze ans. Le premier de chaque file portait un pistolet-mitrailleur, probablement une Sten. Une trompette sonnait, et ils ouvraient le feu, à l'aveuglette. La pluie cédait la place au sang, mais les gens, sur la place, s'étaient mis à danser, une danse de mort. À pas légers, ils dansaient autour des cadavres jonchant la place, tandis que violons et accordéons jouaient inlassablement des airs tziganes.

Je m'éveillais frissonnant, transpirant et terrorisé, et, la nuit suivante, cela recommençait. Le rêve n'allait jamais au-delà de cette danse au milieu des cadavres.

Mon séjour en Yougoslavie, au cours de l'été 1944, avait été bref et sans gloire. J'y avais été envoyé pour un travail qui n'allait pas tarder à se révéler superflu : établir un rapport pouvant contribuer à déterminer si nous devions continuer à soutenir Mihaïlovitch et les Chetniks ou transférer l'aide que nous pouvions fournir – assez minime, à la vérité – au mystérieux Tito et à ses partisans communistes. Certains, dans mon service, pensaient que les informations que nous recevions de Yougoslavie étaient déformées par parti pris politique, et que nous risquions donc d'y adopter une ligne de conduite contraire à nos intérêts. Il y avait beaucoup de vrai dans ce jugement, comme je ne tardai pas à le découvrir. D'un autre côté, il était impossible d'aboutir à une conclusion valable. Ainsi, je fus envoyé chez les Chetniks, et en conséquence, me trouvai incapable de porter un jugement sur les partisans titistes, car chaque groupe se méfiait de tout officier britannique ayant eu des contacts avec l'organisation rivale.

En ce sens, mon entreprise était donc vaine.

Elle était également vaine parce qu'elle n'était qu'un trompe-l'œil. La décision d'abandonner Mihaïlovitch avait déjà été prise. Elle avait été prise pièces en main, les pièces étant les messages interceptés par Ultra[1] indiquant clairement que les Allemands considéraient Tito comme leur ennemi le plus dangereux. Mais cette information ne fut révélée au public que bien des années plus tard, et elle ne fut évidemment pas livrée à ceux d'entre nous qui se trouvaient alors en Yougoslavie.

Donc, tout en l'ignorant, je jouais un petit rôle dans une sombre comédie. La trahison est, bien sûr, un élément-type de la comédie. La femme trahit son mari et en fait un cocu. Malvolio, dans *La Nuit des rois*, est trahi lorsqu'il est amené à croire que la femme de ses pensées l'adore. Nous-mêmes avions été trahis pour nous amener à jouer le rôle de traîtres auprès d'hommes qui nous faisaient confiance.

Le seul parmi les officiers britanniques qui voyait ce qui était en train d'arriver était Robin Maltravers. Son choix pour servir d'officier de liaison auprès des Chetniks aurait pu, en lui-même, passer pour un acte de trahison. Il était le personnage que, par pur esprit de sabotage, un sympathisant communiste eût pu

1. Machine permettant aux Britanniques de décoder les messages du commandement allemand. Son rôle exact dans la conduite de la guerre ne commença à être révélé qu'en 1974. *(N.d.T.)*

choisir comme le type d'officier britannique le plus susceptible de dégoûter les Serbes. Mais cela ne se passa pas ainsi. Robin, en ces circonstances, déploya une fois de plus ce panache par lequel il avait fait admettre au monde sa sexualité. Au milieu de virils jeunes gens méprisant tout ce qui pouvait être efféminé, la vieille folle se transforma en un extravagant héros. Son intrépidité au feu laissa pétrifiés d'admiration ces guerriers endurcis. Il devint leur modèle, leur idole, leur mascotte. Son dandysme les éblouissait. Ils se battaient pour lui apporter de l'eau chaude afin qu'il puisse se raser. (La plupart d'entre nous nous abstenions de le faire et arborions des barbes semblables à celles des Chetniks.) Ils lui cueillaient même des roses pour qu'il en orne sa casquette.

Se limant les ongles, un fume-cigarette d'ambre aux lèvres, Robin me déclara un jour :

— Bien sûr, je les adore, mon cher, mais j'ai vite vu qu'il serait déplacé de poser ne serait-ce qu'un doigt un peu lubrique sur un seul d'entre eux. Alors, la seule solution était de me faire adorer d'eux. Ce qui est le cas. Le fait que je n'ai pas grand désir de sortir de cette guerre vivant arrange aussi les choses, bien sûr. Je ne sais pas au juste pourquoi nous combattons, mais ce ne sera pas le monde que j'ai connu et aimé. Ces garçons sont tous d'effrayants puritains, ils ne couchent même pas avec les filles. Je ne dis pas qu'il n'y en ait pas, de loin en loin, quelques-uns qui culbutent ensemble dans les pâquerettes par une nuit sans lune, mais ce n'est pas mon genre, certainement pas. Maintenant, sortez-moi un peu cette bouteille de cognac, cher.

Robin voyait très clairement que nous allions abandonner les Chetniks.

— C'est une guerre totale, n'est-ce pas, cher ? Et la première règle est que vous pouvez chier sur vos amis quand cela vous convient. De plus, c'est une guerre civile, vous savez. Et nos garçons ne sont pas toujours très malins. Le cher vieux Draza lui-même, qui est un seigneur mais pas le plus intelligent de la terre, a fait en février un discours dans lequel il disait que ses ennemis étaient les Croates, les musulmans et les communistes. Cela n'est pas bien passé à Londres quand cela a été rapporté. Les partisans titistes pensent de la même façon – en remplaçant « communistes » par « royalistes », bien sûr –, mais ils prennent bien soin de ne pas le dire.

— Alors, que pouvons-nous faire ?

— Rien, cher garçon, si ce n'est essayer de renforcer nos garçons, de façon qu'à la fin de la guerre, ils puissent au moins combattre les partisans à armes égales.

Combien de fois ai-je repensé à cette conversation ces dernières années, alors que la Yougoslavie glisse vers la catastrophe, poussée par les ignares et les nuisibles ?

Robin saisit son verre, se leva et alla jusqu'à la porte de notre cabane. Nous dominions une large vallée, avec, en arrière-plan, des montagnes que le crépuscule commençait à noircir. Les senteurs du chèvrefeuille et de la résine venaient se mêler aux odeurs de cuisine – celles de l'agneau qui, bourré de thym, d'origan et de romarin, rôtissait à la broche devant l'une des cabanes voisines. La soirée était très douce, et les jeunes guerriers chantaient les exploits de leurs ancêtres.

— J'aime cet endroit et ce peuple, dit Robin. Je n'avais jamais ressenti cette sorte d'amour auparavant. Ce doit être le sens de l'Empire, ne pensez-vous pas, cher ?

Des années de rejet avaient enseigné à Robin l'usage et le pouvoir de l'ironie. Il avait appris à s'en servir pour se réconcilier avec lui-même. La déception était la conséquence inévitable de l'attirance exercée sur lui par ceux qui étaient incapables d'y répondre comme il l'eût désiré, précisément parce que leur hétérosexualité représentait à ses yeux une part importante de leur charme. Et elle avait fait naître et développer en lui une sorte de pessimisme romantique. Il parvenait à rire de lui-même et de sa situation, car l'autodérision est la plus sûre défense des êtres blessés, mais à l'entendre murmurer, comme il le faisait, debout, verre en main, en regardant les jeunes Chetniks vaquer aux travaux du camp : « Assis sur le rocher humide, les Spartiates peignaient leur chevelure », on saisissait soudain ses désirs, sa sincérité et son manque d'illusion.

De plus, en parlant de « sens de l'Empire » à propos du sentiment d'amour qu'il ressentait, il ne faisait que dire, tout en ayant l'ironique conscience d'être l'antithèse du bâtisseur d'Empire sous sa forme classique, la pure vérité. En un sens, on aurait pu dire que, comme le héros des *Quatre Plumes blanches*[1] – ou comme l'un de mes favoris parmi les personnages romanesques de Père, Malcolm Deloraine, officier chassé de son régiment, méprisé de tous et se haïssant lui-même, qui rachète ses lâchetés passées en trouvant une mort héroïque après avoir fait échouer un complot allemand contre un roitelet ami de l'Angleterre –, Robin s'était embarqué dans cette aventure serbe pour le rachat de ses années de complaisance et de plaisir souvent sordide et pour effacer son long refus de considérer que les privilèges ne pouvaient se justifier que par la consécration d'une vie au service. Le fait que je voie ainsi Robin était peut-être l'indice de mes propres aspirations romantiques. Je l'admirais, de plus, de pouvoir être ce que je ne pouvais devenir. Il y avait là une noblesse, cette noblesse qui, comme l'écrit Camus, se fonde « sur le mépris, le courage et l'indifférence profonde ».

Il y avait un autre sens, peut-être celui qu'il avait lui-même à l'esprit en prononçant ces paroles, car il ne se voyait nullement sous les traits romantiques que je lui prêtais, où son allusion à l'esprit impérial avait sa justification. Car, au cœur même du crépuscule de notre Empire, alors que tout homme raisonnable ne pouvait que le voir condamné, non seulement parce que la guerre allait nous laisser faibles et appauvris,

1. Roman d'A.E.W. Mason plusieurs fois porté à l'écran où un jeune officier accusé de lâcheté se rachète par d'extraordinaires exploits individuels durant la guerre du Soudan. *(N.d.T.)*

mais, plus important encore, parce que nous perdions, ou nous avions peut-être déjà perdu, la volonté d'exercer notre autorité sur d'autres peuplades, ceux d'entre nous, jeunes officiers, qui se retrouvaient dispersés dans toute l'Europe pour essayer d'apporter notre aide bien modeste aux mouvements de Résistance, en arrivaient à retrouver à l'égard des gens avec lesquels ils se trouvaient quelque chose de ce que pouvaient ressentir nos meilleurs administrateurs coloniaux à l'endroit des tribus dont ils devaient s'occuper. Et plus ces tribus étaient fières, indépendantes et difficiles, plus ils s'attachaient à leur sort. Bien qu'on prétendît toujours qu'il s'agissait d'une guerre idéologique, de tels attachements en arrivaient à effacer les idéologies.

Ainsi, à une ou deux chaînes de montagnes de nous, des hommes comme Fitzroy Maclean ou mon ancien condisciple de Cambridge, le romancier Andrew Somerled, étaient tombés aussi profondément amoureux de Tito et de ses partisans que Robin de ses Chetniks. Cela s'était produit alors même que Maclean, qui avait été en poste à notre ambassade à Moscou, savait ce qu'était le stalinisme et qu'Andrew conservait tous les préjugés bourgeois de Tunbridge Wells (le cadre de ses meilleurs romans) auxquels il reviendrait très ostensiblement après la guerre, vitupérant de façon pour le moins lassante le gouvernement travailliste, qui lui prenait une si large part de ses revenus, interdisait à sa mère d'avoir une femme de chambre et l'empêchait, pour des problèmes d'exportation de capitaux, de voyager à l'étranger comme il l'eût souhaité. Sur quoi il épousa une Américaine, qui résolut le problème en lui fournissant des dollars.

*

Je parlai à Helmut de mon rêve et de Robin. Je ne voyais pas la liaison entre les deux.

— Mais il est mort, n'est-ce pas ? demanda Helmut.

— Oh, oui.

— Et qu'as-tu ressenti quand tu l'as appris ?
— De la confusion, de l'abattement, de l'envie. J'aurais voulu le suivre.
— Une belle mort ?
— Si l'on peut dire. Une mort courageuse, en tout cas.
— Oui, bien sûr, fit-il. La tentation est forte.
— C'est ce que mon rêve signifie, à ton avis ?
— Mon ami, je ne suis pas Freud pour te produire un galimatias à propos de rêves. Prends-le pour ce qu'il est : une image, ou, mieux, une traduction du monde que nous pouvons connaître. C'est déjà suffisant comme cela. C'est absurde, oui, et c'est donc réel. Tu sais quel est le problème ? C'est de continuer à fonctionner quand tu t'es avoué l'absurdité de l'existence et que tu n'as pas d'espoir. Quand cette pensée me vient, je m'efforce de penser à des fleurs sauvages.

*

Nuremberg. Je me rends compte que je ne puis plus rien écrire, directement, ici, sur Nuremberg.
Je ne le puis toujours pas maintenant.

*

Dans les carnets de Camus : « *La concierge de la Gestapo, qui occupait deux étages d'un immeuble rue de la Pompe. Le matin, elle fait le ménage avec des corps torturés tout autour d'elle. "Je ne m'occupe jamais de ce que font les locataires", dit-elle.* »
Comme Dieu ?

*

Je m'aperçois que j'ai griffonné cette question dans la marge.
C'est daté de 1963. J'ai commencé à relire Camus en repensant à cette conversation avec Helmut.
Quant au rêve, j'ai cessé de le faire quand j'ai quitté

Nuremberg. Une séquence d'actualités en provenance d'Afrique montrait récemment des enfants émergeant de la brousse avec des fusils d'assaut. « Je ne m'occupe jamais de ce que font les locataires. »

XXI

PARIS-LE HAVRE, 1946

De nouveau Paris.

Et de nouveau mon journal.

« *Octobre 1946*. – C'est une ville où les gens n'ont pas encore réappris à vivre. C'est tout à leur honneur. Autrement, cela reviendrait à prétendre que ce qui fut n'a jamais été. Je suis resté deux heures au lit après m'être éveillé, répugnant à me lever. Quand, à Londres, peu avant mon départ pour la Yougoslavie, je me trouvais réduit à l'état de loque humaine, Barbara m'avait dit : "Tu souffres de dépression liée à la guerre. Le remède est d'aller à la guerre." Pendant le temps où je m'étais trouvé dans les Balkans, ce remède s'était avéré efficace. La guerre était une sorte d'évasion. Maintenant, je souffre de dépression liée à la paix, mais il est plus difficile d'aller à la paix.

« J'ai déjeuné avec Frédéric. Pendant un court moment, alors qu'il s'approchait et se penchait pour effleurer ma joue de la sienne, j'ai pensé que tout pourrait recommencer. Puis, quand il s'est assis en face de moi et que nous nous sommes regardés dans les yeux, j'ai su que c'était impossible, tout comme j'avais toujours su que ce serait une erreur, car cela reviendrait à le faire sortir des voies normales. C'était ce que je m'étais dit et répété.

« En tout cas, il m'annonça, très vite :

« — J'ai une amie.

«— Ah ! Et ta mère approuve ?
«— Non, mais cela ne fait rien.
« Il me dit qu'il avait rompu toute relation avec Pougier. Ce n'était pas cela qu'il voulait faire dans la vie, se donner en spectacle. Et il serait gênant de travailler avec Pougier maintenant.
« Tout cela était, d'une certaine façon, un soulagement. J'aurais détesté devoir penser que je lui avais porté atteinte.
« Il me demanda si j'avais eu des nouvelles d'Alastair. Il s'était réconcilié avec Yvette, et il me promit que, cette fois, il arrangerait une rencontre. Apparemment, le père de son amie est en prison, attendant d'être jugé pour collaboration. Maintenant que le pire de l'épuration est passé, il peut s'en tirer avec une interdiction provisoire d'exercer sa profession. C'est un professeur d'université qui a publié des articles préconisant, comme Alastair, l'acceptation de l'Ordre Nouveau.
«— Ce qui me fait aimer plus encore Gilberte, me dit Frédéric, c'est qu'elle ne manifeste aucune honte à l'égard de son père. Comme tu le sais, je suis en total désaccord avec la position de celui-ci, mais je trouve l'attitude de sa fille magnifique. Tu ne penses pas ?
«— Oui, je suppose que oui.
«— Je pense que je vais devenir écrivain, poursuivit Frédéric, l'air résolu. Je crois que j'ai été indûment privé de quelque chose par la volonté de ma mère de se retirer du monde. Mais je ne saurai vraiment ce dont j'ai été privé que si j'écris. Je pense toutefois que, de nos jours, le roman doit être une sorte de journalisme. Parce que nous devons résoudre les problèmes généraux, les problèmes de l'intelligence collective, de façon à ménager un espace pour la vie privée. Tu n'es pas d'accord ?
«— Tu as peut-être raison, lui dis-je.
« À la vérité, je suis toujours un peu perdu lorsqu'on m'expose ce genre d'abstractions à la française. J'aurais dû lui dire : “Sors dans la rue et essaie d'imaginer la vie de la première personne sur laquelle tu poses

les yeux." Ou peut-être : "Retourne en Bretagne, sur ce lopin de terre dont parlait ta mère, et fais-toi laboureur. Tu ne feras de mal à personne, et tu en tireras plus de satisfaction."

« Mais je ne dis rien de tel. Nous nous embrassâmes et nous séparâmes. Je pense qu'il était heureux de s'en aller.

« Il avait plu pendant que nous étions au restaurant, mais quand, ensuite, je me retrouvai sur les quais, l'eau de la Seine se colorait de bleu sous un soleil dont l'éclat venait également caresser les troncs des arbres. Nous aurons toujours Paris, pensai-je ; nous l'avions perdu, mais il nous est revenu à jamais. Puis je m'énervais car je n'arrivais plus à me rappeler où j'avais pris cette phrase, dans un livre ou peut-être dans un film. Elle me revenait néanmoins en tête comme un leitmotiv.

« Je m'arrêtai dans un café, où je demandai une demi-bouteille de vin blanc et du papier à lettres. Le vin était un peu vert et âpre, et je commandai du pain et du fromage pour l'accompagner. Puis j'entrepris d'écrire à Kirstie. Je lui disais que j'allais probablement rencontrer l'ancienne compagne d'Alastair, et exprimais l'espoir qu'elle-même ne s'était pas encore engagée à épouser Edwin Pringle.

« "Tu mérites mieux que cela, lui écrivais-je. As-tu pensé, par exemple, que, lorsque vous serez ensemble dans un restaurant, son attention se détournera subitement de ta conversation et son regard se portera sur un serveur sortant de la cuisine ?" »

« *16 octobre.* – Je me suis souvenu ce matin en m'éveillant que c'était aujourd'hui que l'on pendait les condamnés à mort de Nuremberg. Il m'est arrivé, en qualité de journaliste, d'attendre devant une prison, dans le froid déprimant de l'aube, pour voir un gardien sortir et remplacer, sur la double porte massive et sinistre, une petite affiche blanche par deux autres morceaux de papier, l'un déclarant au nom du shérif que la pendaison avait eu lieu conformément à la loi et l'autre signé du médecin, qui certifiait avoir examiné le condamné et l'avoir reconnu mort. Il y avait toujours une petite foule présente, et les visages de certains reflétaient une sombre satisfaction, tandis que d'autres exprimaient la simple conscience qu'un acte affreux mais nécessaire avait été accompli en notre nom et pour notre compte. L'impression d'atrocité persistait en vous une bonne partie de la matinée. Vous vous souveniez de la phrase de Joseph de Maistre déclarant que la société était bâtie sur le travail du bourreau.

« Tout en me rasant, je me représentais les hommes que j'avais vus au banc des accusés conduits, les mains liées derrière le dos, vers la potence. Je pensai à Ribbentrop tel que je l'avais vu dans une salle de bal à Londres. Van m'avait dit qu'un soir il l'avait invitée à danser. "Et qu'as-tu fait ? – Oh, avait-elle répondu en riant, j'ai dansé avec lui. Que pouvais-je faire d'autre ? C'était l'ambassadeur, après tout. Mais il danse horriblement mal."

« Eh bien, me dis-je, il a dansé plus horriblement encore ce matin.

« Mais quand j'arrivai au petit bistrot du coin pour prendre mon café, le patron me dit que Goering avait réussi à échapper à la corde.

« — Ce vieux forban ! fit-il. J'ai toujours su qu'il nous roulerait. J'ai toujours su qu'il finirait par se payer notre tête.

« Je ne parvenais pas à désapprouver. L'exécution judiciaire a quelque chose de si atroce en soi que voir quelqu'un, fût-ce une brute comme Goering, y échapper semble une victoire pour l'humanité. C'était ainsi que je traduisais la remarque du patron. Mais je ne suis pas, quant à moi, un bon citoyen. Bien que j'approuvasse, en principe, Nuremberg, quelque chose en moi se révoltait instinctivement.

« Se révoltait contre la justice ?

« Oui, si l'on y tient.

« Je suis comme Charlus, qui ne pouvait lire les

comptes rendus de procès dans les journaux sans ressentir dans sa propre chair l'angoisse du prisonnier et une envie d'assassiner le juge, le bourreau et la foule hurlant son plaisir de voir "justice faite".

« Dès que j'ai lu ce texte, je m'y suis reconnu.

« Simple question pour reconnaître un bon citoyen : vous identifiez-vous avec le juge ou avec l'accusé ?

« Pour moi, c'est avec l'accusé. Immédiatement.

« Je remuais ces pensées en gagnant la rue de Tournon, où Yvette, dont Frédéric m'avait donné l'adresse, m'attendait.

« La concierge m'interrogea. Son jugement dut être favorable, car elle m'invita à monter l'escalier. Comme je m'apprêtais à le faire, elle me dit :

« — Mais vous devez être son frère ! Qu'il était charmant ! De si bonnes manières ! Il me parlait comme à une duchesse. Elle ne le méritait pas, c'est moi qui vous le dis...

« Je n'aurais pas reconnu la femme un peu épaisse qui m'ouvrit la porte. Mais elle m'appela par mon nom.

« — Vous m'auriez croisée dans la rue sans vous arrêter, n'est-ce pas ? fit-elle, voyant sans doute mon air perplexe.

« Je répondis par l'une de ces banalités avec lesquelles on cherche à se tirer d'affaire en pareil cas.

« — Je ne l'ai pas vu depuis le printemps 44, me dit-elle immédiatement. Je n'ai accepté de vous recevoir que parce que Frédéric a insisté.

« — Je comprends.

« — Vraiment ? fit-elle. Je me le demande. Il y a des moments où je déteste qu'on me comprenne. Vous êtes très attaché à lui, n'est-ce pas ?

« Ne sachant pas très bien si elle voulait parler d'Alastair ou de Frédéric, je répondis par l'affirmative.

« Elle alla chercher une bouteille de vin ordinaire et deux verres.

« — Je l'ai quitté, reprit-elle, parce que j'avais

trouvé une foi. Quelque chose en quoi croire. Mais je n'ai plus été qu'à moitié vivante depuis. C'est absurde, n'est-ce pas ? Mais, bien qu'en devenant communiste je me sois tournée vers l'avenir, je ne vois partout qu'absurdité. Et vous ne savez pas s'il est mort ou vivant ?

« — Je n'ai rien trouvé qui indique qu'il soit mort.

« Elle vida rapidement son verre et le remplit de nouveau. Puis elle me regarda.

« — S'il est encore en vie, dit-elle, ce qu'il y avait de plus vivant en lui est mort.

« — Qu'entendez-vous par là ? lui demandai-je, alors que je pensais avoir déjà compris ce qu'elle voulait dire.

« Elle resta un moment silencieuse et regarda autour d'elle. Je serais maintenant incapable de dire comment la pièce où nous nous trouvions était meublée.

« — Peut-être est-ce pour cela que je l'ai quitté, fit-elle soudain. Parce qu'il était déjà en train de mourir.

« — Vraiment ?

« Elle se leva, péniblement, presque comme une convalescente, et passa dans une autre pièce. Sur un toit, de l'autre côté de la rue, deux pigeons se contaient fleurette. Des voix indistinctes montaient du trottoir, en bas. Je bus un peu de vin, et m'aperçus que le verre d'Yvette était de nouveau vide. Je le remplis. Le temps semblait s'être arrêté, comme la pendule silencieuse, les aiguilles figées, qui trônait sur l'un des meubles. Une sorte de désespoir m'étreignit le cœur.

« La porte se rouvrit.

« — Vous auriez tort de me blâmer, déclara Yvette. Il exigeait de moi un amour absolu, alors que le sien était comme les Dix Commandements, rompu en permanence. Voilà ce que je cherchais.

« Elle me tendit une photographie fatiguée et déchirée sur l'un de ses côtés.

« — C'est la dernière que j'aie eue de lui, dit-elle.

« Alastair était assis à une table de café. Il rejetait la tête en arrière, en un mouvement que je connaissais bien et qui, chez lui, accompagnait habituellement un grand éclat de rire. Mais il ne riait pas. Je ne lui avais jamais vu cette expression : un air de défi non plus joyeux mais amer.

« Je me dis que c'était le visage d'un joueur qui vient de perdre sa dernière mise.

« Ma mine dut être révélatrice, car Yvette me dit :

« — Je vois que vous avez compris. Il était alors désespéré. Il savait qu'il s'était trompé sur toute la ligne, que l'Ordre Nouveau dont il parlait depuis si longtemps et avec un tel enthousiasme n'était rien de ce qu'il avait imaginé, mais une chose maléfique, surgie des abîmes les plus sombres, se répandant comme une peste, contaminant tout ce qu'elle touchait, et, de plus, vouée à l'échec, car contraire à toute raison. Cela, il le voyait, il le savait au fond de lui-même, mais il se refusait à en tirer les conclusions. Parce qu'en le faisant, il aurait dû reconnaître sa propre faiblesse, et il n'avait pas le courage moral nécessaire. Je pense que c'est l'arrogance qui l'a détruit. Personne n'avait rien à lui apprendre. Je trouve cela très anglais.

« À mon avis, ce n'était pas plus anglais que français, mais je n'en dis rien.

« — La dernière fois que je l'ai vu, poursuivit-elle, il s'attendait à ce que nous fassions l'amour, bien que je lui aie écrit que tout était fini entre nous. Il pensait qu'il n'avait qu'à sourire, et, quand j'ai refusé, il a pris un tel air de petit garçon malheureux que j'ai failli céder. Le pire est que s'il passait cette porte en ce moment, je ne suis pas sûre que je saurais, que je pourrais, le repousser de nouveau, bien que j'aie maintenant un autre amant, un camarade, avec qui je suis très bien. Mais rien de tout cela ne vous est d'aucune aide, ce sont simplement des impressions, des sentiments.

« — Au contraire, lui dis-je. Vous me faites comprendre pourquoi, malgré la peine et la honte qu'il a causées à ma famille, je persiste à l'aimer, même maintenant.

« — Oui, fit-elle. C'est parce que nous voyons en lui

Peter Pan. Ou Hamlet, je ne sais pas. Il n'a jamais grandi.

«— On ne l'a jamais encouragé à grandir. Il était un petit garçon si séduisant que tout le monde voulait le voir demeurer ainsi.

«— Oui, conclut-elle, il était de ceux à qui tous les plaisirs viennent facilement.

«Elle but une gorgée de vin, et je m'aperçus que ses yeux s'étaient emplis de larmes. Elle se mit soudain à sangloter, se leva d'un bond et se précipita hors de la pièce. Je pensai alors avec amertume au sillage de malheur et de chagrin qu'Alastair avait laissé négligemment derrière lui.

«Je me demandai si je ne devais pas partir, ne fût-ce que pour m'épargner de la gêne et éviter une douleur supplémentaire à Yvette. Mais je décidai d'attendre, et restai assis, à fumer, en attendant que les choses se calment.

«— Je suis désolée de m'être donnée en spectacle de cette façon. C'était ridicule.

«Yvette était revenue sans que je m'en aperçoive, avait repris son siège, parfaitement calme, et saisi son verre comme si rien ne s'était passé.

«— J'ai cessé de croire à ses films, enchaîna-t-elle. Ce fut peut-être une partie du problème.

«Je lui dis alors que je me posais des questions sur l'arrestation d'Alastair. Torrance pouvait-il en être responsable ?

«— Torrance est une ordure, proclama-t-elle.

«Elle but une gorgée de vin avec une avidité un peu excessive.

«— Que feront les Anglais s'ils le trouvent ? demanda-t-elle.

«— Je ne sais pas. Ils préféreraient peut-être ne pas le trouver du tout. Il y a un an, c'eût été différent.

«Puis elle me déclara :

«— Frédéric dit du bien de vous. Vous l'avez aidé à échapper à Pougier, et je vous en suis reconnaissante. Il y avait un prêtre avec qui Alastair s'était lié d'amitié. Je vais vous donner son nom et son adresse

«— Vous pensez, alors, qu'Alastair est toujours vivant ? Vraiment ?

«— Je me dis que s'il ne l'était plus, je le saurais.

«Cela me fit l'effet, sur le moment, d'une réplique de cinéma, mais cela ne voulait pas dire que ce n'était pas sincère. Après tout, qui n'a pas recours à des clichés quand il s'agit d'exprimer soudain des sentiments qu'on n'avait encore jamais formulés et qu'on ne s'était peut-être même jamais avoués jusque-là ? Les formules originales ne courent pas les rues.

«Yvette tenta d'ailleurs de s'expliquer :

«— En fin de compte, dit-elle, il a été le grand amour de ma vie. Je ne crois pas que je pourrai jamais aimer quelqu'un aussi intensément et aussi follement que j'ai aimé Alastair. Même si je vis jusqu'à quatre-vingt-dix ans, il demeurera mon unique grande passion. C'est pourquoi je suis parvenue à supporter la présence de sa femme, lors de cette affreuse soirée à Londres. J'ai dit ensuite à Alastair que vous étiez amoureux d'elle. Savez-vous qu'il ne s'en était pas encore aperçu ?

«— Égoïsme, fis-je.

«— Ou innocence. Vous l'aimez toujours ?

«— D'une certaine manière, oui, dis-je. Mais c'est différent. Elle est morte, voyez-vous. Une bombe.

«— Oh ! s'exclama-t-elle. Elle était très belle. C'était cela qui me plaisait : qu'elle soit si belle alors que je le suis pas, et qu'il me préfère quand même... »

«*23 octobre*. – Si je m'attarde à Paris, ce n'est pas seulement dans l'espoir que la lettre d'introduction donnée par Yvette pour le Père Dominique (dont je n'attends pas grand-chose, en fait) me conduira à une entrevue, ou parce que j'ai d'assez nombreuses rencontres agréables et intéressantes – comme un dîner avec Armand de Balastre, qui m'a donné un utile aperçu du dessous des cartes politiques en me faisant part du mécontentement croissant de De Gaulle, qui, selon lui, envisagerait déjà un retour en force. Ce n'est pas même parce que j'ai rencontré la nièce de

Barbara, Jackie, et son amie Jacey, une beauté de Harlem aux jambes longues et superbes. C'est aussi parce que, tant que je suis ici, je n'ai pas à faire face à toutes les obligations professionnelles et personnelles qui m'attendent à Londres.

« Billy Hughes est merveilleusement compréhensif. Il me dit qu'il a besoin de moi, parce qu'Harbottle avait conduit le journal à une médiocrité ronronnante qui ne peut plus être tolérée, mais qu'il peut attendre que je sois prêt. Cette sympathie me déconcerte. Ou peut-être est-ce le fait qu'on attache de la valeur à ma personne. Je commence juste à voir combien le mépris de moi-même dans lequel je me suis complu depuis la mort de Van m'a atteint. »

« *25 octobre*. – Peut-être suis-je en train de revivre. Éros, au moins, s'est remis à me travailler. C'est différent de l'épisode avec Frédéric. Ce que je cherchais alors, c'était à me consoler, à me rassurer. Hier, au *Select*, pendant que Jackie était allée donner un coup de fil, Jacey m'a gratifié d'un grand sourire entendu et nous avons pris rendez-vous pour cet après-midi à trois heures, ici, chez moi. Il est maintenant deux heures et demie, et je me sens dix-huit ans.

« Une lettre de Kirstie m'attendait ce matin chez Thomas Cook, que j'utilise comme boîte postale. Elle ne s'est pas offusquée de ce que je lui avais écrit. Ou si, peut-être ? C'est difficile à dire. Très souvent, quand les gens vous disent qu'ils ne sont pas offusqués, c'est qu'ils entendent exactement le contraire. Mais elle m'assure qu'elle "comprend" Edwin et que chacun d'eux peut fournir à l'autre ce qui lui manque. "De toute façon, ajoute-t-elle, tu as tort de supposer que, parce qu'Edwin court après les garçons, il n'aime pas les femmes. Nous nous trouvons, en fait, très bien ensemble. Je pense que nous serons heureux. Tu dois te souvenir, aussi, qu'il a toujours de l'ambition. J'aime cela." Elle poursuit en m'affirmant qu'Edwin a beaucoup d'admiration et d'affection pour moi. "Alors, arrête de t'acharner sur lui." Hector est renvoyé à Washington. "Il en est malade, écrit Kirstie. Je ne savais pas à quel point il haïssait les Américains. Je ne puis m'empêcher de penser que sa nomination a été inspirée par quelqu'un qui n'a pas précisément à cœur nos bonnes relations avec notre allié privilégié. George, semble-t-il, a acheté un deuxième bateau. Ses affaires sont déjà florissantes. Je me demande quelle part en est légale."

« Quand Jacey arriva, elle ne perdit pas de temps à faire la conversation. Elle se débarrassa de ses souliers et de sa jupe et elle s'étendit sur le lit.

« — Retire-moi mes bas, dit-elle.

« Tandis que je m'exécutais, détachant ses jarretelles et faisant glisser la soie sur les longues cuisses couleur de café au lait, elle déboutonna son corsage et attira ma tête jusqu'à son ventre plat, à la discrète odeur de santal. Quand, un peu plus tard, nu moi aussi, je m'étendis à côté d'elle, elle m'entoura de ses jambes, se redressa, et, à califourchon sur moi, baissa la tête, ses lèvres venant effleurer mon sexe raidi. Elle se recula, sourit pour la première fois en écartant ses cheveux de son visage et s'ouvrit à moi...

« Au moment où j'écris cela, deux heures plus tard, son odeur imprégnait encore mon lit, l'excitation me reprend et je dois m'interrompre.

« Ensuite, nous restâmes allongés en fumant, mes doigts caressant sa peau moite.

« — Il faut que je parte très vite, me dit-elle. Jackie va être furieuse contre moi.

« Je retirai la cigarette de sa bouche et l'embrassai.

« — Non, fit-elle, en se détournant. Une fois suffit pour aujourd'hui. À propos de Jackie et de moi, tu comprends ?

« — Oh, oui !

« — Elle m'aime, et j'ai besoin d'amour.

« Elle s'en alla. Nous avons pris rendez-vous pour demain à la même heure.

« Le père de Jackie est l'un des administrateurs de la Chase Manhattan Bank. Jacey est la neuvième de onze enfants. Elle a vingt-trois ans, n'a pas connu son père, mais a eu l'expérience – malheureuse, je suppose – de plusieurs beaux-pères. Elle chante dans une boîte de la Rive Gauche, où Jackie l'a découverte. »

« *30 octobre*. – Jacey me monte à la tête. Pour la première fois depuis des années, je suis la proie d'une passion purement sensuelle. Depuis quatre jours, je n'existe que pour cette demi-heure que nous passons ensemble l'après-midi. Nous parlons très peu, mais elle me fait clairement comprendre que mon importance, pour elle, ne dépasse pas ce que nous faisons ensemble. Mais cela même est, pour le moment, aussi vital pour elle que pour moi. Quand elle s'en va, je reste à respirer son odeur jusqu'au moment où celle-ci s'est, elle aussi, évanouie. L'existence, dit Sartre, précède l'essence, et cette liaison (si l'on peut lui donner ce nom) représente l'existence en ce qu'elle a de plus intense.

« Hier soir, je suis allé l'entendre chanter. Elle a hésité quand je lui ai dit que j'en avais l'intention. Elle craignait que cela n'éveille les soupçons de Jackie. En conséquence, j'ai recruté Frédéric et son amie, Gilberte (une très gentille fille, fort bien élevée, qui aurait certainement l'approbation de Mère). Seulement éclairée par des bougies fichées dans des bouteilles, la boîte, une cave, était si sombre et enfumée qu'on avait peine à distinguer les gens assis un peu plus loin. Gilberte était nerveuse ; elle ne s'était jamais trouvée dans ce genre d'endroit. Je ne pense pas qu'elle ait compris que beaucoup des personnes présentes étaient des lesbiennes, mais elle a dit qu'il était étrange qu'il y ait beaucoup plus de filles que de garçons. Frédéric n'était visiblement pas enchanté.

« Jacey chanta sans la moindre affectation une demi-douzaine de chansons, en français et en anglais. Elle était accompagnée à la guitare par une grosse fille, vraisemblablement scandinave ou polonaise. Elle ne jouait pas très bien mais se rendait quand même utile. Jacey avait une voix d'une profondeur inattendue, et son absence d'expression, son apparente indifférence, communiquant l'impression que paroles et musique sortaient d'elle sans qu'elle y prêtât attention, sa totale immobilité, étaient frappantes, et, pour moi, déconcertantes. Quand elle eut fini, elle ignora les applaudissements, comme s'ils s'étaient adressés à quelqu'un d'autre qu'elle. Elle descendit de la petite scène et alla s'asseoir à une table voisine. Un buste se pencha vers elle dans la pénombre, et un bras vint se nouer autour de son cou. Je finis par distinguer, au sein de ce jeu d'ombres, le profil de Jackie.

« — Tu as eu raison de nous emmener ici, dit Frédéric. Elle est remarquable. Elle exprime exactement le vide que nous ressentons tous. Tu ne penses pas, Gilberte ?

« — Oh ! J'ai adoré ! fit celle-ci, voulant visiblement dire : je t'adore, Frédéric !

« Jackie et Jacey, regardant autour d'elles, nous aperçurent et vinrent à notre table. Jacey ne réagit pas à nos félicitations. Assise sans bouger, elle regardait Jackie, qui commandait d'autres consommations avant de se mettre à parler de la nécessité, pour l'écrivain, d'être engagé. Frédéric exprima quelques réserves. Elle les balaya avec toute l'autorité de quelqu'un ayant eu une pièce jouée dans un théâtre d'avant-garde et travaillant présentement à son premier roman.

« Je me dis que j'avais déjà entendu cette conversation maintes fois auparavant – à Berlin, à Madrid, à Londres. Les jeunes sont-ils condamnés à répéter tout ce que nous avons fait et dit ?

« Et je pensai soudain que j'avais trente-six ans. À cet âge, j'aurais dû me connaître moi-même de la façon dont un fermier connaît les champs qu'il a labourés et ensemencés pendant tant d'années. Je devrais savoir exactement quels sont mes défauts et mes qualités, jusqu'où je puis aller, jusqu'où j'oserai aller. Je devrais être capable de prédire mes échecs. Je devrais être capable d'être moi-même. Et cela implique des renonciations. Cela implique de se résigner à beaucoup

moins que l'absolu. À l'âge de trente-six ans, en ce moment qui marque presque la moitié du vingtième siècle, je suis à la fois trop vieux et trop jeune pour entrer en religion. Ou pour épouser quelque foi que ce soit. J'en ai assez connu pour renoncer à presque tout.
« Cette pensée me procura un immense apaisement. Jusqu'au moment où j'aperçus une trace d'écume de bière sur les lèvres de Jacey... »

« *2 novembre.* – Aujourd'hui, enfin, une lettre du Père Dominique. Il est au Havre et ne peut venir à Paris. Mais il me dit en termes prudents qu'il est prêt à me rencontrer. Je prendrai le train demain matin. Ce soir, j'ai une invitation à dîner d'une vieille snob, cousine à demi belge de Mère, la marquise de Vaugoubert. Présentement, j'attends Jacey.

« Quand je lui ai dit que c'était la dernière fois, au moins pour le moment, ayant attendu pour ce faire le moment où elle se rhabillait, tout ce qu'elle répondit fut :
« — Eh bien, je suppose que ça y est. »

« *3 novembre.* – Cela fait au moins vingt minutes que le train s'est immobilisé dans ce paysage grisâtre. Une pluie fine suinte de nuages maussades. Au moment où nous nous sommes, inopinément, arrêtés en rase campagne, une silhouette solitaire traversait un champ de betteraves, un homme en complet sombre avec un chapeau mou. Il marche toujours. Parti d'où ? Pour aller où ? Il n'y a aucune raison évidente pour que le train reparte.
« Hier soir, le salon des Vaugoubert était brillamment éclairé. Meublé dans le style surchargé de la Belle Époque, il portait, par la profusion qui s'y manifestait, à d'amères et sévères réflexions. Les fleurs de serre qui s'accumulaient sur les buffets et les tables d'un mauvais goût somptueux étaient-elles préposées à chasser, par leur parfum, les relents de sueur et de

misère s'élevant de ces sinistres agglomérations du Nord où les Vaugoubert avaient fait leur fortune ?

« Il y avait dix ou onze ans que je n'avais vu Marguerite, depuis, peut-être, sa dernière visite à Blankets. Mère ne l'adorait pas, mais elles avaient été ensemble à une école pour jeunes filles du monde à Dresde, et elles pouvaient parler de leur séjour là-bas et du mépris que les gens du cru affectaient à l'égard des Prussiens, barbares entre les barbares. Elle m'accueillit comme son neveu favori et ne parut pas remarquer mon mouvement de recul devant la violence de son parfum. Elle était plus grasse que jamais, après quatre ans d'Occupation et près de deux ans d'encore plus graves privations pour la grande masse du peuple français. N'y a-t-il pas un proverbe italien qui dit : "Méfiez-vous du Napolitain gras, il a mangé ses frères" ?

« Ayant pris des nouvelles de Mère, Marguerite soupira à en faire frissonner son collier et me dit :

« — Comme moi, elle doit pleurer notre belle ville de Dresde. Ce fut le véritable crime de cette guerre. Et, maintenant, elle est occupée par les Russes...

« L'assemblée, en bonne partie âgée, était résolument pétainiste, amère et pessimiste. En fait, un portrait du Maréchal figurait encore sur une table dans un cadre doré. Deux vieilles dames commentaient longuement les excès de la Résistance et les injustices de l'épuration.

« — Et maintenant, disait l'une d'elles, les traîtres qui ont sapé la volonté française avant la guerre sont de nouveau au pouvoir : les communistes, les francs-maçons, les juifs, les instituteurs...

« L'Angleterre était mise en accusation, non seulement pour avoir abandonné la France en 1940, mais pour avoir élu un gouvernement socialiste. Tout cela faisait, sans nul doute, partie d'un vaste complot. Si tel n'était pas le cas, cela montrait notre légèreté. Élire des socialistes alors que les Russes occupaient la moitié de l'Europe était, à coup sûr, de la folie.

« Je n'ai jamais douté du fait que, si nous avions été

contraints de capituler en 1940, un Pétain serait apparu chez nous et aurait reçu une approbation quasi générale. Mais je ne pense pas que nous serions allés jusqu'aux imbécillités que j'ai entendues ce soir-là. Cependant, une idée était sous-jacente, témoignant d'une lucidité que je n'ai pas encore perçue en Angleterre : l'idée que l'Allemagne ne restera pas telle qu'elle est actuellement, qu'elle se relèvera, et devra, par conséquent, être incorporée dans quelque système européen.

« Un vieux professeur d'ethnologie, drapé dans un smoking verdi par l'âge, me fit observer avec un petit ricanement :

« — Finalement, Laval avait raison. C'était un homme rustre et sans manières, mais quand il a dit : "La France aura toujours une frontière commune avec l'Allemagne, et il y aura toujours plus d'Allemands que de Français ; nous devrons donc les combattre à chaque génération ou arriver à un arrangement avec eux", il était difficile de le contredire. L'avez-vous compris, vous, les Anglais ? De plus, l'Allemagne, quels qu'aient pu être les excès des nazis, qui étaient, je vous l'accorde, des gens épouvantables, est un pays civilisé, alors que la Russie ne l'est pas et ne le sera jamais.

« Puis il ajouta avec une certaine malignité :

« — Vous, les Anglais, avec votre empirisme et votre refus de l'abstraction, pensez-vous que votre Empire va durer ? Dans vingt ans, il aura été balayé, car vous avez perdu la volonté de gouverner, et vous le sacrifierez à l'or américain. Et où vous retrouverez-vous à ce moment ? Serez-vous prêts à devenir européens ou vous retirerez-vous dans vos rêves et vos brumes ?

« Sur ce, il étendit le bras et me saisit le poignet.

« — Votre frère, jeune homme, me dit-il, venait assez souvent parler avec moi, ou plutôt m'écouter, car il était avide d'apprendre. Il comprenait que toutes nos valeurs – les valeurs héritées de la Grèce de Rome et de deux mille ans de christianisme – sont maintenant battues en brèche. Les barbares sont à la porte, et nous devons leur présenter un front uni si nous ne voulons pas finir comme Rome. Mais je suis pessimiste à cet égard. Cette prétendue démocratie peut-elle trouver la volonté de faire face à ce défi ? Elle n'a pas le sens des intérêts nationaux à longue échéance, mais seulement celui de l'opportunité immédiate. Il n'y a pas d'esthétique de la démocratie. Votre frère le comprenait. Est-il mort ou vivant ? Libre ? Ou emprisonné par ceux qui ne veulent pas entendre la vérité...

« Le train s'est remis en mouvement, de façon cahotique. L'homme traversant le champ a disparu de mon champ de vision, mais il reste en ma mémoire comme une sorte d'incarnation de la "France profonde", paysanne, qui a survécu à tous les régimes depuis les Bourbons. Mais ce que j'ai vu chez les Vaugoubert n'est-il pas également caractéristique de ce pays pour lequel je ressens à la fois tant d'admiration, tant d'affection et tant de répulsion ?

« Il y avait, à cette soirée, une autre femme que je connaissais déjà. Je l'avais rencontrée à Londres, à une réception donnée par les parents de Vanessa. C'était une femme d'une grande beauté, avec un profil réputé grec, et d'une brillante intelligence, si la vivacité d'esprit, la mémoire mondaine et l'art d'enjoliver les histoires que l'on raconte peuvent revenir à de l'intelligence. Vanessa était alors fascinée par elle. Cette fascination était due en partie à l'entrain et l'audace avec lesquels la dame avait contracté trois mariages successifs, le deuxième se concluant par un divorce qui avait fait scandale. Elle avait accusé son mari, un aristocratique propriétaire de journal ayant été en son temps ambassadeur en Russie tsariste, de l'avoir contrainte aux pratiques sexuelles les plus dégradantes, alors que lui-même se défendait en affirmant qu'en ce domaine, l'initiative venait d'elle, et qu'elle avait eu, de plus, recours à des philtres d'amour et des procédés de magie noire, peut-être pour provoquer son trépas. J'ignore quelle part de vérité il y avait dans ces accusations réciproques. Ce qui m'avait impressionné – et même sidéré – à l'époque était l'aisance avec laquelle elle avait surmonté ce qui eût détruit tant d'autres femmes. Elle avait déjà, quand nous l'avions rencontrée, congédié son troisième mari, un poète de douze ans plus jeune qu'elle. Van, je m'en souviens, la dévorait des yeux. Je me demande maintenant si elle ne voyait pas en elle un exemple encourageant.

« Je ne l'ai pas immédiatement reconnue hier soir ; la peau de son visage s'était craquelée comme une coquille d'œuf. Ce ne fut que lorsqu'elle bougea que je retrouvai la grâce de son allure. Elle avait dû demander à Marguerite qui j'étais, car ce fut elle qui vint à moi. Elle me dit d'abord, avec une certaine gentillesse, combien elle avait été désolée de la mort de Vanessa. Elle l'avait apprise par une lettre de sa vieille amie, Lady Stuart-Styles, et elle se souvenait de Van comme d'une personne d'un éclat exceptionnel. (Je me demandai aussitôt s'il n'y avait pas eu quelque chose entre elles, si elle n'était pas une autre de ces personnes avec lesquelles Van m'avait trahi, pour user d'un mot que celle-ci m'eût interdit d'employer.)

« Puis la femme – j'ignore son nom actuel – m'a parlé d'Alastair. Elle l'avait connu pendant la guerre à Paris, où presque tout le monde était, selon elle, "méprisable".

« — Votre frère était une exception, dit-elle. Il restait lumineux.

« Elle l'avait vu, me raconta-t-elle, chaque jour pendant près d'un an. J'en conclus aussitôt qu'ils avaient eu une liaison, que c'était pour cette beauté décrépite qu'il avait rompu avec Yvette. C'était peut-être le cas. Elle avait dû le flatter, ce qu'Yvette avait cessé de faire.

« — Bien sûr, déclara-t-elle, vous me condamnez, comme vous le condamnez lui aussi. Très bien, je l'accepte. Nous avons joué le mauvais cheval. Mais ce n'est pas parce qu'il était un lâche qu'il a agi comme il l'a fait. Au contraire, c'était l'un des hommes les plus courageux que j'aie connus. C'était pour son courage que je l'aimais.

« — Vous dites "c'était"...

« — Je le fais parce que, maintenant, seul le passé nous appartient. Nous sommes dorénavant condamnés à la médiocrité.

« — Mais vous pensez qu'il est mort ?

« — Certainement. Il avait trop de fierté pour survivre.

« Sur quoi, elle me parla longuement d'Alastair mais toujours en termes généraux, en une suite d'abstractions dont rien de personnel ne ressortait. Elle aurait pu aussi bien parler d'un héros de roman. Mais n'était-ce pas l'impression que j'avais eue, au fond, à travers les propos de tous ceux à qui j'avais parlé de lui – Pougier, Frédéric, Trude, Yvette et même la concierge de celle-ci ? Qu'il n'existait pas en tant qu'individu, qu'il n'était qu'une feuille blanche sur laquelle chacun d'entre eux venait déposer ses propres désirs et ses propres aspirations ? N'était-ce pas ce dont Van se plaignait ? De ce qu'Alastair n'ait pas d'existence réelle, pas de substance, de sorte que lorsqu'il s'était éloigné, il était impossible de se rappeler ou même, plus simplement, de savoir ce qu'il était ? Mais, bien sûr, je me demande aussi, ce que n'a sûrement pas fait Vanessa, s'il est possible de savoir ce que quelqu'un "est".

« Il est néanmoins étrange qu'Alastair, qui possédait une telle vitalité, un tel magnétisme animal, qu'on était toujours, dans une assistance, plus conscient de sa présence que de celle de quiconque (sauf s'il y avait là aussi quelqu'un dont on se trouvait être amoureux), se révèle si difficile à faire revivre par la mémoire, sauf sous la forme d'une image. Max, je le sais, avait ce sentiment. Curieusement imperméable au charme d'Alastair, il avait un jour déclaré : "Je ne dis pas que c'est un vampire qui regagne en rampant son cercueil à l'approche de l'aube, mais j'en arrive à me demander s'il ne s'évapore pas tout simplement dès qu'il se retrouve seul, pour ne se matérialiser que lorsqu'il a un public."

« D'un autre côté, tous ceux qui l'ont connu veulent parler de lui et reconnaissent l'importance qu'il a eue dans leur vie. Quand Van s'est mise en ménage avec Jukes, c'était d'Alastair qu'elle se vengeait, pas de moi. Nous aurions pu, en fait, être heureux ensemble si l'ombre d'Alastair n'avait pas plané sur nous. À moins que je ne cherche à m'abuser moi-même en pensant cela. Trude m'avait dit : "Vous espérez qu'il est mort ?" J'avais pris cela pour une question. Maintenant, je pense que c'était peut-être la simple expression de ce qu'elle croyait lire en moi. »

« *Même jour, 22 heures 30.* Je me retrouve une fois encore dans la solitude d'une chambre d'hôtel. Et, contemplant par la fenêtre la rue humide, seulement éclairée par les flaques de lumière des réverbères, où les passants se hâtent, courbés en deux sous leurs parapluies ou le col de leur imperméable relevé, je juge ma situation tout à fait appropriée. Dans les romans d'autrefois, l'auberge était toujours un endroit plein d'animation ; c'était là que les aventures commençaient. Maintenant, la chambre d'hôtel est l'endroit où les aventures finissent. Le caractère convivial de la taverne – Père adorait écrire des scènes de taverne – a été remplacé par le vide de la chambre d'hôtel, où l'on se trouve être à la fois moins soi-même et plus conscient de soi-même, et où les meubles, anonymes et permanents, semblent n'avoir jamais été choisis par personne. De ma fenêtre, je découvre, clignotant en rouge et blanc, l'enseigne lumineuse d'un café, *Le Rendez-vous des Cheminots*.

« Demain dans l'après-midi, je vois le Père Dominique. »

« Poussée par le vent marin, la pluie balayait la petite rue étroite portant encore les stigmates de la guerre. Des échafaudages entouraient la petite église, et les fenêtres du presbytère étaient fermées par des planches. Je tirai le cordon de la sonnette, que j'entendis résonner à l'intérieur, comme un appel d'un autre temps.

« Le Père Dominique ouvrit lui-même la porte. Avant de me faire entrer, il jeta un rapide regard de chaque côté de la rue vide. Puis il m'attira à l'intérieur et me conduisit à un petit salon, sur la droite du vestibule. Il y avait là des écrans en tapisserie jaunis par l'âge, et deux fauteuils au cuir éraflé. Un casier de verre contenant des oiseaux empaillés au plumage brillant trônait sur un piano. Le prêtre me fit signe de m'asseoir.

« Il me regarda un moment, la bouche un peu crispée, puis il me déclara :

« — Votre frère m'a dit que vous étiez communiste mais honnête. C'est une combinaison que j'ai du mal à imaginer.

« — Il a toujours été porté à l'exagération, répondis-je.

« Le Père Dominique était très maigre, presque filiforme. On eût dit qu'il se préparait au martyre, mais bien que j'eusse appris par Yvette qu'il était un adepte de l'Action française s'étant refusé à renier ses convictions, le martyre lui avait échappé.

« Il s'assit sur une chaise à dossier droit et entreprit de bourrer sa pipe. Ses doigts tremblaient, de sorte que des brins de tabac tombèrent sur le parquet.

« La conversation fut longue à démarrer. Chacun de nous se sentait nerveux en face de l'autre, et il y eut deux ou trois faux préliminaires. À la fin, j'expliquai que, quelles que fussent nos divergences politiques, Alastair et moi demeurions des frères affectionnés.

« — J'ai été interrogé par les services de renseignements britanniques, me dit-il. Ils n'ont rien tiré de moi.

« — Qu'il y aurait-il eu à tirer ?

« — Les vaincus sont toujours vulnérables. Et puis, ne nous leurrons pas ; aux yeux de l'État, votre frère est un traître.

« — Je le considère plutôt comme un patriote égaré.

« — Je ne puis vous rejoindre sur le terme "égaré".

« À la troisième ou quatrième tentative, il parvint à allumer sa pipe.

«— Ne croyez pas, me dit-il, parce que vous me voyez ici, dans ce presbytère, que je n'aie pas moi-même souffert de la situation. Il y a des rues de cette ville où je ne puis passer sans qu'on me lance des insultes à la figure. Mon propre frère m'a dénoncé. Gardant cette expérience en mémoire, pourquoi devrais-je vous faire confiance, à vous, simplement parce que vous êtes son frère ?

«— La première chose que je cherche à savoir, c'est si Alastair est vivant ou mort. Cela ne vous engage à rien.

«— Il est vivant.

«— Vous en êtes certain ?

«— Certain.

«— Et il est en sécurité ?

«— L'un de nous l'est-il ?

«— Est-il aussi en sécurité qu'on pourrait l'espérer ?

«— Je le crois.

«Ces petites phrases brèves tombaient comme des pierres lancées dans un étang dont elles n'auraient agité qu'un instant la surface. Le prêtre se leva, se dirigea vers un buffet et en sortit une bouteille de calvados et deux petits verres.

«— Ce n'est pas une question de politique, fit-il. J'ai moi-même fait beaucoup d'erreurs politiques. Je m'en rends compte maintenant. Il en a été de même pour votre frère.

«Il me tendit un verre.

«— En ce domaine, poursuivit-il, c'était un naïf. Je l'ai vu dès l'abord. Peut-être était-ce précisément sa naïveté que je trouvais séduisante. C'est bien possible. J'ai toujours été, quant à moi, incapable d'agir spontanément. Vous comprenez ce que je veux dire ? Je n'ai d'ailleurs pas été immédiatement attiré par lui quand mon frère Philippe nous a présentés. J'ai trouvé qu'il manquait terriblement de maturité. Dans le même temps, il m'écrasait, me faisait me sentir petit. Sa confiance avait quelque chose d'écœurant. Toute ma vie, je me suis pensé exceptionnel, et même lorsque je me suis aperçu qu'à un égard au moins, j'étais moins exceptionnel que je ne l'avais supposé...

« Il s'interrompit, but son calvados, et remplit de nouveau nos verres.

« — Je parle de moi-même, fit-il, ce qui n'est pas ce que vous êtes venu entendre. Mais si je ne le fais pas, vous ne comprendrez pas ce qui s'est passé. De plus, c'est un soulagement pour moi que de décharger ma conscience devant quelqu'un que je ne reverrai jamais plus, et de le faire face à moi-même, et non dans le confessionnal. Alors, ayez un peu de patience. Je me sentais donc exceptionnel et incapable d'être partie d'un ensemble. C'est en recherchant quelque chose à quoi je pourrais appartenir que j'entrai dans les ordres, puis m'engageai en politique. Mais bien que j'aie fait l'un et l'autre avec passion, je ne pus vaincre ainsi ma solitude. Et donc, quand je me suis trouvé connaître votre frère, je lui en ai d'abord voulu pour sa légèreté et son optimisme, pour sa façon de donner l'impression que la vie, que je trouvais si exigeante, était un jeu des plus plaisants. Mais, ensuite, j'ai trouvé en lui une véritable sympathie. Il me comprenait, se montrait attentionné à mon égard et ne condamnait surtout pas. Il y avait en lui une bonté tout à fait exceptionnelle. Quand j'en devins conscient, je devins également conscient de son innocence. Il s'était aventuré dans un monde dont il ne pouvait prendre la mesure, car il ne connaissait ni ne comprenait son iniquité. Et puis ce fut Philippe, dont il avait fait son ami, qui le trahit, qui répandit sur son compte des mensonges à la suite desquels il fut arrêté.

« — Votre frère Philippe ? Philippe Torrance ?

« — Oui.

« Il secoua la tête.

« — Je ne voulais pas en parler, dit-il. Je ne sais que dire à ce sujet. Mais il était bien le responsable. J'en serais encore écrasé de honte, si je n'avais moi-même été amené à expier beaucoup de choses. Néanmoins, ce fut un crime, car cela contraignit votre frère à regarder en face ce qui lui avait toujours été caché : la nature vile de l'homme. Or même ceux d'entre nous qui considèrent comme nécessaire pour eux-mêmes d'en être conscients souhaiteraient que cette vérité reste dissimulée aux innocents. Il fut donc emprisonné, torturé, par ceux-là mêmes dont il avait soutenu la cause. Quand j'appris son arrestation, j'avais encore, heureusement, assez d'influence pour intervenir. Il fut relâché. Mais le mal était fait. Sa foi, sa foi enfantine, en la bonne nature de l'homme avait été détruite. Si l'on s'en tenait aux apparences, il semblait s'être remis de l'épreuve. Pendant les semaines qui suivirent sa libération, il donnait la même et superbe impression d'effervescence, d'être cette rareté dans le monde d'aujourd'hui : un homme qui se levait le matin en souriant au monde. Je suis désolé. Je deviens lyrique. Et on m'a souvent fait remarquer que je versais dans l'absurdité quand je devenais lyrique. Encore un peu de calvados...

« Pendant un moment, nous observâmes un silence que seul venait rompre, au loin, le gémissement des cornes de brume.

« — Je vais donc essayer, reprit le Père Dominique, de ne pas être lyrique. Et, en fait, la tentation m'en est passée, car ce qui a suivi a été, pour moi, véritablement horrible. Quand il est devenu clair que tout était perdu, que la cause à laquelle il s'était, avec une si belle insouciance, attaché se trouvait condamnée, condamnée à la défaite et à l'ignominie, et qu'une terrible revanche se préparait, il connut un effondrement moral complet. Il s'écroula et pleura comme un enfant abandonné par sa mère. Il tremblait de terreur.

« — Vous êtes sûr que c'était la terreur qui le faisait trembler, et non un sentiment de culpabilité ?

« — C'était la terreur. Croyez-moi, un prêtre apprend à reconnaître la peur, la peur abjecte, et l'annihilation de la volonté qui en est la conséquence. Je ne m'y étais pas attendu. C'était horrible, et cependant – là, vous allez avoir la pire opinion de moi – cela me plut.

« — Cela vous plut ?

« — Oui, parce que, voyez-vous, je me trouvais en

mesure de payer la dette que j'avais envers lui. Sa vitalité avait enrichi ma propre vie, et là, je pouvais le sauver et peut-être même, je l'espérais, lui rendre son équilibre.

« — Je vois. Mais êtes-vous vraiment sûr qu'il ne se sentait pas coupable ?

« — Il n'avait rien fait dont il eût à rougir, mais il avait peur. Je suppose qu'il avait toujours été extrêmement populaire, et la perspective d'être vilipendé et châtié... Il ne supportait pas d'y penser.

« Le prêtre se leva et arpenta un moment la pièce. Il porta la main au crucifix accroché par une chaîne à son cou et l'étreignit.

« — Il était clair, dit-il, qu'il n'était pas en état physique et moral de se sauver. Je dus donc m'occuper de lui. Heureusement l'Église a l'expérience de ce genre d'affaires.

« Apparemment, Alastair et le Père Dominique étaient allés d'une communauté religieuse à une autre jusqu'à la frontière espagnole.

« — Là, je pus le laisser. De toute manière, je n'étais pas moi-même autorisé à passer la frontière.

« En Espagne, Alastair était pratiquement en sécurité.

« — Il n'était pas, expliqua le prêtre, assez important pour être extradé – ce qui, de toute façon, ne pouvait être fait par les voies légales normales, le Royaume-Uni, comme nous nous en assurâmes, n'ayant pas de traité en ce sens avec l'Espagne. Mais on estima quand même qu'il valait mieux ne pas le laisser là. Il ne fallait pas trop mettre à l'épreuve la tolérance du général Franco.

« — Alors, où est-il maintenant ?

« Le Père Dominique détourna le regard. Il vida le fourneau de sa pipe des cendres qui l'obstruaient et la bourra de nouveau en persistant à ne pas me regarder. Une fois de plus, quelques brins de tabac tombèrent sur le plancher.

« Je déclarai alors :

« — Je vous suis reconnaissant, plus reconnaissant

que je ne saurais l'exprimer, pour ce que vous avez fait. Il en sera de même pour notre mère. (Cela, j'en étais moins sûr.) Je vois que vous répugnez à m'en dire plus. Vous avez tort, mais je puis comprendre vos raisons. Pourriez-vous, cependant, lui faire parvenir une lettre, là où il est ? Est-ce possible ?

« Il me désigna de la main un petit bureau.

« Puis il me dit :

« — Vous ne verrez pas d'inconvénient à ce que je lise ce que vous aurez écrit ? Autrement, je ne puis m'engager... Oui, je lis couramment l'anglais. »

XXII

ÉDIMBOURG, JANVIER 1947

— Le tout est de savoir, n'est-ce pas, avec quoi on peut vivre ?

Toby Macrae étendit ses longues jambes vers le feu de bois, dans la cheminée de son bureau, et tira sur sa pipe.

— En tout cas, lui dis-je, le mariage semble te convenir.

— J'ai attendu cela assez longtemps. Je suis un veinard.

Mais ce n'était pas de lui ni de sa situation propre qu'il avait parlé auparavant.

*

À mon retour de France, j'étais immédiatement tombé malade. Mon médecin m'assurait que je souffrais d'épuisement nerveux. Cela se manifestait par une éruption de furoncles, à la fois douloureux et ridicules. Je ne pouvais me concentrer sur n'importe quel travail plus de quelques minutes. Parfois, je m'effondrais en larmes. Un séjour d'une quinzaine à Blankets ne fit qu'aggraver mon état. Le phénomène n'était pas rare en lui-même. Le retour à la paix s'était révélé dur à supporter pour beaucoup; dans mon cas, les symptômes avaient simplement été tardifs. Les gens avaient été astreints pendant plusieurs années à des tâches qui, même lorsqu'elles n'étaient pas dangereuses, pouvaient être pénibles, astreignantes et lassantes, mais se trouvaient justifiées par le sentiment qu'on avait de contribuer, d'une manière ou d'une autre, à la grande entreprise générale. Maintenant que c'était fini, la tension retombait et beaucoup s'effondraient avec elle.

Bien que son propre système nerveux ne fût pas en excellent état, Billy Hughes se montra compréhensif. Il m'encouragea à m'éloigner quelque temps et à m'appliquer à me rétablir «pour pouvoir revêtir de nouveau l'armure».

J'étais donc allé à Édimbourg trouver Toby, en qui je voyais, avant même le médecin, mon plus vieil et plus sage ami.

Toby boitait, ayant reçu une balle dans le genou durant la campagne d'Italie. En un sens, cette balle avait été providentielle. Fait prisonnier à la suite de sa blessure, il s'était évadé dès qu'il avait pu se tenir debout et avait rejoint un groupe de partisans, dont les membres l'avaient abrité et avaient été fort heureux d'utiliser ses talents médicaux. Sa femme, Maria-Serafina, était la veuve de l'un de ces partisans.

— Un type terriblement gentil, un cheminot, communiste acharné, et l'homme le plus brave que j'aie rencontré. Il s'est fait sauter avec la charge explosive qu'il tentait de placer sous un pont. Comme tu peux t'en douter, le docteur Pangloss voit Maria d'un très mauvais œil, et le jeune Torquil est littéralement outragé; une métèque, une rouge et une fille d'origine populaire, rien qui puisse plaire à mon cher frère – qui, pour être juste envers lui, a quand même fait une belle guerre.

— Comment trouve-t-elle Édimbourg?

— Tu le lui demanderas toi-même. Difficile, je pense. Mais nous sommes heureux.

— Tu te souviens de Morag ? Et de la façon dont tu la tenais pour l'illustration du robuste bon sens de la classe ouvrière, en comparaison des filles que nous rencontrions dans nos petites soirées dansantes ?

— Oh, je vois souvent Morag ! Son mari et elle tiennent un bar dans Gorgie Road. Très respectable et bien géré. C'est une de mes patientes, maintenant. Tu penses que Maria-Serafina est un substitut de Morag ? Tu as peut-être raison.

Il se mit à rire.

— Voilà une idée, dit-il, qui ulcérerait vraiment Torquil. Non que je les voie très souvent, lui et le docteur Pangloss. Maman est morte, tu sais.

— Je l'ignorais.

Maria-Serafina m'avait accepté tout naturellement comme un ami de Toby, sans ces arrière-pensées que semblent avoir certaines épouses, qui se comportent comme si un passé partagé était une menace pour leur présent. Après un excellent repas de macaronis au haddock fumé – on était encore en période d'austérité, mais elle semblait tirer le meilleur parti des denrées disponibles grâce aux recettes de son pays d'origine –, elle nous avait elle-même expédiés dans le bureau de Toby avec des whiskies sodas.

*

— Alors, fit Toby, coup de théâtre : notre héros est libre !

— Hector, lui dis-je, est furieux. Je pense qu'il aurait vraiment aimé voir Alastair arrêté et jugé. Mère refuse qu'on prononce son nom en sa présence.

— Lequel ? Celui d'Hector ou celui d'Alastair ?

— Oh, celui d'Alastair ! Elle a cette vieille conception du patriotisme : mon pays, qu'il ait tort ou raison. Si seulement c'était si simple !

— Si seulement ! Mais Hector ne considère pas les choses ainsi ?

— Non, bien sûr que non.
— Maria-Serafina et Aldo – c'était son premier mari – seraient du côté d'Hector.
— Oui. Et toi ?
— Oh, moi, cela m'est indifférent ! Je ne dis pas cela cyniquement. Je veux dire que rien de ce qu'a fait Alastair n'a d'importance pour moi. Ce n'est pas, après tout, comme s'il avait été en quoi que ce soit efficace. À ce que tu me dis, il lui aurait été difficile de l'être moins. Et ce qui m'intéresse maintenant, dans le domaine des affaires publiques, c'est d'empêcher les clowns qui sont à la tête de l'Ordre des Médecins de saboter les propositions de Nye Bevan pour la création d'un vrai système de sécurité sociale. À côté de cela, que veulent dire les gesticulations et les attitudes de gens comme Alastair – ou même comme Hector ? Rien de rien. Mais, comme je te l'ai dit plus tôt, le problème est de savoir avec quoi on peut vivre.

*

Le lendemain matin, une brise du nord-est avait nettoyé le ciel comme une assiette fraîchement récurée. Il faisait très froid, et, de la fenêtre de la salle de bains de la maison de Toby, je pouvais voir de la neige sur les Ochils. Au fond du jardin, le vent faisait danser comme des derviches tourneurs les branches des peupliers, mais le ciel restait d'un bleu profond. Lorsque nous arrivâmes dans la rue, nous vîmes des écoliers affronter le vent comme des nageurs s'efforçant de couper les vagues, leurs sacoches volant derrière eux. Toute la matinée, alors que j'accompagnais Toby dans ses visites, le vent ne cessa de souffler, semant panique et désordre sur son chemin. Au détour d'une rue, Toby rattrapa au vol une vieille dame ayant perdu contact avec le sol. Quand il l'eut remise sur ses pieds, à l'abri d'un mur, elle lui expliqua en riant :
— Il m'a ramassée comme une branche folle. J'ai bien cru que j'allais directement au ciel, comme le prophète Élie.

Nous montâmes d'interminables escaliers dans les cités ouvrières pour aller voir des vieillards allongés dans des lits qu'ils n'avaient pu quitter depuis longtemps, ou des enfants s'impatientant de ne pouvoir aller jouer dehors. Partout, Toby était accueilli avec respect et affection. S'il n'avait pas toujours le remède, il avait à chaque fois le mot qui semblait convenir. Plus d'une fois, en sortant, il soupirait et secouait la tête.

Mais, dans ces appartements miséreux mais le plus souvent immaculés, il demandait :

— Comment va votre mère ? Comment va votre père ? Et comment vont les gamins ?

Ou il disait :

— C'est moi qui t'ai mis au monde, petit imbécile. Qu'est-ce que c'est que cette idée de tomber malade ? On va te remettre sur pied en un rien de temps...

Aux vieux, il parlait autant football que médecine, les assurant qu'ils seraient bientôt en état d'aller voir les Hearts jouer à Tynecastle.

Mais cela ne l'empêchait pas de pester violemment en partant.

— Une conjonctivite devrait être guérie en cinq jours. Et cela fait un mois que cette femme la traîne. C'est le régime alimentaire, vois-tu. Elle donne sa part des rations aux enfants, et vit, quant à elle, de pain et de margarine. Pas étonnant qu'elle n'ait pas de résistance à l'infection et qu'elle ne réagisse pas au traitement ! Mais essaie un peu de la convaincre de faire autrement ! Tu perdrais ton temps...

Mais son temps, il ne donnait pas l'impression de le perdre. C'était de l'espoir qu'il semblait apporter dans chaque foyer. En sa présence, la volonté de voir un monde meilleur devenait manifeste.

— Une dernière visite avant le déjeuner, fit-il. Je dois t'avertir que la patiente ne t'est pas totalement inconnue. Alors, à toi de décider... C'est Mrs. Milligan.

— Mrs. Milligan ?

— Tu as connu son mari. En Espagne. Il y est mort. Tu te rappelles ?

— Oui, je me rappelle. Qu'est-ce qui ne va pas chez elle ?

— Ce qui ne va pas chez toutes les femmes de son âge et de sa condition en Écosse. Trop de travail et de soucis. Trop peu de nourriture et d'égoïsme. Trop d'elles-mêmes donné aux autres – en l'espèce, ses enfants.

L'appartement était propre et net comme une conscience presbytérienne, sans un grain de poussière sur les meubles. Essuyant ses mains osseuses à son tablier, Mrs. Milligan commença par dire que le docteur n'aurait pas dû perdre son temps à venir la voir. N'avait-il pas des malades à soigner ? Durant cette petite passe d'escrime, Mrs. Milligan me jetait de rapides regards suspicieux.

— C'est un genre d'inspecteur que vous avez amené avec vous, docteur ?

— Oui, dit Toby. Il a le pouvoir de vous expédier à l'hôpital si je le demande.

— Jamais de la vie, répliqua-t-elle. Vous savez bien ce que je pense des hôpitaux.

Il lui dit alors que j'avais connu Jim en Espagne et précisa mon nom.

— Oui, fit-elle. Je me souviens. Vous m'avez écrit quand il est mort. Et je pense que c'est vous qui m'avez envoyé de l'argent par le docteur. J'en ai été bien reconnaissante. Je ne vous insulterai pas en vous disant que j'aimerais pouvoir vous rembourser...

Elle s'assit à la table et alluma une Woodbine. Surprenant le regard de Toby, elle lui dit :

— Oh, docteur, cela ne fait pas plus de dix par jour ! Voyez un peu : c'est un paquet de dix.

— Avec votre poumon, Dolly, c'est dix de trop.

— Je sais bien, dit-elle.

Tenant la cigarette entre le pouce et deux autres doigts, elle projeta un peu de fumée dans ma direction.

— J'étais si en colère, dit-elle, quand il est parti pour l'Espagne ! Il avait un bon emploi à la brasserie, et une gosse, la petite Jessie. Il la câlinait en lui disant qu'elle était la prunelle de ses yeux, mais il a fallu qu'il se batte pour un ramassis d'étrangers. C'est pour la démocratie, il disait. Et moi, je lui disais où il pouvait se la mettre, sa démocratie! Alors, il disait que c'était pour Jessie. Là, je ne voyais vraiment pas ce qu'il avait dans le crâne. Je me suis tellement mise en colère que je lui ai envoyé le fer à repasser à la tête. Il s'est mis à rire et il a dit qu'il serait peut-être plus en sécurité en Espagne, sur le front. Pauvre gars! Et maintenant, je me dis que, s'il n'y était pas allé, peut-être que les Boches l'auraient eu, et que le résultat serait le même. Mais je n'ai rien pu lui dire le jour où il est parti, et je m'en suis toujours voulu pour ça.

— De la façon dont il parlait de vous, fis-je, je pense qu'il avait compris.

— Oui, ça, il savait parler. C'est comme ça qu'il m'avait convaincue de l'épouser... Bon, docteur, voilà mes patates qui bouillent. Si vous voyez les gosses, dans le square, donnez-leur des claques et dites-leur que le déjeuner est prêt. Je suis contente de vous avoir vu, Mr. Allan, d'avoir pu vous dire merci. Pauvre Jim! La brasserie l'aurait repris, vous savez. C'était un bon ouvrier. Et ce n'est pas si commun.

Nous descendîmes l'escalier et nous dirigeâmes vers le square où quelques enfants jouaient aux billes.

— Jessie! appela Toby.

Une fillette mince avec des nattes brunes et un petit visage sérieux se retourna.

— Ta maman dit que le déjeuner est prêt.

La fillette interrompit immédiatement son jeu, et, prenant par la main un petit garçon et une petite fille encore plus jeune, se dirigea vers nous.

— Comment va-t-elle, docteur?

— Il faut qu'elle se repose un peu plus. Vois ce que tu peux faire.

La fillette secoua la tête.

— Elle ne fait que ce qu'elle a décidé de faire, dit-elle.

— Là, ce n'est pas moi qui pourrais te contredire, répondit Toby en tapotant la tête du petit garçon.

— C'est une gentille fille, me dit-il ensuite.
Puis nous retournâmes affronter le vent.

*

Je passai une semaine avec Toby, à me réchauffer, malgré le temps glacial, à sa présence et à son bonheur nouvellement trouvé. Bien que surmené, épuisé chaque soir, Toby conservait une vitalité qui se communiquait à moi, tandis que la force qu'il tirait de son mariage insolite me donnait un point de stabilité auquel me référer. Il était vrai qu'un observateur superficiel eût pu juger le couple déséquilibré, et même considérer Maria-Serafina comme la victime d'une exploitation en règle. Toby l'accablait en effet de ses exigences, attendant d'elle, par exemple, qu'elle fournisse instantanément du thé et des gâteaux pour un malade dans le besoin ou – à cette époque où l'on ne connaissait pas encore de services sociaux apportant des repas à domicile – de la soupe pour un vieil homme ou une vieille femme incapable de se mouvoir. Il avait, à cet égard, l'inconscience d'un célibataire ayant toujours eu quelqu'un pour s'occuper de lui. On aurait même pu croire, de l'extérieur, qu'il considérait Maria-Serafina comme une domestique, et une domestique que l'on n'avait pas besoin de ménager car elle ne risquait pas de donner ses huit jours.

Mais on n'aurait pu être plus éloigné de la vérité. Il est vrai que tout mariage recèle quelque chose de mystérieux pour toute personne extérieure, quelque chose qu'un étranger ne peut saisir car il ne saurait mesurer la différence entre l'image qu'un couple donne au monde alentour et la réalité de sa vie et ses rapports hors de l'œil du public. Il est également vrai que la façon dont un couple est considéré par le monde extérieur n'est jamais, et ne pourra jamais être, la façon dont ce couple se considère lui-même – en n'excluant pas la possibilité que chacun des éléments du couple voie celui-ci d'un œil différent. Il ne m'en semblait pas moins que, dans le cas présent, Toby savait qu'en tout, à l'exception des ressources économiques, c'était finalement lui le partenaire dépendant de l'autre. Je ne veux pas dire par là que, sans ce mariage, il n'aurait pas pu continuer à jouer son rôle de médecin, populaire auprès de ses patients, dont beaucoup, je le suppose, se seraient jetés au feu pour lui, mais plutôt que lui, qui avait toujours fui toute intimité trop grande – au point que je le sus sincère lorsqu'il me dit un jour que, malgré la rareté de nos rencontres, j'étais le seul ami auquel il pouvait se confier –, avait trouvé en Maria-Serafina ce qu'il n'espérait plus découvrir et savait que cela, il ne pourrait jamais le remplacer. Et elle, de son côté, parce que, précisément, elle avait déjà aimé Aldo – dont elle continuait à pleurer la disparition –, savait au fond d'elle-même avoir besoin de ce partenariat et de cette communion. Je doute qu'aucune des relations de Toby à Édimbourg – qui, de son propre aveu, trouvaient ce mariage étrange et ne savaient trop que penser de Maria-Serafina – ait eu la moindre idée de l'équilibre interne du ménage.

— Bien sûr, me dit-il un soir devant notre habituel whisky et soda, il y a une part de moi qui se rebelle contre l'état conjugal, une part de moi qui le considère comme une condition artificielle et antinaturelle. Mais Maria-Serafina le sait et en tient compte. Elle sait que pour un homme, le foyer est une chose dont il aime se dire qu'elle existe mais à laquelle il ne veut pas être lié, tandis que pour une femme, c'est un nid, un repaire. C'est là une antique sagesse que les femmes de notre classe, en ce pays, ont perdue. Elles ne voient pas que là où une femme est le plus indépendante, c'est quand elle est le plus partie intégrante de son foyer. Ces pauvres choses couvertes de peinture pensent, elles, être libres lorsqu'elles empiètent sur le territoire du mâle.

Toby s'amusait de voir les épouses – « si respectables, oh, si respectables ! » – de ses relations d'Édimbourg considérer Maria-Serafina avec une totale condescendance, et celle-ci accueillit cette attitude avec une indifférence non moins totale. Maria-Serafina, de toute manière, ne pouvait s'intéresser à ce qui leur importait, et Toby s'amusait de constater que la meilleure amie qu'elle s'était faite à Édimbourg était Dolly Milligan.

— Je me demande souvent, me dit-il, si elles parlent d'Aldo et de Jim. Mais j'aurais tendance à penser que non, vois-tu. Bien sûr, Maria-Serafina comprend pourquoi Jim Milligan est allé en Espagne, ce que ne comprendra jamais Dolly, mais je pense qu'elle n'essaie pas de le lui expliquer. Je ne crois pas qu'elle en voie la nécessité. Ce dont elles peuvent parler est un total mystère. Que Jane Austen a été sage de ne jamais tenter de nous proposer une conversation entre deux de ses personnages masculins !

— Je voulais te le demander, dis-je. J'ai remarqué qu'elle s'appelait toujours Milligan. Qui est le père des deux plus petits ?

— Oh, un Polonais. Un Polonais, évidemment. Ce qui fait que Dolly n'est pas toujours regardée d'un très bon œil. Raison de plus pour que je sois ravi de la voir se prendre d'affection pour Maria-Serafina.

— Je crois donc comprendre que le Polonais ne s'est pas attardé sur place.

— Oh, pour un Polonais, c'était un brave type, mais c'est une race migratrice.

Toby eut un petit rire et étendit la main vers le carafon de whisky.

*

Mes blessures commençaient à se cicatriser. Toby et moi avions retrouvé immédiatement cette facilité de communication qui existait autrefois entre nous. C'était comme si nous étions de nouveau dans la chambre-étude que nous partagions en classe de première, passant la nuit, avec de multiples tasses de chocolat, à refaire le monde et tracer les plans de nos avenirs respectifs, nous exprimant alors avec plus de franchise – dans mon cas, et, je le soupçonne, dans celui de Toby également – que nous ne l'avons jamais fait avec qui que ce soit d'autre. Beaucoup de ce que nous nous étions promis l'un à l'autre n'est jamais arrivé, et bien de ce que nous avons dit alors était sans doute absurde, l'âge réputé mûr trouvant les espoirs et les craintes de la jeunesse aussi absurdes que la jeunesse, avec plus de raison peut-être, juge ceux de l'âge mûr. Mais Toby et moi restions suffisamment en accord pour n'être nullement gênés par ces souvenirs.

À Toby, donc, je pouvais parler comme à nul autre, pas même à Kirstie, avec laquelle j'éprouvais un besoin obscur de protéger Alastair, ne fût-ce qu'en préservant son souvenir. De plus, je ne pouvais, devant Kirstie – bien qu'elle ne souscrivît pas plus que moi au culte d'Alastair tel que l'avait, à mon avis, instauré Père –, démêler la trame compliquée des sentiments suscités en moi par notre jeune et brillant frère. Je ne pouvais lui confesser que mon affection pour Alastair était entachée de ressentiment, que même le plaisir que je prenais souvent à sa compagnie était aigri par la jalouse conscience de l'insouciant naturel avec lequel s'exerçait son charme. Je ne pouvais non plus lui confier la honte que j'éprouvais maintenant à la pensée que le plus grand moment de triomphe de ma vie avait été celui où j'avais pris possession de la femme de mon frère, et que le sentiment même en avait été un peu gâché par le fait qu'il avait déjà rejeté celle-ci avec négligence. Je ne pouvais pas plus parler de cela à Kirstie que je n'aurais pu en parler à Frédéric.

Mais il n'était rien que je me sente tenu de dissimuler à Toby. À lui seul, je pouvais exprimer pleinement la honte que je ressentais devant la trahison d'Alastair. Il était bel et bien allé en renfort des ennemis du Roi. Le fait que ce renfort ne leur avait été d'aucun secours ne changeait rien à l'affaire. En fait, en ajoutant un caractère inepte à sa démarche, il ne faisait qu'attiser encore mon sentiment de honte. Comme je le déclarai à Toby, nous avions été élevés dans la simple conviction que la conduite doit être guidée par le sens de l'honneur, et, en la rejetant, Alastair, avec légèreté, avec frivolité, avait bafoué tout ce qui avait animé des générations successives dans notre famille, tout ce qui avait servi de fondation à celle-ci.

Devant Toby, je laissai libre cours à toute mon amertume, employant des termes que je n'avais même pas osé formuler dans mes pensées. Tout se passait comme si les barrières que j'avais laborieusement édifiées pour défendre Alastair contre le jugement du monde se trouvaient maintenant balayées, et que j'étais moi-même balayé dans le flot. Il y avait certainement une part de démence dans mes propos, car je m'incluais dans les reproches que j'adressais à Alastair, mais Toby m'écoutait et me prenait au sérieux.

— Je me suis toujours méfié du mot « honneur », dit-il à la fin. C'est un cliché trop commode, qu'on retrouvait souvent, tu t'en souviens, sur les lèvres du docteur Pangloss. Bien sûr, nous devons essayer de vivre dans l'honnêteté, mais les gens ont des conceptions tellement différentes de celle-ci ! Et je me souviens t'avoir entendu soutenir, il y a des années, autour d'une table à Blankets, que nous vivions une époque comparable à ce dix-septième siècle si cher à ton père, où l'idéologie créait ses propres loyautés, venant interférer avec celles que nous avions héritées. J'ai toujours pensé qu'il y avait beaucoup de vrai dans ton propos d'alors, encore que j'en sois venu, quant à moi, à détester l'idéologie. Même l'Aldo de Maria-Serafina, qui était, comme je te l'ai dit, un homme bon et courageux... mais laisse-moi plutôt te raconter une histoire.

Il s'interrompit, ralluma sa pipe et remplit nos verres. Le siphon expira avec un pitoyable sifflement, et Toby se leva pour aller en chercher un autre dans l'armoire. Puis il ouvrit l'un des tiroirs de son bureau et en sortit une photographie, qu'il me tendit. On y voyait un haut mur, derrière lequel pointaient des cyprès et un clocher baroque. Au premier plan, plusieurs cadavres gisaient au sol.

— C'était un petit village appelé San Demetrio, dans les Apennins. Il se trouve que c'était le village d'origine de Maria-Serafina. Tu sais qu'en battant en retraite, les Allemands avaient partout adopté une politique de représailles. Pour chacun de leurs soldats tués par les partisans, ils exécutaient des otages. Tout le monde le savait. Il y avait donc, chez les partisans, controverse sur la politique à adopter.

— Oui, dis-je. J'ai connu un peu la même chose en Yougoslavie.

— Bien. Le groupe avec lequel je me trouvais fit prisonnier, à la suite d'une embuscade, un colonel allemand. C'était un S.S. Il fut collé au mur et fusillé. Oh, il mourut avec bravoure, mais là n'est pas le problème. Le problème est que nous fûmes incapables de tenir le village. Donc, quand nous battîmes en retraite, les Allemands arrivèrent et fusillèrent dix villageois. L'un d'eux était le père de Maria-Serafina, un paysan qui demandait simplement à ce qu'on le laisse cultiver son lopin de terre, et ne se souciait ni de Mussolini, ni du pape, ni de Staline. Aldo était l'un de ceux qui avaient insisté pour qu'on exécute le colonel. Je n'ai jamais su ce qu'avait été l'opinion de Maria-Serafina à ce moment, non plus que ce qu'elle pense maintenant. Ce qui est certain, c'est qu'elle n'a pas rejeté Aldo, bien qu'elle ait, je le pense, pleuré son père et qu'elle le pleure sans doute encore. Je ne sais pas ce que prouve cette histoire. On peut soutenir que ces exécutions étaient l'une et l'autre nécessaires. Mais cela m'a confirmé dans mon rejet de l'idéologie. Vois-tu, un membre de notre groupe affirma ensuite qu'il n'était pas mauvais que les paysans aisés – les koulaks – soient ainsi éliminés. C'était un étudiant en droit de dix-neuf ans, au demeurant brave comme un Highlander.

Toby se tut un moment. Toute la maison était plongée dans le silence. Un chat roux lui sauta sur les genoux, toutes griffes dehors jusqu'au moment où une main caressante vint le calmer. Je tirai sur mon cigare et attendis.

— Tu dois te rappeler, reprit Toby, que nous, Écossais, avons, à la différence des Anglais, une tendance innée à porter les choses à l'extrême pour une idée. Revenons un peu au dix-septième siècle. T'es-tu jamais demandé comment il se faisait qu'en Angleterre, le puritanisme se soit, après la Restauration[1], si rapidement transformé en une contestation civique bien polie et policée, alors qu'ici, on voyait les partisans du Covenant[2] continuer obstinément, aveuglément, fanatiquement, à tenter d'établir le Royaume de Dieu sur cette terre, absolument indifférents aux souffrances qu'ils causaient et enduraient ?

— Tu ne vas pas essayer d'expliquer la conduite d'Alastair par un zèle presbytérien venu du fond des âges. C'est trop ridicule. Il se considère à peine comme un Écossais.

— Non. Je t'accorde que ce serait de la naïveté à l'état brut, mais je veux dire qu'il est, en dépit d'Eton, d'Oxford et d'une éducation dans le pays des coteaux modérés, assez écossais pour subir l'attraction magnétique d'une idée – si irréaliste qu'elle puisse être. En tant que race, nous sommes un curieux mélange, Alec. Nous aimons à nous considérer comme des hommes pratiques, au crâne dur et à la mâchoire solide, construisant des lignes de chemin de fer et des ponts en Afrique, en Asie, en Amérique, des commerçants, des manufacturiers, des ingénieurs, des serviteurs de l'Empire et le reste – encore que là, nous commencions à nous trahir un peu, car l'Empire a pesé autant comme idée que comme réalisation. Mais il y a l'autre côté des choses – cette folle passion pour la théologie et les arguties sur des sujets qu'un Anglais ne prendrait pas la peine de considérer une seule minute. Et je pense qu'il y a une ombre de cela chez Alastair.

— Je ne sais pas, dis-je. Redonne-moi encore un

1. Il s'agit de la Restauration de Charles II Stuart en 1660, après l'intermède républicain des Cromwell père et fils. *(N.d.T.)*

2. Union des presbytériens écossais les plus fanatiques au cours des seizième et dix-septième siècles. *(N.d.T.)*

peu de whisky, s'il te plaît, et buvons à la damnation de ces égotistes à la noix qui tiennent à épouser des causes.

— Oui, fit-il. J'en ai souvent envie aussi.

— Mais je ne peux quand même pas boire à la damnation de mon propre frère...

— Non, reconnut-il. Je te comprends. Les affections persistent. En dépit de tout, elles persistent. Et tu es un fidèle, Alec. C'est l'une des choses que j'ai toujours aimées en toi. Cela et ta faculté de toujours trouver quelque chose de remarquable en ceux que tu aimes. Avec toi, les oies deviennent toujours des cygnes. Le joli visage de Colin et, bien sûr, la beauté de son revers de batte t'avaient aveuglé au point de te faire oublier sa répugnance à l'égard des balles trop rapides arrivant sur sa jambière et le fait qu'il perdait toujours son sang-froid quand la situation devenait un peu grave. Cela me faisait rire à l'époque. Je te vois te conduire de cette façon maintenant encore. Mais dis-toi bien que tu n'es pas condamné à répéter tes erreurs. Il est temps que tu commences à vivre sans te référer constamment à d'autres.

— Oh, pourtant je suis égoïste ! fis-je. Je suis même plus égoïste que la moyenne. Je ne pourrais pas, par exemple, vivre et travailler pour les autres comme tu le fais, Toby.

— Je travaille d'abord pour moi-même, affirma-t-il. Tu as besoin d'être un peu plus ferme dans ton égoïsme. Quant à moi, oui, je méprise l'idéologie – ou plutôt je m'en méfie, elle me fait peur. Mais je suis assez écossais pour savoir que je suis capable de perdre la tête pour des idées – ou pour un excès de whisky. Tu pourrais dire, je suppose, que le socialisme démocratique auquel j'aspire maintenant et pour lequel je travaille est une sorte d'idéologie, mais je ne pense pas qu'il en soit ainsi. Une éthique, mais pas une idéologie – c'est devenu ma devise. Et une éthique dont, devant telle ou telle ligne de conduite, tu te demandes, non pas si elle est conforme à la théorie, mais si elle apportera un bénéfice pratique.

XXIII

Les roues du wagon-lit qui me ramenait vers le sud avaient semblé d'abord marteler dans ma tête le message de Toby, mais les mots en avaient été vite dépassés par le rythme, comme l'éthique semblait dépassée par la mode intellectuelle. Faisons simple, avait dit Toby. Pour lui, cela semblait marcher. Mais était-ce aussi facile que cela ? Après tout, Hitler n'avait-il pas fait simple ? « Les finalités de la société sont de la plus grande complexité possible », disait Burke. Certes. La simplicité éthique de Toby était-elle, au fond, si différente des croyances du scoutisme traditionnel ? Le train ralentit, puis s'arrêta. Le silence nous enveloppa. Grelottant, je jaillis de ma couchette et relevai le store. Le compartiment n'était éclairé que par une veilleuse, et, au-dehors, le monde était blanc. Des flocons de neige qui voltigeaient devant la portière firent leur entrée lorsque je baissai la vitre. Peu après, le contrôleur frappa à la porte et expliqua que la neige obstruait la voie. Il était désolé, mais il ne pouvait nous faire de thé ; l'appareil fournissant l'eau chaude était tombé en panne. Nous vivions la plus grande chute de neige du pire hiver du siècle. Ce ne fut que tard dans l'après-midi que, fatigués, gelés – car le chauffage était lui aussi tombé en panne – et affamés, nous arrivâmes à la gare de King's Cross.

XXIV

LONDRES, JANVIER 1947

Lorsque je revins à l'appartement de célibataire que j'occupais dans Half Moon Street – appartement annoncé comme *Chambers for Gentlemen*, dénomination qui n'allait pas tarder à disparaître de Londres –, j'y trouvai une logeuse inquiète et troublée. J'avais eu un visiteur.

— Très respectable, mais pas ce que j'appellerais un gentleman, me dit Mrs. Hayward.

Il avait laissé sa carte. Il appartenait à la Special Branch[1]. Ce n'était pas ce dont Mrs. Hayward avait l'habitude. Je pus voir avec elle ce que signifiait réellement la vieille expression « regarder de travers ».

Dans le courrier qui m'attendait figurait une lettre portant un timbre français. J'allumai le feu, et, conservant mon pardessus, m'installai devant la cheminée pour prendre connaissance de la missive.

Le Père Dominique m'y expliquait que son correspondant avait été heureux d'avoir de mes nouvelles. Il ne pouvait me préciser, dans l'immédiat, l'endroit précis où il se trouvait, mais il était inutile que je continue à m'inquiéter. Néanmoins, son correspondant avait certains soucis. Bien qu'étant en sécurité, il était gêné financièrement. Il pensait qu'un peu d'argent de famille lui était dû. Pouvais-je entrer en contact avec le Père Dominique ?

*

Le lendemain matin, je téléphonai à Billy Hughes pour lui dire que je serais au bureau le lundi suivant.

— Les furoncles sont partis ? demanda-t-il.

— Tout va bien.

— Parfait.

Puis j'appelai le numéro que m'avait laissé l'homme de la Special Branch.

*

Hastings était grand et mince. Il avait une moustache tombante et d'épaisses lunettes à monture

1. Service de Scotland Yard combinant les attributions de la DST et des Renseignements généraux en France. *(N.d.T.)*

d'écaille. Il posa son chapeau sur la table mais ne retira pas son imperméable. Il choisit, pour s'asseoir, une chaise à dossier droit.

— J'ai un lumbago, m'expliqua-t-il, qui revient en force si je prends le genre de siège que je préférais autrefois.

Lorsque je lui offris un verre, il accepta.

— Cela veut-il dire que vous n'êtes pas en service ?

— Étant journaliste, vous devriez être mieux renseigné, monsieur. C'est le genre d'idées que répandent les gens qui écrivent des romans policiers. Je parierais que la plupart d'entre eux n'ont jamais rencontré un vrai flic. Pas trop de soda, si cela ne vous fait rien.

Il avala une gorgée de whisky et parcourut des yeux la pièce où nous nous trouvions. Son regard se fixa, ou parut se fixer, sur une reproduction du portrait par Winterhalter de l'impératrice Eugénie, dame au service de laquelle ma logeuse avait commencé sa carrière dans le Sussex et pour laquelle elle continuait à manifester une dévotion totale. C'était d'ailleurs le seul sentiment chaleureux dont j'avais pu trouver trace en elle.

— Vous n'êtes pas un homme très casanier, n'est-ce pas, monsieur ?

— Je m'étais rendu en Écosse.

— Ce n'est pas cela dont je voulais parler. C'est qu'ici, on dirait que vous campez.

— Inspecteur, lui dis-je, comme vous l'avez souligné vous-même, je suis journaliste.

— Je préfère toujours voir un homme chez lui, dans son cadre. Cela en apprend beaucoup sur lui. Vraiment. Ce whisky est fort plaisant, monsieur.

— Un autre ?

— Ce n'est pas de refus… C'est fou la façon dont on répète, comme cela, les expressions toutes faites qu'on entend à la radio. Vous ne savez peut-être pas, monsieur, ayant été beaucoup à l'étranger ces temps derniers, combien la conversation des gens, maintenant, est truffée de ces clichés entendus à la radio.

— Non, en effet.

Le policier resta un moment silencieux. Par la fenêtre, derrière lui, je voyais un épais brouillard jaune envahir la rue étroite. Le major Berkeley, qui occupait l'appartement situé au-dessus du mien, entreprit de jouer du Chopin au piano. Après les premières mesures d'une valse, il s'arrêta net, reprit le passage qu'il avait déjà joué, avant de continuer de façon un peu hésitante, sur un rythme nettement trop lent.

— Je suis grand admirateur des livres de votre défunt père, reprit Hastings. En fait, j'en ai un avec moi en ce moment même.

Il tapota la poche de son imperméable.

— *Les Tours de l'illusion*, précisa-t-il. Quelle histoire ! Comme je le dis souvent à Mrs. Hastings, personne, aujourd'hui, ne peut raconter une histoire comme il le faisait. Mais, bien sûr, celui que je préfère, c'est *Coins de terre étrangère*. Cela, c'est un livre ! J'étais moi-même dans les tranchées, et je puis vous dire que tout sonne vrai. Chaque mot. Et pourtant, je crois savoir qu'il n'était pas allé au feu lui-même. Remarquable.

Il leva son verre et me gratifia d'un sourire au charme assez inattendu.

— Le titre vient d'un poème de Rupert Brooke[1], n'est-ce pas ? « *Si je dois mourir...* » C'est bien cela, monsieur ? « *... dites-vous seulement qu'il est un coin de terre étrangère qui est pour toujours l'Angleterre.* » « Pour toujours l'Angleterre » ! Cela continue à m'émouvoir. Mais, maintenant, les choses sont plus compliquées, n'est-ce pas, monsieur ? Mais, pour ce qui est de votre père, on pourrait dire la même chose de ses romans d'aventures. Effarant comme ils sautent toujours à la bonne conclusion ! Je pense que vous vous en êtes rendu compte vous-même. Et il y a les coïncidences. On les accepte fort bien dans un livre. Mais dans la vie réelle... Cela vous dit-il quelque chose, monsieur ?

1. Poète au talent exceptionnellement précoce mort de septicémie sur le front d'Orient en 1915. *(N.d.T.)*

Il prit une enveloppe dans sa poche intérieure et en tira une photographie qu'il me tendit.

— Regardez bien, s'il vous plaît, et réfléchissez avant de répondre.

Mais je n'avais pas besoin de réfléchir. Un chapeau dissimulait sa calvitie et il portait des lunettes noires, mais la forme de sa bouche et la façon dont, même sur cette photo, il triturait le durillon de son index gauche ne permettaient pas de s'y tromper.

— Ah ! fit Hastings. Alors, vous le connaissez ?

— Connaître, c'est beaucoup dire. Mais je l'ai rencontré. Du moins, je le pense.

— Boris Popov. C'est ainsi qu'il s'appelait quand, je pense, vous l'avez connu. En Espagne, n'est-ce pas ? Bien sûr, il a eu d'autres noms, avant et après. C'est un agent de longue date du Komintern. Il doit être malin pour avoir survécu si longtemps. Malin et opportuniste. Un assez vilain personnage, à mon avis.

— Ce fut mon impression.

— Alors, que pensez-vous de cela ?

Il sortit de l'enveloppe une autre photographie qu'il me tendit également. Elle était tramée et avait été prise à l'extérieur, par temps plus que médiocre et probablement au téléobjectif. Elle montrait deux hommes assis sur un banc dans un parc. Le premier était Boris. L'autre était Hector.

— C'est à Central Park, à New York, précisa Hastings. Un ami américain m'a communiqué le document. Intéressant, n'est-il pas vrai ? Bien sûr, il peut n'y avoir là rien que de très innocent. Mr. Popov – quel que soit le nom qu'il porte maintenant – est, à ce que je crois comprendre, très officiellement diplomate. Membre d'une mission commerciale, non ? Quelque chose de ce genre. Mais mon ami américain, un collègue de longue date, a pensé que cela pourrait peut-être m'intéresser. Et ç'a été le cas.

Cherchant à gagner du temps, j'offris à Hastings un cigare, qu'il refusa, et m'employai à en allumer un moi-même très lentement.

— Mr. Hastings, dis-je enfin, vous êtes de la Special Branch, n'est-ce pas ? Cette chose est-elle vraiment de votre ressort ? Ce que je veux dire, c'est cela : est-ce que cette photo n'aurait pas dû plutôt aller au MI6[1] ?

— Bien sûr que si, monsieur, vous avez parfaitement raison. Et c'est là un autre point intéressant. Il se peut que mon ami américain leur en ait envoyé un exemplaire, mais ce n'est pas sûr. Il semble qu'il n'ait pas totalement confiance en ces garçons, pas entièrement. Alors, il m'a fait tenir la photo, comme relevant d'une affaire de sécurité intérieure, pourrait-on dire...

— Vraiment ?

— C'est possible, monsieur. Encore une fois, vous pouvez fort bien me dire qu'il n'y a rien là-dedans. Et je puis même vous croire. Seulement, il est devenu difficile, ces temps-ci, de savoir que croire, où placer sa confiance. Central Park, c'est très innocent. Mais cela paraît un bien mauvais jour pour tenir une conversation en plein air. Il se pourrait même qu'il pleuve, non ? Mais vous pensez qu'il n'y a pas de raison de s'inquiéter pour si peu, n'est-ce pas ?

— Je pense qu'il doit y avoir une explication simple.

— Vraiment ? Dans mon genre de travail, ce serait si agréable de tomber sur quelque chose comme cela : une explication simple, innocente et véridique à la fois. Cela arrive, de temps à autre. Alors, dois-je dire à mon ami américain qu'il se trompe et perd son temps ?

— Mon cher ami, dites-lui ce que vous voulez.

Il reprit les photographies et les remit soigneusement, presque amoureusement, dans leur enveloppe.

— La femme de César, fit-il rêveusement. N'est-ce pas le devoir d'un diplomate d'être comme cette dame ? Mais, bien sûr, elle ne l'était pas, non ?

— Elle n'était pas quoi ?

— Au-dessus de tout soupçon. Si je me souviens

1. Ou *Secret Intelligence Service*, alors infiltré par des « doubles » soviétiques dont le principal était Kim Philby. *(N.d.T.)*

bien, César l'a répudiée parce qu'elle ne répondait pas aux normes qu'il exigeait. Je dirais qu'il y avait un peu d'hypocrisie là-dedans.

Il se leva et lissa de la main les revers de son imperméable.

— Mrs. Hastings, dit-il, sera passionnée d'apprendre que je vous ai rencontré. Elle est, elle aussi, une grande admiratrice de votre père, encore qu'elle préfère ses biographies. À bien y réfléchir, c'est moins étrange que cela pourrait le paraître. Elle mène une vie très retirée et aime donc lire l'histoire d'hommes ayant fait de grandes choses, tandis que moi, qui me heurte chaque jour à une réalité qui n'est guère belle à voir, je me tourne vers la fiction.

Il sortit le livre de sa poche, peut-être pour me prouver qu'il était bien de Père.

— Une formidable histoire, dit-il. Je l'ai lue au moins quatre fois, mais, vous savez, à chaque occasion, je me demande comment les héros vont se tirer de cette prison du Bosphore.

Il remit le livre dans sa poche et prit son chapeau sur la table.

— Vous savez, Mr. Hastings, lui dis-je, je croyais que vous étiez venu pour une tout autre affaire. Un autre frère, en fait...

— Un autre frère ?

Il eut de nouveau ce demi-sourire assez charmeur.

— L'année dernière, cela aurait pu être le cas. Je n'insulterai pas votre intelligence en faisant mine de ne pas comprendre ce dont vous voulez parler. Mais, bien que nous nous intéressions évidemment au passé si celui-ci nous y force, ce sont les dangers d'aujourd'hui et de demain qui nous préoccupent maintenant. Et c'est bien ainsi qu'il doit en être. Les fascistes – ils sont morts et enterrés, à ce qu'il nous semble.

XXV

BLANKETS, JANVIER 1947

— Mais c'est évident, dit Kirstie. Il faut que tu t'arranges pour qu'il ait l'argent qui lui est dû.

— Un peu de calme! intervint Edwin Pringle. Je n'oublie pas que je suis nouveau venu dans la famille et qu'à tout prendre, on pourrait me dire que cela ne me regarde pas, mais je vous invite quand même à la prudence. Il y a toutes sortes de choses à prendre en considération.

D'être marié à Kirstie semblait lui réussir. Il avait pris du poids et s'était installé bien douillettement à Blankets. La chasse avait été plus réussie que le vieux Haskins ne l'avait prévu. L'importance de la majorité travailliste rendait peu nécessaire une présence régulière aux Communes, où Edwin n'était d'ailleurs jamais beaucoup intervenu dans les débats, considérant plutôt l'endroit comme un club assez agréable. Il jouait donc avec satisfaction le rôle d'un gentilhomme campagnard passant les mardis, mercredis et jeudis à la ville. Sa première femme, fille d'un comte, avait un titre mais pas de fortune. Il était clair que, cette fois, il pensait avoir trouvé une confortable niche.

Son intervention fit naître chez Kirstie un sourire un peu aigre. S'il ne s'était pas encore avisé qu'elle avait une très forte volonté, il n'allait pas tarder à le faire. Mais je pense qu'il le savait déjà. Ils semblaient bien s'accorder. Quoi que je répugnasse à l'admettre, elle trouvait en lui des qualités qu'elle jugeait désirables chez un mari, et que le pauvre Colin ne possédait pas. La faculté de décision en était une.

— Et quelles sont ces choses à prendre en considération ? demandai-je.

Edwin coupa le bout d'un cigare et poussa la boîte vers moi.

— Il y en a au moins quatre, fit-il.

Il ficha son cigare au coin de sa bouche et leva quatre doigts un peu boudinés.

— Un, ce prêtre français. Nous n'avons que sa parole, n'est-ce pas, pour nous permettre de croire qu'il est en contact avec Alastair. Deux, en admettant que ce soit le cas, peut-on lui faire confiance ? Trois, il y a un strict contrôle des changes. Transférer de l'argent n'est pas chose facile. Il faut l'accord du Trésor. Quatre, si nous le demandons et même s'il est accordé, de vilains fantômes risquent de sortir des placards et d'aller hanter les rues en hurlant sur leur passage. Il y a des questions encore sensibles, vous savez. Certains de vos amis de la presse, Alec, pourraient agiter l'affaire. Oh, et, j'oubliais, cinq : nous n'avons que la parole de ce policier – comment s'appelle-t-il ? Hastings ? – pour croire que les autorités ne s'intéressent plus à Alastair.

— Bien, dis-je. Le Père Dominique est digne de confiance. Cela répond à vos deux premières objections. Quant à Hastings, il se peut qu'il ait eu des arrière-pensées, mais ce qu'il a dit tenait parfaitement debout. Le fascisme est mort. Tom Mosley exploite une ferme quelque part en Angleterre, non ? Et il publie ou est sur le point de publier une lettre d'information ?

— Oh, oui ! fit Edwin. Tom a une ferme à Crowood. Il s'amuse beaucoup. Nous sommes allés déjeuner avec lui et Diana, en fait – ne le dites pas au chef de mon groupe parlementaire. Il était en pleine forme – des plaisanteries suivies de longues dissertations philosophiques, tout comme autrefois. Mais il n'a pas vécu dans la France de Vichy ni parlé à la radio. Il y a une différence, Alec.

— Certes, lui dis-je. Tom était bouclé à Brixton et à Holloway. Voilà la différence.

— Vous savez bien que c'est plus compliqué que cela !

— Arrêtez, les enfants ! intervint Kirstie. L'argent est à Alastair. Il en a besoin. Pour survivre et, je l'espère, prendre une autre voie. Donc, il faut le lui donner. C'est simple. La question est de savoir comment. Il doit bien y avoir quelques droits d'auteur de Père à New York que l'on pourrait expédier ailleurs. Ce serait peut-être le moyen le plus facile de s'en tirer. Je vais en parler aux administrateurs. Alec, tu ferais bien de me donner l'adresse de ton curé français. Et maintenant, on fait une partie de canasta. C'est notre nouvelle passion, Alec. C'est tellement plus amusant que le bridge...

*

Après la messe, Kirstie resta avec le pasteur discuter des affaires de la paroisse devant un verre de sherry, nous laissant regagner la maison à pied, Edwin et moi. Le ciel était chargé. Il allait certainement neiger avant la fin de la journée, et un vent âpre et coupant soufflait de l'est.

— Kirstie adore être la châtelaine, me dit Edwin.

Il y avait de l'affection dans sa voix. Peut-être fut-ce cette chaleur qui m'incita à lui parler de l'autre partie de ma conversation avec Hastings, ce que je n'avais pas eu l'intention de faire initialement. Edwin avait la réputation d'une terrible commère. Néanmoins, son genre de vie avait dû lui enseigner le caractère impératif de la réserve sur certains sujets délicats.

— Je n'ai jamais trouvé Hector facile à vivre ni à comprendre, me dit-il. Je l'ai connu à Eton, pas très bien, puis un peu mieux à Oxford. Nous avions des amis très proches en commun, comme ce pauvre Robin Maltravers, par exemple. Mais Hector a toujours eu cet air de dédain, cet air pincé. Il y a quelque chose de coincé en lui, et une certaine vanité. Bien sûr, c'est un homme intelligent, et je ne le suis pas, mais il n'a jamais été assez intelligent, ou assez généreux peut-être, pour ne pas me faire sentir que je n'étais pas à son niveau. Vous voyez ce que je veux dire ?

— Oui, répondis-je. Et cela ne me fait aucun plaisir, car je suis arrivé à la même conclusion de mon côté.

— Hector se sent frustré, vous savez. Il trouve qu'on ne l'apprécie pas à sa juste valeur. La première chose qui s'impose est de lui faire quitter Washington. Je suis content que vous m'ayez parlé de tout cela. J'ai encore quelques amis au Foreign Office, vous savez. Je leur toucherai un mot. Le plus tôt sera le mieux.

Nous arrivâmes dans les bois, et Edwin se mit à parler du gouvernement travailliste. Il s'en tirait mieux qu'il ne s'y était attendu. Il faisait moins de dégâts, en tout cas. Bien sûr, la fiscalité était intolérable. Cela ne pourrait durer. Mais, si l'on y réfléchissait bien, dans l'état actuel du monde, Winston aurait pu faire encore bien pire.

— Vous avez toujours été un fidèle de Chamberlain, n'est-ce pas ? lui dis-je.

— Pauvre petit Neville ! Mais, pour en revenir à ce qui se passe maintenant, Winston aurait-il pu se résoudre à laisser partir les Indes ? C'est ce que je me demande. Et il faudra le faire, je l'ai compris il y a dix ans déjà. Les jours de l'Empire sont passés, et bien passés, vous savez...

Edwin était un réaliste. Et peut-être un sage. On ne le trouverait jamais dans le dernier carré des braves, prêts à résister jusqu'à la mort. Il ferait probablement pour Kirstie un mari assez satisfaisant. Peut-être avais-je eu tort de la mettre en garde contre cette union. Si tel était le cas, ce ne serait pour moi qu'une erreur de plus dans une longue série. Mais, contemplant les avantageuses bajoues de mon compagnon comme nous cheminions à travers bois, je ne pus résister à la tentation de lui demander :

— Et comment faites-vous maintenant avec les garçons, Edwin ?

— Je m'interdis de tomber amoureux, c'est tout.

Ce n'était pas, pensai-je, la méthode d'Hector. Celui-ci eût peut-être eu intérêt, toutefois, à l'adopter.

— Comprenez-moi bien, poursuivit Edwin. Je ne ferai rien qui puisse troubler Kirstie ou la rendre malheureuse. Je l'aime trop pour cela. Je lui dois trop, également. Mais puisque nous parlons de ces choses, avez-vous eu des nouvelles du jeune Max, récemment ?

— Non, dis-je. Il est tout simplement sorti de ma vie.

— De la mienne aussi. Dommage.

La neige se mit alors à tomber en énormes flocons. Un héron prit son envol à l'extrémité du lac, tourna deux fois au-dessus de nos têtes en battant lourdement des ailes, puis, freinant de ses longues jambes, gagna le sommet d'un pin Douglas.

— Je crois, dis-je, que je ferais mieux d'essayer de regagner Londres ce soir.

ENVOI

GLASGOW, 1984

Après que la cérémonie et le déjeuner officiel eurent pris fin et que je me fus débarrassé de ma robe académique, il avait commencé à pleuvoir, une sorte de crachin venant de l'ouest. Craig Cabell, le professeur de journalisme à qui je devais mon doctorat *honoris causa*, me guida jusqu'à son bureau à travers les corridors de cette bâtisse fonctionnelle des années soixante, me faisant remarquer que, lorsque quarante années auparavant il était « venu se placer sous mon aile », comme il le dit, aucun de nous n'aurait pu supposer que nous participerions ensemble à l'espèce de représentation théâtrale de la matinée.

— Mais, dit-il, il m'arrive de penser que c'est tout ce qu'il nous reste, à nous : le théâtre.

Le bureau de Craig n'était que l'une de ces niches à chien que les universités de maintenant semblent juger suffisantes pour les professeurs. Il y avait un bureau, avec un ordinateur, un téléphone et un fax, deux étagères à livres capables de contenir au plus une soixantaine de volumes, une moquette de couleur indéterminée, des chaises métalliques emboîtées les unes dans les autres. La fenêtre ouvrait sur un morceau de pelouse et un mur aveugle.

— Oui, fit-il. Cela me déprime moi aussi. Pourtant, je ne dois pas me plaindre ; tout cela me fournira au moins une retraite.

— Et la vraie vie commence à la retraite ? Je voudrais pouvoir le croire.

— Cependant, il y a de petites compensations, même maintenant. Cette fille qui voudrait vous interviewer. Elle est vraiment intelligente.

— Je ne crois pas, malheureusement, avoir quoi que ce soit à lui dire, qui puisse l'intéresser. Je dois ressembler à l'homme de Neandertal.

Le taxi nous fit passer par des rues où constructions nouvelles et coûteuses rénovations alternaient avec ce qui persistait à ressembler à des zones sinistrées, impression que venait renforcer le nombre de miséreux hantant les trottoirs. Lors de fréquents arrêts aux croisements et aux feux rouges, le chauffeur nous prodiguait ses impressions sur le comportement du conseil municipal, la montée du féminisme et la lamentable exhibition des Glasgow Rangers en Coupe d'Europe. Craig soutenait seul cette conversation, à laquelle je ne prêtais qu'une oreille distraite.

La fille nous attendait dans un pub ayant toute l'apparence de ces endroits où l'admission des femmes était une récente tolérance. Pub n'était d'ailleurs pas exactement le mot ; c'était plutôt un bar où un bocal d'œufs durs assaisonnés semblait la seule concession faite à l'idée folle qu'un consommateur puisse souhaiter un peu de nourriture solide.

Craig alla nous chercher des whiskies, tandis que j'échangeais quelques banalités préliminaires avec la fille, qui avait été l'une de ses étudiantes. Ceux qui ont pu voir, depuis, Kate Byrne interroger des hommes politiques dans *Newsnight*[1] pourraient supposer que, même à cette époque, je ressentis une bouffée d'angoisse en la rencontrant. Mais, en réalité, ma première pensée fut qu'elle était ravissante, et la seconde que j'étais vieux.

C'était une grande fille, avec une abondante chevelure blonde qu'elle laissait flotter librement sur ses épaules et une bouche qui eût invité au baiser s'il n'y avait pas eu le ton de sa voix. Ce ton n'était peut-être pas coupant à proprement parler, mais il était terriblement résolu. Elle portait un jean fendu aux genoux et un blouson bleu, et, nous ayant attendus une bonne demi-heure dans cet endroit réputé de fréquentation douteuse, elle avait réussi à décourager toute avance importune. Je fus impressionné d'abord par sa beauté, puis par son air de certitude. Je me surpris à évoquer Barbara telle qu'elle avait été à Berlin.

Le rendez-vous avait été organisé par Craig. Un grand article dans le journal dominical de création récente pour lequel travaillait la fille ne pourrait qu'arranger ses affaires à l'université. Ayant longtemps fui toute publicité de presse, les universitaires en devenaient maintenant avides. Le phénomène était lié en bonne part au système nouveau exigeant d'eux qu'ils justifient presque constamment leur existence et celle de leur chaire. Non que Craig Cabell eût beaucoup de problèmes à cet égard : le journalisme était une discipline bien en cour.

Il resta pratiquement silencieux pendant que la jeune fille me soumettait à un interrogatoire bien classique sur ma carrière. Tout ce que je lui livrais, elle eût pu le trouver aisément dans ma notice du *Who's Who*. Je me sentais fatigué après la cérémonie du matin, et je me méfiais de l'effet que le whisky pourrait avoir sur moi. Ses questions étaient brèves et posées de façon intelligente. Mais, pendant tout ce

1. Émission d'information politique de BBC 2 réputée pour la redoutable pugnacité de ses animateurs, Jeremy Paxinan en tête. *(N.d.T.)*

temps, mon attention se fixait beaucoup plus sur son corps que sur ses paroles : la triste, mortifiante et vaine lubricité du vieil âge.

Puis elle ferma son carnet, alluma une nouvelle cigarette et porta sur nos verres vides un regard qui fit se précipiter Craig vers le bar.

— Merci, me dit-elle. C'est exactement ce que mon rédacteur en chef voulait : un tableau du Fleet Street de naguère et tout le reste. Je puis très bien me débrouiller avec ce que vous m'avez donné.

— J'en suis sûr, fis-je.

— Oui.

Craig revint avec deux verres seulement. Il nous dit qu'il ne s'était pas rendu compte de l'heure, qu'il devait retourner à son bureau pour finir quelques menues tâches et ne voulait pas rentrer trop tard chez lui. Il me remercia d'être venu, exprima l'espoir de me revoir avant longtemps et opéra une sortie un peu maladroite.

— Il est terrorisé par sa femme, me dit Kate.

Pendant un moment, nous restâmes silencieux, dans cet état un peu nébuleux où vous met souvent l'alcool dans l'après-midi. Dans le bar, des gens allaient et venaient, des rires fusaient parfois.

Puis Kate me demanda :

— Votre frère était-il le Cinquième Homme ?

La question n'était pas surprenante. Quatre ou cinq ans auparavant, peu après la révélation publique du rôle d'Anthony Blunt, les journalistes s'étaient longtemps interrogés sur l'identité du mystérieux « Cinquième Homme » qui avait averti Blunt, lequel avait averti Philby qu'il allait être démasqué – je ne me souviens plus des détails exacts. Le nom d'Hector figurait parmi ceux qui avaient été mentionnés. Une équipe de reporters du *Sunday Times* était même allée l'interviewer en Provence, où il vivait depuis plus de vingt ans. Les journalistes n'avaient rien tiré de lui.

— Physiquement, il va parfaitement bien, vous savez, m'avait dit Giulio, son compagnon depuis son installation en France. Il lit beaucoup, regarde la télévision, va au cinéma, fait de longues promenades à pied. Il refuse simplement de parler.

Cela faisait alors quatre ou cinq ans qu'il en était ainsi. Giulio, qui était devenu terriblement gras, continuait – et continue – à s'occuper de lui avec ce qu'il est convenu d'appeler un total dévouement. C'est tout au moins ainsi que je préfère voir les choses.

— C'est dans le cadre de l'interview ou hors interview ? demandai-je à Kate.

— Ou l'un ou l'autre. Comme vous voudrez.

— Bien, fis-je. Je ne crois pas, de toute manière, que cela ait beaucoup d'importance, maintenant. Il n'y a personne à qui cela puisse nuire.

— Alors ?

— Alors, je ne sais pas, mais je pense que c'est probable. Hector a démissionné du Foreign Office vers 1955, à peu près. Je deviens un peu brouillé avec les dates. C'était, de toute manière, un peu après que Burgess et Maclean eurent décampé.

— Vous les connaissiez ?

— Maclean assez bien, et je n'ai jamais pu le sentir. Burgess, je pense que je ne l'ai rencontré que deux ou trois fois. L'une de ces fois, c'était au club d'Hector. Il se plaignait qu'il n'y ait pas de petits grooms. Philby n'était pas comme cela du tout. Quant à Maclean, il avait des principes. Il n'était pas, à certains égards, très différent d'Hector. À ceci près qu'Hector n'a jamais été un ivrogne.

— Et pourquoi Hector a-t-il démissionné ? On ne le soupçonnait pas ?

— Si, presque certainement. Très peu de ceux qui s'étaient trouvés à gauche à un moment échappaient à la suspicion. La guerre froide doit vous paraître une fantaisie, non ? Votre génération ne la prend pas au sérieux. Non plus que l'Empire du Mal. Mais, dans les années cinquante, les choses étaient différentes. Livrer la guerre froide nous faisait oublier la perte de notre Empire. Mais, cela dit, Hector n'avait pas besoin de démissionner. Il a choisi de le faire. Il détestait les Américains, voyez-vous, et il considérait notre soumission – c'était ainsi qu'il voyait la chose – à la politique et aux intérêts des États-Unis comme honteuse et erronée.

— Était-il communiste ?

— Dans le principe, oui. Pour lui, le communisme était le parti de l'Histoire. Il représentait les forces progressistes. Tout cela semble terriblement loin, maintenant.

— Et il était homosexuel, comme Burgess et Blunt ?

— Ah, le bon vieil Homintern !

Je me mis péniblement sur pied et allai porter nos verres au bar pour qu'on les emplisse de nouveau. Comment lui expliquer qu'elle était en train de prendre le problème à l'envers ? Cette explication était trop facile. Elle tenait peut-être – je n'en sais rien – dans le cas de Burgess et de Blunt. L'équation était simple. L'homosexualité faisait de vous un paria, donc enclin à la trahison. C.Q.F.D.

Je revins à la table et déclarai :

— Ce n'était pas comme cela du tout. De toute façon, Hector n'était pas un homosexuel joyeux, ce que vous appelleriez maintenant un *gay*. Il se considérait comme un inverti, un anormal. Et cette anomalie était une chose qu'il désapprouvait. Une chose dont, intellectuellement, et avec une force de volonté considérable, il s'était appliqué à se détourner. Il la tenait pour un obstacle à son engagement, quel que fût celui-ci, envers le communisme.

C'était une fille intelligente, mais je pouvais voir qu'elle ne suivait pas, ou, plus probablement, n'arrivait pas à accepter, mon argumentation. Je ne me hasardai donc pas à lui parler de Max, qui avait offert à Hector une perspective de bonheur que celui-ci avait rejetée comme incompatible avec son austère engagement. De Max qui continuait à parler avec tendresse d'Hector dans la boutique d'antiquités qu'il avait ouverte à Notting Hill dans les années cinquante. Je me bornai à dire :

— Peu importe. Il devint journaliste, comme vous le savez peut-être. Il pensait pouvoir servir la Cause plus efficacement de cette façon, mais il n'avait guère de talent. Sa prose était somptueusement ennuyeuse. Et puis, à la fin, il n'a même pas eu à quitter vraiment le Parti ; il a été dépassé par celui-ci. Il était devenu superflu, déplacé.

Je n'ajoutai pas que son installation avec Giulio avait été, pour lui, l'ultime aveu d'échec. Pas étonnant qu'il se soit réfugié dans le silence.

Je préférai dire :

— En fait, Hector était un authentique spécimen de ce qui n'existe plus : la classe dirigeante.

— Mais il était communiste ?

— Oh, oui ! Il croyait au dogme marxiste. Absolument. Mais le communisme était aussi, à ses yeux, le moyen pour l'Angleterre de rester grande, d'échapper à la domination américaine. C'était un argument qui pouvait se défendre, au stade des arguments...

— Mon grand-père était communiste, dit-elle soudain. Il l'est encore, en fait. Il travaillait dans les chantiers navals. Il pense que mon père a trahi.

— Et c'est le cas ?

— Probablement. Il est directeur d'une agence de voyages.

— Il envoie les masses laborieuses à Benidorm ?

— Quelque chose de ce genre.

Son sourire était plein d'affection, avec un rien de moquerie.

— Mais vous l'aimez beaucoup ?

— Pas possible de faire autrement. De toute façon, c'est un bon travailliste, bien solide.

— Votre grand-père vous dirait peut-être que ce sont les pires. Plutôt un ennemi de classe qu'un faux ami.

— Oui, il risquerait de dire quelque chose de ce genre.

Je lui demandai alors si elle avait quelques heures à perdre. Il y avait un ou deux endroits où je souhaitais aller en pèlerinage et sa compagnie me ferait plaisir.

*

La pluie était devenue plus drue. Elle s'était visiblement installée pour la nuit. Le taxi s'arrêta devant le portail rouillé et verrouillé. Au-delà, on apercevait une sorte de terrain vague, encadré de bâtiments à l'abandon, avec des herbes folles remontant jusqu'à un quai abandonné. Deux petits garçons, se renvoyant du pied un ballon, nous jetèrent un rapide regard, puis, indifférents, reprirent leur jeu.

— On n'a pas construit un seul navire ici depuis ma naissance, me dit Kate. Le conseil a repris le terrain depuis des années. Avec de grands projets. Il y a eu des plans, puis d'autres plans. Mais rien, foutrement rien, ne se passe.

— C'est là que tout a commencé pour nous, fis-je. Le *Christina Johnstone* a été construit ici, lancé de ce dock. Le premier navire de mon arrière-grand-père, le premier de la compagnie Allan. Vous ne le penseriez pas ?

— Non, dit-elle. C'est comme essayer d'imaginer de la vie sur la planète Mars.

*

Si la décrépitude des chantiers abandonnés dépassait ce que j'avais imaginé, Ardlochish House représentait un cas tout à fait différent. J'avais vu la maison pour la dernière fois durant la guerre, alors qu'elle avait été transformée depuis cinq ou six ans déjà en asile d'aliénés et avait pris l'allure rébarbative de tous ces établissements. Maintenant, on s'était efforcé de revenir à son aspect seigneurial écossais, et on l'avait transformée en un hôtel de luxe, façon *country club*, avec terrain de golf, Jaguars, Mercedes et Bentleys garées dans l'allée de gravier. C'était l'une de ces impulsions sentimentales fréquentes lorsqu'on vieillit qui m'avait conduit à demander à Craig Cabell de m'y retenir une chambre, et je commençais à le regretter. Je réglai toutefois le taxi, et nous entrâmes dans le hall à galerie, maintenant décoré de massacres de cerfs qui n'existaient pas du temps de Sir William. Les étendues de tissu écossais garnissant les murs étaient aussi déprimantes que le brouhaha de conversations mondaines venant du bar. Le jean élimé et le blouson de Kate suscitèrent quelques regards désapprobateurs.

— Cela m'est parfaitement égal, dit-elle.

Les tableaux suspendus dans le hall, le bar et les salons pouvaient tous se classer dans le *kitsch highlander* typique, avec chasseurs en tweed et bergers en kilt sur fond de bruyère et de montagnes.

— Je pense que les Américains adorent, fis-je.

— Oh, oui ! L'Écosse devenue le Disneyland de Maggie Thatcher...

— Le vieux Sir Willie, lui, collectionnait les post-impressionnistes. Désolé, est-ce que je vous parais arrogant ou pathétique ?

— Vous attendez indiscutablement un mot de condamnation de ma part. C'est pour cela que vous m'avez amenée ici ? Pour nourrir votre complexe de culpabilité ?

— Certainement pas.

Mais je ne pouvais lui dire que je l'avais amenée avec moi parce qu'elle était belle, parce que sa présence réjouirait sûrement les mânes de Sir Willie, ou même, plus simplement, parce que je ne voulais pas être seul. La différence d'âge entre nous m'interdisait ce type de réponses. Mais, dès que nous fûmes installés devant nos verres, je lui parlai de Sir Willie, des souvenirs que j'avais conservés de mes visites chez lui, tentant de ressusciter pour elle l'impression de vitalité et de dynamisme qu'il était capable, même dans son plus vieil âge, de communiquer.

— Il m'avait dit de réaliser des choses, fis-je. Il semblerait presque, maintenant, qu'il voyait le chemin que nous allions emprunter, et qu'il persistait à espérer que ses avertissements permettraient d'éviter cela. Désolé si je vous parais divaguer.

— Vous n'avez pas besoin de vous excuser comme cela.

— Vous voyez, poursuivis-je, bien qu'il fût ce que

vous pourriez appeler, avec répulsion, un grand prédateur – et je pense que si vous prononciez son nom devant votre grand-père, ce serait sa réaction –, il me semble maintenant qu'il se situait encore dans cette tradition qui constitue le noyau central de la pensée occidentale. J'entends par là que sa démarche intellectuelle reposait sur trois dogmes ne pouvant être remis en question – même s'il se tenait lui-même pour un libre-penseur et un païen ayant rejeté l'idée d'un Dieu personnalisé. Il n'en était pas moins convaincu que toutes les questions véritables avaient une réponse, une réponse véritable, que cette vraie réponse était, en principe, possible à connaître, et que puisque de vraies réponses ne peuvent s'opposer, une vraie proposition ne pouvant, par définition, être incompatible avec une autre, ces réponses réunies formaient un ensemble harmonieux. Le monde avait un sens pour lui.

— Il en avait un aussi pour mon grand-père, dit Kate.

— Croyez bien que je n'essaie pas de revendiquer une quelconque supériorité sur votre grand-père en disant qu'il n'en a pas pour moi, que je pense que nous avons dépassé ce stade. Je dis cela alors que je suis, je le suppose, du même âge que votre grand-père, au moins de la même génération. Mais c'est ainsi qu'il en est pour moi. Hector, en revanche, voué au marxisme, conservait la vue classique et européenne des choses, comme si Tieck et les autres romantiques irrationalistes, venus en fait avant Marx, n'avaient jamais rien écrit. Et, bien que je n'aie pas eu, initialement, l'intention de parler de lui, j'ai eu un autre frère qui pensait de la même façon à cet égard – bien que très différemment à d'autres – qu'Hector.

— Que lui est-il arrivé ?

— Il est parti pour l'Argentine et y est mort. De façon sordide.

*

Puis nous gagnâmes le restaurant. Le jean de Kate souleva les objections du maître d'hôtel.

— Presse, dit-elle.

Nous commandâmes du homard et une bouteille de vin du Rhin.

— On me dit que les vins allemands ne sont plus à la mode. Les victoriens en buvaient constamment. Fais des choses, m'avait dit mon arrière-grand-père. Tout ce que nous avons fait, ce sont des erreurs.

— Cela, vous l'avez déjà dit.

— Trop souvent.

— Comment est mort votre autre frère ?

— Oh ! fis-je. Il avait trop de charme. C'est ce qui l'a tué. Un mari jaloux. Je suppose que les maris argentins sont enclins à la jalousie.

— On croirait, à vous entendre, que vous avez tous tout raté.

— Au fond, oui. George a gagné beaucoup d'argent, il est devenu un gros homme d'affaires, installé à Hong-Kong. Il est mort d'alcoolisme.

Le homard était délicieux.

— Vous auriez aimé ma sœur, dis-je. Peut-être. Vous ne vous seriez entendues sur rien, sauf sur ce qui est important.

— Comment pouvez-vous savoir sur quoi je peux m'entendre avec quelqu'un ?

— Je ne le sais pas.

— Qui était Tieck, de toute manière ? Je n'avais encore jamais mangé de homard.

— Tieck ? Un écrivain allemand. Dans l'une de ses pièces, le prince, désespérant d'atteindre la fin du parcours, ordonne que l'on reprenne l'action à l'envers.

— C'est comme cela que vous voyez votre vie ? demanda-t-elle.

*

C'était il y a quelques années. Maintenant, j'essaie de ne pas rater Kate lorsqu'elle passe à la télévision, mais nous ne nous sommes jamais revus. Elle vient parfois à moi dans mes rêves. On dit que le homard est aphrodisiaque, n'est-ce pas ? Sottise. En tout cas, si c'était son premier homard – curieux qu'elle l'ait reconnu –, ce fut mon dernier.

Chaque jour, j'essaie de marcher cinq kilomètres. Cela me prend une heure et demie.

*

Kirstie est morte l'an dernier. Je ne suis pas allé à l'enterrement. Je ne pouvais pas. Je ne pouvais pas faire face à un Edwin larmoyant. À sa façon, il l'aimait, il lui était (disait-elle) fidèle, mais c'est sur lui-même qu'il aurait pleuré.

Et maintenant, voilà que ce jeune homme, ami du petit-fils de Kirstie, et dont je ne puis me rappeler le nom, veut écrire une pièce sur Alastair. Il vient me voir cet après-midi. C'est absurde. Devrais-je lâcher les chiens sur lui ? Une seule chienne terrier qui perd ses dents…

Absurde, mais qui s'en soucie, maintenant ? Qui reste-t-il pour s'en soucier ?

« *Le grand objet de la vie*, écrivait et pensait Byron, *c'est la sensation, de sentir que nous existons même dans la douleur.* »

Mais il est mort à trente-six ans, avant ces années où tout se gèle.

Hector continue à végéter dans son silence. George, chassé de son poste par son plus jeune fils, est resté des années à boire du whisky en contemplant la mer. Alastair m'a écrit un moment d'Argentine des lettres sur papier gris continuant à évoquer des projets grandioses. Elles ont cessé d'arriver des années avant la nouvelle de sa mort.

On dit que Père a adoré le succès. On dit aussi que les dieux sont justes.

Je suppose que je puis donner ce manuscrit au garçon qui va venir me voir et le renvoyer. Lui dire d'en faire ce qu'il veut. Ou dois-je l'emmener avec moi sur la colline, et lui montrer le désert alentour ?

DU MÊME AUTEUR :

Les Mémoires du Roi David,
Éditions de Fallois, 1997.

Les Mémoires de Tibère,
Éditions de Fallois, 1998.

Composition réalisée par INTERLIGNE

IMPRIMÉ EN ALLEMAGNE PAR ELSNERDRUCK
Dépôt légal Édit. : 10114-04/2001
LIBRAIRIE GÉNÉRALE FRANÇAISE - 43, quai de Grenelle - 75015 Paris
ISBN : 2-253-15049-5

31/5049/7